JURISDIÇÃO CONSTITUCIONAL IV
PLURALISMO E DIREITOS FUNDAMENTAIS

LUIZ FUX

JURISDIÇÃO CONSTITUCIONAL IV
PLURALISMO E DIREITOS FUNDAMENTAIS

Belo Horizonte

2023

© 2023 Editora Fórum Ltda.

É proibida a reprodução total ou parcial desta obra, por qualquer meio eletrônico, inclusive por processos xerográficos, sem autorização expressa do Editor.

Conselho Editorial

Adilson Abreu Dallari	Floriano de Azevedo Marques Neto
Alécia Paolucci Nogueira Bicalho	Gustavo Justino de Oliveira
Alexandre Coutinho Pagliarini	Inês Virgínia Prado Soares
André Ramos Tavares	Jorge Ulisses Jacoby Fernandes
Carlos Ayres Britto	Juarez Freitas
Carlos Mário da Silva Velloso	Luciano Ferraz
Cármen Lúcia Antunes Rocha	Lúcio Delfino
Cesar Augusto Guimarães Pereira	Marcia Carla Pereira Ribeiro
Clovis Beznos	Márcio Cammarosano
Cristiana Fortini	Marcos Ehrhardt Jr.
Dinorá Adelaide Musetti Grotti	Maria Sylvia Zanella Di Pietro
Diogo de Figueiredo Moreira Neto (*in memoriam*)	Ney José de Freitas
Egon Bockmann Moreira	Oswaldo Othon de Pontes Saraiva Filho
Emerson Gabardo	Paulo Modesto
Fabrício Motta	Romeu Felipe Bacellar Filho
Fernando Rossi	Sérgio Guerra
Flávio Henrique Unes Pereira	Walber de Moura Agra

CONHECIMENTO JURÍDICO

Luís Cláudio Rodrigues Ferreira
Presidente e Editor

Coordenação editorial: Leonardo Eustáquio Siqueira Araújo
Aline Sobreira de Oliveira

Rua Paulo Ribeiro Bastos, 211 – Jardim Atlântico – CEP 31710-430
Belo Horizonte – Minas Gerais – Tel.: (31) 99412.0131
www.editoraforum.com.br – editoraforum@editoraforum.com.br

Técnica. Empenho. Zelo. Esses foram alguns dos cuidados aplicados na edição desta obra. No entanto, podem ocorrer erros de impressão, digitação ou mesmo restar alguma dúvida conceitual. Caso se constate algo assim, solicitamos a gentileza de nos comunicar através do *e-mail* editorial@editoraforum.com.br para que possamos esclarecer, no que couber. A sua contribuição é muito importante para mantermos a excelência editorial. A Editora Fórum agradece a sua contribuição.

Dados Internacionais de Catalogação na Publicação (CIP) de acordo com ISBD

F996j	Fux, Luiz
	Jurisdição constitucional IV: pluralismo e direitos fundamentais / Luiz Fux. Belo Horizonte: Fórum, 2023.
	307 p. 17x24cm
	ISBN 978-65-5518-601-7
	1. Direito constitucional. 2. Direito público. 3. Direito processual civil. 4. Jurisdição constitucional. 5. Supremo Tribunal Federal. 6. Direito administrativo. I. Araujo, Valter Shuenquener de. II. Título.
	CDD: 341.27
	CDU: 342

Ficha catalográfica elaborada por Lissandra Ruas Lima – CRB/6 – 2851

Informação bibliográfica deste livro, conforme a NBR 6023:2018 da Associação Brasileira de Normas Técnicas (ABNT):

FUX, Luiz. *Jurisdição constitucional IV*: pluralismo e direitos fundamentais. Belo Horizonte: Fórum, 2023. 307 p. ISBN 978-65-5518-601-7.

SUMÁRIO

DISCURSO DO EXCELENTÍSSIMO SENHOR MINISTRO LUIZ
FUX POR OCASIÃO DA POSSE NO CARGO DE PRESIDENTE DO
SUPREMO TRIBUNAL FEDERAL E DO CONSELHO NACIONAL
DE JUSTIÇA 11

RE Nº 1.008.166: EDUCAÇÃO INFANTIL COMO DIREITO
SUBJETIVO FUNDAMENTAL
Abhner Youssif Mota Arabi 25
I. A relevância do acesso à educação infantil 30
II. O *status* constitucional e do direito à educação infantil em creches e
    pré-escolas 32
III. Do caso concreto 36

RE Nº 971.959: A GARANTIA CONTRA A AUTOINCRIMINAÇÃO
E A CONSTITUCIONALIDADE DO ARTIGO 305 DO CÓDIGO
DE TRÂNSITO
Alexandre Libonati de Abreu 39

RE Nº 1.224.374/RS, ADIs NºS 4.017 E 4.103/DF:
A CONSTITUCIONALIDADE DA TOLERÂNCIA ZERO
ENVOLVENDO A INGESTÃO DE BEBIDAS ALCOÓLICAS
E A DIREÇÃO DE VEÍCULOS AUTOMOTORES
Anderson de Paiva Gabriel 61
I.   PRELIMINARES 66
II. FUNDAMENTOS CONSTITUCIONAIS: 66
(A) CONSTITUCIONALIDADE DAS RESTRIÇÕES AO CONSUMO DE
     BEBIDAS ALCOÓLICAS POR CONDUTORES ("LEI SECA"): 66
(B) PRINCÍPIO DA NÃO AUTO-INCRIMINAÇÃO: 71
(C) CONSTITUCIONALIDADE DA PROIBIÇÃO DE VENDA DE BEBIDAS
     ALCOÓLICAS NAS RODOVIAS E DA FISCALIZAÇÃO PELA POLÍCIA
     RODOVIÁRIA FEDERAL: 74
III. DISPOSITIVO: 81

ADI Nº 5.852: A FORÇA DEMOCRÁTICA DO GRITO OU POR QUE
AS MANIFESTAÇÕES PACÍFICAS NÃO PODEM SER CALADAS
Andréa Magalhães 83

I.   A CENTRALIDADE DA LIBERDADE DE REUNIÃO NO QUADRO
     JURÍDICO-CONSTITUCIONAL BRASILEIRO..89
II. A VIOLAÇÃO À RESERVA LEGAL RELATIVA 95
III. A AUSÊNCIA DE PROPORCIONALIDADE NA CRIAÇÃO DE
     SANÇÕES INCIDENTES EXCLUSIVAMENTE SOBRE AS CONDUTAS
     PRATICADAS NO CENTRO ADMINISTRATIVO DA CIDADE DE
     CAMPO GRANDE 98

RHC Nº 219.193: OS REQUISITOS DE VALIDADE DO ACORDO DE COLABORAÇÃO PREMIADA E A VEDAÇÃO CONSTITUCIONAL À PROVA OBTIDA POR MEIOS ILÍCITOS

Carla Ramos 101
1   Introdução...101
I -   Distinção entre Delação de crimes e Acordo de Colaboração Premiada...........104
II -   Evolução histórica do instituto da Colaboração Premiada: do Direito Penal
       Premial à Justiça Penal Negocial...105
III - Requisitos de validade da colaboração premiada como meio de obtenção
       de prova..108
IV -   A Proposta de Acordo de Colaboração Premiada como meio de obtenção
       de prova. Inutilidade das informações e elementos de prova fornecidos
       em caso de não formalização do Acordo por iniciativa do órgão
       celebrante 111
VI -   Mandado de busca e apreensão: a disciplina da Lei nº 12.850/2013..................116
VII - O caso dos autos...117
DISPOSITIVO 118
Referências..118

RECURSO EXTRAORDINÁRIO Nº 958.252: NOVOS PARÂMETROS DA TERCEIRIZAÇÃO DE SERVIÇOS NO BRASIL

Dorotheo Barbosa Neto...119
I.   PRELIMINAR ADMISSIBILIDADE DO RECURSO
     EXTRAORDINÁRIO 124
II. MÉRITO...124

RE Nº 633.782/MG: DELEGAÇÃO DO PODER DE POLÍCIA A PESSOAS JURÍDICAS DE DIREITO PRIVADO INTEGRANTES DA ADMINISTRAÇÃO PÚBLICA

Fábio Ribeiro Porto...147
1   O *case*...147
2   Comentários..147
I. Preliminares...154

II. Mérito	156
II.1 O Poder de Polícia no Direito Administrativo Contemporâneo	156
II.2. Jurisprudência do Supremo Tribunal Federal: regime jurídico das Empresas Públicas e Sociedades de Economia Mista Prestadoras de Serviço Público e Extensão do Regime Inerente à Fazenda Pública	161
II. 3. Delegação e parâmetros para o exercício do poder de polícia por entidades da Administração Pública indireta	164
III. Tese objetiva	171
IV. Caso Concreto	171

ADI Nº 6.390: O DIREITO FUNDAMENTAL À PROTEÇÃO DE DADOS PESSOAIS

Gabriel Campos Soares da Fonseca 173

Introdução	173
1. Breve contextualização	181
2. O direito constitucional à proteção de dados e à autodeterminação informativa	181
3 A violação ao postulado da proporcionalidade	184
4. A proteção de dados em tempos de coronavírus	186
5. Privacidade e segurança	188
6. Conclusão	189

ADI Nº 6.492: REFLEXOS NA ESTRUTURA REGULATÓRIA SETORIAL DO SANEAMENTO BÁSICO

João Moreira Pessoa de Azambuja 191

Introdução	191
I Apresentação do voto do relator	192
II Prestação regionalizada e autonomia dos entes federados	192
III Funcionalidade e os atributos econômicos do saneamento básico	193
III.3 A realidade brasileira de execução dos serviços de saneamento e os objetivos da Lei nº 14.026/2020	194
II. PREMISSA TEÓRICA: A MOLDURA CONSTITUCIONAL DOS SERVIÇOS PÚBLICOS DE SANEAMENTO BÁSICO	196
III. PREMISSA TEÓRICA: A FUNCIONALIDADE E OS ATRIBUTOS ECONÔMICOS DO SANEAMENTO BÁSICO	198
IV. PREMISSA TEÓRICA: A REALIDADE BRASILEIRA DE EXECUÇÃO DOS SERVIÇOS DE SANEAMENTO E OS OBJETIVOS DA LEI nº 14.026/2020	200
V. PREMISSA TEÓRICA: OS OBJETIVOS SETORIAIS DA LEI Nº 14.026/2020	201
VI. DAS ALTERAÇÕES À LEI Nº 11.445/2007 - A REGULAMENTAÇÃO DA PRESTAÇÃO REGIONALIZADA	202

RE Nº 677.725: DESLEGALIZAÇÃO EM MATÉRIA TRIBUTÁRIA E O CASO DO FAP
Marcus Lívio Gomes, Raquel de Andrade Vieira Alves..205
I   A evolução doutrinária e jurisprudencial no STF em relação ao princípio da legalidade tributária: chancela do requisito da densidade normativa suficiente para a validade da delegação legislativa 205
II   A controvérsia submetida à análise do STF através do julgamento do RE nº 677.725 e o caráter extrafiscal do FAP sob a ótica do princípio da equidade na forma de participação no custeio da seguridade social..210

RE Nº 843.112: ATUAÇÃO DO PODER JUDICIÁRIO EM CASO DE MORA DO PODER EXECUTIVO EM REALIZAR A REVISÃO GERAL ANUAL DA REMUNERAÇÃO DOS SERVIDORES PÚBLICOS
Mário Augusto Figueiredo de Lacerda Guerreiro 241

ADI Nº 5.657: TRANSPORTE INTERESTADUAL GRATUITO A JOVENS DE BAIXA RENDA
Pedro Felipe de Oliveira Santos...255
1   Introdução: a jurisprudência dos conflitos sociais complexos 255
2   A *quaestio iuris* da ADI nº 5.657 e seus principais discursos 256
II. A constitucionalidade da intervenção do Estado na ordem econômica para assegurar a especial proteção de direitos fundamentais......................................262
III. A existência de amplo arcabouço legal e regulatório: a revisão de tarifas dos contratos de concessão e permissão de serviços públicos, para a preservação do equilíbrio econômico-financeiro, e a liberdade tarifária inerente à autorização de serviços públicos 266

RE Nº 732.686: ENTRE A LIVRE INICIATIVA E A TUTELA DO MEIO AMBIENTE – O CASO DAS SACOLAS PLÁSTICAS
Valter Shuenquener de Araujo..273
PRELIMINAR: ADMISSIBILIDADE DO RECURSO..275
I.   CONSTITUCIONALIDADE FORMAL: COMPETÊNCIA MUNICIPAL SUPLETIVA PARA A EDIÇÃO DE NORMAS MAIS PROTETIVAS AO MEIO AMBIENTE..276
II. CONSTITUCIONALIDADE FORMAL: INEXISTÊNCIA DE VÍCIO DE INICIATIVA 283
III. CONSTITUCIONALIDADE MATERIAL 283
IV. MODULAÇÃO DOS EFEITOS 292
V. DISPOSITIVO...292

PRONUNCIAMENTO DO EXCELENTÍSSIMO CHEFE DO PODER JUDICIÁRIO BRASILEIRO, MINISTRO LUIZ FUX, POR OCASIÃO DO ENCERRAMENTO DA GESTÃO 2020-2022 295

SOBRE OS COMENTARISTAS 305

DISCURSO DO EXCELENTÍSSIMO SENHOR MINISTRO LUIZ FUX POR OCASIÃO DA POSSE NO CARGO DE PRESIDENTE DO SUPREMO TRIBUNAL FEDERAL E DO CONSELHO NACIONAL DE JUSTIÇA

Brasília, 10 de setembro de 2020.

Parte I
O povo brasileiro e a sua identidade constitucional: o senso de missão do Supremo Tribunal Federal

> *O sonho encheu a noite*
> *Extravasou pro meu dia*
> *Encheu minha vida*
> *E é dele que eu vou viver*
> *Porque sonho não morre.*

Sob a inspiração da poetisa e filósofa Adélia Prado, inicio este discurso com a infinita emoção que me assoma ao tomar posse na chefia do Poder Judiciário do meu amado país. Esse sentimento caminha irmanado com um profundo senso de responsabilidade, de disciplina e de prudência, sentimentos inerentes à honra de servir o povo brasileiro neste momento dramático de soerguimento da vida nacional, em meio a uma insondável pandemia de proporções globais.

Como primeiro gesto simbólico no exercício desta nobilíssima missão, não poderia deixar de prestar um tributo às mais de 120.000 (cento e vinte mil) vítimas fatais do coronavírus em nosso país e aos seus familiares. Essa página crítica e devastadora de nossa história, que ainda estamos a virar, torna imperativa uma reflexão sobre nossas vidas, nossos rumos e nossos laços de identidade nacional. Nenhum nome será esquecido. Pela memória e dignidade dos BRASILEIROS que se foram, não desperdiçaremos a oportunidade de nos tornarmos pessoas mais nobres e solidárias e uma nação melhor para as presentes e futuras gerações.

Nesses últimos meses, os cidadãos e as instituições do país demonstraram admirável capacidade de resiliência e de superação, tal como preconizava o literato Euclides da Cunha; para reconhecer, parafraseando-o, que o brasileiro é, antes de tudo, um forte, capaz de se reinventar na adversidade. Não há crise que o esmoreça; não há obstáculo que o faça desistir dos sonhos; não há disrupção que o retire a identidade.

O poeta sul mato-grossense Manoel de Barros dizia que "quem anda no trilho é trem de ferro"; o brasileiro, ao contrário, é "água que corre entre as pedras", porque sabe que "liberdade caça jeito". É povo destemido, ciente de que "o que a vida quer de nós é coragem", como no vaticínio de Guimarães Rosa.

Nesse processo de reação e de reconstrução nacional, nos planos material e espiritual, o meu sentir, como cidadão e como juiz, é que a nossa Constituição sairá mais fortalecida dessa crise. Forçoso reconhecer que, mesmo no auge da ansiedade coletiva causada pela pandemia, ninguém – ninguém – ousou questionar a legitimidade e a autoridade das respostas da Suprema Corte, com fundamento na Constituição, para as nossas incertezas momentâneas.

A nossa Carta Magna, enunciada sob a proteção de Deus como ideário da nação, permanece como a âncora do nosso Estado Democrático de Direito e a bússola que guia as nossas aspirações de presente e de futuro.

Ouso definir que a Constituição Federal é, a um só tempo, símbolo e norma; esperança e autoridade; projeto e realização. Ela é holística sem ser paradoxal, justapondo e equilibrando todas as identidades cidadãs no bojo de nossas diversidades étnicas, culturais e políticas; atemporal sem ser anacrônica, ora se preservando, ora se ressignificando para garantir estabilidade à vida impermanente; onipresente sem ser totalitária, funcionando simultaneamente como ponto de partida, como caminho e como ponto de chegada das indagações nacionais.

Nós, Juízes do Supremo Tribunal Federal, somos os guardiões desse mais sagrado documento democrático pertencente ao povo brasileiro.

É por essa razão que cabe ao Supremo Tribunal Federal dar vida à "Constituição Cidadã", na feliz expressão de Ulysses Guimarães, assegurando aos brasileiros o exercício de suas liberdades e igualdades, em missão orientada pelos valores fundamentais de uma sociedade fraterna, pluralista e despida de preconceitos.

No exercício de suas funções, o Supremo Tribunal Federal tem se desincumbido exemplarmente de seu mister, assegurando que a nossa Constituição permaneça como a certeza primeira de todos os brasileiros.

É cediço que, numa sociedade democrática, o direito de discordarmos uns dos outros deve ser reconhecido como requisito essencial para o aprimoramento do ser humano e das instituições. Em tempos de pós-verdade, profetizada por

Gadamer em seu clássico *Verdade e Método*, o dissenso expõe os excessos de cada lado do debate e convida a coletividade a enxergar as diversas perspectivas de um mesmo mundo. É somente através da justaposição entre os diferentes que construímos soluções mais justas para os problemas coletivos.

Por isso mesmo, democracia não é silêncio, mas voz ativa; não é concordância forjada seguida de aplausos imerecidos, mas debate construtivo e com honestidade de propósitos. Essa dialética conjura o silêncio dos humilhados e nos relembra as palavras do filósofo Carlos Santiago Nino, para quem "são complexas as tensões resultantes do matrimônio entre a democracia e o constitucionalismo".

A despeito de nossas diferenças, é imperioso que tenhamos uma única concordância, uma espécie de consenso por justaposição: para a sobrevivência de uma sociedade plural, prometida no patamar do preâmbulo da Carta Maior, as discussões e soluções para o nosso país devem emergir do tecido da Constituição, sempre em respeito aos direitos fundamentais e à cidadania. Nada floresce quando a semeadura é feita no terreno árido para além do entrincheiramento constitucional.

O Supremo Tribunal Federal, concretizando esse ideal, tem funcionado como eficiente árbitro dos conflitos constitucionais. A Corte foi responsável por decisões fundamentais para o bom funcionamento dos poderes constituídos, bem como para o aprimoramento do sistema republicano. Destaco as decisões que garantiram a fidelidade partidária para o fortalecimento das agremiações políticas, enquanto instâncias elementares da democracia de massas; a vedação ao nepotismo, prática de todo inconciliável com a moralidade; e a constitucionalidade da lei da ficha-limpa, iniciativa popular que resultou da intolerância nutrida pela sociedade brasileira em relação à corrupção e à má gestão dos recursos públicos.

No plano da cidadania, o Supremo Tribunal Federal assumiu posição importante na garantia das liberdades individuais e na promoção da igualdade material. A Corte laborou no resgate de identidades historicamente vulneráveis, reconhecendo os direitos dos povos indígenas e dos afrodescendentes nas ações afirmativas em prol das minorias étnicas, legitimou as uniões estáveis homoafetivas e a paternidade socioafetiva; rechaçou a trans e a homofobia, e validou a Lei Maria da Penha.

Igualdade traz dignidade e nos afasta do "perigo da indiferença" para com o outro, sentimento que, nas palavras de Elie Wiesel, já adoeceu o mundo, gerou o holocausto e levou meus queridos antepassados a serem dizimados nos campos de concentração.

Calcado nesses antecedentes juspolíticos, preservaremos, à frente da nossa Suprema Corte, a sua função precípua como instituição de jurisdição maior, defendendo a nossa Constituição, seus valores morais e suas razões públicas, e conjurando das nossas deliberações temas mais afeitos aos demais Poderes. Meu norte será a lição mais elementar que aprendi ao longo de décadas no exercício da Magistratura: a necessária deferência aos demais Poderes no âmbito de suas competências, combinada com a altivez e vigilância na tutela das liberdades públicas e dos direitos fundamentais. Afinal, o mandamento da harmonia entre os Poderes não se confunde com contemplação e subserviência.

As três últimas décadas testemunharam as deliberações valiosas do Poder Judiciário, notadamente do Supremo Tribunal Federal, na consolidação e avanço do PROCESSO DEMOCRÁTICO E SOCIAL e no resguardo dos direitos fundamentais e das regras do jogo democrático.

Se assim o é, também não se podem desconsiderar as críticas, em vozes mais ou menos nítidas e intensas, de que o Poder Judiciário estaria se ocupando de atribuições próprias dos canais de legítima expressão da vontade popular, reservada apenas aos Poderes integrados por mandatários eleitos. Em referência a tal juízo de censura, é comum o emprego das expressões "judicialização da política" e "ativismo judicial".

Esse é um aspecto da jurisdição que me é muito caro e preocupante.

Assistimos, cotidianamente, o Poder Judiciário ser instado a decidir questões para as quais não dispõe de capacidade institucional. Mais ainda, a cláusula pétrea de que nenhuma lesão ou ameaça deva escapar à apreciação judicial, erigiu uma zona de conforto para os agentes políticos.

Em consequência, alguns grupos de poder que não desejam arcar com as consequências de suas próprias decisões acabam por permitir a transferência voluntária e prematura de conflitos de natureza política para o Poder Judiciário, instando os juízes a plasmarem provimentos judiciais sobre temas que demandam debate em outras arenas.

Essa prática tem exposto o Poder Judiciário, em especial o Supremo Tribunal Federal, a um protagonismo deletério, corroendo a credibilidade dos tribunais quando decidem questões permeadas por desacordos morais que deveriam ter sido decididas no Parlamento.

Essa disfuncionalidade desconhece que o Supremo Tribunal Federal não detém o monopólio das respostas – nem é o legítimo oráculo – para todos os dilemas morais, políticos e econômicos de uma nação. Tanto quanto possível, os poderes Legislativo e Executivo devem resolver *interna corporis* seus próprios conflitos e arcar com as consequências políticas de suas próprias decisões. Imbuído dessa premissa, conclamo os agentes políticos e os atores do sistema de justiça aqui presentes para darmos um basta na judicialização vulgar e epidêmica de temas e conflitos em que a decisão política deva reinar.

Trata-se de compromisso que se revela fundamental para a sustentabilidade de nossa democracia, para a autoridade de nossa Constituição, e para a harmonia entre os poderes.

Aos nossos olhos, o Judiciário deve atuar movido pela virtude passiva, devolvendo à arena política e administrativa os temas que não lhe competem à luz da Constituição. E, quando excepcionalmente assumir esse protagonismo, o Judiciário poderá, em lugar de intervir verticalmente, atuar como catalisador e indutor do processo político-democrático, emitindo incentivos de atuação e de coordenação recíproca às instituições e aos atores políticos.

Portanto, nos próximos dois anos, será nosso objetivo preservar a dignidade da jurisdição constitucional. É cediço que, muitas vezes, o poder de decidir tangencia o poder de destruir. Por isso mesmo, a intervenção judicial em temas sensíveis deve ser minimalista, respeitando os limites de capacidade institucional dos juízes, e sempre à luz de uma perspectiva contextualista, consequencialista, pragmática, porquanto em determinadas matérias sensíveis, O MENOS É MAIS.

Por outro lado, se devemos deferência ao espaço legítimo de atuação da política, não podemos abrir mão da independência judicial atuante por um ambiente político probo, íntegro e respeitado. De forma harmônica e mantendo um diálogo permanente com os demais Poderes, o Judiciário não hesitará em proferir decisões exemplares para a proteção das minorias, da liberdade de expressão e de imprensa, para a preservação da nossa democracia e do sistema republicano de governo.

Igualmente, não mediremos esforços para o fortalecimento do combate à corrupção, que ainda circula de forma sombria em ambientes pouco republicanos em nosso país. Como no mito da caverna de Platão, a sociedade brasileira não aceita mais o retrocesso à escuridão e, nessa perspectiva, não admitiremos qualquer recuo no enfrentamento da criminalidade organizada, da lavagem de dinheiro e da corrupção. Aqueles que apostam na desonestidade como meio de vida não encontrarão em mim qualquer condescendência, tolerância ou mesmo uma criativa exegese do Direito. Não permitiremos que se obstruam os avanços que a sociedade brasileira conquistou nos últimos anos, em razão das exitosas operações de combate à corrupção autorizadas pelo Poder Judiciário brasileiro, como ocorreu no Mensalão e tem ocorrido com a Lava Jato.

Parte II
Inicio agora uma breve digressão sobre nosso plano de gestão

Senhoras e senhores, nas últimas décadas, o Poder Judiciário tem refletido acerca de sua própria natureza e dos resultados que tem oferecido à sociedade. Governança, eficiência, inovação tecnológica e transparência são vetores estratégicos hodiernos que impulsionam a diversificação do modo de se pensar e de se fazer a Justiça no Brasil.

Nossa gestão no Supremo Tribunal Federal e no Conselho Nacional de Justiça compreenderá cinco eixos de atuação. São eles: 1) a proteção dos direitos humanos e do meio ambiente; 2) a garantia da segurança jurídica conducente à otimização do ambiente de negócios no Brasil; 3) o combate à corrupção, ao crime organizado e à lavagem de dinheiro, com a consequente recuperação de ativos, 4) o incentivo ao acesso à justiça digital, e 5) o fortalecimento da vocação constitucional do Supremo Tribunal Federal. Todos esses eixos encontram-se alinhados aos Objetivos de Desenvolvimento Sustentável da Agenda 2030 da Organização das Nações Unidas.

Como forma de criar um canal permanente para o diálogo entre o Judiciário e a sociedade civil, criaremos o *"Observatório de Direitos Humanos"* no âmbito do Conselho Nacional de Justiça, com a participação de lideranças nacionais. A sociedade civil terá, assim, voz para propor iniciativas a serem adotadas por toda a justiça brasileira em matéria de direitos humanos.

A vocação constitucional *stricto sensu* do Supremo Tribunal Federal merecerá especial atenção nos próximos dois anos, porquanto não se justifica que sejamos a Corte Suprema que mais julga processos em todo o mundo. Em 2019, foram 115.603 processos julgados, em contraposição, por exemplo, aos 70 casos julgados pela Suprema Corte Americana.

Julgar muito não significa necessariamente julgar bem. Por isso mesmo, o gerenciamento dos precedentes desta Corte e o monitoramento de sua correta aplicação pelas demais instâncias do Poder Judiciário permitirá a redução do número de ações que chegam desnecessariamente ao Supremo Tribunal Federal. Essa mudança permitirá reposicionar cada vez mais o STF **como uma corte eminentemente constitucional.**

As inovações tecnológicas entrarão em cena para a transformação revolucionária da prestação jurisdicional, sem olvidar a coexistência com o trabalho humano.

Em tempos de restrições orçamentárias, soluções criativas, de baixo custo, porém com alto impacto estrutural, precisam ser estimuladas.

É cediço que a pandemia do coronavírus testou a capacidade de resiliência institucional do Poder Judiciário como nunca em nossa história contemporânea. Com velocidade e senso de adaptação, conseguimos prestar jurisdição ininterruptamente com ganho de produtividade.

Temos sido simultaneamente espectadores e protagonistas de uma das maiores transformações da história da humanidade: o sepultamento da era analógica e o resplandescer da era digital, em que o *big data* se torna a fonte principal de produção de dados públicos.

Em nível global, o Poder Judiciário brasileiro está na vanguarda desse processo. As excelentes gestões dos Presidentes do STF e do CNJ que me antecederam criaram as bases tecnológicas para doravante consolidarmos a Revolução Digital do Poder Judiciário brasileiro. Nos próximos dois anos, daremos passos largos em direção ao acesso à justiça digital amplo, irrestrito e em tempo real a todos os brasileiros.

O STF caminha para se tornar a primeira corte constitucional 100% digital do planeta, com perfeita integração entre inteligência artificial e inteligência humana para o oferecimento *on-line* de todos os seus serviços. Nos próximos dias, com amparo na Lei de Inovação Tecnológica, lançaremos o InovaSTF, um laboratório que reunirá desenvolvedores computacionais, estatísticos, juristas e pesquisadores, em ambiente único e inovador, para juntos arquitetarem soluções de tecnologia jurisdicionais, inclusive com integração a *startups* de todo o país.

Na primeira instância, criaremos juízos 100% digitais, em que todos os atos processuais serão realizados de forma eletrônica e remota e com juízes acessíveis a todos os jurisdicionados, sem a necessidade de uma estrutura física para o seu suporte. Eis a era digital antevista por Eric Hobsbawm, em que os *fóruns* deixam de ser espaços físicos para se tornarem serviços prestados *on-line*. O programa Justiça 4.0, do CNJ, intensificará esse movimento disruptivo por meio da eliminação de cartas precatórias, ampliação das audiências telepresenciais, criação do domicílio digital e incentivo a soluções alternativas de conflitos em plataformas eletrônicas, entre diversas outras iniciativas.

Daremos também início a um ambicioso projeto de criação de uma Plataforma Digital do Poder Judiciário, que funcionará em nuvem, com o objetivo de incrementar a interligação entre os vários sistemas eletrônicos dos tribunais do país.

A tecnologia também será primoroso instrumento para o aprimoramento do sistema de combate à corrupção, e a recuperação de ativos de nosso país por meio de ampliação das parcerias estratégicas com organismos nacionais e internacionais, tão essenciais o ingresso do Brasil na OCDE.

A preocupação desta gestão que se inicia também é a de que o Poder Judiciário brasileiro atue para proporcionar a segurança jurídica necessária para a estabilidade e a prosperidade do país. Nenhuma nação cresce em um ambiente permeado por excesso de burocracia e por incertezas quanto às consequências das condutas humanas. Os investidores no Brasil clamam por previsibilidade e segurança jurídica, na medida em que surpresa e desenvolvimento econômico não combinam.

Nessa perspectiva, não esqueceremos outro destinatário central do nosso trabalho diário: o cidadão brasileiro. Não basta um Poder Judiciário tecnológico, transparente e eficiente, se os direitos básicos do cidadão não forem protegidos e concretizados pelas decisões judiciais.

Alvitro que nós, juízes do Brasil, jamais esqueçamos que o Judiciário é a porta última dos aflitos. No exercício de nosso labor, deparamo-nos com as mais severas mazelas humanas, personificadas em rostos marcados ora pela dor, ora pela culpa, mas, em ambos os casos, sempre confiantes na justiça dos homens.

Deveras, não olvidaremos que o Poder Judiciário deve contas à sociedade.

Advirto, porém: prestação de contas à sociedade não se confunde com obediência à opinião pública, mas antes com o sentimento constitucional do povo. A interpretação da Constituição deve refletir e justapor, sem paixões, os valores que formam a cultura política e a identidade do povo brasileiro. Judicatura requer a consciência de que a autoridade de nós juízes repousa na crença de cada cidadão brasileiro de que as decisões judiciais decorrem de um exercício imparcial e despolitizado de alteridade.

A efetividade da Constituição, já o afirmara Konrad Hesse sobre a força normativa da Carta Magna, é tanto maior quando se alia ao sentimento constitucional do povo.

Peter Häberle, ao discorrer sobre a "Sociedade Aberta de Intérpretes da Constituição", deixa entrever que além dos poderes constituídos: Executivo, Legislativo e Judiciário o povo também é o exegeta maior.

Parte III
Dirijo-me, agora, aos destinatários de meus agradecimentos institucionais

Mercê de compor o colegiado judicante, passo, a partir de hoje, a me dedicar a esses altos desígnios patrióticos, na certeza de que a nossa esperança se exteriorizará na vitória, e de que a nossa fé no Brasil será sacra como uma oração.

Dirijo-me primeiramente aos órgãos da República, seus membros e instituições essenciais à prestação da justiça, para fazer uma promessa parafraseando o nosso artista popular Luiz Gonzaga, o Rei do Baião: "a minha toada é mensageira da paz".

A minha trajetória de vida pública que é, fala por si: sou homem de pontes e não de muros; segui à risca a lição poética da goiana Cora Coralina e "fiz a escalada da montanha da vida removendo pedras e plantando flores".

Nada obstante, as nossas relações com os demais Poderes serão harmônicas, porém litúrgicas, consoante a essência do mandamento constitucional.

Aos meus colegas Ministros do Supremo Tribunal Federal, de ontem, de hoje e de sempre, presto a profissão de fé de que não economizarei esforços para manter a autoridade e a dignidade desta Corte, conjurando as agressões lançadas pelos descompromissados com a pátria e com o povo do nosso país. Esses corruptos de ontem e de hoje é que são os verdadeiros responsáveis pela ausência de leitos nos hospitais, de saneamento e de saúde para a população carente, pela falta de merenda escolar para as crianças brasileiras e por impor ao pobre trabalhador brasileiro uma vida lindeira à sobrevivência biológica.

Muito humildemente, sei que nenhum – absolutamente nenhum – dos nobres desígnios anunciados é alcançável em voo solo. Assim como os Poderes da República devem ser harmônicos entre si, a harmonia também deve reinar internamente nesta Corte.

Todos os objetivos aqui enumerados serão alcançáveis pela Administração **colegiada** do nosso Tribunal. Sei que conto com o apoio e a colaboração de Vossas Excelências. Os Ministros, Celso de Mello, nosso decano e nossa constante inspiração; Marco Aurélio Mello, o verdadeiro artesão das soluções dos casos *sub judice*; Gilmar Mendes, a cultura a serviço da nação; Ricardo Lewandowski, o tutor do Federalismo moderno; Cármen Lucia, a precursora dos novos perfis do Direito Administrativo; Dias Toffoli, destinatário das palavras especiais que advirão; Rosa Weber, uma humanista a serviço do Direito; Luís Roberto Barroso, intelectual e jurista interdisciplinar; Luiz Edson Fachin, intransigente defensor da filosofia constitucional; e Alexandre de Moraes, jurista de incomparável experiência na vida pública.

O Supremo Tribunal Federal há de ser unívoco nas suas manifestações juspolíticas e, mesmo na salutar divergência, há de ostentar coesão de ideais e de força capaz de repudiar, em uma só voz, eventuais atentados à ordem democrática.

A importância da união de uma Corte foi exposta de forma poética e sublime pelo cientista político e processualista Piero Calamandrei:

> A independência dos juízes, isto é, aquele princípio institucional pelo qual, no momento em que julgam, eles devem sentir-se desvinculados de toda e qualquer subordinação hierárquica, é um duro privilégio que impõe a quem o desfruta a coragem de ficar a sós consigo mesmo, frente a frente sem se esconder atrás do cômodo biombo da ordem superior. Por isso o caráter do colegiado que se costuma considerar como garantia de justiça para os réus, talvez tenha sido concebido, antes de mais nada, para conforto dos juízes, para lhes dar um pouco de companhia na solidão da sua independência.

Dirijo-me, agora, à minha equipe que, há anos, lealmente me acompanha, prestando o suporte necessário para que essa árdua caminhada se torne mais leve e aprazível. Ao corpo de funcionários do Supremo Tribunal e do Conselho Nacional de Justiça, peço o voto de confiança para que, juntos, realizemos um trabalho transformador.

É chegada a hora de externar as minhas homenagens especiais.

Destaco que a empreitada de administrar o Judiciário, que o destino ora me submete, atenua-se pela exemplar e magistral atuação do presidente Dias Toffoli e a sua equipe. Da alegria à pandemia, Dias Toffoli não poupou esforços para incrementar a transparência, a eficiência e a responsabilidade do Poder Judiciário – eixos estratégicos de sua gestão. E, como demonstração de um profundo comprometimento com a coisa pública, Dias Toffoli permitiu, de maneira incondicional, que a fase de transição, tão crucial para uma gestão que se inicia, ocorresse de maneira cordial, lhana e eficiente.

Agradeço ao Ministro Marco Aurélio as generosas palavras, frutos da nossa antiga convivência e de seu dedicado estímulo para que eu alcançasse uma cadeira no Superior Tribunal de Justiça, etapa da minha carreira que após 11 (onze) anos de convivência no Tribunal da Cidadania, usufruindo da companhia dos eminentes colegas aqui presentes na cerimônia e do saudoso Teori Zavascki, pavimentou minha chegada à Suprema Corte.

Quero também agradecer ao destino a possibilidade de trabalhar lado a lado com esse amigo da juventude, intelectual da palavra simples e doce e irmão de uma fé multifária que nos une a tantos outros, que é Luís Roberto Barroso. Mergulho em nosso passado acadêmico e comemoro que nossos caminhos são um só caminho e nossas almas uma só alma, as mesmas palavras que proferi na qualidade de juiz celebrante do seu casamento com a querida Tereza.

Parte IV

Senhoras e Senhores, o cantor e compositor Fagner,
que nos brindou com uma versão tão brasileira quanto
nordestina do *Hino da Nação Brasileira*, numa de suas
belas canções, traz uma estrofe na qual cantarola
"que só acredita no homem que chora e sonha."
Esse é o meu momento mais sensível
de dedicação aos amigos e à família.

Essa missão que ora assumo, e assim como o fiz no introito desta fala, é um misto de sonho e de realidade.

Aprendi com a vida que a maior capacidade do ser humano é transformar seus sonhos em realidade. Os sonhos são o bálsamo da vida e o alimento da esperança; sonhar acordado é vislumbrar o destino que nossos corações desejam.

Fernando Pessoa, que valia por uma literatura inteira, num de seus belos poemas enunciava:

> sonhando sempre eu não tinha sonhado
> que n'esta vida sonha-se acordado,
> que n'este mundo a sonhar se vive!

Essa inspiração lúdica prepara meu espírito para agradecer.

Em primeiro lugar, agradeço os amigos que forjei no Ministério Público do Estado do Rio de Janeiro, no Tribunal de Justiça do Estado do Rio de Janeiro, e no Superior Tribunal de Justiça, Casas de justiça a que pertenci, esta última, por força de sua jurisprudência, até hoje cognominada de Tribunal da Cidadania.

À comunidade do jiu-jitsu, esporte a que me dedico por mais de 40 anos e que me transmitiu lições de coragem, disciplina e saúde, cumprimento a todos nas pessoas do nosso mestre Oswaldo Alves, um octogenário com a alma espartana de um jovem de 20 anos, meu amigo e mestre Sergio Penha e a toda a família Gracie.

Agradeço ao *Rock and Roll* brasileiro, que me encantou na juventude e me levou à ousadia de integrar bandas da época, na pessoa de Michael Sullivan, compositor de mais de 1.500 músicas, ganhador de vários Grammys Latinos e que me deu a honra da parceria da canção "Flor Marianna", como presente de casamento para a minha filha.

Por fim, é a hora de pedir permissão para deixar falar o coração e exteriorizar a minha perene gratidão à minha família, momentos em que nossos olhos não traem o que nosso órgão de fé sente.

Em primeiro lugar; minha gratidão à minha mãe Lucy Fux, amiga e conselheira, que pautou a minha criação permeada pelo carinho e pelos conselhos de responsabilidade e de independência. Luiz Alberto Py, na sua obra *Olhar acima do horizonte*, discorre psicanaliticamente que as palavras que uma mãe fala para seus filhos nunca saem de suas mentes.

Ter ouvido da minha mãe, após o meu discurso de posse no Ministério Público do Estado do Rio de Janeiro, aos 23 anos de idade, que o atributo que ela mais admirava em minha personalidade era minha independência fez de mim um homem corajoso, indiferente às maledicências, altivo com os opulentos, mas caridoso com os indigentes.

Agradeço ao meu porto seguro, minha amada esposa Eliane Fux, que compartilha meus anseios e me fortalece nas fraquezas que autenticam a minha humanidade, pela sua sobriedade, seu amor e presença constante nos nossos 45 anos de convivência. Ela pavimentou esse caminho junto comigo, num amor unitivo que, sem ela, seria impossível estar aqui hoje.

Esse seu exemplo é seguido pela minha querida nora Nicole **e pelo meu genro Hercílio José Binato de Castro.**

Agradeço aos meus filhos, a razão maior do meu viver e a melhor parte mim mesmo, relembrando Khalil Gibran:

> Teus filhos não são teus filhos são filhos e filhas da vida, vem através de ti, mas não de ti e embora estejam contigo, a ti não pertencem. Podes dar-lhes amor mas não teus pensamentos, pois que eles tem seus pensamentos próprios. Podes abrigar seus corpos, mas não suas almas, pois que suas almas residem na casa do amanhã, que não podes visitar sequer em sonhos.
> Podes esforçar-te por te parecer com eles, mas não procureis fazei-los semelhante a ti, pois a vida não recua, não se retarda no ontem. "teus filhos não são teus filhos, são filhos da vida"

Dedico a minha emoção também aos meus doces netos: Patrick, o meu Tick que foge do monstro do beijo, eu, seu vô; Rafaela, minha princesa mais bela; e Nicolas, a figura do meu pai em miniatura, todos filhos do Rodrigo Fux e da Nicole. Dedico também esse desvanecimento à Maria Valentina, que veio ao mundo na antevéspera da posse como símbolo de um sonho para iluminar a vida de todos nós, e em especial da minha filha Marianna, que ainda se encontra em resguardo e não pôde estar presente, e do meu genro Hercílio José.

Também saúdo as minhas irmãs, companheiras de toda a minha existência, Rosane e Bettina.

Por fim, ergo a minha voz com a sensação dúbia de alegria e saudade para, na qualidade de filho do meu amado e saudoso pai Mendel Fux, agradecer a sua constante presença como educador enquanto vivo e nas minhas preces noturnas depois da sua partida.

Consigo enxergá-lo aqui na primeira fileira, como ele sempre fazia nos meus concursos e posses, durante a minha caminhada no magistério e na magistratura. Nesse culminante momento da minha carreira de magistrado, agradeço a ele pelo conselho mais relevante da minha existência, movido pelo seu sentimento de amor ao Brasil.

O ano era 1977. Era noite e ele veio até mim para me desencorajar de emigrar para o exterior, de onde surgira uma excelente oferta profissional. Pediu que aqui eu permanecesse, para devolver ao Brasil o acolhimento de seu exílio da perseguição nazista e para retribuir a educação gratuita que eu obtivera no meu querido Colégio Dom Pedro II e na Universidade do Estado do Rio de Janeiro.

Hoje eu acordei com a sonoridade daquela voz firme e daquele olhar profundo: "FILHO, VOCE NÃO VAI PARA O EXTERIOR, NÃO. VOCÊ VAI FICAR AQUI PARA DEVOLVER AO BRASIL TUDO O QUE ESSE PAÍS FEZ PELA NOSSA FAMÍLIA!"

Pai, rogo que, no patamar celestial que você se encontra, POSSA ASSISTIR a este momento gerado pelo amor por este país que aprendi com a sua devoção ética ao Brasil.

Parte V
Das considerações finais

Senhoras e senhores. É hora de findar. Quero deixar um testamento de fé como magistrado e ser humano.

Como Magistrado, meu olhar sobre o Brasil e sobre o Poder Judiciário é otimista. As boas mudanças são geracionais. Por vezes, elas não ocorrem no tempo e no ritmo que desejamos. Em algumas situações, visualizamos retrocessos pontuais. No entanto, mesmo em face dos graves conflitos que se descortinam na política, na economia e na vida social, NOS RECUSAMOS a adotar uma postura de pessimismo. Afinal SOU MAGISTRADO DE CARREIRA, e um juiz sem esperanças deixa em perigo a Constituição a que serve. Não há milagres nem subterfúgios. O motor da história é olhar para frente, sempre com prudência, responsabilidade e a consciência de que devemos honrar e preservar os ideais de futuro que a Constituição da República Federativa do Brasil prometeu.

Como ser humano, fortaleço meu incondicional desejo e certeza de que dias melhores virão. Por isso, concito a todos que lavemos as mãos, não como Pilatos, mas para com elas, imunes da pandemia, segurarmos nas mãos de Deus para que nos conduza ao caminho da Luz, do Amor ao Bem e ao próximo, e à divindade da Justiça.

Que a humildade, a coragem, a independência, a prudência e a disciplina guiem a jornada que ORA INICIO.

Que Deus me proteja.

Baruch Hashem (Deus seja louvado).

Muito obrigado.

Ministro Luiz Fux
Presidente do Supremo Tribunal Federal

Informação bibliográfica deste texto, conforme a NBR 6023:2018 da Associação Brasileira de Normas Técnicas (ABNT):

FUX, Luiz. Discurso do Excelentíssimo Senhor Ministro Luiz Fux por ocasião da posse no cargo de Presidente do Supremo Tribunal Federal e do Conselho Nacional de Justiça. *In*: FUX, Luiz. *Jurisdição constitucional IV*: pluralismo e direitos fundamentais. Belo Horizonte: Fórum, 2023. p. 11-23. ISBN 978-65-5518-601-7.

RE Nº 1.008.166: EDUCAÇÃO INFANTIL COMO DIREITO SUBJETIVO FUNDAMENTAL

ABHNER YOUSSIF MOTA ARABI

O Recurso Extraordinário nº 1.008.166 (Tema 548 da repercussão geral) foi julgado pelo Plenário do Supremo Tribunal Federal em setembro de 2022, a partir de um caso piloto originário do Município de Criciúma/SC. Discutia-se, como objeto principal, o dever estatal de assegurar o atendimento em creche e pré-escola às crianças de zero a cinco anos de idade, tendo se assentado na origem a obrigatoriedade de a cidade oferecer vagas em estabelecimento educacional para essas crianças, nos níveis de creche para aquelas de zero a dois anos e de pré-escola para aquelas de três a cinco.

No julgamento de origem, as disposições dos artigos 208, IV, e 211, §2º, da Constituição[1] foram consideradas normas imediatamente autoaplicáveis, independentemente de intermediação legislativa específica ou de prévia estruturação de política pública própria pelas autoridades administrativas. O município, por sua vez, contra-argumentava que a obrigação constitucional de fornecimento de vagas no sistema de ensino se colocaria apenas em relação ao ensino fundamental, não alcançando, de forma autoaplicável, o ensino básico infantil. Assim, sob essa perspectiva, por mais que fosse desejável a existência de vagas para crianças dessa faixa etária inicial, não existiria um direito público subjetivo que pudesse fundamentar a determinação judicial que obrigue o Município a fornecer essas vagas. Segundo alegava, as normas constitucionais relativas ao ensino básico infantil seriam de natureza programática, sem autoaplicabilidade imediata, dependendo, assim, de políticas públicas a serem desenvolvidas pelo poder público, na escolha de prioridades e alocação dos recursos públicos limitados. Nesse sentido, também se ventilava a existência

---

[1] Os dispositivos são assim redigidos: "Art. 208. O dever do Estado com a educação será efetivado mediante a garantia de: [...] IV - educação infantil, em creche e pré-escola, às crianças até 5 (cinco) anos de idade; (Redação dada pela Emenda Constitucional nº 53, de 2006)". "Art. 211. A União, os Estados, o Distrito Federal e os Municípios organizarão em regime de colaboração seus sistemas de ensino. [...] §2º Os Municípios atuarão prioritariamente no ensino fundamental e na educação infantil. (Redação dada pela Emenda Constitucional nº 14, de 1996)".

de violação à separação dos poderes pela decisão judicial que determinava o cumprimento de tal obrigação ao Município.

Para a devida contextualização, cumpre destacar que a interposição do recurso se deu anteriormente à Emenda Constitucional nº 59, de 11 de novembro de 2009, que, dentre outras alterações, conferiu nova redação aos incisos I e VII do art. 208, passando a prever a obrigatoriedade e a gratuidade do ensino de quatro a dezessete anos e ampliando a abrangência dos programas suplementares para todas as etapas da educação básica. Se antes esses dispositivos previam o "ensino fundamental, obrigatório e gratuito, assegurada, inclusive, sua oferta gratuita para todos os que a ele não tiveram acesso na idade própria" e o "atendimento ao educando, no ensino fundamental, através de programas suplementares de material didático-escolar, transporte, alimentação e assistência à saúde", passaram a dispor sobre a "educação básica obrigatória e gratuita dos 4 (quatro) aos 17 (dezessete) anos de idade, assegurada inclusive sua oferta gratuita para todos os que a ela não tiveram acesso na idade própria", além do "atendimento ao educando, em todas as etapas da educação básica, por meio de programas suplementares de material didático escolar, transporte, alimentação e assistência à saúde".

Perante o Supremo, o caso foi recebido em julho de 2009, ainda como Agravo de Instrumento (AI nº 761.908), quando o processo ficou sobrestado aguardando decisão do Agravo de Instrumento relativo ao recurso especial perante o Superior Tribunal de Justiça (Ag nº 1.211.370). Nesta Corte, em decisão monocrática do Ministro Humberto Martins, proferida em outubro de 2009, negou-se provimento ao recurso, por ausência de impugnação específica aos fundamentos da decisão recorrida.

Apenas em março de 2011 é que o caso foi distribuído à relatoria do Ministro Luiz Fux, tendo sido o agravo provido em maio de 2012, quando se determinou a subida do recurso extraordinário ao Supremo e, desde logo, já se iniciou a análise de repercussão geral da controvérsia constitucional, que restou reconhecida em julgamento finalizado nesse mesmo mês. A partir de então, diversas entidades manifestaram seu interesse em intervir no feito na qualidade de *amicus curiae*, tendo sido admitidos diversos âmbitos das Defensorias Públicas, Municípios brasileiros, além de entidades da sociedade civil representantes dos direitos das crianças e dos adolescentes.

Em novembro de 2016, o caso foi finalmente reautuado como o RE nº 1.008.166, substituindo o processo anterior como paradigma do tema de repercussão geral. Liberado para a pauta em agosto de 2020, o processo foi incluído diversas vezes no calendário de julgamento do Tribunal Pleno do STF, tendo sua análise efetivamente iniciada em 8 setembro de 2022, na última sessão presidida pelo Ministro Luiz Fux. Naquela oportunidade, o julgamento foi suspenso por pedido de vista do Ministro André Mendonça, tendo brevemente retornado a análise nas sessões de 21 e 22 de setembro, quando finalizada sua apreciação.

Quanto aos temas jurídicos debatidos, o caso trazia interessantes reflexões. Não se negou, em qualquer parte do julgamento, a importância de que as crianças, desde a mais tenra idade, tenham a oportunidade de acesso à educação básica infantil, mediante a possibilidade de frequentar estabelecimentos de ensino que lhe permitam desenvolver o início de sua personalidade e de sua cognição de forma plena e orientada.

Aliás, os reflexos dessa necessidade ultrapassam a esfera individual de cada criança, tendo em vista que, além dos efeitos coletivos e sociais que essa medida benfazeja acarretaria, o acesso à educação básica é essencial para que os genitores da criança, e em especial suas mães, possam ter efetivo acesso ao mercado de trabalho, especialmente quando não possuam condições financeiras ou familiares de prover outros meios de amparo a seus filhos. Entretanto, colocava-se em debate como questão jurídica a possibilidade de o Poder Judiciário implementar, de forma imediata, a obrigatoriedade de que todos os municípios brasileiros forneçam vagas de acesso à educação básica às crianças que habitam em seu território, quando já existia uma programação escalonada de política pública para a concretização gradual desse direito fundamental.

Esse ponto subsidiou, em grande medida, o voto vista do Min. André Mendonça, em que apresentada posição parcialmente divergente da que restou vencedora ao final. Em seu teor, manifestava preocupações com a universalização, para todos os municípios brasileiros, com a tese que se afirmasse no julgamento, de modo que assentava a posição de que o cumprimento da obrigação constitucional dependeria da existência de condições objetivas que possibilitassem a efetivação concreta desse direito fundamental. Assim, afirmava que não se poderia exigir judicialmente o cumprimento imediato e universal dessa obrigação constitucional, em referência à Lei nº 13.005/2014, que aprovou o Plano Nacional de Educação (PNE), com vigência por dez anos. Isso porque a referida lei, em formulação da política pública de acesso à educação, previu algumas metas, dentre as quais a de "universalizar, até 2016, a educação infantil na pré-escola para as crianças de 4 (quatro) a 5 (cinco) anos de idade e ampliar a oferta de educação infantil em creches de forma a atender, no mínimo, 50% (cinquenta por cento) das crianças de até 3 (três) anos até o final da vigência deste PNE".

De fato, essa foi a primeira meta apontada pela Lei em seu anexo, para a qual também estabeleceu um conjunto de dezessete estratégias que viabilizassem o seu cumprimento escalonado, finalizando no ano de 2024. Assim, entendendo que já havia manifestação legítima do Poder Legislativo na formulação da política pública específica de atendimento ao direito fundamental afirmado pela Constituição, o Ministro André Mendonça propunha tese diversa de julgamento, no sentido de que a obrigação estatal de assegurar o acesso à educação infantil para crianças de até cinco anos de idade deveria se dar conforme as fases do Plano Nacional de Educação: de forma imediata, para crianças a partir de quatro anos; e de forma escalonada para crianças de até três anos, observado o percentual constitucional mínimo de aplicação de recursos orçamentários em políticas de educação.[2]

---

[2] A tese proposta pela manifestação parcialmente divergente do Ministro André Mendonça foi assim formulada em seu voto vista: "É dever estatal, constitucionalmente obrigatório, assegurar o acesso universal à educação

Outro ponto interessante levantado ao longo dos debates orais travados pelos Ministros dizia respeito à possibilidade de restringir a obrigatoriedade de fornecimento das vagas às pessoas de baixa renda, as quais, por sua hipossuficiência econômica, não teriam outras condições de acessar o sistema de educação. Isso porque, sabe-se, os recursos públicos são limitados e as necessidades humanas revelam-se ilimitadas. Entretanto, ainda que haja alguma lógica econômica do possível nessa proposta intermediária, a ideia esbarraria juridicamente na difícil limitação de alcance e de eficácia de um direito fundamental, o qual, ainda que encontre limites na sua efetivação concreta, não poderia encontrar limites na sua titularização enquanto direito subjetivo.[3]

Ao final do julgamento, porém, prevaleceu a posição defendida pelo Ministro Luiz Fux, relator, vencido em parte o Ministro André Mendonça. Quanto às questões jurídicas propriamente ditas, o Supremo ratificou que o direito à educação infantil em creches e pré-escolas assume status constitucional, como direito subjetivo fundamental, conclusão que se reforça também pela regulamentação do tema em leis infraconstitucionais como o Estatuto da Criança e do Adolescente (Lei nº 8.069/1990, em especial seus artigos 53, I; e 54, IV) e a Lei de Diretrizes e Bases da Educação Nacional (Lei nº 9.394/1996, em especial seus artigos 4º, II; 11, V; 29 e 30, I e II). Ainda, assentou-se que no modelo de divisão de competência, a atribuição de concretizar o acesso à educação infantil repousa primariamente sobre os Municípios, que devem estabelecer, no desenho de suas políticas públicas, algum grau prioritário de atenção ao segmento mais vulnerável de sua população.

Desse modo, tratando-se de direito subjetivo fundamental com expressa previsão constitucional, a falha ou omissão no cumprimento dessa obrigação

---

infantil, em creche e pré-escola, às crianças até 5 (cinco) anos de idade. Esta obrigação deve ser cumprida: a) de forma imediata, para todas as crianças a partir de 04 anos; b) de forma gradual, de acordo com o Plano Nacional de Educação – PNE, garantindo-se a oferta de vagas equivalentes à, no mínimo, 50% da demanda até 2024, para as crianças de até 03 anos. Constatada a não aplicação do percentual mínimo orçamentário em educação, bem como o descumprimento de qualquer outra obrigação constitucional ou legal relacionada à política pública educacional pelo ente, a obrigatoriedade de universalização do atendimento à educação infantil passa a ser imediata.

[3] Nesse sentido, foram relevantes algumas manifestações feitas pelos Ministros Roberto Barroso e Edson Fachin durante os apartes orais, da qual se extrai a seguinte fala deste último julgador: "A Constituição, ao assegurar esse direito – e esse é um direito fundamental –, ela é autoaplicável. Agora, há direitos fundamentais autoaplicáveis que podem encontrar, à luz da percepção concreta, alguns limites de efetivação. Um juízo de proporcionalidade. Portanto, um conjunto de circunstâncias que, em meu modo de ver, desbordam do presente debate". O primeiro Ministro, por sua vez, também destacou: "Eu acho que há, todos nós concordamos, um direito subjetivo fundamental. Se há um direito subjetivo fundamental, quem postular deve levar. Portanto, talvez a gente possa pensar numa cisão de dizer: (i) do ponto de vista subjetivo existe um direito e quem postular deve tê-lo reconhecido concretamente; (ii) há um dever objetivo dos municípios de ampliar a oferta até a sua universalização, cumprindo as metas do plano, e indo além. Por que o plano fala em 50%, e eu estava vendo aqui, Ministro Fachin, o nível médio de creche na OCDE é 62%. Portanto, a universalização não significa 100%, até porque muitas famílias não colocam os filhos em creche. Então, talvez, nós pudéssemos fazer um pouco uma cisão da nossa formulação. Vamos dizer, do ponto de vista subjetivo, há um direito que deve ser reconhecido e concretizado. E do ponto de vista objetivo, há um dever do Poder Público, dos municípios, predominantemente, de continuar a cumprir o plano e universalizar essa oferta. Talvez isso concilie um pouco os caminhos."

ou na concretização desse direito legitimaria a intervenção judicial provocada, para determinar que o ente municipal ofereça as vagas faltantes a quem de direito. Essa, aliás, era posição já anteriormente afirmada pelo Supremo em outros casos similares.[4]

Ao final, portanto, negou-se provimento ao recurso interposto pelo Município de Criciúma, mantendo-se o acórdão proferido pelo Tribunal de Justiça de origem e afirmando a seguinte tese de repercussão geral:

> 1. A educação básica em todas as suas fases educação infantil, ensino fundamental e ensino médio constitui direito fundamental de todas as crianças e jovens, assegurado por normas constitucionais de eficácia plena e aplicabilidade direta e imediata.
> 2. A educação infantil compreende creche (de zero a 3 anos) e a pré-escola (de 4 a 5 anos). Sua oferta pelo Poder Público pode ser exigida individualmente, como no caso examinado neste processo.
> 3. O Poder Público tem o dever jurídico de dar efetividade integral às normas constitucionais sobre acesso à educação básica.

Após o julgamento de mérito, foram opostos dois embargos de declaração: um pelo Município de Criciúma/SC e outro pelo Município do Rio de Janeiro/RJ, que atuou na condição de *amicus curiae*. Ambos, porém, foram desprovidos unanimemente em julgamento realizado no Plenário Virtual encerrado em 28 de agosto de 2023.

Este, portanto, foi um relevante caso julgado pelo Supremo no exercício de sua jurisdição constitucional, ao afirmar o acesso à educação infantil como direito subjetivo fundamental. Reafirmou-se, assim, a fundamentalidade dos direitos sociais, sua força normativa e a necessidade de que estes sejam efetiva e concretamente cumpridos na vida real.

VOTO

O Senhor Ministro Luiz Fux (Relator): A questão jurídico-constitucional versada nestes autos diz respeito ao dever de o Estado de assegurar o atendimento em creche e pré-escola às crianças de zero a cinco anos de idade.

O voto está dividido em três partes. Em primeiro lugar, examina-se a relevância do acesso à educação infantil. Em segundo, o status constitucional e legal do direito fundamental de crianças à educação infantil em creches e pré-escolas. Por fim, são apontadas a resolução do caso paradigma e a afirmação da tese de repercussão geral.

---

[4] Podem ser citados como exemplos: ARE 639.337-AgR, Rel. Min. Celso de Mello, Segunda Turma, DJe de 15/9/2011; AI 592.075-AgR, Rel. Min. Ricardo Lewandowski, Primeira Turma, DJe de 04/06/2009; RE 384.201-AgR, Rel. Min. Marco Aurélio, Primeira Turma, DJ de 3/8/2007; RE 464.143-AgR, Rel. Min. Ellen Gracie, Segunda Turma, DJe de 18/2/2010, e RE 410.715-AgR, Rel. Min. Celso de Mello, Segunda Turma, DJ de 3/2/2006.

I. A relevância do acesso à educação infantil

A educação infantil, como primeira etapa do ciclo de educação básica, assume relevância singular no início da formação da personalidade humana. Com efeito, as primeiras experiências de convívio educacional na primeira infância marcam etapas importantes na formação de sua personalidade, bem como da sua socialização e inteligência emocional, contribuindo para o desenvolvimento de capacidades psíquicas, físicas e motoras, em metodologia lúdica que permita o cuidado e a proteção integral das crianças.

Deveras, na primeira infância, o acesso à educação infantil de qualidade é essencial para que se busque, mediante o exercício de funções de cuidado, educação e atenção, a formação de componentes imprescindíveis ao desenvolvimento integral das crianças, para que essas possam, de forma ativa, começar a construir conhecimentos sobre si mesmas, bem como sobre o mundo que as cerca. Nesse contexto, a partir do momento em que o acesso ao mercado de trabalho se tornou necessário para o sustento econômico das famílias, emerge a necessidade das creches, como estabelecimentos extradomiciliares específicos destinados ao serviço de educação e cuidado para as crianças de primeira infância, enquanto os demais integrantes de suas famílias se afastam do lar para trabalhar.

No contexto normativo mais recente, a afirmação significativa do direito social à educação pela Constituição de 1988 – que prevê o dever do Estado em garantir "educação infantil, em creche e pré-escola, às crianças até 5 (cinco) anos de idade" (art. 208, IV) –, bem como da regulamentação da Lei de Diretrizes e Bases da Educação (Lei nº 9.394/1996), reafirma-se a concepção das crianças como efetivos sujeitos de direitos à educação, ao cuidado e à proteção integral (art. 227 da CRFB/1988). Paralelamente, também se garante como direito social dos trabalhadores a "assistência gratuita aos filhos e dependentes desde o nascimento até 5 (cinco) anos de idade em creches e pré-escolas" (art. 7º, XXV, da CRFB/1988).

Muito além da transmissão do conhecimento, a importância do processo educacional se coaduna com o ideal democrático de construção de uma sociedade livre, justa e plural, já que, nas palavras doutrinárias do Min. Celso de Mello, *"o acesso à educação é uma das formas de realização concreta do ideal democrático"* (MELLO FILHO, José Celso de. *Constituição Federal anotada*. São Paulo: Saraiva, 1986. p. 533). Com efeito, o direito à educação, direito social da maior relevância, demonstra sua importância para a construção de um Brasil mais desenvolvido e democrático. Pelos benefícios difusos, a sociedade tem o dever e o direito de que as crianças, mesmo de mais tenra idade, se insiram no ambiente escolar de qualidade, que lhes permita seu desenvolvimento integral. Como se destaca em sólida sede doutrinária, *verbis*:

"O que fica evidente é que **a educação deve ser uma preocupação pública, porque não é um problema de pai, mãe, menino e menina, mas um problema da sociedade.** As sociedades democráticas educam em autodefesa, isto é, para se protegerem: se uma sociedade não cria cidadãos capazes de viver harmoniosamente, se não cria o tipo de cidadão capaz de participar de forma crítica e construtiva nas instituições, está condenado a não ser mais do que uma democracia de fachada ou nome, mas não uma democracia real, porque estes exigem democratas e **os democratas não são plantas selvagens que nascem entre as pedras por acaso, mas algo que tem que ser cultivado socialmente pelos modos de educação**" (SAVATER, Fernando. *Los caminos para la libertad: ética y educación*. Fondo de Cultura Económica, 2015 – tradução livre).

Nesse sentido, a Organização das Nações Unidas (ONU) enumera como Objetivo de Desenvolvimento Sustentável nº 4 da Agenda 2030 a promoção de educação de qualidade, para assegurar a educação inclusiva, equitativa e de qualidade, e promover oportunidades de aprendizagem ao longo da vida para todos. De forma mais específica, a meta 4.2 dispõe sobre o compromisso de assegurar a todas as crianças o desenvolvimento integral na primeira infância (0 a 5 anos), mediante acesso a cuidados e à educação infantil de qualidade, de modo que estejam preparadas para etapas posteriores de sua vida escolar.

De outro lado, estudo publicado em 2011 e organizado em parceria pela Representação da UNESCO no Brasil, a Secretaria de Educação Básica do Ministério da Educação no Brasil (MEC/SEB) e a Fundação Orsa revela um nítido perfil socioeconômico na disparidade de frequência à creche e no acesso à educação infantil no Brasil, *verbis*:

> "A frequência à creche tem um viés socioeconômico: enquanto apenas 10,8% das crianças atendidas se situam na faixa de rendimento familiar mensal médio *per capita* de até meio salário-mínimo (SM), 18,7% estão na faixa de meio a um SM, 28,7% com mais de um até dois SM, 32% com mais de dois a três SM, e 43,6% são filhas de famílias cuja renda mensal média *per capita* é maior do que três SM"[5]

Sob essa perspectiva, também se assevera que "*A elaboração de políticas públicas que universalizassem o acesso à creches poderia contribuir para a redução das desigualdades sociais e raciais, posto que a educação implica em reflexo direto no mercado de trabalho, e, consequentemente, em ascensão social*".[6] Em especial, são atingidas de forma ainda mais gravosa as mulheres mães de filhos pequenos, as quais procuram ingressar ou permanecer no mercado de trabalho, como há muito já reconhecido pelo Tribunal Constitucional da Espanha, em Recurso de Amparo julgado em 1987.[7]

Observe-se ainda que, em julho de 2019, foi anunciado o Compromisso Nacional pela Educação Básica, firmado pelo MEC, em parceria com o

---

[5] NUNES, Maria Fernanda Rezende; CORSINO, Patricia; DIDONET, Vital. *Educação infantil no Brasil: primeira etapa da educação básica*. Disponível em: https://unesdoc.unesco.org/ark:/48223/pf0000214418, p. 15.

[6] ROSSI, Danilo Valdir Vieira. Do ativismo judicial na formação de políticas públicas: a falta de vagas em creches. In: RANIERI, Nina Beatriz Stocco; ALVES, Angela Limongi Alvarenga (org.) *Direito à educação e direitos na educação em perspectiva interdisciplinar*. – São Paulo: Cátedra UNESCO de Direito à Educação/Universidade de São Paulo (USP), 2018, p. 349.

[7] Recurso de Amparo 1.123/85 (1987), disponível em: https://www.boe.es/buscar/doc.php?id=BOE-T-1987-18628.

Conselho Nacional de Secretários de Educação (Consed) e a União Nacional dos Dirigentes Municipais de Educação (Udime). Naquele documento, em que se assumia o objetivo de tornar o Brasil referência em educação básica na América Latina até 2030, o diagnóstico de acesso à educação infantil revelava que, em 2017, apenas 34,1% das crianças de 0 a 3 anos eram matriculadas no sistema de ensino infantil.[8]

Vale lembrar, ainda, os ensinamentos de James Heckman, professor da Universidade de Chicago laureado com o Prêmio Nobel de Economia em 2000, para quem o desenvolvimento na primeira infância é um investimento público inteligente, na medida em que a antecipação dos programas de educação para a primeira infância maximiza o retorno social de longo prazo. Assim, o acesso à educação pública de qualidade no desenvolvimento da primeira infância influencia, inclusive, os resultados socioeconômicos que a sociedade como um todo colherá no futuro, não apenas por um melhor desenvolvimento de suas capacidades cognitivas, mas também pelas não cognitivas, exigindo-se, em concretização desse direito social, que recursos públicos sejam reforçados na ampliação do acesso precoce ao serviço educacional de qualidade.[9]

Todas essas premissas reforçam a importância que se deve assumir para o tratamento do acesso à educação infantil durante a primeira infância, questão que assume, também, status constitucional.

II. O *status* constitucional e do direito à educação infantil em creches e pré-escolas

A questão *sub examine* gravita em torno de um dos mais sagrados direitos sociais – o direito à educação – posicionado em primeiro lugar no rol do art. 6º do texto constitucional:

> "Art. 6º São direitos sociais a educação, a saúde, a alimentação, o trabalho, a moradia, o transporte, o lazer, a segurança, a previdência social, a proteção à maternidade e à infância, a assistência aos desamparados, na forma desta Constituição".

A Carta de 1988 estabelece que a educação é direito de todos e dever do Estado e da família (CF/88, art. 205), a ser efetivado mediante a garantia de educação infantil, em creche e pré-escola, às crianças até 5 (cinco) anos de idade (CF/88, arts. 7º, XXV, e 208, IV), *verbis*:

> "Art. 205. A educação, direito de todos e dever do Estado e da família, será promovida e incentivada com a colaboração da sociedade, visando ao pleno desenvolvimento da pessoa, seu preparo para o exercício da cidadania e sua qualificação para o trabalho.

---

[8] Disponível em: http://portal.mec.gov.br/images/11.07.2019_ Apresentacao-ed-basica, p. 14.
[9] HECKMAN, James J. *Giving kids a fair chance*. The MIT Press, 2013.

Art. 208. O dever do Estado com a educação será efetivado mediante a garantia de: [...]
IV - educação infantil, em creche e pré-escola, às crianças até 5 (cinco) anos de idade"

A legislação infraconstitucional, por seu turno, reafirma o compromisso da Carta da República com o direito à educação infantil. Com efeito, assim fixou o Estatuto da Criança e do Adolescente, Lei nº 8.069/1990:

> "Art. 53. A criança e o adolescente têm direito à educação, visando ao pleno desenvolvimento de sua pessoa, preparo para o exercício da cidadania e qualificação para o trabalho, assegurando-se-lhes:
> I - igualdade de condições para o acesso e permanência na escola; [...]
> Art. 54. É dever do Estado assegurar à criança e ao adolescente: [...]
> IV - atendimento em creche e pré-escola às crianças de zero a cinco anos de idade; [...]"

No mesmo sentido, a Lei de Diretrizes e Bases da Educação Nacional, Lei nº 9.394/1996, expressamente determina:

> "Art. 4º O dever do Estado com educação escolar pública será efetivado mediante a garantia de: [...]
> II - educação infantil gratuita às crianças de até 5 (cinco) anos de idade; [...]
> Art. 11. Os Municípios incumbir-se-ão de: [...]
> V - oferecer a educação infantil em creches e pré-escolas [...]
> [...]
> Art. 29. A educação infantil, primeira etapa da educação básica, tem como finalidade o desenvolvimento integral da criança de até 5 (cinco) anos, em seus aspectos físico, psicológico, intelectual e social, complementando a ação da família e da comunidade. (Redação dada pela Lei nº 12.796, de 2013) [...]
> Art. 30. A educação infantil será oferecida em:
> I - creches, ou entidades equivalentes, para crianças de até três anos de idade;
> II - pré-escolas, para as crianças de 4 (quatro) a 5 (cinco) anos de idade. (Redação dada pela Lei nº 12.796, de 2013)".

Nota-se, assim, que a educação básica representa prerrogativa constitucional deferida a todos (CF, art. 205), notadamente às crianças (CF, arts. 208, IV, e 227, *"caput"*), cujo adimplemento impõe a satisfação de um dever de prestação positiva pelo Poder Público, consistente na garantia de acesso pleno ao sistema educacional, inclusive ao atendimento em creche e pré-escola.

Os entes municipais, nesse contexto, são primariamente responsáveis por proporcionar a concretização da educação infantil mediante a adoção de políticas públicas eficientes, que devem alcançar especialmente a população mais vulnerável. Eventual omissão estatal na matéria revela uma violação direta ao texto constitucional, máxime porque esse direito *"não se expõe, em seu processo de concretização, a avaliações meramente discricionárias da Administração Pública nem se subordina a razões de puro pragmatismo governamental"* (ARE 639.337-AgR, Rel. Min. Celso de Mello, Segunda Turma, DJe de 15/09/2011).

Com efeito, a orientação jurisprudencial deste Supremo Tribunal Federal é firme no sentido de que o Estado tem o dever constitucional de assegurar o atendimento em creche e pré-escola às crianças de zero a cinco anos de idade (CF, art. 208, IV), de sorte que eventual inércia administrativa inaugura a possibilidade de proteção desse direito na via judicial, *verbis*:

> "**CRIANÇA DE ATÉ CINCO ANOS DE IDADE - ATENDIMENTO EM CRECHE E EM PRÉ-ESCOLA - SENTENÇA QUE OBRIGA O MUNICÍPIO DE SÃO PAULO A MATRICULAR CRIANÇAS EM UNIDADES DE ENSINO INFANTIL PRÓXIMAS DE SUA RESIDÊNCIA OU DO ENDEREÇO DE TRABALHO DE SEUS RESPONSÁVEIS LEGAIS, SOB PENA DE MULTA DIÁRIA POR CRIANÇA NÃO ATENDIDA [...] POLÍTICAS PÚBLICAS, OMISSÃO ESTATAL INJUSTIFICÁVEL E INTERVENÇÃO CONCRETIZADORA DO PODER JUDICIÁRIO EM TEMA DE EDUCAÇÃO INFANTIL: POSSIBILIDADE CONSTITUCIONAL.** - A educação infantil representa prerrogativa constitucional indisponível, que, deferida às crianças, a estas assegura, para efeito de seu desenvolvimento integral, e como primeira etapa do processo de educação básica, o atendimento em creche e o acesso à pré-escola (CF, art. 208, IV). - Essa prerrogativa jurídica, em conseqüência, impõe, ao Estado, por efeito da alta significação social de que se reveste a educação infantil, a obrigação constitucional de criar condições objetivas que possibilitem, de maneira concreta, em favor das "crianças até 5 (cinco) anos de idade" (CF, art. 208, IV), o efetivo acesso e atendimento em creches e unidades de pré-escola, sob pena de configurar-se inaceitável omissão governamental, apta a frustrar, injustamente, por inércia, o integral adimplemento, pelo Poder Público, de prestação estatal que lhe impôs o próprio texto da Constituição Federal. - **A educação infantil, por qualificar-se como direito fundamental de toda criança, não se expõe, em seu processo de concretização, a avaliações meramente discricionárias da Administração Pública nem se subordina a razões de puro pragmatismo governamental. - Os Municípios - que atuarão, prioritariamente, no ensino fundamental e na educação infantil (CF, art. 211, 9 2°) - não poderão demitir-se do mandato constitucional, juridicamente vinculante, que lhes foi outorgado pelo art. 208, IV, da Lei Fundamental da República, e que representa fator de limitação da discricionariedade político-administrativa dos entes municipais, cujas opções, tratando-se do atendimento das crianças em creche (CF, art. 208, IV), não podem ser exercidas de modo a comprometer, com apoio em juízo de simples conveniência ou de mera oportunidade, a eficácia desse direito básico de índole social.** - Embora inquestionável que resida, primariamente, nos Poderes Legislativo e Executivo, a prerrogativa de formular e executar políticas públicas, **revela-se possível, no entanto, ao Poder Judiciário, ainda que em bases excepcionais, determinar, especialmente nas hipóteses de políticas públicas definidas pela própria Constituição, sejam estas implementadas, sempre que os órgãos estatais competentes, por descumprirem os encargos político- -jurídicos que sobre eles incidem em caráter impositivo, vierem a comprometer, com a sua omissão, a eficácia e a integridade de direitos sociais e culturais impregnados de estatura constitucional.** DESCUMPRIMENTO DE POLÍTICAS PÚBLICAS DEFINIDAS EM SEDE CONSTITUCIONAL: HIPÓTESE LEGITIMADORA DE INTERVENÇÃO JURISDICIONAL. - O Poder Público - quando se abstém de cumprir, total ou parcialmente, o dever de implementar políticas públicas definidas no próprio texto constitucional - transgride, com esse comportamento negativo, a própria integridade da Lei Fundamental, estimulando, no âmbito do Estado, o preocupante fenômeno da erosão da consciência constitucional. Precedentes: ADI 1.484/DF, ReI. Min. CELSO DE MELLO, v.g . - **A inércia estatal em adimplir as imposições constitucionais traduz inaceitável gesto de desprezo pela autoridade da Constituição e configura, por isso mesmo, comportamento que deve ser evitado.** É que nada se revela mais nocivo, perigoso e ilegítimo do que elaborar uma Constituição, sem a vontade de fazê-la cumprir integralmente, ou, então, de apenas executá-la com o propósito subalterno de torná-la aplicável somente nos pontos que se mostrarem ajustados à conveniência e aos desígnios dos governantes, em

detrimento dos interesses maiores dos cidadãos. - **A intervenção do Poder Judiciário, em tema de implementação de políticas governamentais previstas e determinadas no texto constitucional, notadamente na área da educação infantil (RTJ 199/1219-1220), objetiva neutralizar os efeitos lesivos e perversos, que, provocados pela omissão estatal, nada mais traduzem senão inaceitável insulto a direitos básicos que a própria Constituição da República assegura à generalidade das pessoas.** Precedentes. A CONTROVÉRSIA PERTINENTE À "RESERVA DO POSSÍVEL" E A INTANGIBILIDADE DO MÍNIMO EXISTENCIAL: A QUESTÃO DAS "ESCOLHAS TRÁGICAS". [...] - A cláusula da reserva do possível - que não pode ser invocada, pelo Poder Público, com o propósito de fraudar, de frustrar e de inviabilizar a implementação de políticas públicas definidas na própria Constituição - encontra insuperável limitação na garantia constitucional do mínimo existencial, que representa, no contexto de nosso ordenamento positivo, emanação direta do postulado da essencial dignidade da pessoa humana. Doutrina. Precedentes. - A noção de "mínimo existencial", que resulta, por implicitude, de determinados preceitos constitucionais (CF, art. 1°, m, e art. 3°, ID), compreende um complexo de prerrogativas cuja concretização revela-se capaz de garantir condições adequadas de existência digna, em ordem a assegurar, à pessoa, acesso efetivo ao direito geral de liberdade e, também, a prestações positivas originárias do Estado, viabilizadoras da plena fruição de direitos sociais básicos, tais como o direito à educação, o direito à proteção integral da criança e do adolescente, o direito à saúde, o direito à assistência social, o direito à moradia, o direito à alimentação e o direito à segurança. Declaração Universal dos Direitos da Pessoa Humana, de 1948 (Artigo XXV). A PROIBIÇÃO DO RETROCESSO SOCIAL COMO OBSTÁCULO CONSTITUCIONAL À FRUSTRAÇÃO E AO INADIMPLEMENTO, PELO PODER PÚBLICO, DE DIREITOS PRESTACIONAIS. [...]". (ARE 639.337 AgR, Rel. Min. Celso de Mello, Segunda Turma, DJe de 15/9/2011 - Grifei)

"CONSTITUCIONAL. AGRAVO REGIMENTAL EM AGRAVO DE INSTRUMENTO. MATRÍCULA DE CRIANÇA DE ZERO A CINCO ANOS DE IDADE EM CRECHE E PRÉ-ESCOLAS MUNICIPAIS. **DIREITO ASSEGURADO PELA CONSTITUIÇÃO (ART. 208, IV, DA CF).** I - **O Estado tem o dever constitucional de assegurar a garantia de atendimento em creche e pré-escola às crianças de zero a cinco anos de idade** (art. 208, IV, da CF). II - Agravo regimental improvido". (AI 592.075-AgR, Rel. Min. Ricardo Lewandowski, Primeira Turma, DJe de 04/06/2009 - Grifei)

"1. RECURSO. Extraordinário. Inadmissibilidade. Educação infantil. Criança de até seis anos de idade. Atendimento em creche e pré-escola. Direito assegurado pelo próprio Texto Constitucional (CF, art. 208, IV). Compreensão global do direito constitucional à educação. **Dever jurídico cuja execução se impõe ao Poder Público, notadamente ao Município (CF, art. 211, §2º)**. Precedentes. [...]. (RE 592.937-AgR, Rel. Min. Cezar Peluso, Segunda Turma, DJe de 4/6/2009)

No mesmo sentido, confiram-se os seguintes precedentes: RE nº 384.201-AgR, Rel. Min. Marco Aurélio, Primeira Turma, DJ de 03.08.2007; RE nº 464.143-AgR, Rel. Min. Ellen Gracie, Segunda Turma, *DJe* de 18.02.2010, e RE nº 410.715-AgR, Rel. Min. Celso de Mello, Segunda Turma, DJ de 03.02.2006.

Ressalto, ainda, que relatei acórdão alusivo ao direito subjetivo à creche quando integrava o e. Superior Tribunal de Justiça, adotando a mesma posição da jurisprudência do Supremo Tribunal Federal, *verbis*:

"[...] Prometendo o Estado o direito à creche, cumpre adimpli-lo, porquanto a vontade política e constitucional, para utilizarmos a expressão de Konrad Hesse, foi no sentido da erradicação da miséria intelectual que assola o país. O direito à creche é consagrado em regra com normatividade mais do que suficiente, porquanto se define pelo dever, indicando o sujeito passivo, *in casu*, o Estado. 6. Consagrado por um lado o dever do Estado, revela-se, pelo outro ângulo, o direito subjetivo da criança. Consectariamente, em função do princípio da inafastabilidade da jurisdição consagrado constitucionalmente, a todo direito corresponde uma ação que o assegura, sendo certo que todas as crianças nas condições estipuladas pela lei encartam-se na esfera desse direito e podem exigi-lo em juízo. A homogeneidade e transindividualidade do direito em foco enseja a propositura da ação civil pública. [...] 12. Ressoa evidente que toda imposição jurisdicional à Fazenda Pública implica em dispêndio e atuar, sem que isso infrinja a harmonia dos poderes, porquanto no regime democrático e no estado de direito o Estado soberano submete-se à própria justiça que instituiu. Afastada, assim, a ingerência entre os poderes, o judiciário, alegado o malferimento da lei, nada mais fez do que cumpri-la ao determinar a realização prática da promessa constitucional". (REsp 753.565, Rel. Ministro Luiz Fux, Primeira Turma, DJ 28/5/2007).

Extrai-se da jurisprudência a possibilidade de intervenção do Poder Judiciário mediante determinações à Administração Pública para que efetue a matrícula de crianças em creches e pré-escolas, a fim de realizar a promessa constitucional de prestação universalizada de educação infantil.

Assim, ressoa inequívoco que o art. 208, IV, da Constituição Federal, que prevê o direito social à educação infantil, em creche e pré-escola, às crianças até 5 (cinco) anos de idade, constitui norma de aplicabilidade direta e eficácia imediata, sendo plenamente possível exigir judicialmente do Estado uma determinada prestação material para sua concretização.

III. Do caso concreto

In casu, o Tribunal de Justiça de Santa Catarina confirmou, em grau de recurso, sentença que concedera mandado de segurança, impetrado pelo Ministério Público estadual, assentando a obrigatoriedade de fornecimento de vaga à criança C.S.L. pelo Município de Criciúma, em estabelecimento educacional infantil, ante as determinações contidas nos artigos 208, inciso IV, e 211, §2º, da Carta Federal. O acórdão recorrido, assim, não merece qualquer reforma, na linha das premissas assentadas neste voto.

Dispositivo

Ex positis, voto no sentido de, **no caso concreto**, **NEGAR PROVIMENTO** ao recurso extraordinário interposto pelo Município de Criciúma, para, confirmando o acórdão lavrado pela Terceira Câmara de Direito Público do Tribunal de Justiça do Estado de Santa Catarina, assentar o dever do Município de Criciúma de efetuar a matrícula da criança C.S.L. em estabelecimento de educação infantil, próximo de sua residência.

Quanto à **tese da repercussão geral**, voto pela sua consolidação nos seguintes termos:

"1. A educação básica em todas as suas fases – educação infantil, ensino fundamental e ensino médio – constitui direito fundamental de todas as crianças e jovens, assegurado por normas constitucionais de eficácia plena e aplicabilidade direta e imediata.
2. A educação infantil compreende creche (de zero a 3 anos) e a pré-escola (de 4 a 5 anos). Sua oferta pelo Poder Público pode ser exigida individualmente, como no caso examinado neste processo.
3. O Poder Público tem o dever jurídico de dar efetividade integral às normas constitucionais sobre acesso à educação básica."

É como voto.

Informação bibliográfica deste texto, conforme a NBR 6023:2018 da Associação Brasileira de Normas Técnicas (ABNT):

ARABI, Abhner Youssif Mota. RE nº 1.008.166: Educação infantil como direito subjetivo fundamental. *In*: FUX, Luiz. *Jurisdição constitucional IV*: pluralismo e direitos fundamentais. Belo Horizonte: Fórum, 2023. p. 25-37. ISBN 978-65-5518-601-7.

RE Nº 971.959: A GARANTIA CONTRA A AUTOINCRIMINAÇÃO E A CONSTITUCIONALIDADE DO ARTIGO 305 DO CÓDIGO DE TRÂNSITO

ALEXANDRE LIBONATI DE ABREU

O Recurso Extraordinário nº 971.959, julgado em 14 de novembro de 2018, tratou do exame da constitucionalidade do tipo penal previsto no art. 305 do Código de Trânsito Brasileiro, instituído pela Lei nº 9.503/1997. O Plenário, em julgamento anterior, ocorrido em 6 de agosto de 2016, reconhecera a natureza constitucional da questão debatida e a sua repercussão geral, e, no voto condutor ora apreciado, propôs-se a analisar o tipo penal frente à garantia contra a autoincriminação. Em linhas gerais, foi debatido se a opção legislativa de criminalizar a conduta de quem se afastava do local do acidente de trânsito ofenderia a garantia constitucional contra a autoincriminação; e firmou-se, por maioria, a tese de que "[a] regra que prevê o crime do art. 305 do Código de Trânsito Brasileiro (Lei nº 9.503/97) é constitucional, posto não infirmar o princípio da não incriminação, garantido o direito ao silêncio e ressalvadas as hipóteses de exclusão da tipicidade e da antijuridicidade."

A ressalva firmada em tese de repercussão geral quanto aos casos de exclusão de tipicidade e de antijuridicidade ultrapassava a questão constitucional ventilada, e havia sido mencionada no voto condutor pelo Ministro Luiz Fux como *obter dictum*. Restou incorporada, todavia, diante do receio da maioria dos ministros presentes acerca do alcance da regra diante de aspectos de natureza eminentemente pragmática.

O tema voltou a ser discutido pelo Supremo Tribunal Federal na Ação Declaratória de Constitucionalidade nº 35, julgada no Plenário virtual entre 2 e 9 de outubro de 2020, ocasião em que, novamente por maioria, foi reafirmado o entendimento consolidado quanto à compatibilidade da norma incriminadora frente ao princípio da não autoincriminação.

O Ministro Luiz Fux, no voto condutor do acórdão, fez profunda análise da garantia constitucional contra a autoincriminação, examinando a origem, o objeto e seus limites "seja por meio das suas diferentes possibilidades de conformação no direito comparado, seja, principalmente, por meio dos contornos específicos que adquiriu a partir de sua internalização no sistema jurídico pátrio". A primeira parte do voto dedicou-se a contextualizar, historicamente, a garantia contra a autoincriminação, afirmando deitar raízes no *jus commune* medieval, caracterizado pela combinação entre as leis romanas e canônicas. Traduzia-se "a ideia canônica de que o homem somente é obrigado a revelar suas faltas perante Deus, não possuindo o dever de confessar seus próprios pecados a outros homens, expondo-se ao risco de ser processado criminalmente por fazê-lo." Reconheceu, todavia, que a forte tradição inquisitorial e a busca incessante pela confissão tornaram a regra de pouca eficácia, situação que só veio a ser alterada, anos mais tarde, com a Revolução Iluminista.

O voto tratou, ainda, da evolução da garantia contra a autoincriminação nos países de tradição anglo-saxônica, onde a inquisição católica não se consolidara e, consequentemente, fez com que o princípio se difundisse de forma distinta. Destacou, como exemplo dessa distinção, o dever de o agente dizer a verdade se recusada a garantia ao silêncio. Nessa linha, o voto condutor aludiu a precedentes da Suprema Corte dos EUA, moldados segundo a tradição pragmática de construção jurisprudencial, que afastava da garantia contra a autoincriminação obrigações outras impostas pela lei que não fossem relativas à autoexpressão ou à liberdade do pensamento. Aliás, importante ressaltar que embora o voto tenha sido construído com profundo fundamento dogmático, não deixou de ser inspirado pelo pragmatismo, circunstância revelada pelos debates plenários, notadamente pelo voto do Ministro Alexandre de Moraes, quando aludiu à motivação para a edição da norma incriminadora; e do voto divergente do Ministro Gilmar Mendes, quando temeu pelas possíveis consequências se confirmada a constitucionalidade da norma incriminadora.

Ainda sob uma visão histórica do instituto, o Ministro Luiz Fux abordou de forma percuciente sua evolução no Direito Brasileiro, anotando que até o período anterior à Constituição de 1988 "ainda eram visíveis os traços inquisitoriais do sistema persecutório brasileiro – mormente na sua pecha de incessante busca pela verdade real – considerando que o Código de Processo Penal de 1941, no seu art. 186, embora consagrando expressamente o direito de o acusado não responder às perguntas que lhe fossem formuladas, o fazia ressalvando 'que o seu silêncio poderá ser interpretado em prejuízo da própria defesa.'"

Superada a evolução histórica da garantia contra a autoincriminação, o voto passou a debater sua concepção atual, só efetivada no país em sua plenitude com o artigo 5º, LXIII da Constituição de 1988, e consolidada pela Lei nº 10.792/2003 que, ao modificar o *caput* e introduzir o parágrafo único ao vetusto artigo 186, adequou o Código de Processo Penal à nova ordem, inclusive convencional, acolhendo o entendimento pretoriano já praticado desde a promulgação da Carta.

O Ministro Luiz Fux analisou, ainda, a jurisprudência do Supremo Tribunal Federal quanto ao princípio da não autoincriminação. Principiou com o HC nº 68.929, julgado em 22.10.1991, onde fora destacado que uma das formas de manifestação daquele princípio decorria do direito de o acusado negar, ainda que falsamente, a prática da infração. Prosseguiu com o HC nº 78.708, em que foi reafirmada a jurisprudência do Tribunal no sentido de que a falta da advertência quanto ao direito ao silêncio tornava ilícita a prova resultante do ato de inquirição e que o direito à informação da faculdade de permanecer calado visava assegurar ao acusado a escolha entre exercer seu direito ao silêncio ou intervir ativamente na produção da prova. Por fim, chamou especial atenção para o Tema 478 debatido no RE nº 640.139, em que foi reafirmada a jurisprudência da Corte no sentido de que o princípio constitucional da vedação à autoincriminação não alcançava aquela pessoa que atribuía falsa identidade perante autoridade policial.

Com base nesse último precedente foi extraída relevante premissa para o voto ora em comento. Restou assentado naquela oportunidade, com efeito, que os atos de mera identificação do agente – anteriores ao interrogatório – não eram abrangidos pela garantia ao silêncio. Com base em tal premissa, o Ministro Luiz Fux concluiu que "a garantia contra a autoincriminação não poderia ser interpretada de forma absoluta, admitindo, em consideração a sua natureza principiológica de direito fundamental, a possibilidade de relativização justamente para viabilizar um juízo de harmonização que permita a efetivação, em alguma medida, de outros direitos fundamentais que em face daquela eventualmente colidam." O Ministro reconheceu que, embora a doutrina visualizasse um espectro ampliativo de proteção, para extrapolar o simples direito de calar e também incluir o direito de não cooperar com a produção de qualquer prova, asseverou que "esse espectro mais amplo de proteção não é absoluto", podendo ser, em alguma medida, relativizado para viabilizar a compatibilização com outras normas e princípios constitucionais.

A discussão voltou-se para as chamadas "intervenções corporais", campo em que "a matéria atinge especial complexidade e significação, inclusive para o fim de ilustrar a evolução jurisprudencial na interpretação da garantia, mormente no cenário internacional." Concluiu, todavia, que a intervenção corporal coercitiva era plenamente admissível, desde que autorizada judicialmente, se se restringisse à cooperação passiva do sujeito investigado ou acusado e não ofendesse a dignidade humana do examinado.

Estabelecidas as premissas dogmáticas, o voto orientou-se para sua parte conclusiva ao abordar o bem jurídico tutelado pelo artigo 305 do Código de Trânsito: a Administração da Justiça. Segundo o Ministro Luiz Fux, a lei penal, no particular, passou a exigir do potencial responsável pelo acidente uma "colaboração" para sua efetiva responsabilização, considerando que a fuga do local do acidente obstaculizava a identificação. Tal raciocínio compatibilizava-se com sua anterior premissa no sentido de ser admitida a cooperação corporal passiva.

Parte dos ministros, contudo, em discussão plenária, conquanto convergentes quanto ao juízo de constitucionalidade, dissentiram parcialmente quanto ao fundamento, argumentando que a *mens legis* do dispositivo em comento possuía espectro mais amplo do que a "responsabilização do potencial infrator criminal". Em interpretação literal do artigo 305 do CTB, observaram que o tipo trata de "acidentes de trânsito", onde não há necessariamente crime, constituindo objetivo do legislador apurar a verdade, ou afastar dificuldades de apuração dos fatos com a preservação dos vestígios com todas as suas circunstâncias houvesse ou não crime. O Ministro Alexandre de Moraes, inclusive, salientou a relevância da preservação da cena do acidente para, inclusive, traçar políticas públicas, exemplificando, pragmaticamente, com a hipótese em que apurada ser a inclinação da via – e não a ação humana – a causa do elevado número de acidentes em determinado local.

A ressalva ampliativa quanto aos objetivos do legislador não alterou substancialmente o raciocínio externado no voto condutor. Ao contrário, agregou razões favoráveis à tese vencedora ao repelir argumentos ventilados pelo Ministro Gilmar Mendes no sentido de que a criminalização da fuga feriria a isonomia – pois envolvidos em outros fatos delituosos não teriam o dever de aguardar a chegada das autoridades – e poderia incentivar o legislador a criminalizar a fuga em outras circunstâncias semelhantes. Na medida em que o bem jurídico protegido era a Administração da Justiça em seu sentido amplo, perdeu força o argumento da divergência, centrado na incriminação de natureza penal.

Certo porém, conforme destacado pelo Ministro Luiz Fux, que a relativização da garantia contra a autoincriminação não afetava o núcleo essencial do princípio. Ao criminalizar a fuga, o artigo 305 do CTB "não exige do agente uma postura ativa de assunção de responsabilidade." A norma, com efeito, não restringia o direito de o agente permanecer em silêncio após a chegada das autoridades de trânsito ao local dos fatos. O exercício da ponderação, destacou, "viabiliza a efetivação de outros direitos também assegurados constitucionalmente, sem implicar ofensa à dignidade humana do agente." Buscou, no particular, fundamentar o raciocínio valendo-se de outros precedentes, inclusive relacionados ao crime de omissão de socorro, que igualmente exige, por vias transversas, que o agente não se afaste do local do evento.

Ao abordar de maneira percuciente o princípio da proporcionalidade, o Ministro Luiz Fux socorreu-se da doutrina, em especial dos postulados alemães que distinguem o princípio quanto à *proibição de excesso* e quanto à *proibição de proteção deficiente*. "[N]o primeiro caso, o princípio opera como parâmetro de aferição da constitucionalidade das intervenções nos direitos enquanto fundamento de limite dessas intervenções; no segundo, o faz em consideração aos direitos fundamentais como um imperativo de tutela, de modo que o ato normativo não será adequado caso não proteja o direito fundamental de maneira ótima". A conclusão foi no sentido de que o referido princípio agia de duas maneiras, tanto como limite "ao legítimo direito de legislar", bem como constituía "fator de equilíbrio entre duas pretensões aparentemente contrapostas:" a pretensão do Estado de ampliar o dever de punir e o do indivíduo de não ter sua liberdade cerceada em medida superior ao que necessário.

Acolheu-se, segundo essa linha interpretativa, o posicionamento no sentido de que a declaração de inconstitucionalidade do artigo 305 do CTB, por suposta ofensa à garantia contra a autoincriminação, feriria o princípio constitucional da proporcionalidade, "na sua vertente da vedação de proteção deficiente," pois fragilizaria o dever do Estado de zelar pela boa Administração da Justiça e, indiretamente, pelo direito à vida humana, "bem maior que se visa proteger por meio da adoção de políticas que incentivem a segurança no trânsito." Essa assertiva veio, ademais, corroborada pelo voto sucessivo do Ministro Alexandre de Moraes, que destacou ocorrência de quarenta e sete mil mortes por acidente de trânsito por ano no Brasil, e que o dado justificara a atuação positiva do legislador.

A extensão do voto impede sua reprodução integral na presente oportunidade. Foram realizadas supressões para adequá-lo aos limites preestabelecidos para o presente trabalho, notadamente nas citações doutrinárias e jurisprudenciais, de forma a preservar, na medida do possível, o conteúdo mais relevante e essencial à comprovação da linha argumentativa desenvolvida para a afirmação da constitucionalidade do artigo 305 do CTB e de sua compatibilidade com a garantia contra a autoincriminação.

VOTO

O Senhor Ministro Luiz Fux (Relator): Senhora Presidente, Senhores Ministros, ilustre representante do Ministério Público Federal.

O presente recurso extraordinário, interposto com fundamento no art. 102, III, "a", da CF, possui como objeto o exame da constitucionalidade do tipo penal expresso no art. 305 do Código de Trânsito Brasileiro (Lei nº 9.503/1997), *in verbis:*

> "Art. 305. Afastar-se o condutor do veículo do local do acidente, para fugir à responsabilidade penal ou civil que lhe possa ser atribuída.
> Penas – detenção, de seis meses a um ano, ou multa."

Ao reconhecer, em julgamento concluído na data de 06.08.2016, a natureza constitucional da questão debatida e a sua repercussão geral, o Egrégio Plenário dessa Corte Constitucional, em consideração aos fundamentos invocados no acórdão recorrido – que declarou a inconstitucionalidade do tipo penal em questão – e nas razões da peça recursal, o fez assim circunscrevendo o plano jurídico da discussão: a opção legislativa de criminalizar a conduta daquele que, com o fim deliberado de se furtar à eventual responsabilização cível e/ou penal, se afasta do local de acidente no qual se envolveu ofenderia a garantia constitucional contra a autoincriminação (tida como emanada do inciso LXIII do art. 5º da CF), na medida em que, *a contrario senso*, exigiria do agente a conduta de permanecer no aludido local com o fim de viabilizar sua identificação pelas autoridades de trânsito, passo necessário para a promoção da sobredita responsabilização jurídica eventual?

Diante do provocado cotejo entre a garantia constitucional contra a autoincriminação e o tipo penal, o que se propõe, inicialmente, é examinar a origem, objeto e limites daquele direito fundamental, seja por meio das suas diferentes possibilidades de conformação no direito comparado, seja, principalmente, por meio dos contornos específicos que adquiriu a partir de sua internalização no sistema jurídico pátrio.

A consagração do direito de não produzir prova contra si mesmo (*nemo tenetur se detegere* – nada a temer por se deter), do qual se desdobram as variações do direito ao silêncio e da autodefesa negativa, consiste em um dos marcos históricos de superação da tradição inquisitorial de valorar o investigado e/ou o réu não como um sujeito de direitos, mas como um objeto de provas, objeto esse do qual deveria ser extraída a "verdade real" (LOPES JR., Aury. *Direito Processual Penal*. 11. ed. São Paulo: Saraiva, 2014, p. 641).

O direito de não produzir prova contra si mesmo, ao relativizar o referido dogma da verdade real, abrange tanto o direito do investigado ou réu de nada falar quanto ao mérito da pretensão acusatória durante as fases de investigação e imputação formal quanto o direito daqueles de não serem compelidos a produzir ou contribuir com a formação da prova contrária ao seu interesse, o que constitui, respectivamente, os dois pilares nos quais se desdobra a garantia fundamental, quais sejam, o direito ao silêncio e o direito à não autoincriminação (OLIVEIRA, Eugênio Pacelli de. *Curso de Processo Penal*. 11. ed. Rio de Janeiro: Lumen Juris, 2009, p. 32).

A garantia contra a autoincriminação possui raízes no *jus commune* medieval, período histórico esse que, como resultado do ressurgimento da ciência jurídica no século XII, é caracterizado pela combinação entre as leis romanas e canônicas. Nesse contexto, a raiz canônica da garantia advém da fórmula *nemo tenetur se ipsum prodere* (ninguém é obrigado a acusar a si mesmo). Já a partir dos debates a que foi submetido o *jus commune* na Inglaterra e no Continente entre os séculos XVI e XIX, foi desenvolvida a máxima latina *nemo tenetur punitur sine acusatore*, segundo a qual o juiz não pode instaurar nenhum procedimento contra alguém por sua própria iniciativa, a partir do que, inspirada pela fórmula originária, se desenvolveu a máxima *nemo tenetur detegere turpitudinem suam*, que estabelece que ninguém é obrigado a se tornar testemunha contra si mesmo, porque ninguém deve ser obrigado a revelar a própria vergonha. Em última análise, traduzia-se a ideia canônica de que o homem somente é obrigado a revelar suas faltas perante Deus, não possuindo o dever de confessar seus próprios pecados a outros homens, expondo-se ao risco de ser processado criminalmente por fazê-lo (MARTELETO FILHO, Wagner. *O direito à não autoincriminação no Processo Penal Contemporâneo*. Belo Horizonte: Del Rey, 2012, p. 5-8).

A tradição inquisitorial atrelada à Europa Continental no medievo, mormente no período compreendido entre os séculos XII e XVIII, pode ser, a partir de algum esforço de simplificação de seus elementos essenciais constitutivos, representada pelos seguintes elementos: (a) da reunião, na figura do inquisidor, dos papéis concomitantes de acusador e juiz; (b) da realização de procedimentos secretos; (c) da imposição do juramento de *veritate dicenda (reus tenetur se detegere)*; (d) da adoção do sistema da prova legal ou tarifada; (e) da utilização da tortura física como meio de confissão e (f) da indefinição do objeto da acusação. Tudo a resultar na inversão do princípio da presunção de inocência, uma vez que ao acusado é que era atribuída a obrigação de comprová-la, sob pena de condenação (*reus tenetur se detegere*).

Diante de tal quadro, a busca incessante pela confissão e a submissão do acusado ao referido juramento de verdade (*veritate dicenda*) nada mais que conduziam, na maior parte das vezes, à autoincriminação. Somente no século XVIII, com a Revolução Iluminista e a derrocada do Antigo Regime, foi gradativamente superado o procedimento inquisitorial, permitindo o desenvolvimento da garantia do *nemo tenetur* nos países da *Civil Law*. Apesar da Declaração Universal dos Direitos do Homem e do Cidadão de 1789 não ter previsto expressamente o *nemo tenetur*, não há dúvidas de que, ao consagrar a presunção de inocência e a proibição da tortura, forneceu a base de sustentação para que se o fizesse posteriormente [...].

Em comparação à Europa Continental, onde o sistema inquisitorial predominou até o Século XVIII, na Inglaterra e em suas colônias, principalmente nos Estados Unidos, a garantia contra a autoincriminação se desenvolveu ainda mais cedo, traduzida sob a forma do *privilege against self compelled incrimination*.

Na Inglaterra, com efeito, desde a Carta Magna de 1215, os nobres já estabeleciam limites ao poder do monarca, ao prever que nenhum homem poderia ser punido exceto pela *law of the land*, em julgamento realizado por seus pares. Em um cenário geográfico onde – dada a pouca influência exercida pela Igreja Católica – a Inquisição jamais se consolidou, desenvolveu-se, no seio da *Conmon Law*, um procedimento criminal fundado no julgamento pelo Júri (*trial jury*).

[...]

Nos atuais sistemas anglo-saxônicos/adversariais, é admissível que o acusado exerça seu direito ao silêncio, recusando-se a depor; porém, se optar por prestar declarações, o fará na condição de testemunha, tanto que será obrigado a prestar juramento de falar a verdade, inclusive com possibilidade de responsabilização por perjúrio caso se constate que mentira. Essa, em verdade, é a origem do termo *privilege*, na medida em que se confere ao acusado o privilégio de não ser ouvido como testemunha.

As colônias britânicas postulavam os mesmos direitos que os ingleses, com ênfase na liberdade, segurança, propriedade e submissão do governo à lei. Prestigiava-se, assim, a instituição do Júri, considerando a sua representatividade em relação à comunidade local, o que também reduzia o poder do império perante as colônias. Esse é contexto histórico das *bills of rights* do final do século XVIII, dentre as quais a Declaração de Direitos da Virgínia de 1776, que abriga a primeira forma de positivação do *privilege* na América, constituída pelo postulado de não fornecer evidência contra si mesmo (*nor be compelled to give evidence agaisnt himself*). Finalmente, com a Declaração de Independência e a formação da República, o *privilege* é previsto na Constituição Norte-Americana em 1791, na forma da 5ª Emenda, que consagra a garantia de que *no person (...) shall be compelled in any criminal case to be witnesse against himself*, garantia essa reforçada e amplificada a partir da interpretação que se lhe atribuiu a Suprema Corte Norte-Americana no decorrer do século XX (MARTELETO FILHO, Wagner. *O direito à não autoincriminação no Processo Penal Contemporâneo*. Belo Horizonte: Del Rey, 2012, p. 17-34).

[...]

Os três requisitos para a incidência do privilégio conforme a Constituição Norte-Americana são, conforme os aludidos estudiosos: *(i)* a coação, *(ii)* a incriminação e *(iii)* o depoimento. A jurisprudência da Suprema Corte daquele país interpreta esses requisitos de forma rígida, sob a justificativa de que o superdimensionamento da garantia pode inviabilizar a tarefa do Estado de promover a aplicação do ordenamento penal.

[...]

Durante o período colonial brasileiro, dada a natureza inquisitória das Ordenações Portuguesas (Afonsinas – século XV; Manuelinas – século XVI e Filipinas – século XVII), não havia espaço para o desenvolvimento da garantia do *nemo tenetur se detegere*. A partir, porém, da Constituição Imperial de 1824, que aboliu expressamente a tortura e as penas cruéis, a evolução foi gradativa. Inicialmente, com o Código de Processo Criminal de 1832, de inspiração liberal francesa e inglesa, atribuiu-se ao interrogatório a natureza de peça de defesa, com a previsão, ademais, de que a confissão só seria válida se realizada livremente pelo réu. Já em 1850, por meio do Regulamento 737, previu-se, pela primeira vez, a possibilidade da parte de permanecer em silêncio ao ser inquirida. Não se tratava, porém, de regra geral, mas sim de hipótese excepcional, considerando que a parte ainda era obrigada a depor quando *"os artigos fossem claros, precisos, não contraditórios, não criminosos, não difamatórios, e nem meramente negativos"* (AFONSO, Marcelo Santiago de Morais. *O Direito à não autoincriminação e a obrigação de sujeição a exames*. 1. ed. Rio de Janeiro: Lumen Juris, 2017, p. 80).

Posteriormente, mesmo no século XX, ao menos no período anterior à Constituição de 1988, ainda eram visíveis os traços inquisitoriais do sistema persecutório brasileiro – mormente na sua pecha de incessante busca pela verdade real –, considerando que o Código de Processo Penal de 1941, no seu art. 186, embora consagrando expressamente o direito do acusado de não responder às perguntas que lhe fossem formuladas, o fazia ressalvando *"que o seu silêncio poderá ser interpretado em prejuízo da própria defesa"*.

A garantia contra a autoincriminação só foi efetivada no Brasil em sua devida plenitude com a Constituição Federal de 1988, cujo art. 5º, LXIII, repita-se, é fortemente inspirado pela 5ª Emenda da Constituição Norte-Americana: *"o preso será informado de seus direitos, dentre os quais o de permanecer calado, sendo-lhe assegurada a assistência da família e de advogado"*.

É inequívoco, ademais, que o advento da norma constitucional provocou a revogação do texto então vigente do art. 186 do CPP, diante de sua flagrante incompatibilidade material com a Constituição. Aquele dispositivo veio a ser modificado apenas em 2003, com a edição da Lei nº 10.792, que, ao modificar o *caput* e introduzir um parágrafo único ao art. 186 do CPP, o adequou à nova ordem constitucional.

[...]

Não se mostra por demais destacar que a garantia contra a autoincriminação encontra, ainda, consagração no plano convencional, tanto na Convenção Americana sobre Direitos Humanos quanto na Convenção Europeia de Direitos Humanos.

A Convenção Americana sobre Direitos Humanos, incorporada ao ordenamento jurídico brasileiro no ano de 1992, estabelece limites à busca pela verdade real e tutela o princípio do *nemo tenetur* ao prever, no art. 8, n. 2, "g", que toda a pessoa acusada da prática de algum delito possui como garantia mínima, dentre outras, a *"de não ser obrigada a depor contra si mesma, nem a declarar-se culpada."* Já o art. 6º da Convenção Europeia de Direitos Humanos garante o direito a um processo equitativo *(fair trial)*, havendo precedentes paradigmáticos do Tribunal Europeu de Direitos Humanos (*Funke vs. France; Murray vs. The United Kigdom; Saunders vs. The United Kingdom*) definindo o *nemo tenetur* como corolário essencial do processo em questão (AFONSO, Marcelo Santiago de Morais. *O Direito à não autoincriminação e a obrigação de sujeição a exames*. 1. ed. Rio de Janeiro: Lumen Juris, 2017, p. 83-84).

Com o objetivo de enriquecer a abordagem, mostra-se relevante observar, ademais, a evolução da jurisprudência do Supremo Tribunal Federal quanto ao princípio da não autoincriminação.

No HC nº68.929, de relatoria do Min. CELSO DE MELLO, julgado em 22.10.1991, destacou-se que do direito ao silêncio, uma das formas de manifestação daquele princípio, decorre, igualmente, o direito do acusado de negar a prática da infração.

[...]

Já no HC nº78.708, de relatoria do Min. SEPÚLVEDA PERTENCE, reafirmou-se, inicialmente, a jurisprudência do Tribunal no sentido de que a falta da advertência quanto ao direito ao silêncio torna ilícita a prova resultante do ato de inquirição. Ato contínuo, ressalvou-se que o direito à informação da faculdade de permanecer calado visa a assegurar ao acusado a escolha entre exercer seu direito ao silêncio ou intervir ativamente na produção da prova, de modo que se ele tiver livremente escolhido a segunda alternativa, haveria renúncia tácita ao direito de manter-se calado e de usufruir das consequências processuais da falta de informação oportuna a respeito.

[...]

Merecem destaque, igualmente, as decisões em que se entendeu que o direito ao silêncio em relação a fatos que possam acarretar autoincriminação se estende a depoentes prestados no âmbito de Comissões Parlamentares de Inquérito e processos administrativos disciplinares. Nesses julgados, adotou-se, igualmente, a premissa de que a prerrogativa conferida ao depoente seria a da escolha de uma posição, de modo que se ele optasse, inicialmente, por uma intervenção ativa, não poderia, posteriormente, invocar o direito ao silêncio para se eximir de responder a questões similares ou conexas com as que tenha respondido (HC nº79.812, de relatoria do Min. CELSO DE MELLO, julgado em 16.02.2001; HC nº83.357, de relatoria do Min. NELSON JOBIM, julgado em 26.03.2004; HC nº88.553, de relatoria do Min. GILMAR MENDES, julgado em 19.04.2006).

Por fim, especialmente relevante se mostra o entendimento consolidado por esta Corte Constitucional, refletindo a evolução de sua jurisprudência, no julgamento da repercussão geral da questão constitucional debatida no RE nº640139. Na ocasião, ao se declarar que o tema debatido no recurso extraordinário possuía natureza constitucional e extrapolava os interesses subjetivos das partes (Tema 478 – *Alcance do princípio da autodefesa frente ao crime de falsa identidade*), possuindo, assim, repercussão geral, reafirmou-se, ademais, a jurisprudência do Tribunal no sentido de que o princípio constitucional da vedação à autoincriminação não alcança aquele que atribui falsa identidade perante autoridade policial com o intuito de ocultar maus antecedentes, o que torna típica, sem qualquer traço de ofensa ao disposto no art. 5º, LXIII, da CF, a conduta prevista no art. 307 do CP.

[...]

O ordenamento brasileiro, ao acolher o privilégio contra a autoincriminação, certamente não o ampliou a ponto de permitir ao réu negar-se a contribuir para a sua devida identificação. [...]

Ademais, não se pode olvidar que o interrogatório, conforme detalha o Código de Processo Penal, divide-se em *"duas partes: sobre a pessoa do acusado e sobre os fatos"* (art. 187 do CPP).

[...]

Não há dúvidas, portanto, de que o direito constitucional à não autoincriminação é inaplicável aos atos processuais que se destinam à correta identificação do suspeito ou acusado, máxime porque o erro quanto à qualificação pode importar em erro judiciário prejudicial a outrem. Outra não é a dicção do art. 186 do Código de Processo Penal, que expressamente esclarece não se estender o direito ao silêncio à fase de qualificação, [...].

O direito de permanecer calado, dessa maneira, apenas tem lugar "depois de devidamente qualificado" o réu.

Por outro lado, o que importa enfatizar, em especial, quanto ao paradigmático julgamento realizado no RE nº640.139 é que <u>se adotou a premissa de que a garantia contra a autoincriminação não poderia ser interpretada de forma absoluta, admitindo, em consideração a sua natureza principiológica de direito fundamental, a possibilidade de relativização justamente para viabilizar um juízo de harmonização que permita a efetivação, em alguma medida, de outros direitos fundamentais que em face daquela eventualmente colidam.</u>

[...]

É comum, efetivamente, no âmbito de regulação da persecução penal, que o legislador visualize a necessidade de relativizar algum direito fundamental, o que decorre de justificável tensão (e aparente colisão) entre o dever do Poder Público de promover uma repressão eficaz às condutas puníveis e as esferas de liberdade e/ou intimidade daquele que se encontre na posição de suspeito ou acusado. [...]

Na mesma linha, é a lição doutrinária de MARCELO SANTIAGO DE MORAIS AFONSO, segundo o qual a garantia do *nemo tenetur se detegere* pode ser eventualmente relativizada pelo legislador justamente por possuir natureza de direito fundamental. Nesse contexto, a relativização admissível é aquela que observe os mesmos critérios tradicionalmente empregados para balizar, a partir do conhecido juízo de ponderação, o processo de harmonização de direitos, liberdades e garantias fundamentais, o que implica a necessidade de preservação do conteúdo essencial do postulado harmonizado (*O Direito à não autoincriminação e a obrigação de sujeição a exames*. 1. ed. Rio de Janeiro: Lumen Juris, 2017, p. 84-85).

[...]

Justamente diante desse quadro de possível relativização, afigura-se como relevante a contribuição doutrinária de WAGNER MARTELETO FILHO, segundo o qual o estudo da garantia do *nemo tenetur se detegere* no contexto da teoria geral dos direitos fundamentais implica a valoração do princípio da proporcionalidade e seus desdobramentos como critério balizador do juízo de ponderação passível de realização, inclusive no que condiz aos postulados da proibição de excesso e de vedação à proteção insuficiente (*O direito à não autoincriminação no Processo Penal Contemporâneo*. Belo Horizonte: Del Rey, 2012, p. 90-92).

[...]

O referido autor visualiza, na garantia do *nemo tenetur se detegere*, um espectro de proteção *prima facie* que extrapola o simples direito de calar e se traduz em uma concepção mais ampla representada pelo direito de não cooperar com a produção da prova. Ao fazê-lo, porém, reconhece que esse espectro mais amplo de proteção não é absoluto, uma vez que, por possuir natureza principiológica de direito fundamental, poderá ser, em alguma medida, relativizado justamente para viabilizar a não vedação absoluta de outros direitos fundamentais eventualmente colidentes.

[...]

Nesse contexto, WAGNER MARTELETO FILHO, atento ao núcleo essencial da garantia do *nemo tenetur se detegere*, a decompõe em duas categorias por ele denominadas de *regra* e *princípio*, visualizando apenas quanto à última, por extrapolar o sobredito núcleo essencial, a possibilidade de restrição diante da inevitável perspectiva de colisão com outros direitos fundamentais.

[...]

Ao propor a aludida diferenciação quanto à amplitude da proteção conferida pela garantia, o autor conclui que um dos planos de relativização admissíveis é, desde que não haja prejuízo à dignidade pessoal do arguido, aquele concernente à cooperação passiva do acusado quanto à produção da prova, justamente para conferir efetividade ao legítimo interesse da sociedade de ver consumada a persecução penal. Em outras palavras, o acusado, como forma de possibilitar o prosseguimento da marcha processual, pode ser constrangido a viabilizar a produção de determinados meios de prova, como o reconhecimento pessoal, participação coercitiva essa majoritariamente qualificada como válida pela jurisprudência pátria.

[...]

Nesse plano de análise, mostra-se apenas oportuno ressalvar que essa exigência de participação para viabilizar a produção do aludido meio de prova (cooperação passiva) não implica dizer, por óbvio, que o acusado estará obrigado a contribuir ativamente com a elucidação do fato sob discussão (cooperação ativa). Se possui a obrigação de comparecer à audiência de interrogatório sob pena de decretação de sua revelia, é certo que o réu não está obrigado a responder às perguntas pertinentes ao mérito da imputação; se possui a obrigação de, em audiência, atender à determinação para se colocar ao lado de outros indivíduos para viabilizar a realização do ato processual de reconhecimento pessoal, não significa que, em meio à diligência, estará o réu obrigado a levantar a mão e assumir a autoria do fato cogitado; por fim, se o legislador exigiu do envolvido em acidente de trânsito a obrigação de permanecer no local para viabilizar sua identificação pela autoridade competente, isso não significa que aquele estará obrigado a assumir eventual responsabilidade pelo ocorrido.

Diante de tal quadro, conclui WAGNER MARTELETO FILHO que as aludidas hipóteses de relativização, mesmo nas restritas medidas em que cabíveis a partir da aplicação do princípio da proporcionalidade como vetor do juízo de ponderação, só poderão ser efetivadas a partir de prévia autorização legal e com a observância dos requisitos eventualmente estabelecidos no respectivo ato normativo.

[...]

É corolário da garantia contra a não autoincriminação a preservação do direito do investigado ou réu de não ser compelido a, deliberadamente, produzir manifestação oral que verse sobre o mérito da acusação. Nesse contexto, ao menos no plano principiológico, seria de se cogitar da invalidade da prova resultante de manifestações do investigado ou réu eventualmente induzidas por terceiros ou registradas involuntariamente, porquanto interceptadas sem a ciência do interlocutor.

Contudo, exemplificando, uma vez mais, a possibilidade de relativização da garantia, exerceu o legislador a legítima opção de autorizar o aproveitamento de provas produzidas nas aludidas circunstâncias. Com efeito, ao editar, inclusive com respaldo direto da Constituição Federal, atos normativos prevendo a possibilidade do aproveitamento de provas resultantes de interceptação telefônica, interceptação ambiental e atuação de agentes infiltrados, o legislador admitiu, uma vez preenchidos determinados requisitos, a flexibilização do direito de não se produzir prova contra si próprio (considerando, por exemplo, a possibilidade de o próprio suspeito contribuir para a sua incriminação, ao originar conversa que denote seu envolvimento delitivo), o fazendo, porém, não de forma injustificada, mas o para o fim de viabilizar a efetivação, em maior medida, de outros princípios qualificados como preponderantes no juízo de ponderação realizado, atinentes ao direito da sociedade de ver elucidada a prática de um crime. Em última análise, conforme lição de MARCELO SANTIAGO DE MORAIS AFONSO, *"não se pode confundir o direito à não autoincriminação com o direito de não ser legitimamente investigado e condenado pela prática de crimes."* (*O direito à não autoincriminação e a obrigação de sujeição a exames*. Rio de Janeiro: Lumen Juris, 2017, p. 95).

Da mesma forma, o direito do investigado ou réu de não realizar condutas ativas que importem na introdução de informações ao processo também comporta diferentes níveis de flexibilização, embora a regra geral seja a da sua vedação.

É, efetivamente, preponderante a concepção de que não se pode exigir um comportamento ativo do acusado, caso dessa ação resulte o risco de autoincriminação, de modo que a produção da prova só seria válida caso houvesse o consentimento do investigado ou réu, sendo que, ademais, não seria admissível o emprego de medidas coercitivas na hipótese da produção da prova não ser voluntária.

Nesse cenário, cabe mencionar, exemplificativamente, o HC nº 83.096/RJ, de relatoria da Min. ELLEN GRACIE, julgado em 18.11.2003, no qual se entendeu que o acusado não está obrigado a fornecer padrões vocais necessários para subsidiar exame pericial; e o HC nº 77.135/SP, de relatoria do Min. ILMAR GALVÃO, julgado em 08.09.1998, no qual se entendeu que o indivíduo não pode ser obrigado a fornecer material para exame grafotécnico por comparação de letra.

É, todavia, no campo das chamadas intervenções corporais que a matéria atinge especial complexidade e significação, inclusive para o fim de ilustrar a evolução jurisprudencial na interpretação da garantia, mormente no cenário internacional.

[...]

No Brasil, conforme acima se viu a partir dos precedentes elencados, a jurisprudência do STF, historicamente, adotava uma postura restrita quanto à admissibilidade das intervenções corporais, o que, não escapava da crítica da doutrina especializada, inclusive a lição de EUGÊNIO PACELLI DE OLIVEIRA, em referência ao supracitado HC 77.135/SP, no sentido de que *"não vemos como a exigência de fornecimento de padrões gráficos possa afetar quaisquer dos valores protegidos pelo princípio da não autoincriminação ou do direito ao silêncio, parecendo-nos exorbitante do âmbito de proteção da norma constitucional a referida decisão da Suprema Corte."* (*Curso de Processo Penal*. 11ª ed. Rio de Janeiro: Lumen Juris, 2009, p. 346).

De qualquer modo, na linha do que se visualiza no cenário internacional, a jurisprudência desta Corte Superior parece, gradativamente, iniciar uma caminhada em sentido oposto, do que constitui precedente exemplificativo a RCL nº 2.040/DF, de relatoria do Min. NÉRI DA SILVEIRA, julgada na data de 21.02.2002, ocasião em que se decidiu que a autoridade jurisdicional poderia autorizar a realização de exame de DNA em material colhido de gestante mesmo sem autorização daquela última, tudo com o objetivo de investigar possível crime de estupro de que tenha sido vítima.

[...]

Embora não se desconheça que a intervenção corporal admitida no caso acima mencionado tenha recaído sobre a vítima e não sobre o suspeito investigado, o que EUGÊNIO PACELLI DE OLIVEIRA destaca é a *ratio decidendi* do julgado no sentido de que as intervenções corporais, quando não puderem causar qualquer tipo de risco à integridade física ou psíquica da pessoa, à sua dignidade humana ou à sua capacidade de autodeterminação, poderão ser admitidas *(Curso de Processo Penal.* 11. ed. Rio de Janeiro: Lumen Juris, 2009, p. 347).

Trata-se, exatamente, aliás, dos critérios comuns que o mesmo autor visualiza, no plano do direito comparado, em todas as legislações que admitem a intervenção corporal.

[...]

Na Alemanha, o §136 da Ordenação Processual Penal consagra o princípio segundo o qual ninguém será forçado a se autoincriminar. Não se veda, porém, a realização de intervenções corporais coercitivas previstas em lei, nas quais o acusado tenha que assumir um comportamento passivo, considerando que o §81 da Ordenação Processual Penal admite a coerção direta sobre o imputado para a efetivação da intervenção corporal, o que implica a obrigatoriedade daquele se submeter às investigações necessárias para o descobrimento do fato e a descoberta de fontes de prova.

Na Espanha, a possibilidade de coleta de amostras por meio de intervenção corporal foi introduzida no ordenamento pela *Ley Organica 15/2003*, que reformou a *Ley de Enjuiciamiento Criminal*, visando a viabilizar a realização de análises de DNA. Superado, a partir de então, o óbice da ausência de fundamento legal, a doutrina espanhola passou a sustentar que o único requisito extrínseco adicional exigível para a realização da medida consiste na autorização judicial devidamente fundamentada.

Em Portugal, o art. 172 do Código de Processo Penal admite as intervenções corporais coercitivas, tão somente exigindo autorização judicial para a sua realização. O dispositivo encontra-se inserido no capítulo que disciplina os exames periciais na seara processual penal, inclusive com previsão expressa de que o acusado não pode se eximir quanto à realização de tais perícias. Admite-se, ademais, que o exame, quando coercitivo, seja viabilizado mediante o emprego de força, desde que se respeite os limites impostos pela dignidade da pessoa humana do acusado.

Na Itália, por fim, o art. 146 do Código de Processo Penal de 1930 autorizava, genericamente, que todo juiz requisitasse a intervenção de força pública para viabilizar o exercício de suas funções e cumprir suas determinações. Foi com fundamento em tal dispositivo que a Corte Constitucional Italiana, no ano de 1986, em julgamento paradigmático, considerou admissível a extração coercitiva de amostras hemáticas para fins de investigação penal, desde que não houvesse lesões à dignidade da pessoa examinada. Posteriormente, a partir da reforma da legislação processual penal, o aludido fundamento legal passou a ser considerado insuficiente para, por si só, ensejar a aplicação da medida, tendo a Corte Constitucional, no ano de 1996, decidido pela necessidade de edição de lei que previsse expressamente a intervenção corporal. Finalmente, em junho de 2009, o art. 224 do Código de Processo Penal italiano foi modificado, passando a prever, expressamente, a possibilidade de intervenção corporal coercitiva, ordenada pelo juiz, para coleta de cabelo, pelo ou mucosa da boca, visando à determinação de perfil de DNA.

Em linhas gerais, o que se visualiza, a partir da breve síntese acima realizada, é que a legislação, doutrina e a jurisprudência dos principais países da Europa Continental admitem a intervenção corporal coercitiva, desde que autorizadas judicialmente, se restrinjam à cooperação passiva do sujeito investigado ou acusado e não ofendam a dignidade humana do examinado (MARTELETO FILHO, Wagner. *O direito à não autoincriminação no Processo Penal Contemporâneo*. Belo Horizonte: Del Rey, 2012, p. 127-133).

No Brasil, conforme lição doutrinária de EUGÊNIO PACELLI DE OLIVEIRA e DOUGLAS FISCHER, a intervenção corporal para fins de investigação penal encontra fundamento constitucional no inciso XII do art. 5º da Carta Magna, que abriga cláusula de reserva de jurisdição para o controle quanto ao tangenciamento dos direitos fundamentais à intimidade, privacidade e imagem consagrados na norma constitucional. Nesse contexto, concluem os autores não haver dúvidas de que o constituinte brasileiro admitiu a possibilidade de que o legislador autorizasse intervenções estatais na vida privada, inclusive no que condiz às supracitadas intervenções corporais, desde que observados determinados requisitos (*Comentários ao Código de Processo Penal e sua jurisprudência*. 9. ed. São Paulo: Atlas, 2017, p. 417).

[...]

Com fundamento direto nessa norma constitucional, foi editada a Lei nº 12.654/2012 que, ao alterar a Lei nº 12.037/09, introduziu no ordenamento jurídico pátrio a possibilidade de coleta de material genético para fins de identificação criminal. Esse ato normativo previu duas possibilidades distintas de coleta de material genético: (a) a primeira para fins tipicamente investigatórios, desde que observados os demais requisitos estabelecidos pela lei; (b) e a segunda, imposta coercitivamente a todos aqueles que tiverem sido condenados, de forma definitiva, por crimes praticados com violência grave.

[...]

A adequação da Lei nº 12.654/12 à Constituição Federal de 1988 é reconhecida, igualmente, por AURY LOPES JR., inclusive no que condiz à possibilidade de coleta de material genético sem o consentimento do investigado. Para tanto, o ilustre processualista, citando a doutrina de TOLEDO BARROS e destacando a admissibilidade de medidas similares no cenário do direito comparado, enfatiza, tal qual outros autores já mencionados no presente voto, que o direito à não autoincriminação possui, na Constituição Federal Brasileira, caráter principiológico enquanto direito fundamental, podendo, assim, ser relativizado pelo legislador em nome da efetivação harmônica de outros direitos fundamentais.

[...]
Trata-se, justamente, do fundamento principal da jurisprudência que o Tribunal Europeu dos Direitos do Homem - TEDH construiu acerca do tema, admitindo a possibilidade de restrição ao exercício do *nemo tenetur se detegere*, quando presentes os requisitos necessários à restrição de direitos fundamentais, bem como, a partir da invocação de critérios de proporcionalidade, por meio da ponderação dos princípios envolvidos.

[...]
Uma vez delimitado o espectro de proteção conferido pelo princípio da não autoincriminação e compreendidas as possibilidades e limites de sua restrição, impende apontar que, de acordo com conhecida lição doutrinária, o bem jurídico tutelado pelo tipo penal do art. 305 do CTB é *"a administração da justiça, que fica prejudicada pela fuga do agente do local do evento, uma vez que tal atitude impede sua identificação e a consequente apuração do ilícito na esfera penal e civil"* (CAPEZ, Fernando; GONÇALVES, Victor Eduardo Rios. *Aspectos Criminais do Código de Trânsito Brasileiro*. 2. ed. São Paulo: Saraiva, 1999, p. 39).

Ou seja, em outras palavras, a conduta de fugir do local do acidente é criminalizada porque é do interesse da Administração da Justiça que, conforme o caso, ou o particular ou Ministério Público disponham dos instrumentos necessários para promover a responsabilização cível e/ou penal de quem, eventualmente, provocar dolosa ou culposamente um acidente de trânsito. Nesse contexto, considerando que a identificação do responsável é condição necessária para que ele seja acionado judicialmente, optou legitimamente o legislador penal por exigir que aquele que provocar dolosa ou culposamente o sinistro permaneça no local aguardando a autoridade competente a fim de viabilizar sua identificação.

Não se ignora que, analisando-se a conduta criminalizada sob o prisma de seu bem jurídico, mostra-se inevitável concluir que o que o legislador penal está exigindo do potencial responsável pelo acidente de trânsito é que, em alguma medida, colabore para sua efetiva responsabilização, considerando, repita-se, que eventual ausência de identificação obstaria a judicialização da discussão. Trata-se, nesse contexto, de inquestionável relativização do princípio do *nemo tenetur*.

Contudo – e este é o cerne do raciocínio que está sendo desenvolvido no presente voto –, trata-se, tal qual diversos outros exemplos aplicados no ordenamento brasileiro, de iniciativa legítima e válida de relativização, já que (a) não afeta o núcleo essencial da garantia, porquanto não exige do agente uma postura ativa de assunção de responsabilidade; e (b) em um exercício de ponderação, viabiliza a efetivação de outros direitos também assegurados constitucionalmente, sem implicar ofensa à dignidade humana do agente.

Antes de aprofundarmos a análise das duas premissas acima estabelecidas, cumpre enfatizar que, com efeito, o próprio Código de Trânsito Brasileiro abriga outros exemplos de flexibilização da vedação à não autoincriminação, mormente, a partir da efetivação do poder de polícia do Estado, com o objetivo de potencializar a segurança dos motoristas e pedestres no trânsito.

[...]

Já em âmbito penal, o art. 304 do CTB criminaliza a conduta de omissão de socorro à vítima de acidente.

É de se notar que esse tipo penal, tal qual o tipo da fuga do local do acidente ora analisado, também exige que o eventual responsável pelo sinistro, com o intuito de auxiliar eventuais vítimas, permaneça no local do acidente, o que, indiretamente, viabilizará, igualmente, sua identificação pelas autoridades de trânsito e, consectariamente, possibilitará sua eventual responsabilização judicial, cível ou penal, pelo sinistro.

Por que, então, considera-se como constitucional o tipo do art. 304 do CTB? Por que o crime em questão não consiste em restrição indevida ao *nemo tenetur se detegere*?

Porque se parte da premissa de que o princípio em questão pode ser relativizado e porque, no contexto específico da ponderação realizada para harmonização dos princípios conflitantes no plano concreto analisado, se considera legítima e proporcional a opção do legislador de fazer preponderar o valor de preservação da vida humana que é inerente à exigência de que se preste socorro à vítima.

Para concluir, voltando às duas premissas acima estabelecidas, impendente destacar, inicialmente, que a relativa flexibilização do princípio da vedação à autoincriminação proporcionada pela opção do legislador de criminalizar a conduta de fugir do local do acidente é admissível justamente porque não afeta o núcleo irredutível daquela garantia enquanto direito fundamental, qual seja, jamais obrigar o investigado ou réu a agir ativamente na produção de prova contra si próprio.

É certo, com efeito, que o tipo penal do art. 305 do CTB visa a obrigar que o agente permaneça no local do acidente de trânsito até a chegada da autoridade competente que, depois de identificar os envolvidos no sinistro, irá proceder ao devido registro da ocorrência.

É certo, no entanto, que a exigência de permanência no local do acidente e de identificação perante a autoridade de trânsito não obriga o condutor a assumir eventual responsabilidade cível ou penal pelo sinistro e nem, tampouco, ensejará que contra ele seja aplicada qualquer penalidade caso não o faça. Aliás, nada obsta que o condutor, depois de aguardar a chegada ao local da autoridade de trânsito e depois de ser por essa identificado, opte, quando indagado, por permanecer em silêncio e não prestar nenhum esclarecimento acerca das circunstâncias do acidente de trânsito. Terá, por outro lado, liberdade para esclarecer apenas as circunstâncias que entender pertinentes, sendo certo que não estará obrigado a responder as indagações que não reputar convenientes para o encaminhamento de sua situação jurídica.

Em última análise, não se visualiza nenhuma diferença essencial entre a posição jurídica proporcionada pela exigência de permanência no local do acidente e a posição jurídica do investigado ou réu interrogado pela autoridade policial ou judicial, considerando que aqueles últimos, tal qual o condutor envolvido em acidente, embora possuam o direito de permanecer em silêncio (ou até mesmo mentir) acerca do mérito da imputação que lhe está sendo cogitada ou dirigida, estarão obrigados a responder a todas as indagações (e quanto a elas falar a verdade) que forem pertinentes à sua identificação e qualificação pessoal, sem que tal, conforme entendimento jurisprudencial amplamente majoritário, caracterize qualquer afronta ao princípio do *nemo tenetur se detegere*.

Não por acaso, aliás, repita-se, o Plenário desta Corte Constitucional julgou constitucional a opção do legislador de criminalizar a conduta de atribuir-se falsa identidade quando voltada a conduta a obstar a ação persecutória estatal.

Por outro lado, no que tange à segunda premissa acima fixada, é certo que a exigência de permanência do eventual responsável no local do acidente para fins de identificação é uma forma admissível de flexibilização do princípio da não autoincriminação porque, em um exercício de ponderação, possibilita a efetivação em maior medida de outros princípios fundamentais com relação aos quais colide no plano concreto, sem que, ademais, tal flexibilização acarreta qualquer violação à dignidade da pessoa humana.

No plano concreto analisado, afigura-se, efetivamente, mais relevante ao legislador conferir preponderância a princípios outros igualmente caros à sociedade, mas cuja efetivação é qualificada como mais necessária no contexto da conduta analisada, tais como a higidez da Administração da Justiça e a efetividade da persecução penal, em detrimento da valoração absoluta da não incriminação.

É, justamente, nesse cenário de colidência entre interesses colidentes que se visualiza a relevância do princípio da proporcionalidade não apenas como instrumento de harmonização dos valores em conflito, como também elemento de avalização da legítima opção do legislador de fazer preponderar, no conflito específico analisado, os sobreditos desideratos de tutela da Administração da Justiça e da efetividade da persecução penal. É, no caso, legítima a referida opção porque adequada, necessária e proporcional à preservação dos aludidos bens jurídicos.

[...]

[E]mbora seja certo que o legislador, quando da elaboração do ato normativo, possui a obrigação de observar os direitos e garantias fundamentais positivados no texto constitucional, também é certo que não é absoluta a vedação para que elabore leis que impliquem alguma forma de limitação daqueles postulados. O que se exige, em linhas gerais, é tanto que a limitação não resulte na absoluta descaracterização da garantia objeto de proteção, quanto que sua restrição, porquanto excepcional, seja justificada pela necessidade contingencial de sobreposição de outra garantia que também possua assento constitucional, harmonização essa que é própria da natureza principiológica dos postulados em questão.

[...]

Especificamente em âmbito penal, não há dúvidas de que a eleição da norma criminalizadora (ou seja, a definição de quais condutas serão classificadas como crime em um dado contexto social) se submete ao que se convencionou chamar de discricionariedade legislativa, considerando que a ordem constitucional confere ao legislador margens de ação para decidir quais medidas devem ser adotadas para a proteção penal eficiente dos bens jurídicos fundamentais. Não há dúvidas, porém, que, mesmo nesse cenário de discricionariedade, a atuação do legislador penal sempre estará limitada pelo princípio da proporcionalidade.

[...]

Conforme lição do doutrinador espanhol ENRIC FOSSAS ESPADALER, considerando que as Constituições Modernas, dentre as quais a Constituição Espanhola, não abrigam, como regra, um catálogo fechado quanto aos bens jurídicos que devem ser objeto de proteção penal e que as leis penais criminalizadoras, por essência, restringem em alguma medida um ou mais direitos fundamentais, mostra-se imperativo que o controle do sobredito regime de interferência penal seja realizado por intermédio do princípio da proporcionalidade, isto é, por meio de um instrumento que permita o exame dos requisitos de que deve se revestir a lei penal a fim de que se qualifique como legítima (porquanto justificável) a referida relativização de um direito fundamental. Diante desse quadro, o prisma lógico para a aplicação do princípio da proporcionalidade na área penal é a definição do bem jurídico tutelado pela norma, que não pode ser nem constitucionalmente proibido e nem socialmente irrelevante (ESPADALER, Enric Fossas. Limites Materiales al Legislador Penal em um Espacio de Pluralismo Constitucional. *Revista Española de Derecho Constitucional*, Ano 35, n. 103, jan./abr. 2015, p. 314).

Nesse âmbito de análise, adquire relevância a conhecida classificação realizada pela doutrina alemã, que distingue o princípio da proporcionalidade como *proibição de excesso* (*Übermassverbot*) e como *proibição de proteção deficiente* (*Üntermassverbot*): no primeiro caso, o princípio opera como parâmetro de aferição da constitucionalidade das intervenções nos direitos enquanto fundamento de limite dessas intervenções; no segundo, o faz em consideração aos direitos fundamentais como um imperativo de tutela, de modo que o ato normativo não será adequado caso não proteja o direito fundamental de maneira ótima; não será necessário se houver medidas alternativas passíveis de melhor tutelar o mesmo direito fundamental e não será proporcional em sentido estrito se o grau de satisfação do fim legislativo for inferior ao grau em que não se realiza o direito fundamental de proteção (MENDES, Gilmar Ferreira. Controle de Constitucionalidade das Leis Penais e Princípio da Proporcionalidade. *In: Hermenêutica, Constituição e Decisão Judicial*: estudos em homenagem ao professor Lenio Luiz Streck. Porto Alegre: Livraria do Advogado, 2016, p. 146).

[...]

Em suma: nem se pode punir com extrema severidade condutas que não representam lesão de maior significação a bem jurídico penalmente tutelado e nem se pode ser penalmente leniente em relação a condutas que atentem gravemente contra bens jurídicos de tutela inexorável. Os extremos, nesse cenário, representam a desproporção, traduzindo-se tanto no eventual excesso (hiperssuficiência) quanto na falta (hipossuficiência) entre a restrição de direito expressa em uma norma penal criminalizadora e o benefício social almejado com a aplicação e incidência da referida norma (MOURA, Evânio. Mandados de Criminalização e a Proteção Jurídica Insuficiente no Direito Penal Brasileiro. In: *Mandados de Criminalização e Novas Formas de Criminalidade*. Rio de Janeiro: Lumen Juris, 2017, p. 86-87).

O que se extrai do supradescrito quadro principiológico é que, em um Estado Democrático de Direito, a liberdade é a regra, de modo que sua eventual restrição por iniciativa do Poder Público, embora admissível, deve, porquanto excepcional, observar limites. Justamente nesse cenário, o princípio da proporcionalidade age em dois sentidos: como limite ao legítimo direito de legislar e como fator de equilíbrio entre duas pretensões aparentemente contrapostas a do Estado de ver ampliado o seu poder punitivo e a do indivíduo de não ver cerceada sua liberdade em medida maior que a estritamente necessária. Nesse contexto, do ponto de vista político, o princípio da proporcionalidade assume, também, um papel garantidor de caráter negativo, na medida em que lhe incumbe frear a inerente pretensão estatal de expandir ilimitadamente o poder punitivo.

[...]

De qualquer modo, independentemente do nível em que se der a avaliação, a aferição da proporcionalidade costuma ser realizada por meio de um processo lógico de raciocínio que compreende três etapas distintas, que a doutrina, a partir da contribuição histórica do Tribunal Constitucional alemão, convencionou qualificar como correspondentes aos chamados subprincípios da proporcionalidade, quais sejam, a necessidade, a idoneidade e a proporcionalidade em sentido estrito.

[...]

[O] subprincípio da <u>proporcionalidade em sentido estrito</u> tem aplicação no último momento da aferição da pertinência constitucional da norma incriminadora. Nesse cenário, uma vez já verificado que a criminalização da conduta era necessária para a tutela do tipo penal e que a sobredita opção do legislador era, ainda, suficiente para alcançar o objetivo de proteção desejado, impende que se proceda a uma valoração comparativa entre o objetivo e o meio, de modo a que um se mostre proporcional em relação ao outro. Ou seja, depois de se verificar ser possível sacrificar um bem (liberdade pessoal) em detrimento de outro (o bem jurídico a que se visa tutelar), deve-se aferir em que medida tal sacrifício afigurar-se-á como proporcional. Trata-se, portanto, de exame concernente à intensividade da intervenção penal, manifestada, sobretudo, nos parâmetros mínimo e máximo de pena selecionados pelo legislador no preceito secundário do tipo penal.

[...]

In casu, insta reconhecer que eventual declaração de inconstitucionalidade da conduta tipificada no art. 305 do CTB em nome da observância absoluta e irrestrita do princípio da vedação à autoincriminação caracterizaria evidente afronta ao princípio constitucional da proporcionalidade, na sua vertente da vedação de proteção deficiente, na medida em que a fragilização da tutela penal do Estado, mediante a visualização de óbices à responsabilização penal da conduta de fugir do local do acidente, deixa a descoberto o bem jurídico de tutela da Administração da Justiça a que o Estado deveria salvaguardar por meio da norma penal, bem como, indiretamente, direitos fundamentais, principalmente a vida, a que se busca proteger da promoção de maior segurança no trânsito. [...]

De todo o exposto, conclui-se pela possibilidade de restrição parcial do princípio que veda a autoincriminação, desde que (a) não se afete o núcleo essencial da garantia, exigindo-se uma postura ativa do agente que possa resultar na assunção de sua responsabilidade e (b) desde que a restrição se fundamente na necessidade de harmonização da garantia com outros direitos fundamentais também assegurados constitucionalmente, mas sem implicar ofensa à dignidade humana do agente.

Conclui-se, ademais, que, no caso em tela, a opção legislativa de tipificar criminalmente a conduta de fugir do local de acidente para obstar responsabilização cível e/ou penal implica restrição parcial do princípio que veda a autoincriminação, mas que, em observância às duas premissas acima estabelecidas, tal restrição é constitucionalmente admissível, uma vez que (a) não obriga o agente a assumir expressamente a responsabilidade pelo acidente, preservando, assim, o núcleo irredutível da garantia do *nemo tenetur se detegere*; e (b) possibilita, sem representar qualquer ofensa à dignidade humana do agente, a efetivação em maior medida de outros princípios fundamentais com relação aos quais a mencionada garantia colide, mormente no que condiz ao princípio constitucional da proporcionalidade em sua vertente de vedação à proteção penal deficiente, à administração da justiça enquanto bem jurídico tutelado pelo art. 305 do CTB e, ainda, indiretamente, à vida humana, bem maior a que se visa proteger por meio da adoção de políticas que incentivem a segurança no trânsito.

Efetivamente, o referido tipo penal bem atende ao princípio da proporcionalidade como elemento balizador da validade e legitimidade da opção legislativa de restringir parcialmente a liberdade do cidadão em nome da efetivação de outros direitos fundamentais. A uma porque (a) necessária à preservação do bem jurídico da Administração da Justiça, na medida em que o Estado não dispõe de outras alternativas dotadas da mesma eficiência que a ameaça da pena para sensibilizar a sociedade a não praticar a conduta intolerada, mormente se considerado que medidas de mesma finalidade adotadas pela legislação administrativa de trânsito jamais alcançaram o efeito desejado. A duas porque (b) idônea à proteção do mesmo jurídico, na medida em que apta para sensibilizar um número maior de condutores envolvidos em acidentes de trânsito a permanecer no local do sinistro e, assim, viabilizar a apuração da responsabilidade cível e/ou penal correspondente. E a três porque (c) proporcional em sentido estrito, porquanto a sanção prevista em abstrata para o tipo penal analisado não se mostra desproporcional em consideração ao desvalor da conduta a que se busca evitar com a opção pela criminalização.

Por fim, impede ressalvar que a sobredita exigência emanada do tipo penal quanto à permanência do envolvido no local do acidente pelo tempo que se mostrar necessário não deslegitima eventual opção pela fuga quando esta se afigurar como imperiosa para tutelar a vida ou a integridade física do agente no caso daquelas estarem expostas a risco intolerável. É cediço, com efeito, que a configuração do crime não se limita ao juízo de tipicidade, também compreendendo os planos da ilicitude e da culpabilidade. Diante desse quadro, nada obsta que os juízes, nos casos concretos em que a permanência do agente no local do acidente implicar risco de vida ou risco intolerável a sua integridade física, em que pese a adequação típica da fuga, reconheçam a sua antijuridicidade e, assim, afastem o caráter criminoso da conduta. Trata-se, de qualquer modo, de exame que só poderá ser realizado à luz de cada caso concreto, não servindo para infirmar, em um plano abstrato de discussão, a norma penal analisada.

Consectariamente, não se podendo falar em restrição indevida da garantia contra a autoincriminação insculpida no inciso LXIII do art. 5º da CF e se mostrando legítima, porquanto proporcional, a opção do legislador de fazer preponderar os ideais de preservação da Administração da Justiça e da efetividade da persecução penal em detrimento daquela garantia, não se visualiza qualquer traço de inconstitucionalidade no tipo penal questionado, o que implica dizer que o recurso extraordinário ora proposto pelo Ministério Público do Estado do Rio Grande do Sul deverá ser provido, para o fim de que se reforme o acórdão que declarara inconstitucional a sobredita figura típica.

Diante do exposto, com fundamento no art. 102, III, "a", da CF, JULGO PROCEDENTE o pedido formulado no recurso extraordinário interposto pelo Ministério Público do Estado do Rio Grande do Sul, para o fim de reformar o acórdão proferido pela Turma Recursal Criminal daquele Estado que, ao apreciar recurso interposto pela defesa de réu que fora condenado pela prática do crime previsto no art. 305 do Código de Trânsito Brasileiro, declarou a inconstitucionalidade do referido tipo penal e, consequentemente, absolveu o réu.

Por fim, considerando a natureza objetiva do presente julgamento que decorre do fato de ter sido reconhecida a repercussão geral da questão constitucional debatida, propõe-se, para a hipótese do voto desse Relator se acolhido majoritariamente por este Plenário, a fixação da seguinte tese:

"A regra que prevê crime do art. 305 do Código de Trânsito Brasileiro (Lei nº 9.503/97) é constitucional, posto não infirmar o princípio da não incriminação, garantido o direito ao silêncio e ressalvadas as hipóteses de exclusão da tipicidade e da antijuridicidade."

É como voto.

Informação bibliográfica deste texto, conforme a NBR 6023:2018 da Associação Brasileira de Normas Técnicas (ABNT):

ABREU, Alexandre Libonati de. RE nº 971.959: A garantia contra a autoincriminação e a constitucionalidade do artigo 305 do Código de Trânsito. *In*: FUX, Luiz. *Jurisdição constitucional IV*: pluralismo e direitos fundamentais. Belo Horizonte: Fórum, 2023. p. 39-60. ISBN 978-65-5518-601-7.

RE Nº 1.224.374/RS, ADIS NºS 4.017 E 4.103/DF: A CONSTITUCIONALIDADE DA TOLERÂNCIA ZERO ENVOLVENDO A INGESTÃO DE BEBIDAS ALCOÓLICAS E A DIREÇÃO DE VEÍCULOS AUTOMOTORES

ANDERSON DE PAIVA GABRIEL

O Tema 1079, enfrentado pelo Supremo Tribunal Federal em 19 de maio de 2022, englobou o julgamento conjunto de um recurso extraordinário (RE nº 1.224.374) e de duas ações diretas de inconstitucionalidade (nºs 4.017 e 4.103), tendo como *vexata quaestio* a análise da constitucionalidade de duas proibições impostas a partir da denominada Lei Seca:
   I. da condução de veículos automotivos com qualquer nível de alcoolemia (conhecida como "tolerância zero"), bem como da possibilidade de imposição da sanção administrativa aos que se recusassem a realizar o teste do etilômetro; e
   II. a venda de bebidas alcoólicas às margens de rodovias federais, com a possibilidade de imposição de sanção de natureza administrativa.

O recurso extraordinário foi interposto pelo Departamento Estadual de Trânsito Detran/RS contra acórdão proferido pela Segunda Turma Recursal da Fazenda Pública dos Juizados Especiais Cíveis do Estado do Rio Grande do Sul que, em ação anulatória de auto de infração de trânsito, deu provimento ao recurso, declarando, incidentalmente, a inconstitucionalidade do artigo 165-A do Código de Trânsito Brasileiro (CTB), com a redação dada pela Lei nº 13.281/2016.[1]

---

[1] Art. 165-A. Recusar-se a ser submetido a teste, exame clínico, perícia ou outro procedimento que permita certificar influência de álcool ou outra substância psicoativa, na forma estabelecida pelo art. 277:
Infração - gravíssima;
Penalidade - multa (dez vezes) e suspensão do direito de dirigir por 12 (doze) meses;
Medida administrativa - recolhimento do documento de habilitação e retenção do veículo, observado o disposto no §4º do art. 270.
Parágrafo único. Aplica-se em dobro a multa prevista no *caput* em caso de reincidência no período de até 12 (doze) meses.

Por sua vez, as Ações Diretas de Inconstitucionalidade nºs 4.017 e 4.103, cujos autos foram apensados para tramitação e julgamento conjuntos, atacavam os arts. 2º, 4º e 5º, incisos III, IV e VIII, da Lei Federal nº 11.705/2008, que impõem restrições na comercialização e no consumo de bebidas alcoólicas no entorno de rodovias.

A partir de pedido de aditamento da inicial, que foi deferido, incluiu-se, ainda, o art. 1º da Lei Federal nº 12.760/2012, em face às alterações nos arts. 165, 262, 276, 277 e 306 da Lei Federal nº 9.503/1997.

Arguiu-se, em apertada síntese, que todas as normas supracitadas afrontariam, em nome da proteção da segurança no trânsito, as liberdades individuais e econômicas, o devido processo legal e a isonomia, de forma manifestamente desproporcional e desarrazoada.

No ponto, imperioso ressaltar que o julgamento endossa *o Pragmatismo como paradigma jurisdicional contemporâneo*,[2] *já que mais uma vez, norteou a análise*. Não só o Ministro Luiz Fux, Presidente do STF à época e um dos grandes responsáveis pela sua introdução no Brasil, fez uso do pensamento pragmático como fio condutor do voto, como também os demais ministros. Nesse sentido, gize-se excerto da manifestação do Ministro Barroso:

> Presidente, defendo, doutrinariamente e em meus votos aqui, desde que cheguei, o que gosto de chamar de um **giro empírico-pragmático** na vida brasileira em geral. Isso significa trabalhar com dados da realidade e com a adequada medição de resultados e também, como costumo fazer, saber exatamente quem paga a conta. Procuro libertar meu raciocínio jurídico da retórica vazia e de abstrações idealizadas em desconexão com a vida real.

Registre-se que, a despeito de já ter sido abraçado há muito pela jurisprudência, o Pragmatismo foi juridicamente coroado com a alteração na Lei de Introdução às normas do Direito Brasileiro (LINDB – DL nº 4.657/42) por meio da Lei nº 13.655, promulgada em 2018, e que expressamente o consagra, preconizando de maneira categórica todos os seus alicerces (antifundacionalismo, contextualismo e consequencialismo), e do Decreto nº 9.830/19.

Nesse passo, os ministros do Supremo Tribunal Federal, em seus votos e manifestações, destacaram o contexto das normas em tela e as consequências sociais produzidas, apontando, ainda, que os princípios arguidos, entre os quais o da não autoincriminação e o da livre iniciativa, não são dogmas e devem ser ponderados.

Inúmeras pesquisas, a lastrear a efetividade da política de tolerância zero, foram colacionadas, revelando que o consumo de bebida alcoólica, uma droga juridicamente aceita, possui elevado peso cultural no Brasil[3] e importância

---

[2] Apesar da existência de diversas vertentes, o pensamento pragmático indubitavelmente apresenta um núcleo comum, fundamentado em três principais alicerces: 1. O antifundacionalismo ou, em nossa concepção, antidogmatismo; 2. O contextualismo; e, 3. O consequencialismo. GABRIEL, Anderson de Paiva. *O Pragmatismo como paradigma do Direito Processual Penal contemporâneo*: tecnologia, consenso e *whistleblowing*. Londrina: Thoth, 2022.

[3] Como, por exemplo, a *Pesquisa Nacional de Saúde* realizada pelo IBGE em 2019, indicando que 26,4% dos indivíduos com mais de 18 anos ingerem algum tipo de bebida alcoólica ao menos uma vez por semana, o que

econômica expressiva, bem como que seu consumo exacerbado ou inoportuno acarreta elevados riscos[4] sociais,[5] em especial no trânsito.[6]

Com efeito, dados empíricos demonstram que não existem quantidades objetivamente seguras para o consumo de álcool seguido da direção de veículo automotor[7] e que as medidas insculpidas nas normas questionadas foram eficientes, isto é, lograram reduzir o número de acidentes de trânsito[8] e de vítimas fatais,[9] de forma que as alterações promovidas no Código de Trânsito Brasileiro, pelos artigos 5º, incisos III, IV e VIII, da Lei Federal nº 11.705/2008, e 1º da Lei Federal nº 12.760/2012 se revelam adequadas, necessárias e proporcionais.

Ademais, sepultando qualquer dúvida, gizou-se que a proibição de qualquer nível de alcoolemia para a condução de veículos automotivos une, atualmente, o Brasil a outros 31 países com tolerância zero e aos 130 países que usam o etilômetro[10] (teste do "bafômetro") como forma de monitoramento do cumprimento da lei.

---

representa um aumento expressivo no consumo de álcool no Brasil, se comparados com dados do *Relatório Global sobre Álcool e Saúde 2018* divulgado pela OMS: o consumo de álcool médio é de 7,8l de álcool puro *per capita*, cerca de 22% a mais do que a média global, estimada em 6,4l.

[4] A Organização Mundial da Saúde destaca que em países de renda *per capita* elevada, cerca de 20% dos motoristas com lesões fatais têm excesso de álcool no sangue superior ao autorizado por lei. Já em países de baixa e média renda, o álcool está presente entre 33% e 69% dos motoristas com lesões fatais e entre 8% e 29% dos condutores feridos (OMS. Organização Mundial da Saúde. Beber e dirigir. Manual de Segurança de Trânsito para profissionais de trânsito e de saúde. 2007. Disponível em: https://www.grsproadsafety.org/wp-content/upoloads/Beber-e-DiriqirPortuquese.pdf.). Ainda, segundo a OMS, o álcool esteve associado a 36,7% dos acidentes de trânsito entre homens e 23% entre mulheres no Brasil, em 2016.

[5] Segundo o Instituto de Pesquisa Econômica Aplicada (Ipea), com dados pré-pandemia, o Brasil é o quinto país do mundo no *ranking* mundial de mortes no trânsito. São 22 óbitos por 100 mil habitantes, um terço delas de motociclistas. Aqui, gastam-se R$132 bilhões por ano com assistência aos acidentes de trânsito, ainda conforme dados do Instituto. Disponível em: https://www.ipea.gov.br/portal/index.php?option=com_content&view=article&id=28223#:~:text=No%20Brasil%20morrem%20cerca%20de,n%C3%BAmero%20de%20acidentes%20de%20tr%C3%A2nsito. Acesso em: 17 jun. 2022.

[6] Estudo seminal, publicado pela revista *The Lancet*, compara 195 países e territórios no período de 1990-2016, aponta que, globalmente, o uso de álcool foi o sétimo principal fator de risco para mortes e incapacidades em 2016, sendo responsável por 2% das mortes femininas e 6,8% das mortes masculinas (GBD 2016 ALCOHOL COLLABORATORS. Alcohol use and burden for 195 countries and territories, 1990-2016: a systematic analysis for the Global Burden of Disease Study 2016. *Lancet*, v. 392, issue 10152, p. 1015-1035, 23 ago. 2018. DOI:https://doi.org/10.1016/S0140-6736(18)31310-2).

[7] A Organização Mundial de Saúde, inclusive, recomenda que não se deve dirigir após a ingestão de álcool, independentemente da quantidade, máxime em razão da natureza das alterações fisiológicas, da alteração da capacidade de discernimento e do dissenso acerca de alcoolemia segura para a condução veicular (OMS. *Beber e Dirigir*: manual de segurança viária para profissionais de trânsito e saúde. Genebra, Global Road Safety Partnership, 2007).

[8] De acordo com o Relatório Global sobre Álcool e Saúde, da Organização Mundial da Saúde (OMS), 15% das mortes decorrentes de acidentes de trânsito no mundo foram atribuídas ao álcool em 2012. Além disso, estima-se que, no Brasil, 18% e 5,2% dos acidentes de trânsito entre homens e mulheres, respectivamente, foram causados por condutores sob o efeito de bebidas alcóolicas (Disponível em: https://cisa.org.br/index.php/pesquisa/artigos-cientificos/artigo/item/79-alcool-e-transito. Acesso em: 2 fev. 2021). Esse mesmo Relatório indica que se estima que cerca de 370 mil mortes devidas a acidentes de trânsito no mundo foram atribuíveis ao álcool. Entre as vítimas, 187 mil não eram os motoristas desses veículos (Disponível em: https://cisa.org.br/index.php/pesquisa/dados-oficiais/artigo/item/150-movimento-maio-amarelo. Acesso em: 25 nov. 2021).

[9] Dois anos após a aplicação da Lei nº 11.705/2008, a Agência Câmara de Notícias relatou redução de casos fatais em 20%; e, atualmente, dados oficiais do Sistema de Informações de Mortalidade do Ministério da Saúde estimam a redução em 14% nesses acidentes e a prevenção de mais de 41 mil pessoas.

[10] Como destacou o Ministro Nunes Marques, "[...] a Suprema Corte Norte-Americana, no caso *Birchfield v. Dakota do Norte*, julgado em 2016, admitiu que o teste do etilômetro pode ser feito sem mandado judicial, por exigir

Aliás, cumpre registrar, nos termos do voto do Ministro Fachin, que "a Assembleia Geral da Organização das Nações Unidas aprovou, em maio de 2003, a Resolução nº 57/309, que reconheceu a crise mundial de segurança viária e conclamou os Estados a promulgar e a fazer cumprir normas sobre trânsito" e que a segurança viária também consta dentre os Objetivos do Desenvolvimento Sustentável da Agenda 2030: a meta 3.6 era de, "até 2020, reduzir pela metade as mortes e os ferimentos globais por acidentes em estradas".

Especificamente em relação ao princípio da não autoincriminação, reconhecido pelo Pacto Internacional de Direitos Civis e Políticos de 1966 e pela Convenção Americana de Direitos Humanos de 1969, e que assegura a prerrogativa de seu titular não ser obrigado a produzir prova ou de não contribuir, de qualquer modo, para a própria condenação no âmbito criminal (*nemo tenetur se detegere*), destacou-se que a natureza administrativa das punições e sanções estabelecidas pelas leis hostilizadas espanca as alegações de inconstitucionalidade do artigo 277, §3º, do CTB.

Como ressaltou o Ministro Nunes Marques, citando o juiz José Luiz John dos Santos, "[...] pretender que não exista nenhuma consequência jurídica para a recusa ao teste, sequer na esfera administrativa, é, sem dúvida, um estímulo à irresponsabilidade".

Salientou-se ao longo de diversos votos, no ponto, que o STF já declarou, em diversas oportunidades, o caráter relativo do direito à não autoincriminação, por exemplo, ao proclamar a constitucionalidade do art. 305 do CTB (RE nº 971.959 - Tema 907/RG, também de relatoria do Ministro Luiz Fux), firmando a tese de que: "A regra que prevê o crime do art. 305 do Código de Trânsito Brasileiro (Lei nº 9.503/1997) é constitucional, posto não infirmar o princípio da não incriminação, garantido o direito ao silêncio e ressalvadas as hipóteses de exclusão da tipicidade e da antijuridicidade".

Na mesma linha, no julgamento do RE nº 640.139 (Tema 478/RG – relatoria: Ministro Dias Toffoli), assentou-se estar fora da esfera de proteção do princípio constitucional da não autoincriminação quem atribui falsa identidade perante autoridade policial com o intuito de ocultar maus antecedentes, incidindo, portanto, na figura típica insculpida no art. 307 do CP/1940.

Por sua vez, em relação à constitucionalidade da proibição de venda de bebidas alcoólicas nas rodovias federais, também se entendeu que a vedação à venda varejista ou ao oferecimento de bebidas alcoólicas para consumo no local, destinada a empreendimentos comerciais localizados em terrenos com acesso direto à rodovia (artigo 2º da Lei nº 11.705/2008), é adequada, necessária e estritamente proporcional ao fim de impedir a condução de veículos automotores

---

mínima cooperação do indivíduo. Diferentemente, em se tratando de exame de sangue, que é mais invasivo e produz dados de longo alcance, a Corte considerou necessária a expedição de mandado judicial. Disponível em: https://www.cnn.com/2016/06/23/politics/supreme-court-drunkdriving-breathalyzers-birchfield/index.html. Acesso em: 17 jun. 2022.

após a ingestão de álcool em rodovias federais, porquanto não inviabiliza o exercício das liberdades econômicas dos estabelecimentos e das liberdades individuais de escolha dos consumidores e, ainda, como destacou o Ministro André Mendonça, promove a preservação da vida e, por conseguinte, da cidadania plena dos cidadãos.[11]

Como resultado do julgamento, foi fixada a seguinte tese:

> Não viola a Constituição a previsão legal de imposição das sanções administrativas ao condutor de veículo automotor que se recuse à realização dos testes, exames clínicos ou perícias voltados a aferir a influência de álcool ou outra substância psicoativa (art. 165-A e art. 277, §§2º e 3º, todos do Código de Trânsito Brasileiro, na redação dada pela Lei nº 13.281/2016).

VOTO

O SENHOR MINISTRO LUIZ FUX (RELATOR): Eminentes pares, ilustre representante do Ministério Público, senhores advogados e senhoras advogadas, demais presentes.

Ab initio, diante da coincidência parcial de objetos, destaco que a presente decisão se refere a três processos correlatos:

(1) Recurso Extraordinário nº 1.224.374, que tem por objeto o art. 165-A do Código de Trânsito Brasileiro (Lei nº 9.503/97, na redação dada pela Lei nº 13.281/2016), cuja repercussão geral foi reconhecida por este Plenário;

(2) Ação Direta de Inconstitucionalidade nº 4.017, ajuizada em face dos artigos 2º, 3º e 4º da Lei Federal nº 11.705, de 19 de junho de 2008, e

(3) Ação Direta de Inconstitucionalidade nº 4.103, ajuizada em face dos artigos 2º, 4º e 5º, incisos III, IV e VIII, da Lei Federal nº 11.705, de 19 de junho de 2008, e o artigo 1º da Lei Federal nº 12.760/2012, que promoveram alterações nos artigos 165, 262, 276, 277 e 306 do Código de Trânsito Brasileiro.

[...][12]

Deveras, o cerne da controvérsia jurídica dos três processos apregoados cinge-se ao exame de constitucionalidade da proibição legal relativa à condução de veículos automotivos com qualquer nível de alcoolemia e à constitucionalidade da proibição da venda de bebidas alcoólicas às margens de rodovias federais.

In casu, há a necessidade de ponderação entre **(a)** as liberdades individuais e econômicas tuteladas pelo texto constitucional, de um lado, e, de outro, **(b)** as políticas de segurança no trânsito, as quais asseguram a preservação da ordem pública e da incolumidade das pessoas e das vias públicas.

---

[11] Também nesse sentido, o Ministro Edson Fachin sublinhou precedentes na jurisprudência da Corte (AI 636883 AgR, Rel. Min. Cármen Lúcia, Primeira Turma, julgado em 08.02.2011 e RE 349686, Rel. Min. Ellen Gracie, Segunda Turma, julgado em 14.06.2005).

[12] Alguns trechos do voto foram suprimidos para atenderem as limitações editoriais. Sem prejuízo, a íntegra do voto se encontra disponível em: https://jurisprudencia.stf.jus.br/pages/search?base=acordaos&sinonimo=true&plural=true&page=1&pageSize=10&sort=_score&sortBy=desc&isAdvanced=true&origem=AP&classeNumeroIncidente=RE%201224374, último acesso em 29 dez. 2022.

I. PRELIMINARES
[...]

II. FUNDAMENTOS CONSTITUCIONAIS:

(A) CONSTITUCIONALIDADE DAS RESTRIÇÕES AO CONSUMO DE BEBIDAS ALCOÓLICAS POR CONDUTORES ("LEI SECA"):

É notório que o consumo exacerbado de álcool acarreta elevados riscos sociais nas mais variadas searas, desde a segurança no ambiente doméstico à proteção do trânsito. Segundo o relatório da OMS de 2018, 5,1% da carga global de doenças foram atribuíveis ao consumo do álcool.

Na mesma linha, um estudo publicado pela revista *The Lancet*, em que foram comparados 195 países e territórios no período de 1990-2016, aponta que, globalmente, o uso de álcool foi o sétimo principal fator de risco para mortes e incapacidades em 2016, sendo responsável por 2% das mortes femininas padronizadas por idade e 6,8% das mortes masculinas por idade. Esses percentuais se tornam ainda mais expressivos no recorte etário (GBD 2016 Alcohol Collaborators. "Alcohol use and burden for 195 countries and territories, 1990-2016" 2016 *Lancet* 2018; 392: 1015-35).

A tolerância zero não é exclusividade do ordenamento jurídico brasileiro. Com a instituição da proibição de qualquer nível de alcoolemia por condutores de veículos automotivos, o Brasil se tornou um dos 25 países que, à época, vedavam em absoluto o consumo de álcool por motoristas e um dos 130 que usam o etilômetro (teste do "bafômetro") como forma de monitoramento do cumprimento da lei. Atualmente, a lista soma 32 países com tolerância semelhante.

A intenção de privilegiar o direito à vida e à segurança foi declarada no arcabouço normativo que se instituiu quanto ao tema nas últimas décadas. Em 2005, foi criada Câmara Especial de Políticas Públicas sobre o Álcool, a partir de uma comissão técnica que estimulava a participação democrática na discussão do tema. Nesse mesmo ano, o Brasil sediou a 1ª Conferência Pan-Americana de Políticas Públicas sobre o Álcool, na qual os países americanos estabeleceram estratégias destinadas a prevenir e reduzir danos relacionados ao consumo nocivo de álcool.

Por meio do Decreto nº 6.117, de 22 de maio de 2007, foi instituída a **Política Nacional sobre o Álcool** (PNA), considerado o marco normativo no que diz respeito a relação do Estado frente às bebidas alcoólicas. O decreto denota o engajamento do Poder Público no desenvolvimento de uma política isonômica e proporcional de combate ao uso nocivo das bebidas alcoólicas em todo o âmbito nacional, servindo de baliza para as normas subsequentes. Atribuindo ao álcool um destaque comparativo ao tratamento dado ao restante das drogas, a PNA contemplou a intersetorialidade e a integralidade de ações para a redução dos danos sociais, à saúde e à vida, causados pelo consumo de álcool.

Em especial, as diretrizes da PNA envolvem o diagnóstico sobre o consumo de bebidas alcoólicas em todo o território nacional; o tratamento e a reinserção social de usuários e dependentes de álcool; a realização e a formulação de campanhas de informação, sensibilização e mobilização da opinião pública quanto às consequências do uso indevido e do abuso de bebidas alcoólicas; a redução da demanda de álcool por populações vulneráveis; a segurança pública; a associação álcool e trânsito; a capacitação de profissionais e agentes multiplicadores de informações sobre temas relacionados à saúde, educação, trabalho e segurança pública; estabelecimento de parceria com os municípios para a recomendação de ações municipais; e a propaganda de bebidas alcoólicas.

As principais normas são tratadas no presente feito e representam as alterações do Código de Trânsito Brasileiro promovidas pela Lei nº 12.760/12. Convém reiterar os dispositivos pertinentes, *in verbis*:

[...]

Como é cediço, as alterações promovidas no Código de Trânsito Brasileiro, pelos artigos 5º, incisos III, IV e VIII, da Lei Federal nº 11.705/2008, e 1º da Lei Federal nº 12.760/2012, configuram objeto apenas da Ação Direta de Inconstitucionalidade 4103, proposta pela ABRASEL NACIONAL, não tendo sido discutido na ação conexa cuja apreciação conjunta ora se promove. É esse o tópico cuja constitucionalidade se passa a analisar.

Para além dos direitos trazidos à baila, suscitou-se na inicial violação à **isonomia**, nas suas mais diversas concepções axiológicas. Em síntese, a requerente aduz que artigo 5º, III e VIII, da Lei Federal nº 11.705/2008 viola diretamente o princípio, porquanto a penalidade cominada à conduta de conduzir apresentando qualquer concentração de álcool no sangue puniria igualmente todos aqueles que se embriagam, seja a embriaguez acidental ou dolosa, completa ou incompleta.

A premissa de que a Lei Seca, ao punir na mesma intensidade aqueles consumidores irresponsáveis e os responsáveis, não se sustenta, porquanto dados apontam que não há um nível seguro de alcoolemia. Assim, todo condutor de veículo que dirige tendo ingerido álcool deixa de ser considerado *responsável*.

A Organização Mundial de Saúde recomenda que não se deve dirigir após a ingestão de álcool, independentemente da quantidade, conforme o manual *Beber e Dirigir: manual de segurança viária para profissionais de trânsito e saúde*, publicado em 2007. Pela natureza das alterações fisiológicas e pelo dissenso acerca de alcoolemia segura para a condução veicular, aponta-se a inexistência de quantidade segura para ingestão de bebidas alcoólicas pelo condutor. Confiram-se os trechos pertinentes, *in verbis*:

> "Os efeitos imediatos do álcool no cérebro podem ser de caráter depressor ou estimulante, em função da quantidade absorvida. Em ambos os casos, **o álcool produz uma alteração fisiológica que aumenta o risco de acidentes, visto que modifica a capacidade de discernimento, torna os reflexos mais lentos, diminui a vigilância e reduz a acuidade visual**. Fisiologicamente, o álcool também provoca diminuição da pressão sangüínea e

depressão das funções de consciência e respiração. Além disso, o álcool tem propriedades analgésicas e anestésicas em geral.

O álcool pode alterar a capacidade de discernimento e aumentar o risco de acidente mesmo com um nível baixo de alcoolemia. Todavia, os efeitos negativos são progressivamente intensificados à medida que a alcoolemia aumenta. Não são apenas a capacidade de discernimento e os reflexos que ficam prejudicados: a visão também sofre deterioração. **Além do risco direto de acidente, acredita-se que o álcool prejudique outros aspectos da segurança do condutor, como o uso de cinto de segurança e capacete e o respeito dos limites de velocidade.** Embora este manual tenha deliberadamente deixado de lado o uso de outros tipos de droga, vale a pena lembrar que o consumo de álcool, em parte porque favorece a perda da inibição, é com freqüência associado ao uso de outras drogas que podem afetar o desempenho ao volante." (*Beber e Dirigir*: manual de segurança viária para profissionais de trânsito e saúde. Genebra, Global Road Safety Partnership, 2007)

Na mesma linha, a American Medical Association, desde 1986, recomenda, dentre outras políticas, aquela que adota como evidência per se de dirigir alcoolizado o nível de alcoolemia de 0,05%, tendo em vista que "*a variabilidade biológica entre os humanos produz diferenças substanciais na influência e tolerância ao álcool, tornando virtualmente inúteis quaisquer tentativas de fixar um nível de consumo 'seguro' para os motorista*" (Bohigian, George M., M. D. Dolan, and Harvey Estes Jr. Alcohol and the Driver. *JAMA* 255 (1986): 522-527).

A alegação de ofensa à proporcionalidade tampouco merece prosperar. É que, pela análise dos dados empíricos da realidade brasileira e dos diversos estudos apontados, a norma se caracteriza como adequada, necessária e proporcional.

A **adequação** se demonstra pela perspicácia do Poder Público em observar um óbice social, compreender suas raízes e agir para saná-los. No caso das bebidas alcoólicas ingeridas por condutores, a comercialização e o consumo exacerbado são a principal causa de morte no trânsito, em especial nas rodovias. Pela lógica consequencial, o mais adequado para que não haja o efeito danoso configura subtrair-se a causa.

Os dados sugerem a relativa eficácia das medidas educativas e restritivas, em relação à segurança daqueles envolvidos no trânsito e, consequentemente, à saúde pública. Conforme reportado pela Agência Câmara de Notícias, após dois anos da aplicação da Lei nº 11.705/08, a redução de casos fatais chegou a 20%. Já dados oficiais do Sistema de Informações de Mortalidade, do Ministério da Saúde apontam que, atualmente, mais de uma década após a edição da Lei Seca, estima-se a redução em 14% nesses acidentes e a prevenção de mais de 41 mil pessoas.

A eficácia da regra se verifica indiretamente pelo risco de ser fiscalizado, o que torna a tolerância zero ainda mais efetiva e incentiva uma intensa fiscalização complementar à norma. É que, de acordo com Parecer da Secretaria Nacional Antidrogas (doc 93), pesquisas mostram que a percepção do risco é consideravelmente mais efetiva do que a intensidade da pena para desencorajar a condução de veículos sob influência do álcool.

Quanto à adequação do etilômetro dentre a diversidade de modelos tecnológicos para a determinação do teor de álcool no ar expirado, o Parecer Técnico nº 11/2012 INC/DITEC/DPF, elaborado por peritos criminais federais, aponta vasta literatura que considera o uso desse equipamento conhecido popularmente como bafômetro como a principal técnica de campo, vez que realiza teste de respostas rápidas e de fácil manuseio, ao mensurar a concentração de álcool etílico pela análise de ar expirado pela boca, originário dos alvéolos pulmonares, normalmente conhecido como *"ar expirado final"*. Os avanços tecnológicos desse equipamento nos últimos anos, complementam, tornaram mínimas as possibilidades de resultado falso positivo ou falso negativo.

Ainda que assim não fosse, a norma objurgada prevê a complementação das técnicas de mensuração de matriz biológica pela avaliação por meio de exame clínico com laudo conclusivo firmado pelo examinador da Polícia Judiciária. Para além da presunção de veracidade dos agentes públicos, a técnica se respalda por um método clínico de identificação de sinais e sintomas de embriaguez, cuja eficácia se mostra maior em casos de alcoolemia acima de moderada (10 decigramas por litro, segundo o artigo *Judging Intoxication*, de Steven Rubenzer, publicado na revista *Behavioral Sciences and the Law,* em 2011).

A **necessidade** decorre dos dados anteriormente apresentados. Como um país que sofre dos usos nocivos do álcool, em particular quando debate-se segurança no trânsito, uma norma coercitiva e restritiva se apresenta como uma ação bem-vinda da legislação em vigor.

A forte correlação entre o aumento da concentração de álcool no sangue de condutores de veículos e o aumento do risco de envolvimento em colisões no trânsito foi reportado pelo mencionado artigo publicado no *Journal of the American Medical Association*, que reúne evidências acumuladas em 50 anos de investigações científicas.

A publicação aponta que *"o álcool causa deterioração das habilidades de direção começando com alcoolemia de 0,05% ou até menos"*, porquanto prejudica as habilidades de direção por seus efeitos no sistema nervoso central, agindo como um anestésico geral, torna mais lento e menos eficiente a aquisição e o processamento de informações, tornando as tarefas de atenção dividida, como direção e frenagem, mais difíceis de realizar sem erros. Além disso, a influência do álcool nas emoções e atitudes pode ser um fator de risco de acidente relacionado ao estilo de direção, além da habilidade de dirigir.

Segundo a OMS, o manual visa a redução do número de mortes e acidentes causadas nas estradas em escala global, já que, à época, em países de alta renda, *"cerca de 20% dos motoristas fatalmente feridos têm excesso de álcool no sangue, enquanto em alguns países de baixa e média renda esses números podem chegar a 69%"*. Estima que 1,2 milhão de pessoas morrem todo ano, em média, em decorrência de acidentes de trânsito.

No Brasil, o aumento na série histórica de mortes por acidentes de trânsito culminou, em 2007, no número total de 66.836 pessoas. O número expressivo evidencia a indispensabilidade de regular atividades que envolvem, direta ou indiretamente, o consumo e a comercialização de bebidas alcoólicas.

Por fim, a previsão legal é igualmente **proporcional** pela ponderação principiológica já elucidada. Assim como outras diversas nações, o Estado brasileiro atesta os estudos e comprovações científicas ao estampar no ordenamento jurídico o entendimento de que não existem quantidades objetivamente seguras para o consumo de álcool e, dessa maneira, tem como margem zero a fixação do índice de alcoolemia. Dessa forma, não importa a quantidade ingerida, o fato típico é concretizado com qualquer índice indicado pelo etilômetro.

Ademais, vedar a ingestão de álcool representa, para além de toda a segurança física, segurança jurídica aos jurisdicionados, uma vez que a regra é clara e a intolerância é estabelecida, o condutor possui plena noção do que não fazer antes de dirigir e, se o fizer, conhece as consequências. Eventual excesso das regras corresponde às objeções comuns de que a condução de veículo automotivo após a ingestão de um doce com licor, remédio com álcool ou antisséptico bucal poderiam ensejar as punições previstas no Código de Trânsito.

A esse respeito, o Parecer Técnico nº 11/2012 INC/DITEC/DPF (doc 92) esclarece que, para que seja atingida a concentração sanguínea de 6 decigramas de álcool etílico por litro de sangue, seria necessária a ingestão de *"uma quantidade de licor que não cabe em um bombom comum"* ou a ingestão do antisséptico bucal, para que a mucosa do trato intestinal e não apenas a da boca absorva o álcool. De todo o modo, a literatura científica aponta que eventual interferência provocada por tais acontecimentos não se estendem por mais de 15 minutos, bastando que se repita o exame com etilômetro após alguns instantes.

As normas impugnadas também preveem atribuição de competências ao policial rodoviário federal (art. 4º da Lei nº 11.705/08) e ao agente de trânsito (art. 1º, da Lei nº 12.760/12, que altera o §2º do art. 277 do Código de Trânsito Brasileiro). Em comum, as novas regras delegam a esses funcionários públicos os poderes de fiscalização e de aplicação de penalidade dentro de suas respectivas funções.

Acerca do agente da autoridade de trânsito, suas atribuições em relação a fiscalização, autuação e aplicação de penalidade no processo administrativo foram definidas pelo próprio Código de Trânsito Brasileiro, como no §4º do artigo 280, *in verbis*:

> §4º O agente da autoridade de trânsito competente para lavrar o auto de infração poderá ser servidor civil, estatutário ou celetista ou, ainda, policial militar designado pela autoridade de trânsito com jurisdição sobre a via no âmbito de sua competência.

Além das delegações legais atribuídas ao agente de trânsito citadas, o §2º do art. 277 acrescenta às responsabilidades do agente de trânsito declarar a embriaguez do motorista a partir de provas de fato e, se comprovada a alteração psicomotora do sujeito, lavrar o auto da infração.

Não merece prosperar a alegação da requerente de que o agente de trânsito não teria legitimidade de coleta de provas por meio do uso do "bafômetro" por ausência de conhecimento técnico. Ora, à semelhança de um termômetro, a utilização do instrumento não pressupõe elaborados e complexos conhecimento técnicos.

Some-se que a norma prevê diversos outros meios de coleta de informações e provas contra o infrator. Os instrumentos permitem a renovação instantânea do teste e, caso ainda paire dúvidas quanto à acuidade do equipamento ou idoneidade do agente, existem outras formas de análise processual das provas que respeitam o devido processo legal.

(B) PRINCÍPIO DA NÃO AUTO-INCRIMINAÇÃO:

O **principio da não-autoincriminação** assegura a prerrogativa de seu titular não ser obrigado a produzir prova ou de não contribuir, de qualquer modo, para a própria condenação no âmbito criminal (*nemo tenetur se detegere*).

A garantia explicitada na expressão *nemo tenetur se deteger* possui raízes no *jus commune* medieval e se desenvolveu:
   (a) na Europa Continental somente no Século XVIII, com a Revolução Iluminista, a derrocada do Antigo Regime e a superação do procedimento inquisitorial
   (b) na Inglaterra, a garantia remonta à publicação da Carta Magna em 1215, tendo, ao longo dos séculos seguintes, se desenvolvido e expandido para as colônias, principalmente nos Estados Unidos, traduzida sob a forma do *privilege against self compelled incrimination*.

Em verdade, os sistemas anglossaxônicos adversariais atuais admitem que o acusado exerça seu direito ao silêncio, recusando-se a depor. Porém, se optar por prestar declarações, o fará na condição de testemunha, tanto que obrigado a prestar juramento de falar a verdade, inclusive com possibilidade de responsabilização por perjúrio. Daí a origem do termo *privilege*, na medida em que se confere ao acusado a prerrogativa de não ser ouvido como testemunha.

A garantia contra a autoincriminação encontra, ainda, consagração no plano convencional, tanto na Convenção Americana sobre Direitos Humanos quanto na Convenção Europeia de Direitos Humanos.

A CADH, incorporada ao ordenamento jurídico brasileiro no ano de 1992, estabelece limites à busca pela verdade real e tutela o princípio do *nemo tenetur se detegere* ao prever, em seu art. 8, n. 2, g, que toda a pessoa acusada da prática de algum delito possui como garantia mínima, dentre outras, a de não ser obrigada a depor contra si mesma, nem a declarar-se culpada.

Em sentido convergente, o art. 6º da CEDH garante o direito a um processo equitativo (*fair trial*), havendo precedentes paradigmáticos do Tribunal Europeu de Direitos Humanos (*Funke vs. France; Murray vs. The United Kingdom; Saunders vs. The United Kingdom*) definindo a garantia como corolário essencial de um processo equitativo.

Apesar de reconhecido pelo Pacto Internacional de Direitos Civis e Políticos de 1966 e pela Convenção Americana de Direitos Humanos de 1969, conhecida como Pacto de São José da Costa Rica, todavia, a vedação da autoincriminação não se encontra positivada na Constituição Federal.

É um princípio tácito, rogado a partir do devido processo legal (art. 5º, LIVV, LV) e do princípio da presunção de inocência (art. 5º, LVII). No Brasil, durante o seu período colonial, dada a natureza inquisitória das Ordenações Portuguesas, não havia espaço para o desenvolvimento dessa garantia. Somente a partir da Constituição Imperial de 1824, aboliu-se expressamente a tortura e as penas cruéis, a evolução foi gradativa. Com o Código de Processo Criminal de 1832, de inspiração liberal francesa e inglesa, atribuiu-se ao interrogatório a natureza de peça de defesa, com a previsão, ademais, de que a confissão só seria válida se realizada livremente pelo réu.

Posteriormente, no século XX, em período anterior à Constituição de 1988, ainda eram visíveis os traços inquisitoriais do sistema persecutório brasileiro, considerando que o Código de Processo Penal de 1941, no seu art. 186, embora consagrando expressamente o direito do acusado de não responder às perguntas que lhe fossem formuladas, o fazia ressalvando que o seu silêncio poderá ser interpretado em prejuízo da própria defesa.

Sendo assim, a vedação à autoincriminação só encontrou ressonância no Brasil em sua devida plenitude com a Constituição Federal de 1988, cujo art. 5º, LXIII, é inspirado pela 5ª Emenda da Constituição dos EUA que assim dispõe: *"o preso será informado de seus direitos, dentre os quais o de permanecer calado, sendo-lhe assegurada a assistência da família e de advogado"*.

Ademais, o direito de o investigado ou réu não realizar condutas ativas que importem na introdução de informações ao processo também comporta diferentes níveis de flexibilização, embora a regra geral seja a da sua vedação.

A jurisprudência do STF, historicamente, adotava uma postura restrita quanto à admissibilidade das chamadas intervenções corporais. Contudo, na linha do que se visualiza no cenário internacional, a jurisprudência desta Corte Superior, gradativamente, iniciou uma caminhada em sentido oposto, do que constitui precedente exemplificativo a RCL nº 2.040/DF, de relatoria do Min. NÉRI DA SILVEIRA, julgada na data de 21.02.2002, ocasião em que se decidiu que a autoridade jurisdicional poderia autorizar a realização de exame de DNA em material colhido de gestante mesmo sem autorização daquela última, tudo com o objetivo de investigar possível crime de estupro de que tenha sido vítima.

Deveras, percebe-se que a história da consagração desse direito e o próprio conceito de autoincriminação corroboram com a premissa de que se trata de garantia de natureza processual penal, cujo corolário é a preservação do direito do investigado ou réu de não ser deliberadamente compelido a, contra sua vontade, produzir manifestação que verse sobre o mérito da acusação.

In casu, entretanto, **não há de se falar em violação da máxima *nemo tenetur se detegere*, uma vez que inexistem consequências penais ou processuais** penais impostas à recusa da realização do teste do etilômetro ou dos demais procedimentos previstos nos artigos 165-A e 277, §2º e §3º, do CTB.

A bem da verdade, a mesma *ratio* se aplica ao artigo 165, que penaliza administrativamente a conduta de dirigir sob influência de álcool ou substância psicoativa que determine dependência. É dizer: ausente obrigatoriedade de produzir prova contra si, no processo criminal, inexiste vulneração do direito fundamental alegado. A alteração no CTB apenas define e instaura uma nova infração administrativa, *in verbis*:

[...]

Note-se que a previsão de sanção administrativa não imputa em qualquer desrespeito à ordem de processo penal. Na realidade, a recusa do condutor em realizar os testes referidos não importará a presunção da prática de delito ou a imposição de pena criminal.

A norma destacada é apenas mais um dos muitos dispositivos alterados para que se possibilite o combate efetivo contra os acidentes automotivos causados pelo abuso do álcool, máxime em razão de contribuir para a exequibilidade da proibição de ingestão de álcool em qualquer nível.

É que, caso o condutor alcoolizado possa se evadir do local de fiscalização sem realizar qualquer teste capaz de comprovar seu estado, a comprovação de seu estado de embriaguez restará impossibilitada. A fim de se desincentivar essa conduta, é necessário que a recusa produza algum efeito. Caso contrário, a previsão normativa seria simplesmente inócua.

A bem da verdade, trata-se de mais uma hipótese em que o Código de Trânsito Brasileiro institui incentivos para que os condutores cooperem com a fiscalização do trânsito, cabível de penalização em caso de não cumprimento. Como exemplo, cita-se o art. 176, III, segundo o qual deixar de preservar o local, de forma a facilitar os trabalhos da polícia e da perícia imputa ao condutor envolvido em acidente com vítima as sanções de multa, suspensão do direito de dirigir e o recolhimento do documento de habilitação.

Ao mesmo tempo, a imposição de sanção administrativa de multa e suspensão do direito de dirigir não afeta o núcleo irredutível dos direitos fundamentais do condutor. A imposição de sanções administrativas ao motorista que se recuse à realização dos testes constitui o único meio eficaz de garantir o cumprimento da norma proibitiva, sem repercutir, contudo, no âmbito criminal, resguardando-se, assim o princípio da não autoincriminação.

Deveras, a experiência prévia da nossa legislação de trânsito, quando se fixava índice máximo de alcoolemia a ser aferida nos testes de sangue ou de bafômetro, revelou-se inócua. Deveras, no Brasil, não se tem admitido a compulsoriedade da realização dos referidos exames nem mesmo para fins exclusivamente administrativos. Ante a impossibilidade de verificar o cumprimento da lei pelos motoristas, a ausência de qualquer consequência para a recusa do teste possibilitou que a embriaguez ao volante continuasse a ser prática recorrente.

A título de comparação, na Austrália, onde a ingestão geral de bebidas alcoólicas é elevada, aplica-se ao motorista que se recusa a fazer o teste de alcoolemia a mesma penalidade estabelecida para aquele que seja flagrado conduzindo sob altos níveis de álcool. Os índices de acidentes fatais no trânsito são consideravelmente baixos em comparação com outros países (HOMEL, Ross J. Random breath testing the Australian way: a model for the United States?, *Alcohol Health & Research World,* 1990).

Conclui-se que a imposição de restrições de direitos, decorrente da recusa do motorista em realizar os testes de alcoolemia previstos em lei, revela-se meio adequado, necessário e proporcional em sentido estrito para a efetivação, em maior medida, de outros princípios fundamentais como a vida e a segurança no trânsito, sem que, ademais, acarrete violação à dignidade da pessoa humana, circunscrevendo-se ao espaço de conformação do legislador no desenho de políticas públicas.

Ao mesmo tempo, é de se exigir que, diante da recusa do motorista em submeter-se aos testes de alcoolemia, a autoridade de trânsito registre a recusa no auto de infração, com a devida formalização da ciência do condutor, colhendo a assinatura do autuado, em homenagem ao devido processo legal administrativo.

Por fim, vale observar que o artigo 8º da Resolução nº 432/2013 do CONATRAN estabeleceu procedimentos voltados a robustecer a legalidade do auto de infração baseado no art. 165 do CTB e concretizar o devido processo legal no âmbito administrativo-sancionador, ao exigir que contenha:

> "**I** – no caso de encaminhamento do condutor para exame de sangue, exame clínico ou exame em laboratório especializado, a referência a esse procedimento;
> **II** – no caso do art. 5º, os sinais de alteração da capacidade psicomotora de que trata o Anexo II ou a referência ao preenchimento do termo específico de que trata o §2º do art. 5º;
> **III** – no caso de teste de etilômetro, a marca, modelo e nº de série do aparelho, nº do teste, a medição realizada, o valor considerado e o limite regulamentado em mg/L;
> **IV** – conforme o caso, a identificação da (s) testemunha (s), se houve fotos, vídeos ou outro meio de prova complementar, se houve recusa do condutor, entre outras informações disponíveis."

Nesse sentido, forçoso concluir que a legislação impugnada não implica em violação ao princípio da não-autoincriminação.

(C) CONSTITUCIONALIDADE DA PROIBIÇÃO DE VENDA DE BEBIDAS ALCOÓLICAS NAS RODOVIAS E DA FISCALIZAÇÃO PELA POLÍCIA RODOVIÁRIA FEDERAL:

O ordenamento jurídico deve ser compreendido com base nos princípios da unidade e da coerência. É essencial para a hermenêutica jurídica vislumbrar o complexo normativo como uma estrutura íntegra, amparado hierarquicamente em princípios constitucionais que objetivem a justiça e a equidade. É premissa primordial, portanto, interpretar os dispositivos legais e constitucionais de forma conjugada com o complexo normativo integrante.

Nas palavras do Ministro Eros Grau, *"não se interpreta a Constituição em tiras, aos pedaços [...] mas sim no seu todo"* (GRAU, Eros Roberto. *Ensaio e discurso sobre a interpretação/aplicação do Direito*. São Paulo: Malheiros, 2002, p. 34).

In casu, as normas impugnadas não podem ser interpretadas fora do contexto social em que o ordenamento jurídico brasileiro se insere. Tampouco se pode olvidar de outros direitos elucidados pelo texto constitucional, como os citados direito à vida e à segurança. Esses grupos de princípios, ambos muito caros ao desenvolvimento econômico, social e individual do país, devem, portanto, ser coerentes (i) entre si, (ii) com o resto do ordenamento constitucional e (iii) com a realidade observável (*v.g.* fatores sociais e econômicos).

Ademais, a previsão geral de medidas para reduzir e para prevenir os danos à saúde e à vida não exaure os pormenores de cada regra, sendo a análise de constitucionalidade necessariamente restrita à medida efetivamente implementada.

No que se refere à mencionada *Política Nacional sobre o Álcool*, importa considerar que a PNA dedicou diversos dispositivos para tratar especificamente quanto ao consumo de álcool por condutores de veículos automotivos, como se observa a seguir, *in verbis*:

1. Referente ao diagnóstico sobre o consumo de bebidas alcoólicas no Brasil:
[...]
1.2. Apoiar pesquisa nacional sobre o consumo de álcool, medicamentos e outras drogas e sua associação com acidentes de trânsito entre motoristas particulares e profissionais de transporte de cargas e de seres humanos.

4. Referente à realização de campanhas de informação, sensibilização e mobilização da opinião pública quanto às consequências do uso indevido e do abuso de bebidas alcoólicas:
*4.1. Apoiar o desenvolvimento de campanha de comunicação permanente, utilizando diferentes meios de comunicação, como, mídia eletrônica, impressa, cinematográfico, radiofônico e televisivo nos eixos temáticos sobre **álcool e trânsito**, venda de álcool para menores, álcool e violência doméstica, álcool e agravos da saúde, álcool e homicídio e álcool e acidentes.*

7. Referente à associação álcool e trânsito:
7.1. Difundir a alteração promovida no Código de Trânsito Brasileiro pela Lei no 11.275, de 7 de fevereiro de 2006, quanto à comprovação de estado de embriaguez;
7.2. Recomendar a inclusão no curso de reciclagem previsto no artigo 268 do Código de Trânsito Brasileiro, de conteúdo referente às técnicas de intervenção breve para usuários de álcool;
7.3. Recomendar a revisão dos conteúdos sobre uso de álcool e trânsito nos cursos de formação de condutores e para a renovação da carteira de habilitação;
7.4. Recomendar a inclusão do tema álcool e trânsito na grade curricular da Escola Pública de Trânsito;

7.5. Elaborar medidas para a proibição da venda de bebidas alcoólicas nas faixas de domínio das rodovias federais.

No que concerne ao âmbito de segurança no trânsito, a PNA dispõe sobre a pesquisa, mapeamento e divulgação das informações adquiridas referente à relação entre as bebidas alcoólicas e os acidentes e trânsito. Nesse sentido, recomenda a inclusão de medidas educativas nos cursos de formação de novos motoristas e nos cursos de reciclagem.

Contudo, o destaque da PNA é a determinação da elaboração de medidas que proíbam a venda de bebidas alcoólicas na beira das rodovias federais (7.5), tal como a difusão da informação da modificação do CTB quanto à comprovação do estado de embriaguez do condutor (7.1).

Esses dois pontos em especial delimitam as ações estatais perante a legislação envolvendo bebida e condução de veículos automotores, legitimando as alterações que seriam feitas pelo Poder Legislativo anos depois.

Deveras, a venda de bebidas alcoólicas à beira de rodovias federais consiste na última das medidas listadas no anexo II do Decreto que aprovou a PNA, apresentando evidente gradação de intensidade e restrição a direitos. Sem que se possa interpretar a Constituição à luz da legislação, é notável o cuidadoso rigor normativo de, ao adequar as normas à realidade brasileira, pautar a problemática em medidas primeiramente educativas e, em último caso, coercitivas.

Em primeiro lugar, descarta-se a hipótese de lesão ao direito adquirido no presente caso. Ninguém possui direito adquirido a exercer *ad eternum* uma atividade, que, por todo o exposto, demonstra perigo iminente a vida e ao bem-estar.

As concessões de faixas de domínio, com a correspondente fixação de limites e poderes, configuram matéria administrativa, sem que haja direito adquirido a regime jurídico. O direito de comercializar bebidas alcoólicas não se encaixa na definição de direito adquirido e, portanto, não assiste razão à parte requerente.

Em segundo lugar, é cediço que não existe, *a priori*, norma fundamental absoluta. Percebe-se que, caso a conclusão sobre a natureza dos preceitos fundamentais fosse outra, a Constituição estaria fadada à desarmonia e à arbitrariedade de seu próprio texto.

Não por acaso, Robert Alexy elucida que não há princípios que prevaleçam sobre os outros em caráter permanente, mas apenas em situações específicas:

> "**É fácil argumentar contra a existência de princípios absolutos em um ordenamento jurídico que inclua direitos fundamentais.** Princípios podem se referir a interesses coletivos ou a direitos individuais. Se um princípio se refere a interesses coletivos e é absoluto, as normas de direitos fundamentais não podem estabelecer limites jurídicos a ele. Assim, até onde o princípio absoluto alcançar não pode haver direitos fundamentais. Se o princípio absoluto garante direitos individuais, a ausência de limites desse princípio levaria à seguinte situação contraditória: em caso de colisão, os direitos de cada indivíduo, fundamentados pelo princípio absoluto, teriam que ceder em favor dos direitos de todos os indivíduos, também fundamentados pelo princípio absoluto. **Diante disso, ou os princípios absolutos não são compatíveis com direitos individuais, ou os**

direitos individuais que sejam fundamentados pelos princípios absolutos não podem ser garantidos a mais de um sujeito de direito." (ALEXY, Robert. *Teoria dos Direitos Fundamentais*. São Paulo: Malheiros, 2008, p. 111)

Esse aspecto da dogmática jurídica é compreensível quando analisado sobre o espectro da colisão entre dois princípios fundamentais, como ocorre no presente feito.

Em situações nas quais existe o conflito principiológico, há de se ponderar os valores inerentes à situação apresentada e consequentemente decidir pela aplicação daquelas normas mais convenientes e mais necessárias para a concretização da justiça e da equidade.

In casu, a contraposição que a legislação federal suscita é entre as liberdades econômicas e as liberdades individuais em face dos direitos à vida e ao bem-estar da coletividade. Vale dizer: de um lado, encontram-se os princípios da livre iniciativa, da livre concorrência, da segurança jurídica para empreender, da liberdade individual, o direito de propriedade e o direito adquirido. De outro, há os direitos à vida e à segurança no trânsito.

Uma limitação de direitos fundamentais só pode ser apropriadamente ponderada se causa a menor restrição possível aos interesses dos envolvidos pela tutela do direito no panorama apresentado.

In casu, a intenção manifestada pela mudança das áreas restringidas pela norma (artigos 2º e 3º da Lei nº 11.705/2008) não impôs um sacrifício desproporcional às liberdades econômicas constitucionalmente garantidas.

Com vistas a se reduzir o elevado número de acidentes ocorridos nas estradas em decorrência do consumo de álcool pelos motoristas, a restrição veio a alcançar (i) o comércio de produtos específicos (bebidas alcoólicas), apenas em (ii) determinadas localidades e em (iii) segmento específico de mercado, de modo a não inviabilizar a liberdade dos estabelecimentos para comercialização de outros produtos.

Como se pôde observar anteriormente, é incontroversa a necessidade de adoção de medidas que visem reduzir a incidência de condução de veículos por pessoas alcoolizadas, em nome da garantia da vida, da segurança e do bem-estar daqueles que fazem parte do trânsito.

Para que a mudança seja justa e equânime é mister analisar a proporcionalidade das medidas, demonstrável a partir da ponderação principiológica, especificamente no que tangem aos sub-princípios da adequação, da necessidade e da proporcionalidade em sentido estrito.

A adequação alude à vedação do arbítrio, porquanto a proposta para a solução do problema, além de ponderada, deve estar relacionada com sua causa, havendo conformidade entre os fins almejados e os meios normativos empregados para tanto.

No caso em debate, percebe-se que a vedação à venda varejista ou ao oferecimento de bebidas alcoólicas para consumo no local, destinada a empreendimentos comerciais localizados em terrenos com acesso direto à rodovia, é adequada ao fim de impedir a condução de veículos automotores após a ingestão de álcool.

Com efeito, a comercialização de bebidas alcoólicas nos estabelecimentos comerciais que se situam à margem ou em local contíguo à faixa de domínio de rodovias estimula o consumo do produto pelos condutores de veículos, sendo a proibição da comercialização, nesses casos, adequada a atingir a finalidade a que se destina a norma: diminuição do consumo por parte dos motoristas, com impactos positivos diretos ao interesse coletivo de redução do número de acidentes e mortes causados pela embriaguez ao volante.

Demais disso, a previsão normativa se revela eficaz, notadamente por se assomar a outras que igualmente visam desestimular o consumo de álcool pelos motoristas.

Nesse sentido, vale relembrar o estudo conduzido por equipe multidisciplinar da Universidade Federal do Rio Grande do Sul (UFRGS) apresentou, no ano de 2010, dados do Departamento de Polícia Rodoviária Federal, nos quais apontados como líder mundial de acidentes de trânsito nas estradas o Brasil, em que registradas 172.000 mortes nas rodovias – computadas apenas aquelas ocorridas nos locais dos acidentes –, entre os anos de 1999 e 2006, equivalente a alarmantes 106 mortos por 1.000km, número esse a, em muito, superar outros países: Canadá (3,3 mortos/1.000km), EUA (6,56 mortos/1.000km) e Itália (10 mortos/1.000km). (PECHANSKY, Flávio; DE BONI, Raquel; DUARTE, Paulina do Carmo Arruda Vieira; PAULA, Fernanda Cubas de; BENZANO, Daniela; DIEMEN, Lisia von; LEUKEFELD, Carl. Consumo de álcool e outras drogas entre motoristas privados e profissionais do Brasil. *In*: PECHANSKY, Flávio; DUARTE, Paulina do Carmo Arruda Vieira; BONI, Raquel Brandini de (Orgs.) *Uso de bebidas alcoólicas e outras drogas nas rodovias brasileiras:* e outros estudos. Porto Alegre: Secretaria Nacional de Políticas sobre Drogas, 2010, p. 54-62).

Os riscos em rodovias são maiores, porque superiores as medições de velocidade, situação que exige reflexos ainda mais apurados por parte dos motoristas – conforme anotou o Ofício da Coordenação Geral de Operações do Departamento de Polícia Rodoviária Federal, em atenção à audiência pública realizada, *in verbis*:

> "Note-se que a lei não proibiu de forma absoluta a venda de bebidas, apenas suprimiu a possibilidade de o condutor consumir tal bebida no local e após isso conduzir seu veículo, pois como as áreas rurais das rodovias são trechos de grandes extensões, e a velocidade máxima permitida para esses trechos varia de 80 até 110 km/h, dependendo do tipo de veículo, os riscos de ocorrência de acidentes aumentam significativamente." (DOC 94)

Por sua vez, enquanto limite norteador de qualquer restrição de direitos, a exigibilidade de uma lei é fator crucial para que a norma seja proporcional. Nesse sentido, passa-se à avaliação de sua necessidade.

In casu, o artigo 2º da Lei nº 11.705/2008 atende ao requisito da necessidade, considerado o efeito desestimulador do consumo do álcool por parte daqueles que conduzem veículos ao longo das rodovias. O regime de restrição almeja a concretização de fins constitucionais.

Deveras, ainda que possa causar restrição ao comércio do produto, ou mesmo a que outras pessoas, que não as condutoras de veículos, ingiram bebidas, o escopo da norma observa finalidade mais elevada: a de reduzir acidentes de trânsito, considerados os graves riscos do consumo de bebida alcoólica por motoristas em bares ao longo de estradas ou rodovias.

O custo social da extirpação do mundo jurídico da norma impugnada, uma vez em jogo os direitos à vida e à segurança das pessoas nas vias públicas, os quais a Constituição confere especial proteção, é consideravelmente maior que a restrição às facilidades, por parte dos adquirentes, de acesso à bebida alcoólica ou do possível redirecionamento, em relação aos bares à beira das estradas, de algumas das atividades mercantis (ADI nº 1.950, Rel. Min. Eros Grau, Plenário, DJ de 02.06.2006).

A proporcionalidade da medida pressupõe a aplicabilidade da justificativa, que, no caso, compreende-se como a finalidade de se evitar acidentes de trânsito.

Utilizando mais uma vez a ponderação como ferramenta de conflito principiológico, a não existência de normas absolutas faz com que a preferência de um princípio por outro em casos concretos leve em conta a proporcionalidade em sentido estrito.

Ao examinar o Recurso Extraordinário nº 148.260, Relator para acórdão o Min. Carlos Velloso, o Supremo Tribunal federal assentou constitucional o art. 1º da Lei nº 4.855, de 1985, do Estado de São Paulo, ao disciplinar que os estabelecimentos comerciais situados em terrenos contíguos às faixas de domínio do Departamento de Estradas de Rodagem somente poderiam obter autorização para acesso às estradas estaduais se se comprometessem a não vender ou servir bebida com qualquer teor alcoólico.

Na oportunidade, o ministro Maurício Corrêa afirmou que, na tutela dos direitos do cidadão, o artigo 5º da Constituição Federal escala, em primeiro lugar, a vida, para depois garantir a propriedade, razão pela qual a medida proibitiva se constituía método educativo e pedagógico a traduzir providência elogiável e válido esforço a dificultar o acesso fácil à bebida.

Por seu turno, o ministro Sepúlveda Pertence pontuou que a restrição do acesso à rodovia estadual visando à inibição da venda de bebidas alcoólicas, de efeitos potencialmente perigosos à segurança do trânsito, estaria inserida no âmbito legítimo do poder de polícia do Estado sobre as vias terrestres de seu domínio e sob a sua administração.

A problemática do consumo de álcool por motoristas é urgente, não havendo se falar em violação à Constituição, presente a justaposição ou convivência razoável entre os princípios em conflito. No caso sub examine, portanto, a proporcionalidade da medida se demonstra evidente.

A venda ao público em geral de bebida alcoólica nas rodovias constitui-se problema, no que facilita o acesso ao produto, contribuindo para a embriaguez de condutores de veículo que trafegam nas estradas e vias públicas em geral. O meio é, portanto, consentâneo à resolução do distúrbio social; o custo-benefício se mostra presente; e a ponderação do legislador federal é estritamente proporcional.

Demais disso, a vedação instituída pelo art. 2º da Lei nº 11.705/2008 não viola a isonomia entre os agentes econômicos, considerado o caráter genérico e abstrato da medida, no que posto em situação de igualdade todos que **se encontrem em situações semelhantes**, proibindo o comércio de varejo de bebidas alcoólicas à beira de rodovias federais a todos os envolvidos. As medidas para evitar acidentes de trânsito e violações à segurança pública envolvendo consumo de bebidas alcoólicas são eminentemente salutares, porquanto preservam o bem-estar social.

Estando evidente a correlação da regulação que impede em localidades específicas a comercialização de bebidas alcoólicas com a prevenção de riscos de acidentes na condução de veículos, não há que se falar em medida paternalista impura (DWORKIN, Gerald, *"Paternalism"*, *The Stanford Encyclopedia of Philosophy*, Fall 2020 Edition – relativamente à proibição geral do fabrico de cigarros). A uma, porque as vendas são proibidas apenas nas áreas afetadas; a duas, máxime a classe de pessoas nas quais interfere não é maior do que aquela que está sendo protegida.

Isto é, não apenas a vida e saúde daquele que consome a bebida está em jogo, mas a de toda coletividade potencialmente submetida aos eventuais danos gerados pelo motorista embriagado.

Os custos sociais com acidentes de trânsito, repartidos coletivamente, justificam a adoção da medida, uma vez associada ao fim de redução de acidentes por ingestão de álcool, não sendo restritiva ao ponto de minar integralmente o quadro de escolhas estabelecido por uma política regulatória razoável. Sendo assim, a restrição da comercialização em determinada localidade não eliminou a compra e a venda do produto, que poderá ser realizada em outras localidades.

No tocante ao art. 3º da Lei 11.705/2008, que impõe o dever de os estabelecimentos comerciais de venda varejista ou o fornecimento de bebidas ou alimentos situados na faixa de domínio de rodovia federal ou em terreno contíguo à faixa de domínio com acesso direto à rodovia, afixar, em local de ampla visibilidade, aviso da vedação da comercialização de bebidas alcoólicas, **a regra não ofende a Constituição Federal**.

Em verdade, trata-se de previsão normativa adequada que, por um lado, desestimula a procura pelo produto por parte dos condutores de veículos e, por outro, inibe formas de burla à legislação.

Também é compatível com a Constituição a previsão constante no art. 4º da Lei Federal nº 11.705/2008, relativo à competência da Polícia Rodoviária Federal de fiscalizar e aplicar as multas ali previstas.

A própria Constituição Federal, no capítulo dedicado à Segurança Pública, estabelece que a segurança pública constitui dever do Estado, direito e responsabilidade de todos, visando a preservação da ordem pública e da incolumidade das pessoas e do patrimônio, sendo exercida por um conjunto de órgãos, dentre os quais a Polícia Rodoviária Federal.

A PRF constitui órgão permanente, organizado e mantido pela União e estruturado em carreira, a quem compete, na forma da lei, o **patrulhamento ostensivo das rodovias federais** (§2º do art. 144 da Constituição Federal), é dizer: ação pública de dissuasão em cujo emprego o homem ou a fração de corporação engajados sejam identificados de relance, quer pela farda, quer pelo equipamento, ou viatura, objetivando a manutenção da ordem pública (Doc. 6).

Em sentido convergente, o próprio Código de Trânsito Brasileiro (Lei nº 9.503, de 1997), estabelece em seu art. 20, I, que a Polícia Rodoviária Federal, no âmbito de suas atribuições relativas às rodovias e às estradas federais, deve cumprir e fazer cumprir a legislação e as normas de trânsito.

Portanto, no caso *sub examine*, a atribuição de competência à Polícia Rodoviária Federal para aplicar e fiscalizar multas relativas à legislação ora impugnada enquadra-se dentro de seu mister constitucional de patrulhamento ostensivo e de fiscalização de condutas no trânsito das rodovias federais.

III. DISPOSITIVO:

Ex positis, **CONHEÇO** das Ações Diretas de Inconstitucionalidade nº 4.103 e 4.017 e, no mérito, julgo-as **IMPROCEDENTES.**

Diante da consequente **CONSTITUCIONALIDADE** dos dispositivos impugnados, **DOU PROVIMENTO** ao Recurso Extraordinário nº 1.224.374, para restabelecer a validade do auto de infração de trânsito lavrado pelo Recorrente, propondo a fixação da seguinte **tese de repercussão geral:**

"*Não viola a Constituição a imposição legal de sanções administrativas ao condutor de veículo automotor que se recuse à realização dos testes, exames clínicos ou perícias voltados a aferir a influência de álcool ou outra substância psicoativa (art. 165-A e art. 277, §§2º e 3º, todos do CTB, na redação dada pela Lei 13.281/2016)".*

É como voto.

Informação bibliográfica deste texto, conforme a NBR 6023:2018 da Associação Brasileira de Normas Técnicas (ABNT):

GABRIEL, Anderson de Paiva. RE nº 1.224.374/RS, ADIs nºs 4.017 e 4.103/DF: A constitucionalidade da tolerância zero envolvendo a ingestão de bebidas alcoólicas e a direção de veículos automotores. *In*: FUX, Luiz. *Jurisdição constitucional IV*: pluralismo e direitos fundamentais. Belo Horizonte: Fórum, 2023. p. 61-81. ISBN 978-65-5518-601-7.

ADI Nº 5.852: A FORÇA DEMOCRÁTICA DO GRITO OU POR QUE AS MANIFESTAÇÕES PACÍFICAS NÃO PODEM SER CALADAS

ANDRÉA MAGALHÃES

Protestos são inconvenientes. Incomodam. Não apenas o alvo da crítica sorri constrangido, mas também o trabalhador se atrasa no trânsito, os alunos se distraem com os gritos e o policial esvazia o posto perigoso. Há uma perturbação generalizada – e é preciso que assim seja. Um ambiente democrático real deve oportunizar ao cidadão comunicar a sua mensagem aos não participantes, impulsionando a agenda social. Por vezes, a efetividade desse desiderato pressupõe atos barulhentos e desordeiros, que, enquanto pacíficos, encontram máxima guarida na Constituição Federal. É assim que a liberdade de reunião serve à democracia enquanto respeita os interesses individuais.

Com esse entendimento, o Ministro Luiz Fux se tornou redator para o acordão da Ação Direta de Inconstitucionalidade nº 5.852, julgada pelo Plenário do Supremo Tribunal Federal em 24 de agosto de 2020. O relator original, Ministro Dias Toffoli, havia deferido parcialmente o pedido de medida cautelar para suspender alguns dispositivos do Decreto nº 14.827, de 28 de agosto de 2017, do Estado do Mato Grosso do Sul, e votado pela confirmação da cautelar em maior extensão. Por maioria, o Plenário julgou procedente o pedido formulado pela Confederação Brasileira de Trabalhadores Policiais Civis (COBRAPOL), declarando a nulidade da norma.

Em nome da proteção do meio ambiente, da ordem e da segurança públicas, o decreto estadual estabelecia restrições apriorísticas às manifestações realizadas no Parque dos Poderes de Campo Grande, onde se situa o centro político administrativo do Estado de Mato Grosso do Sul. Dentre as vedações, a norma incluía a utilização aparelhos sonoros, instalação de placas e equipamentos de trânsito, assim como "a prática de qualquer ato que possa acarretar perturbação à execução da atividade laboral pelos servidores e pelas autoridades públicas, ao acesso ao serviço público pela população em geral, ao trânsito de veículos e de pessoas, bem como degradação ou prejuízo ao meio ambiente". O decreto mencionava, exemplificava e detalhava, sem exaurir, uma lista longa de proibições, cujo descumprimento acarretaria multa, apreensão de bens e outras sanções.

Ao confrontar valores de grande envergadura, como liberdades individuais e coletivas, participação política e segurança pública, o caso revela a delicadeza do tema. Para além de direitos fundamentais previstos na Constituição Federal e em compromissos internacionais como o Pacto Internacional de Direitos Civis e Políticos, a controvérsia espelha os objetivos de desenvolvimento sustentável (ODS) 11 e 16 da Agenda 2030 da ONU, quais sejam, tornar as cidades e os assentamentos humanos inclusivos, seguros, resilientes e sustentáveis, bem como promover sociedades pacíficas e inclusivas para o desenvolvimento sustentável, proporcionar o acesso à justiça para todos e construir instituições eficazes, responsáveis e inclusivas em todos os níveis. Mais especificamente, o possível reflexo da norma impugnada no exercício da democracia acende um sinal de alerta das instituições que a guardam.

O debate não é inédito. No cenário internacional, há diversos precedentes sobre a atribuição de limites à liberdade de reunião em nome da ordem e segurança públicas, dentre os quais se destacam os casos *Ashughyan v. Armenia* e *Kasparov e Outros v. Rússia*, julgados pela Corte Europeia de Direitos Humanos. Já no âmbito do Supremo Tribunal Federal, as Ações Diretas de Inconstitucionalidade nºs 1.944, 1.947 e 1.969 tiveram por objeto decretos que, a pretexto de harmonizar a proteção ao direito ao trabalho em ambiente de tranquilidade, proibiam a utilização de carros de som e de outros equipamentos de veiculação de ideias em locais política e administrativamente estratégicos.

Nesse contexto, a relevância do voto do Ministro Luiz Fux decorre da amplitude concedida à proteção constitucional das liberdades de reunião, manifestação do pensamento e de expressão. Reconhecendo a proteção constitucional reforçada, o voto impõe um ônus redobrado ao legislador que pretenda restringir aprioristicamente os direitos de reunião, manifestação pública do pensamento, associação e expressão. Diante da relevância dos protestos para o desempenho da democracia, eventual norma limitadora da liberdade de reunião deve possuir caráter excepcional, apenas quando estritamente necessária.

Ao ressaltar a característica disruptiva das manifestações públicas, o Ministro Luiz Fux destacou serem também objetos de proteção os atos que sabidamente intencionem perturbar a ordem e o exercício das funções ordinariamente desempenhadas no local. O Estado deve ser parcimonioso nas restrições ao direito de reunião também quando ensejar aborrecimentos a terceiros, porquanto o debate de ideias invariavelmente provoca conflitos e desajustes entre os participantes, o que não se confunde com desrespeito ou violência.

O espaço público é também palco para participação política. As manifestações são convocadas, planejadas e conduzidas sob o manto do direito de reunião, exercício coletivo da liberdade de expressão e manifestação do pensamento. A coletividade se verifica pelo engajamento, convencimento e diálogo, o que pressupõe que se dê voz aos manifestantes. O proselitismo é propósito da manifestação, assim como, nos casos em que a participação tem cunho sociopolítico, o imediato convencimento daqueles que têm poder decisório, de tramitação de atos normativos ou de julgamento.

A democracia não apenas impõe que a sociedade arque com o custo da pluralidade, mas se constrói a partir disso. A cidadania popular se efetiva pelo engajamento, pelo debate saudável e desenvolvimento de ideias – sem evidentemente descuidar das balizas que a Constituição impõe ao exercício dessas liberdades. Por isso, a pluralidade das ideias deve ser festejada e ativamente preservada, o que exige uma postura positiva do poder público na promoção do direito.

No que se refere à norma em análise, o voto do Ministro Luiz Fux demonstra os excessos das vedações estabelecidas sob duas perspectivas: o local e o instrumento. A especificidade do local de restrição – a praça dos três poderes e sede da Administração Pública no âmbito estadual – esvazia o propósito de manifestações que visem atingir justamente o poder público local. Ao mesmo tempo, a amplitude das restrições impostas restringe de tal maneira as liberdades constitucionais que inviabiliza seu exercício e o benefício que acarretariam à democracia, ao debate de ideias e ao pluralismo.

A delimitação de um local para manifestação já seria atentatória ao exercício do direito e prejudicial à participação política. Estabelecido *a priori*, restringe o conteúdo da liberdade de expressão coletiva, como uma censura de participação política com nítido propósito inibitório. O decreto estadual vai além. Ao impedir em especial que a manifestação ocorra junto à sede dos poderes políticos, a norma ensurdece o destinatário da reivindicação, justamente quem ostenta a caneta ou o martelo, esvaziando a visibilidade que se possa esperar da pauta apresentada pela aglomeração.

De outro, as vedações à utilização de instrumentos de som, imagem e trânsito restringem o escopo do ato, calando aqueles que pretendem se expressar. Sem tais mecanismos, a mensagem se restringe aos participantes da manifestação. Mais que um sino sem badalo, cria-se uma pregação para convertidos. Não basta oportunizar a expressão, é necessário que se forneça meios suficientes para que reivindicações sejam efetivamente percebidas, ouvidas e consideradas. Assim como no âmbito processual o contraditório só se verifica se efetivo, a democracia somente se verifica se a expressão é revelada, externada e possui meios de alcançar o alvo, sabidamente alguém com poder decisório ou de execução.

Em todo o momento, o voto proferido pelo Ministro Luiz Fux e ecoado pelos colegas na Corte demonstra veemente preocupação com as balizas constitucionais, que limitam o exercício das liberdades comunicativas em defesa de terceiros, evitando externalidades desproporcionais. Não há direitos absolutos e o constituinte, ele mesmo, estabeleceu os contornos do direito previsto no artigo 5º, XVI, ao proibir manifestações violentas ou com armas e a exigir o prévio aviso. Como o Ministro Luiz Fux esclareceu, quando do julgamento do caso da Marcha da Maconha, a comunicação – "que jamais será confundida com pedido de autorização ou licença" – visa permitir às autoridades públicas a adoção de medidas que possam racionalizar o uso do espaço público, sem impedir o exercício do direito. Sendo esse o limite constitucional estabelecido ao próprio direito, restrições adicionais condicionam-se à reserva legal, à razoabilidade e à proteção de outros valores constitucionais de mesma envergadura.

É inegável que se pode estar diante de abuso de direito. É o que se verifica em manifestações barulhentas à porta de hospitais, asilos e outros locais de recuperação de vulneráveis, em atos de vandalismo e incitadores de violência, em mobilizações grevistas que pretendam impedir o acesso de trabalhadores não participantes, ou mesmo em obstruções absolutas a vias de acesso ou serviços públicos essenciais. Tais hipóteses já se encontram tuteladas pelas normas jurídicas pertinentes ou, quando extraordinárias, sua verificação *in concreto* incita a imediata adoção de medidas adequadas e a responsabilização dos envolvidos. Nesses casos, a polícia não apenas pode, como deve intervir pela proteção do interesse de terceiros.

Situação diversa é a imposição de limites aprioristicos, em abstrato, preventivos. Não se pode, a pretexto de prever novos abusos, criar balizas para além do texto constitucional, esvaziando o direito de reunião. Apenas no caso concreto, critérios objetivos servirão à análise da *necessidade* de se impor restrições à liberdade de reunião. No limite, a fundamentação de preservação da segurança pública poderia aniquilar por completo qualquer manifestação do pensamento ou reunião, calando a um só tempo a liberdade dos antigos e dos modernos. Esse comportamento legislativo pernicioso remonta uma triste memória recente do país, cuja democracia ainda frágil precisa ser conquistada, preservada e reafirmada com lamentável frequência.

A norma que veda, em absoluto, manifestações que possam acarretar distúrbios à ordem pública no local que especifica não se despe do ônus de comprovação de necessidade de se balizar o comportamento coletivo. Preservar, ainda que em parte, dispositivos que refletem hipóteses excepcionais, já tuteladas por outros instrumentos, seria ignorar a unidade semântica da norma que pretende emudecer o exercício da cidadania. Foi com esse entendimento que a divergência aberta pelo Ministro Luiz Fux conduziu a maioria do Plenário, concluindo a Corte pela inconstitucionalidade *in totum* da norma legal.

Por seus termos precisos e densos, transcreve-se integralmente o voto vista do Ministro Luiz Fux a seguir.

VOTO

DIREITO CONSTITUCIONAL E ADMINISTRATIVO. DECRETO ESTADUAL 14.827, DE 28 DE AGOSTO DE 2017, DO ESTADO DE MATO GROSSO DO SUL. LIMITAÇÃO DO EXERCÍCIO DA LIBERDADE DE REUNIÃO PELA VIA REGULAMENTAR. RESTRIÇÕES INCOMPATÍVEIS COM A DIMENSÃO AXIOLÓGICA DO DIREITO FUNDAMENTAL DE REUNIÃO. VIOLAÇÃO AO PRINCÍPIO DA LEGALIDADE. AUSÊNCIA DE PRINCÍPIOS INTELIGÍVEIS APTOS A NORTEAR A ATUAÇÃO

ADMINISTRATIVA. CRIAÇÃO DE TIPOS NORMATIVOS ESPECÍFICOS PARA O PARQUE DOS PODERES. DESPROPORCIONALIDADE.
1. O exercício da liberdade de reunião é essencial para a criação de um ambiente democrático real que oportunize ao cidadão desempenhar adequadamente o seu papel de cointérprete da Constituição, propiciando a criação de agendas sociais que poderiam passar ao largo dos interesses político-partidários hegemônicos.
2. A liberdade de reunião alcança o nível de visibilidade desejado e comunica a sua mensagem quando da realização de atos eventualmente inconvenientes para os não-participantes do protesto, os quais, se razoáveis e não-violentos, devem ser tolerados pelo Estado e pela sociedade.
3. A posição privilegiada (*preferred position*) ocupada pelas liberdades comunicativas no sistema jurídico brasileiro demanda que eventuais limitações devem estar em harmonia com outros valores constitucionais, recebendo um ônus argumentativo qualificado.
4. *In casu*, as medidas restritivas contidas no Decreto proscrevem a realização de manifestações na área do "Parque dos Poderes", local que concentra a organização político-administrativa do Estado de Mato Grosso do Sul, ao não permitirem a utilização de qualquer forma de comunicação visual (cartazes) ou auditiva (ruídos) que transmita a mensagem motivadora da reunião a terceiros.
5. A vedação da prática de *qualquer ato que possa acarretar perturbação à execução da atividade laboral pelos servidores e pelas autoridades públicas, ao acesso ao serviço público pela população em geral, ao trânsito de veículos e de pessoas, bem como degradação ou prejuízo ao meio ambiente,* concede verdadeira carta-branca para a restrição do uso do bem público com base em juízo de conveniência e oportunidade das autoridades, subordinando a realização de reunião pública à discricionariedade administrativa, já que todo e qualquer ato de manifestação pública pressupõe algum grau de afetação a direitos de terceiros.
6. *In casu*, o Poder Executivo foi além do que a Constituição Federal autoriza em matéria de legalidade, ao criar, *ab nihilo*, tipos sancionadores que inovam na ordem jurídica e que representam verdadeira restrição do núcleo essencial do direito fundamental, sem fundamento legal que delineie princípios inteligíveis (*intelligible principles*) aptos a guiar sua respectiva aplicação e controle.
7. As sanções contidas no Decreto incidem específica e exclusivamente sobre condutas praticadas no centro administrativo da cidade de Campo Grande, sobrepondo-se injustificadamente sobre outros tipos sancionadores que já tutelam os mesmos bens jurídicos, em violação aos princípios da segurança jurídica e da proporcionalidade e fazendo transparecer que o fim almejado pelo administrador foi o da vedação ampla de todas as formas de manifestação política, cultural e social nas imediações das sedes dos Poderes estaduais – e não qualquer proteção ao meio ambiente ou à segurança pública.
8. Ação julgada procedente para declarar a inconstitucionalidade do Decreto estadual 14.827, de 28 de agosto de 2017, do Mato Grosso do Sul.

O SENHOR MINISTRO LUIZ FUX: Senhor Presidente, Senhores Ministros, Ilustre membro do Ministério Público, Senhores advogados e estudantes presentes.

Cuida-se de ação direta de inconstitucionalidade ajuizada pela Confederação Brasileira de Trabalhadores de Policiais Civis – COBRAPOL, tendo por objeto o Decreto estadual nº 14.827, de 28 de agosto de 2017, expedido pelo Governador do Estado de Mato Grosso do Sul.

[...]

Tendo em conta a extrema relevância do conflito constitucional aqui delineado, pedi vista destes autos.

Feito este breve relato dos fatos, passo à apreciação do caso.

Ab initio, reconheço o cabimento da presente ação.

Questiona-se, como dito, a constitucionalidade de decreto estadual que regula o uso do Parque dos Poderes, área onde se situa o centro político-administrativo do Estado de Mato Grosso do Sul. A pretexto de *"preservar o meio ambiente e a ordem e a segurança públicas"*, a norma impede, *tout court*, a utilização de aparelhos que emitam som, a obstrução do trânsito, a afixação de placas e a prática de qualquer ato que perturbe os servidores do local.

Como bem destacado pelo Ministro Relator, está-se diante de diploma normativo que inova no ordenamento jurídico infraconstitucional, uma vez que não se avista em lei em sentido estrito – de maior ou menor densidade normativa – que o ampare. Pretende-se, nitidamente, regular, pela via infralegal, o exercício do direito de reunião prescrito no art. 5º, XVI, da CRFB, segundo o qual *todos podem reunir-se pacificamente, sem armas, em locais abertos ao público, independentemente de autorização, desde que não frustrem outra reunião anteriormente convocada para o mesmo local, sendo apenas exigido prévio aviso à autoridade competente.*

Em situações como a presente, o Supremo Tribunal Federal tem, corretamente, admitido a possibilidade de controle de constitucionalidade dos chamados decretos autônomos. Entender diferentemente equivaleria a admitir a perpetuação, no ordenamento jurídico nacional, de atos normativos originais, emanados por autoridades outras que não o Poder Legislativo e cujo conteúdo infrinja, de maneira direta, a Constituição Federal.

Nesse sentido, cito, exemplificativamente, a ADI nº 3.664, Relator Min. Cezar Peluso, Tribunal Pleno, *DJe* de 21.09.2011; ADI nº 4.152, Relator Min. Cezar Peluso, Tribunal Pleno, *DJe* de 21.09.2011; ADI nº 1.969, Relator Min. Ricardo Lewandowski, Tribunal Pleno, *DJe* de 31.08.2007; e ADI nº 3.614, Redatora p/ acórdão Min. Cármen Lúcia, Tribunal Pleno, *DJe* 23.11.2007; todas as quais se voltaram contra atos autônomos editados pelo Poder Executivo.

Sob o enfoque da legitimidade ativa da parte autora, observo que em diversas ocasiões esta foi reconhecida pelo Tribunal à ora requerente, COBRAPOL (*e.g.* ADI nº 3.235/AL, *DJe* de 12.03.2010; ADI nº 3.582/PI, *DJe* de 17.08.2007 e ADI nº 3.000/CE, DJ de 17.02.2006). A relação de pertinência temática, a seu turno, faz-se presente na medida em que se visa a resguardar o direito de manifestação da categoria profissional que representa.

Quanto ao *mérito*, deste já, adianto que o presente voto diverge parcialmente do entendimento externado pelo Ministro relator Dias Toffoli, <u>na medida em que concluo pela inconstitucionalidade *total* do diploma normativo em exame</u>.

São três, essencialmente, os eixos que permitem chegar a essa constatação e que serão explorados pormenorizadamente a seguir:

(i) A centralidade da liberdade de reunião no quadro jurídico-constitucional brasileiro e a sua estreita relação com outros princípios de valor axiológico igualmente notável, características que demandam especial ônus argumentativo para a sua restrição pelo Poder Público;

(ii) A violação à *reserva legal* aplicável à espécie, a qual impõe a existência de prévia lei autorizativa da criação de tipos administrativos sancionadores pela via secundária, com o delineamento dos respectivos princípios inteligíveis (*intelligible principles*) aptos a guiar sua aplicação e controle; e

(iii) A ausência de proporcionalidade evidenciada pela criação de sanções incidentes específica e exclusivamente sobre a prática de condutas já abrangidas por outros diplomas normativos, quando praticadas, unicamente, no centro administrativo da cidade de Campo Grande.

I. A CENTRALIDADE DA LIBERDADE DE REUNIÃO NO QUADRO JURÍDICO-CONSTITUCIONAL BRASILEIRO

Inicio a presente manifestação ressaltando a pertinência e oportunidade do enfrentamento do tema por esta Corte.

Não é nenhuma novidade dizer que o direito de reunião insculpido no art. 5º, XVI, da CRFB vem sendo objeto de significativa atenção nos últimos anos. É palpável o crescente engajamento cívico da população brasileira, facilitado pela maior exposição da mídia quanto à pauta e pela popularização do uso das redes sociais e tecnologias de comunicação instantânea como forma de conclamação dos cidadãos à mobilização. Basta rememorar, ilustrativamente, as históricas manifestações ocorridas em meados de 2013, aquelas de 2016 contrárias ou favoráveis ao *impeachment*, e, mais recentemente, aquelas deflagradas em todo o território nacional em protesto contra a morte da vereadora carioca Marielle Franco.

A jurisprudência recente desta Corte também espelha essa singular relevância das liberdades de expressão, manifestação e reunião.

Assim foi que o Supremo Tribunal Federal assentou a legitimidade da chamada Marcha da Maconha, reiterando o papel da liberdade de reunião como pré-condição necessária à ativa participação dos cidadãos no processo político e no de tomada de decisões no âmbito do aparelho de Estado (ADPF nº 187, Rel. Min. Celso de Mello, j. 15.06.2011, *DJe* de 29/5/2014).

Reconheceu, igualmente, a inconstitucionalidade do Decreto nº 20.098/1999 do Distrito Federal, que, similarmente ao caso concreto, proibia a realização de manifestações públicas com a utilização de carros de som, aparelhos e objetos sonoros na Praça dos Três Poderes, na Esplanada dos Ministérios, na Praça do Buriti e nas vias adjacentes.

Confira-se a ementa do julgado, *verbis*:

AÇÃO DIRETA DE INCONSTITUCIONALIDADE. DECRETO 20.098/99, DO DISTRITO FEDERAL. LIBERDADE DE REUNIÃO E DE MANIFESTAÇÃO PÚBLICA. LIMITAÇÕES. OFENSA AO ART. 5º, XVI, DA CONSTITUIÇÃO FEDERAL. I. A liberdade de reunião e de associação para fins lícitos constitui uma das mais importantes conquistas da civilização, enquanto fundamento das modernas democracias políticas. II. A restrição ao direito de reunião estabelecida pelo Decreto distrital 20.098/99, a toda evidência, mostra-se inadequada, desnecessária e desproporcional quando confrontada com a vontade da Constituição (Wille zur Verfassung). III. Ação direta julgada procedente para declarar a inconstitucionalidade do Decreto distrital 20.098/99. (ADI 1969, Relator Min. RICARDO LEWANDOWSKI, Tribunal Pleno, julgado em 28/6/2007, DJe 31/8/2007)

Com efeito, especialmente em momentos de profunda polarização política, acirradas disputas eleitorais e intensas transformações sociais, a única forma de composição dos conflitos sociais condizente com os valores democráticos e republicanos é a via da *priorização do diálogo*.

Nesse contexto, se, como afirmou o Justice Oliver Wendell Holmes, no seu célebre voto dissidente em *Abrams v. United States*, "*o bem supremo desejado é mais bem alcançado pelo livre comércio de ideias – o melhor teste da verdade é o poder do pensamento de ser aceito na competição do mercado*", cabe ao Poder Público, dentro dos parâmetros constitucionalmente delineados, a garantia das condições para essa livre troca de ideias. Apenas a partir dessa vertente dialogal é que o Estado proporciona o aperfeiçoamento da democracia em sua acepção subjetiva, ao mesmo tempo em que confere aos cidadãos igual respeito e consideração quanto às suas diferentes concepções de vida boa.

Nesse sentido, as liberdades de expressão, de pensamento, de associação e de reunião encontram-se intimamente imbricadas, fortalecendo-se reciprocamente. Cada uma delas resguarda uma dimensão distinta, mas necessária, para o desenvolvimento pleno do cidadão como indivíduo autônomo, de um lado, e como membro da coletividade, de outro.

A liberdade de reunião, por pressupor exercício necessariamente coletivo, é especialmente importante para a criação de um ambiente democrático real, em que indivíduos expressem suas opiniões e discordâncias de modo a influir efetivamente nas pautas políticas e sociais que os afetam. A liberdade para manifestar as próprias ideias é parte intrínseca da igualdade política, assim definida por Dworkin: "*que nenhum cidadão adulto tenha um impacto político menor que o de qualquer outro cidadão por razões que comprometam sua dignidade – razões que tratem sua vida como se ela merecesse menos consideração ou tratem suas opiniões como se fossem menos dignas de respeito*" (DWORKIN, Ronald. *Justice for hedgehogs*. Cambridge; London: The Belknap Press of Harvard University Press, 2011, p. 593).

Por isso mesmo, o economista Amartya Sen traça uma relação entre as liberdades políticas – no que se inclui a liberdade de reunião – e o desenvolvimento social, afirmando que "*nunca uma fome coletiva se materializou em um país que fosse independente, que tivesse eleições regularmente, partidos de oposição para expressar críticas e que permitisse aos jornais noticiar livremente e questionar a sabedoria das políticas governamentais sem ampla censura*" (SEN, Amartya. *Desenvolvimento como liberdade*. São Paulo: Companhia de bolso, 2015, p. 201).

Noutras palavras, o exercício da liberdade de reunião oportuniza ao cidadão exercer adequadamente o seu papel de cointérprete da Constituição, revelando pautas que poderiam passar ao largo dos interesses político-partidários hegemônicos. Trata-se, pois, de componente necessário à concretização do que Juliana Cesário Alvim Gomes denomina de *constitucionalismo difuso*, *"elemento indispensável para conferir legitimidade a uma ordem democrática fundada nas noções de autogoverno e de pluralismo. Além disso, a participação difusa na leitura da Constituição renova o constitucionalismo abrindo-o à percepção de novas demandas e sentidos, como vem sendo feito, historicamente, pelos movimentos sociais"* (GOMES, Juliana Cesário Alvim. O constitucionalismo difuso e seus fundamentos. In: *Jurisdição constitucional e política*. Rio de Janeiro: Forense, 2015, p. 423).

A importância desse direito, contudo, não se esgota na sua dimensão coletiva. Sua tutela, na moldura constitucional brasileira, não deflui de mera percepção utilitarista sobre o *bem comum*, a partir da qual seria possível extrair a sujeição automática e necessária da liberdade de reunião (e da forma como ela deve ser exercida) à conveniência majoritária. Pelo contrário, além de desempenhar uma importante função instrumental na proteção de outros princípios constitucionais, a liberdade de reunião apresenta valor intrínseco próprio: é através das reuniões públicas que indivíduos podem manifestar suas preferências pessoais e demonstrar seu pertencimento um grupo ou seu apoio a uma causa específica.

A indissociabilidade dessas duas dimensões da liberdade de reunião – *instrumento*, de um lado, e valor *per se*, de outro – pode ser ilustrada a partir das lições da filósofa norte-americana Martha Nussbaum, quando a professora discorre sobre as liberdades individuais sob o prisma das *capacidades*.

A autora sustenta existir um rol de capacidades humanas essenciais, extraído da concepção da dignidade da pessoa humana, que representam, em síntese, as oportunidades *reais* a que os indivíduos têm acesso para *fazer* e *ser*. A análise dessas capacidades distancia-se, pois, da simples verificação do rol dos direitos e garantias individuais e sociais positivados, para focar nas potencialidades concretas de efetivação desses direitos.

Pode-se dizer que a liberdade de reunião, na perspectiva das capacidades, é essencial ao desenvolvimento da *razão prática* do indivíduo, referente à possibilidade de que este forme sua própria concepção de bem e consiga engajar-se na reflexão crítica sobre o planejamento da sua vida. É, ainda, meio para que o sujeito possa exercer o *controle sobre seu ambiente*, por meio da participação efetiva no debate público e nas escolhas políticas que incidem sobre a sua vida (NUSSBAUM, Martha. Capabilities as fundamental entitlements: Sen and social justice. *Feminist economics*, v. 9, n. 2-3, p. 33-59, 2003, p. 41-42).

Todas essas capacidades contribuem para a formação de um patamar mínimo de justiça social, de modo que *"uma sociedade que não garante isso a todos os seus cidadãos, em algum nível de limiar apropriado, está longe de ser uma sociedade plenamente justa, qualquer que seja seu nível de opulência"* (NUSSBAUM, Martha. Capabilities as fundamental entitlements: Sen and social justice. *Feminist economics*, v. 9, n. 2-3, p. 33-59, 2003, p. 41).

Tudo isso indica que o engajamento cívico mediante a realização de reuniões públicas deve ser francamente incentivado pelos Poderes constituídos, de modo que restrições a esse direito precisam ocorrer em *ultima ratio*. Também a Corte Europeia de Direitos Humanos, no caso *Galstyan v Armenia*, já assentou que "*o direito à liberdade de reunião é um direito fundamental numa sociedade democrática*", de modo que quaisquer exceções "*devem ser interpretadas de forma restritiva e a necessidade de quaisquer restrições deve ser convincentemente estabelecida*".

Tal leitura é condizente com o que dispõe texto constitucional expresso, que conferiu âmbito de proteção *amplo* à liberdade de reunião, assegurando que todos possam "*reunir-se pacificamente, sem armas, em locais abertos ao público, independentemente de autorização, desde que não frustrem outra reunião anteriormente convocada para o mesmo local, sendo apenas exigido prévio aviso à autoridade competente*" (art. 5º, XVI).

A Constituição Federal tomou o cuidado de assentar explicitamente a possibilidade de condicionamentos e restrições em maior alcance, *apenas*, nas hipóteses de decretação do estado de defesa (art. 136, §1º, I, a) e do estado de sítio (art. 139, §IV), disposições estas que, por óbvio, não contemplam interpretação extensiva. Aplica-se, nesse ponto, o cânone hermenêutico segundo o qual "*as disposições excepcionais são estabelecidas por motivos ou considerações particulares; por isso não se estendem além dos casos e tempos que designam expressamente*" (MAXIMILIANO, Carlos. *Hermenêutica e aplicação do Direito*. Rio de Janeiro: Forense, 2011, p. 227).

Isso não significa, evidentemente, que a liberdade de reunião seja absoluta. Não há qualquer incoerência em reconhecer, num extremo, a sua posição privilegiada no sistema jurídico brasileiro e, noutro, que ela é passível de limitações decorrentes da necessária harmonização com outros valores constitucionais, à luz dos princípios da proporcionalidade e da concordância prática. O que se impõe, no controle de eventual medida restritiva, é a submissão do legislador ou do administrador público a um ônus argumentativo qualificado quanto aos motivos que a ensejaram, bem como a um especial sopesamento quanto à razoabilidade e possíveis consequências desta restrição.

Não é, assim, toda proteção a direitos que pode fundamentar a redução do âmbito de proteção da liberdade de reunião.

Qualquer manifestação, para alcançar o nível de visibilidade desejado e comunicar a sua mensagem, depende da realização de atos que podem ser considerados inconvenientes para os não-participantes do protesto, mas que, sendo razoáveis e não-violentos, deverão ser tolerados. Essa característica disruptiva das manifestações públicas, bem como a necessidade de o Estado ser parcimonioso nas restrições ao direito de reunião quando esta ensejar mero aborrecimento a terceiros, é bem ilustrada nas considerações tecidas pela Corte Europeia de Direitos Humanos no caso *Ashughyan v. Armenia*, em que se afirmou, *verbis*:

> "Além disso, qualquer demonstração em local público pode causar um certo nível de perturbação da vida cotidiana, incluindo a interrupção do tráfego, e, quando os manifestantes não se envolverem em atos de violência, é importante que as autoridades públicas mostrem um certo grau de tolerância com relação às manifestações pacíficas, para que a liberdade de reunião garantida pelo Artigo 11 da Convenção não seja desprovida

de qualquer substância (ver Oya Ataman v. Turquia, no. 74552/01, §§38-42, ECHR 2006 [...]" (grifei)

Consectariamente, deve-se ter em conta o grau de sacrifício *in concreto* aos direitos fundamentais contrapostos ocasionados pelo livre exercício da reunião. Por outro lado, limitações normativas *ex ante*, que subtraiam de forma geral e abstrata as potencialidades dos bens públicos como *locus* de protesto ou de manifestações culturais, devem ser especialmente bem fundamentadas e voltadas, exclusivamente, à proteção contra intervenções *sérias* em outros direitos de índole constitucional.

A praça pública é o local por excelência onde a manifestação pode se fazer ouvir pelo interlocutor desejado, mormente quando seu alvo é alguma autoridade pública. É também a localidade onde mais comumente haverá facilidade para o acesso dos manifestantes e para a cobertura midiática do ato. A tradição do uso de praças públicas como locais vocacionados a este fim, aliás, evoca a figura das *ágoras* das cidades-estado da Grécia antiga, nas quais os cidadãos igualmente reuniam-se para a realização de deliberações públicas.

Sob esse prisma, não há como reconhecer proporcionalidade na proibição *tout court* do uso de amplificadores de sons; da instalação ou afixação de formas de comunicação audiovisual ou de publicidade; da colocação de mobiliários em geral, equipamentos de qualquer natureza, objetos ou de dispositivos delimitadores de trânsito; e da prática de qualquer ato que possa acarretar perturbação à execução da atividade laboral pelos servidores e pelas autoridades públicas, ao acesso ao serviço público pela população em geral, ao trânsito de veículos e de pessoas (incisos I, III, IV e VII, respectivamente).

As referidas medidas, na prática, proscrevem quaisquer manifestações realizadas na área do "Parque dos Poderes", justamente onde se concentra a organização político-administrativa do Estado de Mato Grosso do Sul. Ao não permitir a utilização de qualquer forma de comunicação visual (cartazes) ou auditiva (ruídos), o decreto inviabiliza a transmissão da mensagem motivadora da reunião a qualquer auditório possível – sem cartazes, palavras de ordem, músicas ou vozes, a reunião reduz-se à aglomeração apática de pessoas, cujo potencial comunicativo se esvai.

Nas palavras de C. Edwin Baker, um dos mais proeminentes estudiosos da liberdade de expressão nos Estados Unidos, *"a função dos direitos constitucionais e, mais especificamente, o papel do direito de reunião, é proteger a conduta auto-expressiva, não-violenta e não coerciva das regras da maioria ou do equilíbrio político e* **até mesmo permitir que as pessoas sejam ofensivas, irritantes ou desafiadoras às normas dominantes**.*"* (BAKER, C. Edwin. *Human liberty and freedom of speech*. Oxford University Press on Demand, 1989, p. 134, grifei).

Ao Estado, por conseguinte, não é dado, aprioristicamente, valorar mais intensamente a conveniência e conforto dos servidores, autoridades públicas e transeuntes sobre a liberdade de reunião dos manifestantes, anulando esta última em prol da primeira. Tampouco pode encampar visão excludente sobre quais as formas aceitáveis de manifestação social, quando estas não esbarrarem em qualquer limitação constitucional.

São pertinentes, neste ponto, as lições da professora de Ciência Política da Universidade de Chicago Iris Marion Young, quando, tratando da liberdade de reunião, destaca que restrições às manifestações, fundadas em argumentos de civilidade e ordem, podem mascarar discriminações odiosas, priorizando uma perspectiva de racionalidade elitizada que silencia grupos minoritários. A respeito, frisa a autora, *verbis*:

> "[...] em contextos políticos cotidianos, a invocação de normas deliberativas frequentemente apela para a proteção da deliberação como um meio de desacreditar ou excluir modos de comunicação política considerados desordeiros ou perturbadores. Não é raro que aqueles que assumem uma postura de liberadores racionais no discurso público invoquem uma imagem estreita de 'civilidade' que exclui formas 'fora de ordem' de comunicação política que não a dos discursos calmamente declamados. Sob esse ponto de vista, demonstrações de rua em que milhares de pessoas carregam cartazes engraçados ou sarcásticos e gritam slogans dirigidos criticamente a atores poderosos, que atrapalham o tráfego normal e forçam os espectadores a ouvirem e olharem seus sinais, ultrapassariam os limites da civilidade deliberativa. Tal atitude, que iguala a deliberação à ordem, condena de forma semelhante e exclui ações como estender estandartes ou exibir objetos simbólicos com a intenção de perturbar a burocracia das rotinas parlamentares a fim de chamar a atenção para questões ou posições que os que praticam acreditam ter sido erroneamente excluídas de uma agenda deliberativa.
>
> [...] **Um modelo de democracia baseado na discussão não deve desvalorizar a demonstração política pública, que geralmente é desordenada e disruptiva em algum grau, e cujos planejadores às vezes visam maximizar sua disruptividade. A manifestação pública é um modo muito importante e frequentemente eficaz de expressar oposição e crítica, e de chamar atores poderosos para prestar contas. Sem ação criativa de protesto e mobilização de massa, a democracia é insípida e fraca**". (YOUNG, Iris Marion Young. *Inclusion and Democracy*. New York: Oxford University Press, 2000, p. 47-48, grifei. Tradução livre de [...]

A dificuldade que se coloca, em vista disso, é encontrar a exata medida da tolerância que o Poder Público deve ter com relação às manifestações públicas e em que hipóteses a intervenção estatal para restringir esse direito se legitima. Trata-se de hipótese em que é plenamente aplicável a lei do sopesamento, tal como delineada por Robert Alexy: *quanto maior for o grau de não-satisfação ou de afetação de um princípio, tanto maior terá que ser a importância da satisfação do outro*.

Na conjectura em exame, o grau de não-satisfação da liberdade de reunião imposto pelo Decreto impugnado representa intervenção *séria* sobre este direito fundamental, a qual não se justifica, abstratamente, frente à importância de satisfação dos princípios em conflito (segurança, locomoção, meio ambiente) por dois motivos.

Primeiro, como dito, a norma inviabiliza concretamente a utilização da praça pública como local de deliberação pública eficaz, taxando, *ex ante*, toda e qualquer manifestação como lesiva ao meio ambiente, à segurança e à locomoção de terceiros.

A intenção de banir todas as modalidades de reuniões naquele espaço público é perceptível da leitura integral dos dispositivos impugnados, que trazem tipificações abertas e indeterminadas, mas fica especialmente clara à luz do que dispunha o art. 2º, V do decreto, posteriormente revogado, que proibia a realização de concentração de pessoas, eventos ou reuniões, independentemente de sua finalidade, sem a prévia *autorização* da Secretaria de Estado do Governo.

Entretanto, mesmo a atual redação do diploma, após a revogação da regra mencionada, não passa pelo teste da proporcionalidade. Ao vedar a prática de *qualquer ato que possa acarretar perturbação à execução da atividade laboral pelos servidores e pelas autoridades públicas, ao acesso ao serviço público pela população em geral, ao trânsito de veículos e de pessoas, bem como degradação ou prejuízo ao meio ambiente*, o decreto concede verdadeira carta branca para a restrição do uso do bem público com base em juízo de conveniência e oportunidade das autoridades. Subordina, noutros termos, a realização de reunião pública à discricionariedade administrativa, já que todo e qualquer ato público pressupõe algum grau de afetação a direitos de terceiros.

Segundo, existem meios manifestamente menos gravosos à liberdade constitucional em questão que podem servir à mesma finalidade, como a necessidade de prévia comunicação sobre a manifestação, a realização de interdições parciais das vias porventura afetadas e/ou o redirecionamento do trânsito, a fiscalização sobre a poluição sonora efetivamente produzida, a comunicação prévia aos servidores quanto à existência de manifestação a ser realizada na localidade, a apreensão dos materiais efetivamente perigosos ou nocivos ao meio ambiente e, em último caso, a dispersão de manifestações violentas ou irrazoáveis, como já autoriza a legislação penal, administrativa e de trânsito vigente.

Destarte, no tocante às proibições contidas nos incisos I, III, e à expressão *"perturbação à execução da atividade laboral pelos servidores e pelas autoridades públicas, ao acesso ao serviço público pela população em geral, ao trânsito de veículos e de pessoas"* do inciso VII, na linha do que também entendeu o Ministro Relator Dias Toffoli, é de se concluir pela inconstitucionalidade dos mencionados dispositivos, que obstaculizam de tal modo o exercício da liberdade de reunião a ponto de torná-lo meramente retórico no caso concreto.

Todavia, divirjo do Ministro relator acerca da extensão da inconstitucionalidade a ser reconhecida, por considerar que o vício ora discutido macula o Decreto em sua integralidade, como passo a demonstrar.

II. A VIOLAÇÃO À RESERVA LEGAL RELATIVA

Relembro que o ato normativo *sub examine* vedou: *(i)* a utilização de aparelhos ou de instrumentos, de qualquer natureza, produtores ou amplificadores de sons, ruídos, barulhos e rumores, individuais ou coletivos, tais como, trompas, apitos, tímpanos, campainhas, buzinas, sinos, sereias, matracas, cornetas, amplificadores, autofalantes, tambores, veículos de som, fanfarras, banda ou conjuntos musicais;

(ii) a queima de morteiros, bombas e fogos/foguetes de artifício em geral ou a prática de qualquer ato que possa provocar a ocorrência de incêndio; *(iii)* a instalação ou a afixação de placas, anúncios, cartazes, tapumes, avisos, sinais, propaganda ou de quaisquer outras formas de comunicação audiovisual ou de publicidade; *(iv)* a colocação de mobiliários em geral, equipamentos de qualquer natureza, objetos ou de dispositivos delimitadores de trânsito; *(v)* o abandono de lixo ou de detritos; e *(vi)* a prática de qualquer ato que possa acarretar perturbação à execução da atividade laboral pelos servidores e pelas autoridades públicas, ao acesso ao serviço público pela população em geral, ao trânsito de veículos e de pessoas, bem como degradação ou prejuízo ao meio ambiente.

Cominou, ainda, para qualquer das hipóteses, a mesma sanção de multa, no valor de 5 (cinco) Unidades Fiscais Estadual de Referência de Mato Grosso do Sul (UFERMS) por ato, bem como a apreensão dos objetos, instrumentos, mobiliários ou dos equipamentos indevidamente utilizados.

De acordo com as informações prestadas, o Decreto teria por finalidade a proteção ao meio ambiente, à segurança pública e ao funcionamento das atividades públicas de índole administrativa. Paradoxalmente, no entanto, a norma excepcionou as vedações referentes à utilização de aparelhos ou de instrumentos sonoros, instalação ou a afixação de placas, a colocação de mobiliários em geral, abandono de lixo ou de detritos, a prática de qualquer ato que possa acarretar perturbação à execução da atividade laboral pelos servidores e pelas autoridades públicas, ao acesso ao serviço público pela população em geral, ao trânsito de veículos e de pessoas, bem como degradação ou prejuízo ao meio ambiente, *quando tais condutas fossem praticadas pelo Poder Público*.

Ora, além de estipular odiosa distinção entre as ações chanceladas aos particulares e aquelas permitidas à Administração Pública, a exceção contida no art. 2º, parágrafo único, deixa transparecer, como bem indicado pelo Ministro relator em seu voto, a irrazoabilidade das vedações, *"que não proíbem objetivamente uma conduta, mas apenas em perspectiva subjetiva, já que ressalvada quando provinda do Poder Público"*.

Por isso, não convencem os motivos apresentados pelo Governador do Estado de Mato Grosso do Sul para a edição do ato normativo *sub examine* e que, teoricamente, poderiam dar suporte à sua parcial manutenção no ordenamento jurídico.

Sob a perspectiva do princípio da legalidade, deve-se reconhecer que o Poder Executivo, ao criar, *ab nihilo*, tipos sancionadores que inovam na ordem jurídica, foi além do que a Constituição Federal autoriza.

Não se trata propriamente, aqui, de defender a tradicional ideia de legalidade administrativa, sem correspondência prática na realidade, segundo a qual a Administração Pública estaria relegada a papel estritamente executório, sendo-lhe vedado intervir criativamente no ordenamento jurídico nacional.

Com efeito, não se ignora o debate doutrinário quanto à constitucionalidade dos decretos autônomos no contexto atual da *crise da lei formal*, expressão que sintetiza o abalo da ideia da lei em sentido estrito como emanação da vontade geral, decorrente, de um lado, no desprestígio enfrentado pelo Poder Legislativo – que passa a ter suas motivações observadas sob a ótica eminentemente pessimista da teoria da *public choice* –, e, de outro, na própria complexidade que marca a contemporaneidade.

A maior dinamicidade das relações socioeconômicas, característica da *modernidade líquida*, na feliz expressão de Zygmunt Bauman, por vezes requer uma maior velocidade de resposta do que aquela possível por meio do processo legislativo convencional. Como aponta Marina Esteves Nonino:

> "[a] sociedade contemporânea, fruto do acelerado processo de modernização tecnológica e científica ocorrido a partir do século XIX, trouxe em seu bojo uma complexidade sem precedentes, que influiu de forma incisiva e decisiva no direcionamento da atuação estatal no pulso da ordenação da vida comunitária. O reconhecimento de que se vive em uma sociedade 'produtora de riscos' reclama a assunção de um novo paradigma, perspectiva esta que irá influenciar a construção, a desconstrução e a reconstrução do Direito. Em resposta aos anseios da nova dinâmica social instalada, o Direito Administrativo Sancionador viu robustecida a dinâmica legislativa, e assinalou sua principal particularidade nos dias atuais, qual seja, uma forte tendência à expansão" (NONINO, Marina Esteves. O Recrudescimento do Direito Administrativo Sancionador na Sociedade de Riscos. *Revista Percurso* - Unicuritiba, v. 2, n. 19, 2016)

A esse fenômeno, soma-se a constitucionalização do Direito Administrativo, que legitima a atuação criativa da Administração Pública para a concretização de direitos e garantias fundamentais com esteio na ideia de *juridicidade* (BINENBOJM, Gustavo. A constitucionalização do direito administrativo no Brasil: um inventário de avanços e retrocessos. *Revista Eletrônica sobre a Reforma do Estado*, Salvador, Instituto Brasileiro de Direito Público, n. 13, 2008; no mesmo sentido, o jurista argentino Juan Carlos Cassagne in *Derecho administrativo*. Buenos Aires: Abeledo Perrot, 2002, p. 27-28).

Não é disso, todavia, que trata o caso concreto: não se discute uma densificação de preceitos fundamentais pela via do poder regulamentar; tampouco há mera pormenorização de dispositivos constitucionais autoaplicáveis. A pretensa regulamentação *sub examine* representa verdadeira *restrição* de direito fundamental, capaz de infringir inequivocamente no núcleo essencial deste, mediante, inclusive, a aplicação de penalidades.

À atuação administrativa sancionadora, segundo esclarece Alice Voronoff, justamente pela gravidade com que atinge a esfera jurídica do particular, impõe-se a observância de uma **reserva legal relativa**. Para a autora,

> "[e]sse é um espaço em que a lei deve habitar a atividade administrativa (com maior ou menor densidade normativa, mas sempre com a sua intermediação), assegurando que o particular não seja punido – nem surpreendido – pela aplicação de uma sanção administrativa com fundamento direto na Constituição, em caráter absolutamente inovador. Em outras palavras, não se poderia admitir, nesse campo, a edição de regulamentos independentes. O tratamento normativo de tipos e de sanções pela

Administração Pública há de ser sempre *secundum legem* e, portanto, precedido da edição de lei que (ao menos) autorize a atividade regulamentar e fixe standards mínimos que a orientem" (MEDEIROS, Alice Bernardo Voronoff de. *Por um discurso de justificação e aplicação para o direito administrativo sancionador no Brasil*. Tese (Doutorado em Direito Público) – Universidade do Estado do Rio de Janeiro, Faculdade de Direito. 2017, p. 180-181, grifei).

Alexandre Santos de Aragão, tratando do princípio da legalidade a partir dessa concepção mais contemporânea, denomina o fenômeno de legalidade principiológica ou legalidade formal axiológica, *"no sentido de que as atribuições de poderes pela lei devem, por sucintas que sejam, ser pelo menos conexas com princípios que possibilitem o seu controle; princípios aqui considerados em seu sentido amplo, abrangendo finalidades, políticas públicas, standards etc."* (ARAGÃO, Alexandre Santos de. A Concepção Pós-Positivista do Princípio da Legalidade. *Revista de Direito Administrativo*, v. 236, 2005, p. 12).

Nesses termos, face aos imperativos da segurança jurídica e da proporcionalidade, **importa que haja lei autorizativa da criação de tipos sancionadores pela via secundária e que, mesmo que não esgote a normatização da matéria, delineie princípios inteligíveis (*intelligible principles*) aptos a guiar a respectiva aplicação e controle**.

Permitir a manutenção, no ordenamento jurídico, do referido decreto, mercê da falta de *standards* legais para tal, conserva o exercício do direito de reunião sob o crivo da discricionariedade administrativa ampla, ao permitir a aplicação de tipos sancionadores essencialmente indeterminados e desproporcionais contra qualquer manifestação pública.

III. A AUSÊNCIA DE PROPORCIONALIDADE NA CRIAÇÃO DE SANÇÕES INCIDENTES EXCLUSIVAMENTE SOBRE AS CONDUTAS PRATICADAS NO CENTRO ADMINISTRATIVO DA CIDADE DE CAMPO GRANDE

A criação de tipos normativos novos por meio de decreto, além de contrária ao princípio da legalidade, é, na hipótese em exame, também manifestamente desproporcional.

Foram criadas sanções incidentes **específica e exclusivamente** sobre a prática de condutas como a queima de morteiros, bombas e fogos/foguetes de artifício em geral e o abandono de lixo ou de detritos **ocorridas no centro administrativo da cidade de Campo Grande.**

A presente situação pode ser, então, assim sintetizada: o Poder Executivo valorou *tão negativamente* a conduta do indivíduo que pretenda exercer seu direito de reunião no entorno do centro administrativo do estado que reservou, a essa hipótese específica, uma resposta de comando e controle, com consequências patrimoniais em caso de descumprimento.

Inexistem, contudo, bases aptas a justificar a criação de tipos sancionadores peculiares para aquela área urbana ou que expliquem o porquê de se considerarem as ditas condutas especialmente lesivas quando realizadas naquele local, comparativamente àquelas praticadas em outro contexto geográfico. A norma não estende a mencionada vedação, sequer, a toda a área compreendida no Parque Estadual do Prosa, que alegadamente abrangeria o Parque dos Poderes, de modo que o argumento da proteção ambiental é em muito enfraquecido.

A ausência de fundamento legal e de *standards* para a aferição das hipóteses de incidência do Decreto permite que ele seja usado para penalizar qualquer tipo de uso coletivo da praça que as autoridades públicas considerem, subjetivamente, desagradável. **Qualquer aglomeração de pessoas, por menor ou mais pacata, *sempre* estará abarcada por algum (ou vários) dos incisos do art. 2º da norma: manifestações tendem a envolver a emissão de ruídos, a confecção de cartazes e panfletos, a colocação de aparelhos audiovisuais, a exposição de bonecos, a interdição parcial ou total de vias, a produção de lixo.**

A autorização genérica contida no art. 4º para que haja a *imediata intervenção* da Polícia Militar e o ajuizamento de medidas judiciais pelo Estado, para o cumprimento da lei e a preservação da ordem e da segurança pública locais, nesse contexto, convola a Polícia Militar em órgão aferidor da legitimidade ou não das reuniões públicas, ainda que pacíficas e sem armas.

Ainda que assim não fosse, observo que já existem normas jurídicas que contemplam, no Estado do Mato Grosso do Sul, as tais condutas ilícitas, atribuindo a elas as respectivas sanções. Cito, exemplificativamente, a Lei estadual nº 4.335/2013, que institui o Código de Segurança contra Incêndio, Pânico e outros Riscos, no âmbito do Estado de Mato Grosso do Sul; a Lei estadual nº 1.268/1992, que restringe o comércio de fogos de artifício e artefatos pirotécnicos e dá outras providências; e a Lei nº 4.719, de 17 de setembro de 2015, que dispõe sobre a aplicação de multa por dano ambiental, decorrente de qualquer ato que implique depósito de lixo, nas vias e nos logradouros públicos, no âmbito do Estado de Mato Grosso do Sul.

Quaisquer atos danosos ao patrimônio público, ao meio-ambiente e à integridade física de terceiros estarão também submetidos aos tipos penais respectivos, bem como autorizam a atuação preventiva e repressiva das autoridades.

Por isso mesmo, tem razão a Advocacia-Geral da União quando frisa que a declaração de inconstitucionalidade do decreto por este Tribunal não traria prejuízos à proteção do meio ambiente e ao tráfego de pessoas no mencionado "Parque dos Poderes", uma vez que os mencionados bens jurídicos são já tutelados, igual e suficientemente, por outros diplomas normativos.

Deve-se ter em mente que *"a sanção não é um fim em si, mas sim um dos meios – e não o único - para se evitar o descumprimento de uma obrigação jurídica e para viabilizar a consecução das políticas públicas estabelecidas para um determinado setor"* (MARQUES NETO, Floriano de Azevedo; CYMBALISTA, Tatiana Matiello. Os acordos substitutivos do procedimento sancionatório e da sanção. *Revista Brasileira de Direito Público* - RBDP, v. 8, n. 31, p. 51-68, out./dez. 2010).

Com a criação de uma sanção, o Poder Público busca fomentar comportamentos e desincentivar outros. O potencial dissuasório da pena, porém, não legitima que ela seja usada indistintamente e de forma mais lesiva do que o bem jurídico tutelado demanda.

Assim, a superposição injustificada de tipos sancionadores com idênticos âmbitos de proteção e que vedam as exatas mesmas condutas, no bojo do mesmo ente administrativo, representa medida claramente desproporcional. Vale lembrar que, embora eventualmente mitigada pela incidência de múltiplas esferas de responsabilização (penal, cível, disciplinar e administrativa, por exemplo) ou pela existência de diferentes autoridades sancionadoras competentes, a máxima do *non bis in idem* é extensível ao campo do Direito Administrativo, como corolário da segurança jurídica e da proporcionalidade:

> "Intimamente ligado ao princípio da legalidade e da tipicidade, o princípio da proibição do bis in idem também atua em matéria de Direito Administrativo Sancionador, possuindo um largo alcance, sendo constitucionalmente conectado às garantias de legalidade, proporcionalidade e, fundamentalmente, devido processo legal, implicitamente presente, portanto, no texto da CF/88. […]. Um dos principais efeitos do non bis in idem é a vedação de duplicidade de sanções por um mesmo fato em matéria de concurso aparente de normas sancionadoras ou concurso de ilícitos."(OSÓRIO, Fábio Medina. *Direito Administrativo Sancionador*. São Paulo: RT, 2000, p. 279 e p. 292)

Em conclusão, a constatação de que existem tipos normativos que contemplam as mesmas hipóteses contidas no Decreto, somada à generalidade com que as normas impugnadas abarcam comportamentos dos mais diversos, corrobora a percepção de que o fim almejado pelo administrador foi o da vedação ampla de todas as formas de manifestação política e social nas imediações das sedes dos Poderes estaduais, independentemente de sua notificação prévia, de sua natureza pacífica ou da sua proporcionalidade – e não qualquer proteção ao meio ambiente ou à segurança pública.

Ex positis, julgo a ação **PROCEDENTE** para declarar a inconstitucionalidade do Decreto estadual 14.827, de 28 de agosto de 2017, de Mato Grosso do Sul.

É como voto.

Informação bibliográfica deste texto, conforme a NBR 6023:2018 da Associação Brasileira de Normas Técnicas (ABNT):

MAGALHÃES, Andréa. ADI nº 5.852: a força democrática do grito ou por que as manifestações pacíficas não podem ser caladas. *In*: FUX, Luiz. *Jurisdição constitucional IV*: pluralismo e direitos fundamentais. Belo Horizonte: Fórum, 2023. p. 83-100. ISBN 978-65-5518-601-7.

RHC Nº 219.193: OS REQUISITOS DE VALIDADE DO ACORDO DE COLABORAÇÃO PREMIADA E A VEDAÇÃO CONSTITUCIONAL À PROVA OBTIDA POR MEIOS ILÍCITOS

CARLA RAMOS

1 Introdução

Acordo de colaboração premiada e delação não são sinônimos. Esta última tem uma longa história no Direito Processual Penal brasileiro, como meio de obtenção de prova da prática de crimes em geral presente em nosso ordenamento *"desde o tempo das Ordenações"*,[1] embora com contornos muito distintos e não restrita aos partícipes da prática delitiva. Já o acordo de colaboração passou a tomar forma em nosso ordenamento nos anos 1990, marcados por ampla reforma dos institutos processuais e pela integração de instrumentos de direito premial. O acordo de colaboração premiada é, assim, um dos instrumentos nos quais pode ser formalizada uma delação, revelando natureza de meio de obtenção de prova, mediante negociação entre acusador e acusado para a fixação de deveres e de benefícios previstos em lei, em sua faceta de negócio jurídico-processual.

O protagonismo assumido por esta ferramenta probatória na última década é inegável produto do aprimoramento de seu desenho legal, promovido pela Lei nº 12.850, de 2 de agosto de 2013. Voltada a uma justiça penal eficiente, a inovação se enquadra no contexto de verdadeira revolução na cultura investigatória do nosso país, focada na descoberta e na obtenção de provas de grandes esquemas criminosos. Estimulando a quebra do pacto de silêncio que caracteriza determinadas modalidades de delitos praticados em concurso de agentes, especialmente no seio de organizações criminosas, a legislação ofereceu garantias robustas aos réus que decidissem colaborar com a investigação.

Ao longo do primeiro decênio de funcionamento do novo mecanismo processual, diversas foram as perplexidades levantadas pela doutrina, sempre à luz dos mais fundamentais princípios da Constituição de 1988, consagradores de direitos fundamentais em matéria penal e processual penal. O respeito às garantias do devido processo legal, da ampla defesa, do contraditório, da presunção de inocência, da anterioridade da lei penal, da vedação às provas obtidas por meios ilícitos foi, em diversos julgados, analisado e definido pelo Supremo Tribunal

---

[1] BOTTINI, Pierpaolo Cruz. A homologação e a sentença na colaboração premiada na ótica do STF. *In*: MOURA, Maria Thereza de Assis; BOTTINI, Pierpaolo Cruz (Coord.). *Colaboração premiada*. São Paulo: Revista dos Tribunais, 2017, p. 184.

Federal, firmando precedentes norteadores para todos os operadores do Direito. Podem-se citar, especialmente: (1) o HC nº 127.483, Tribunal Pleno, Rel. Min. Dias Toffoli, j. 27.08.2015, que solucionou questões acerca da natureza de negócio jurídico de direito privado do acordo de colaboração premiada, impedindo questionamento de terceiros, e concomitantemente sua natureza de meio de obtenção de prova; (2) o INQ. nº 4.130-QO, Tribunal Pleno, Rel. Min. Dias Toffoli, j. 23.09.2015, que tratou da possibilidade de encontro fortuito de provas de crimes não conexos ao originalmente investigado no curso da colaboração premiada, para cujo processo e julgamento pode ser competente outro órgão julgador, distinto do que homologou o acordo; e (3) o HC nº 157.627, Segunda Turma, Rel. Min. Ricardo Lewandowski, j. 27.08.2019, seguido do HC nº 166.373, Tribunal Pleno, Rel. Min. Edson Fachin, Red. p/ acórdão Min. Alexandre de Moraes, j. 02.10.2019, definindo a ordem de manifestação das defesas de corréus delatores e delatados, com a fixação da seguinte tese de julgamento: "Havendo pedido expresso da defesa no momento processual adequado (art. 403 do CPP e art. 11 da Lei nº 8.038/90), os réus têm o direito de apresentar suas alegações finais após a manifestação das defesas dos colaboradores, sob pena de nulidade".

Neste artigo, propomos a leitura do voto do Ministro Luiz Fux no RHC nº 219.193, que tratou da importante questão do acordo de colaboração premiada à luz da sua licitude como meio de obtenção de prova. Vedada pela Constituição, no artigo 5º, inciso LVI, a admissão, no processo, de provas obtidas por meios ilícitos, cumpre à autoridade julgadora verificar se o meio de obtenção de prova empregado – no caso, o acordo de colaboração premiada – respeitou os limites legais que o emolduram.

Naquele precedente, pretendia-se a anulação de toda uma ação penal oriunda de Termo de Colaboração Premiada, o qual fora firmado entre o Ministério Público Federal e um investigado-delator envolvido em crimes de corrupção passiva, lavagem de dinheiro e organização criminosa.

No Recurso em *Habeas Corpus*, a defesa alegou que o recorrente – réu-delatado – não havia sido acusado da prática de crime de organização criminosa. Alegando que a Lei nº 12.850/2013 teve por finalidade disciplinar especificamente a investigação deste tipo de delito, sustentou-se a tese da atipicidade probatória, ou seja, inobservância das regras que disciplinam o meio de obtenção de prova empregado nos autos. Pleiteou-se: (a) o reconhecimento da ilicitude da Colaboração Premiada, em relação ao recorrente, por não ter sido ele acusado de participação na organização criminosa objeto de delação, que seria requisito de validade do negócio jurídico processual; (b) a declaração da ilicitude, por derivação, de todas as provas derivadas da colaboração premiada, em especial a busca e apreensão decretada, por não estar amparada em fonte autônoma de prova.

O Recorrente salientou que "a quaestio suscitada pela defesa é relevante, inédita e demandou uma atenção especial por parte da c. Sexta Turma do STJ", destacando que "a verticalidade do acórdão denota que a arguição defensiva foi enfrentada de forma exaustiva pelo órgão recorrido".

Em resumo, a defesa sustentou que "a colaboração premiada, enquanto meio de obtenção de prova, tem seu exercício limitado, circunscrito, delimitado a investigações de pertencimento à organização criminosa ou de crimes cometidos no contexto estrutural descrito na Lei nº 12.850/13. A isso denomina o Professor Geraldo Prado de "controle da tipicidade probatória".

Na definição do problema, o Relator dividiu o tema analiticamente: (1) inicialmente, tratou da distinção entre os institutos da delação e do acordo de colaboração premiada; (2) em seguida, para exata compreensão e delimitação do objeto do questionamento e sua devida contextualização, valeu-se da evolução histórica do instituto da colaboração premiada no nosso direito positivo; (3) percorreu, então, as balizas legais fixadoras dos requisitos de validade do acordo de colaboração premiada, em sua qualidade de meio de obtenção de prova; (4) destacou a diferença do tratamento das provas obtidas por meio do acordo de colaboração premiada e aquelas obtidas ainda na fase da proposta de acordo; (5) por fim, abordou a questão do encontro fortuito de provas por meio do acordo de colaboração premiada e sua repercussão no processo.

A fixação da tese daquele julgado confere segurança jurídica a investigados, delatores, advogados, órgãos de persecução penal e juízes atuarem nas suas respectivas atribuições, ao definir os limites da licitude do acordo de colaboração premiada como meio de obtenção de prova. Ao mesmo tempo, a divulgação dos fundamentos da decisão, objetivo desta obra, oferece à comunidade acadêmica e aos interessados em geral a possibilidade de contribuir com a jurisprudência, no livre exercício da crítica e do diálogo, oferecendo novos ângulos e possibilidades de abordagem do tema em decisões futuras.

2 RHC nº 219.193: João Luiz Amorim Franco *vs*. Ministério Público Federal

O voto proferido pelo Ministro Luiz Fux no julgamento do RHC nº 219.193, foi acompanhado à unanimidade pela Primeira Turma, fixando a tese de que o acordo de colaboração premiada não se restringe, em sua natureza de meio de obtenção de prova, à investigação de crimes de organização criminosa.

Confira-se o voto que procedeu à definição do âmbito de aplicação legítima do acordo de colaboração premiada como meio de obtenção de prova:

VOTO

O Senhor Ministro Luiz Fux (Relator): [...]

In casu, propõe-se o seguinte problema jurídico: é lícito, no âmbito da Colaboração Premiada, narrar e oferecer elementos de prova sobre fatos criminosos imputados a terceiros não-membros de organização criminosa? Ou, como defende o Recorrente, a Colaboração Premiada só pode servir como meio de obtenção de prova de crimes de organização criminosa ou praticados no contexto desta estrutura?

I - Distinção entre Delação de crimes e Acordo de Colaboração Premiada

A Delação constitui meio de obtenção de prova da prática de crimes em geral, presente em nosso ordenamento *"desde o tempo das Ordenações"*.[2]

Diferentemente do Acordo de Colaboração Premiada, a Delação independe de qualquer ato formalizador das declarações. Informantes e delatores prestam informações às autoridades de persecução penal e podem fornecer elementos de corroboração, os quais, uma vez coligidos licitamente, virão a instruir autos de investigação dos fatos criminosos delatados.

Com efeito, o Acordo de Colaboração Premiada é, atualmente, apenas um dos instrumentos através dos quais a Delação de crimes – praticados ou não pelo próprio delator – chega ao conhecimento das autoridades de persecução penal.

A Delação, independentemente de estar encartada em autos de Acordo de Colaboração Premiada, constitui meio de obtenção de prova válida, desde que fornecidos voluntariamente pelo Delator as informações e os elementos de corroboração da prática de delitos de ação penal pública incondicionada.

Esta é a sistemática geral do processo penal brasileiro, nos termos do artigo 40 do Código de Processo Penal, *in verbis*: *"Quando, em autos ou papéis de que conhecerem, os juízes ou tribunais verificarem a existência de crime de ação pública, remeterão ao Ministério Público as cópias e os documentos necessários ao oferecimento da denúncia"*.

A toda evidência, não somente os juízes ou tribunais podem comunicar ao Ministério Público a existência de crime de ação pública, mas também todo e qualquer indivíduo que tenha conhecimento da prática de delitos de ação penal pública poderá levar informações e eventuais elementos de corroboração ao conhecimento das autoridades de persecução penal.

Com efeito, *"Se o acusado não tiver qualquer relação com os fatos que delata, configura-se uma 'mera comunicação de crime' [...]"*.[3] A rigor, na esteira da doutrina, se o Delator imputa a terceiros a prática de crimes dos quais não foi nem coautor nem partícipe, *"não se trata de delação, mas de mero testemunho"*.[4]

---

[2] BOTTINI, Pierpaolo Cruz. A homologação e a sentença na colaboração premiada na ótica do STF. *In*: MOURA, Maria Thereza de Assis; BOTTINI, Pierpaolo Cruz (Coord.). *Colaboração premiada*. São Paulo: Revista dos Tribunais, 2017, p. 184.

[3] PEREIRA, Frederico Valdez. *Delação premiada*. Legitimidade e Procedimento. 3. ed. Curitiba: Juruá, 2016, p. 167. No mesmo sentido: VASCONCELOS, Vinícius Gomes de. *Colaboração premiada no processo penal*. São Paulo: Revista dos Tribunais, 2017, p. 129. BRITO, Michelle B. *Delação premiada e decisão penal*: da eficiência à integridade. Belo Horizonte: D'Plácido, 2016, p. 57.

[4] NUCCI, Guilherme de Souza. *O valor da confissão como meio de prova no processo penal*. São Paulo: Revista dos Tribunais, 1997, p. 213.

II - Evolução histórica do instituto da Colaboração Premiada: do Direito Penal Premial à Justiça Penal Negocial

Um breve olhar sobre o processo histórico de desenvolvimento do instituto da Colaboração Premiada no direito brasileiro revela a artificialidade do argumento que pretende reduzi-la, como meio de obtenção de prova, a delitos de organização criminosa ou praticados no seu contexto.

A validade da Delação como meio de obtenção de prova independe da natureza do ato formalizador das declarações, desde que estas sejam prestadas voluntariamente, perante os órgãos competentes.

O Acordo de Colaboração Premiada é apenas um dos instrumentos através dos quais a delação de crimes praticados pelo próprio delator ou por terceiros chegam ao conhecimento das autoridades.

A concepção do Acordo de Colaboração Premiada é produto da gradual introdução, no direito pátrio, de instrumentos de Direito Penal Premial, que antecederam a construção dos mecanismos voltados à Justiça Penal Negocial.

Os anos 1990 foram marcados por ampla reforma dos institutos processuais, respondendo a demandas de resolução alternativas das demandas, por procedimentos mais céleres, menos burocratizados e, também, voltados à aplicação de sanções alternativas à pena de prisão.

Inicialmente, o processo penal brasileiro passou a integrar instrumentos de **direito penal premial**, consistente em incentivos (redução ou perdão de pena) à delação de crimes praticados em quadrilha ou em concurso de agentes, e de alguns poucos mecanismos de **justiça penal negocial**, relativizadores do princípio da obrigatoriedade da ação penal pública.

A Lei dos Juizados Especiais, de 1995, com os institutos da transação penal e da suspensão condicional do processo (Lei nº 9.099/1995), constituiu um dos importantes marcos deste novo processo criminal com mecanismos negociais, consolidando um movimento anterior de concepção de sanções premiais a réus interessados em colaborar com a justiça.

Os primeiros incentivos à Colaboração Premiada em nosso ordenamento se encontram na denominada Lei de Crimes Hediondos – Lei nº 8.072, de 25 de julho de 1990, que estabeleceu **causas de redução de pena** para réus delatores.

O artigo 8º, parágrafo único, daquele diploma legal estabeleceu a possibilidade de redução de pena do partícipe que denunciasse a quadrilha às autoridades competentes: *"O participante e o associado que denunciar à autoridade o bando ou quadrilha, possibilitando seu desmantelamento, terá a pena reduzida de um a dois terços."*

A mesma Lei nº 8.072/1990 acrescentou o §4º no artigo 159 do Código Penal, que trata dos crimes de extorsão mediante sequestro, a redução da pena na seguinte hipótese: "*§ 4º Se o crime é cometido por quadrilha ou bando,* **o co-autor que denunciá-lo à autoridade, facilitando a libertação do seqüestrado, terá sua pena reduzida de um a dois terços**". (Incluído pela Lei nº 8.072, de 25.07.1990).

A referência à prática do crime por "quadrilha ou bando" foi alterada, em 1996, para prever, expressamente, a possibilidade de redução da pena em qualquer hipótese de concurso de agentes, incentivando mais amplamente a colaboração: "*§4º Se o crime é cometido em concurso, o concorrente que o denunciar à autoridade, facilitando a libertação do seqüestrado, terá sua pena reduzida de um a dois terços*". (Redação dada pela Lei nº 9.269, de 1996).

Além do incentivo à delação no âmbito das investigações de crimes hediondos, em 1995 o instituto foi estendido a **qualquer crime praticado em "quadrilha ou bando"**, por meio da Lei nº 9.034/1995, que estabeleceu: "*Art. 6º Nos crimes praticados em organização criminosa, **a pena será reduzida de um a dois terços**, quando a **colaboração espontânea do agente levar ao esclarecimento de infrações penais e sua autoria.***"

Naquele mesmo ano, a Lei dos Crimes contra o Sistema Financeiro Nacional (Lei nº 7.492/1986), por alteração promovida pela Lei nº 9.080/1995, passou a prever, no artigo 25, §2º, idêntica causa de redução de pena ao delator que confessasse, espontaneamente, a prática de "*crimes cometidos em quadrilha ou coautoria*", e revelasse às autoridades "*toda a trama delituosa*", in verbis: "*§2º Nos crimes previstos nesta Lei, cometidos em quadrilha ou co-autoria, o co-autor ou partícipe que através de confissão espontânea revelar à autoridade policial ou judicial toda a trama delituosa terá a sua pena reduzida de um a dois terços*". (Incluído pela Lei nº 9.080, de 19.07.1995).

O movimento do direito penal premial avançou com a Lei de Lavagem de Dinheiro, de 1998, que em sua redação original previu não apenas a causa de redução de pena dos acusados, em caso de **coautoria**, que colaborassem com a Justiça como, ainda, o regime inicial aberto de cumprimento da pena, a possibilidade de sua substituição por restritiva de direitos e até mesmo o perdão judicial: "*§5º **A pena será reduzida de um a dois terços e começará a ser cumprida em regime aberto, podendo o juiz deixar de aplicá-la ou substituí-la por pena restritiva de direitos**, se o autor, co-autor ou partícipe colaborar espontaneamente com as autoridades, prestando esclarecimentos que conduzam à apuração das infrações penais e de sua autoria ou à localização dos bens, direitos ou valores objeto do crime.*"[5]

A Lei nº 9.807/1999, por sua vez, institucionalizou a Colaboração Premiada, antes prevista em leis esparsas e para crimes específicos, estabelecendo sua aplicabilidade em todo e qualquer crime, como meio de obtenção de prova hábil a gerar sanções premiais aos acusados ou condenados que tenham voluntariamente prestado efetiva colaboração à investigação policial e ao processo criminal.

---

[5] A redação desse dispositivo foi atualizada em 2012, sem maiores alterações no seu conteúdo: "*§5º A pena poderá ser reduzida de um a dois terços e ser cumprida em regime aberto ou semiaberto, **facultando-se ao juiz deixar de aplicá-la ou substituí-la, a qualquer tempo, por pena restritiva de direitos, se o autor, coautor ou partícipe colaborar espontaneamente com as autoridades**, prestando esclarecimentos que conduzam à apuração das infrações penais, à identificação dos autores, coautores e partícipes, ou à localização dos bens, direitos ou valores objeto do crime. (Redação dada pela Lei nº 12.683, de 2012)*"

O incentivo à colaboração de investigados com os órgãos de investigação penal, previsto na Lei nº 9.807/99, previa a possibilidade de concessão de perdão judicial ou de redução de pena ao final do processo.

Nos termos dos artigos 13 a 15 da Lei nº 9.807/99, foi mantida a sistemática de direito penal premial – ou seja, somente ao final do processo o órgão judiciário competente decidia qual seria a sanção e o benefício aplicados ao Colaborador. Eis os termos daqueles dispositivos:

> "Art. 13. Poderá o juiz, de ofício ou a requerimento das partes, conceder o perdão judicial e a conseqüente extinção da punibilidade ao acusado que, sendo primário, tenha colaborado efetiva e voluntariamente com a investigação e o processo criminal, desde que dessa colaboração tenha resultado:
> I - a identificação dos demais co-autores ou partícipes da ação criminosa;
> II - a localização da vítima com a sua integridade física preservada;
> III - a recuperação total ou parcial do produto do crime.
> Parágrafo único. A concessão do perdão judicial levará em conta a personalidade do beneficiado e a natureza, circunstâncias, gravidade e repercussão social do fato criminoso.
> Art. 14. O indiciado ou acusado que colaborar voluntariamente com a investigação policial e o processo criminal na identificação dos demais co-autores ou partícipes do crime, na localização da vítima com vida e na recuperação total ou parcial do produto do crime, no caso de condenação, terá pena reduzida de um a dois terços.
> Art. 15. Serão aplicadas em benefício do colaborador, na prisão ou fora dela, medidas especiais de segurança e proteção a sua integridade física, considerando ameaça ou coação eventual ou efetiva.
> §1º Estando sob prisão temporária, preventiva ou em decorrência de flagrante delito, o colaborador será custodiado em dependência separada dos demais presos.
> §2º Durante a instrução criminal, poderá o juiz competente determinar em favor do colaborador qualquer das medidas previstas no art. 8º desta Lei.
> §3º No caso de cumprimento da pena em regime fechado, poderá o juiz criminal determinar medidas especiais que proporcionem a segurança do colaborador em relação aos demais apenados."

Percebe-se deste histórico, que a Colaboração Premiada como meio de obtenção de prova tem uma longa história, de mais de 30 anos, e já existia em nosso ordenamento jurídico anteriormente à disciplina estabelecida pela Lei nº 12.850/2013, que o modernizou e reconfigurou o processo penal contemporâneo, traduzindo influxos teóricos de análise econômica do direito e de justiça negocial, que incentiva comportamentos cooperativos, reduz custos e aprimora a solução de litígios pela via negocial.

Com efeito, no paradigma legal anterior, o investigado não tinha segurança nem clareza quanto aos benefícios que obteria com a sua colaboração. Isto se dava exatamente porque a lei previa benefícios que seriam decididos pelo órgão judicial ao fim do processo. Inexistiam garantias *ex ante* de que os colaboradores seriam, efetivamente, premiados por sua delação.

Atribui-se a baixa utilização e pouca eficácia da Colaboração Premiada, ao longo das três décadas de seu desenvolvimento no nosso direito positivo, à situação de insegurança em que o Colaborador permanecia até a sentença condenatória, o que desestimulava a confissão e cooperação dos investigados com a Justiça.

Inspirada em instrumentos previstos no direito processual penal norte-americano, a atual regulação da Colaboração Premiada revela aplicabilidade muito mais ampla, reativando seu interesse para os órgãos de persecução penal e para os investigados.

Deveras, a Lei nº 12.850/2013 teve por escopo conferir à Colaboração Premiada efetividade como meio de obtenção de prova e, ao mesmo tempo, funcionar como negócio jurídico processual, pelo qual o Colaborador e o órgão celebrante fixam cláusulas contratuais de comum acordo, entre elas as sanções que serão impostas a partir da homologação do Acordo pelo Judiciário.

A par da despenalização ou da redução da gravosidade das penas, a Colaboração Premiada também se revela eficaz na própria prevenção geral do cometimento de crimes, pesando no cálculo de eventuais infratores como mais um fator a tornar certa a punição de delitos. Em outras palavras: cuida-se de um mecanismo processual eficiente contra a impunidade e, por isso, dissuasório da prática criminosa.

É verdade que outra finalidade – mas não exclusiva – da Lei nº 12.850/2013, foi instituir meios eficazes à prevenção e à investigação do crime organizado. A Colaboração Premiada, neste contexto, foi regulamentada para incentivar a cooperação de membros de organizações criminosas com órgãos de investigação, constituindo importante mecanismo de quebra do código de silêncio que caracteriza esta criminalidade.

Nada obstante, a Colaboração Premiada, como meio de obtenção de prova, não se reduz aos acusados da prática de crimes de organização criminosa. Considerada toda a sistemática legislativa, percebe-se que o incentivo à colaboração se dá para todos os crimes praticados em coautoria.

A Colaboração Premiada permite que sejam produzidos elementos relacionados a quaisquer crimes dos quais o Colaborador tenha participado e que decida confessar voluntariamente, ainda que os delatados não sejam membros da organização criminosa inicialmente investigada.

Por conseguinte, tanto à luz de sua história no ordenamento jurídico brasileiro quanto da atual conformação legal do instituto, conclui-se que a participação em organização criminosa **não é condição de validade da Colaboração Premiada**, seja na qualidade de negócio jurídico processual, seja como meio de obtenção de provas de infrações penais praticadas por terceiros, coautores ou partícipes de crimes praticados pelo Colaborador.

III - Requisitos de validade da colaboração premiada como meio de obtenção de prova

Extrai-se do artigo 3º-A da Lei nº 12.850/2013 a natureza dúplice do instituto da Colaboração Premiada, ao prever:

"O acordo de colaboração premiada é negócio jurídico processual e meio de obtenção de prova, que pressupõe utilidade e interesse públicos".

Por conseguinte, a Colaboração Premiada tem duas finalidades:

(a) de um lado, como "negócio jurídico-processual", firmado entre Colaborador e o órgão de persecução penal competente e que é de interesse exclusivo das partes, funciona como um seguro do Colaborador quanto aos benefícios que lhe serão concedidos a partir da homologação do Acordo e ao fim do processo, vinculando-o à fiel observância das cláusulas estabelecidas em comum acordo com o órgão celebrante;

(b) de outro lado, tem por fim servir de "meio de obtenção de prova", fornecendo informações e elementos que, uma vez corroborados, integrarão a instrução de processos criminais em face dos delatados, revelando, nesta qualidade, interesse para a sociedade e para os futuros investigados, nos autos das eventuais investigações que venham a ser instauradas.

Os requisitos formais de validade da Colaboração Premiada como meio de obtenção de prova extraem-se da legalidade da sua formalização. São eles, essencialmente, os seguintes:

(a) voluntariedade do delator;
(b) competência.

Voluntariedade não significa espontaneidade. Embora em diplomas normativos anteriores o termo "espontaneidade" tenha sido empregado como requisito da validade do Acordo, a Lei nº 12.850/2013 alude exclusivamente à voluntariedade, não à espontaneidade do imputado. Por conseguinte, é desnecessária a iniciativa do postulante ao benefício para a formalização do Acordo de Colaboração Premiada, podendo a proposta e o início das tratativas partirem do órgão de persecução penal.[6]

Importante reafirmar, na linha do que decidido por este Supremo Tribunal Federal, no julgamento do HC nº 127.483, que o *"requisito de validade do acordo é a liberdade psíquica do agente, e não a sua liberdade de locomoção. A declaração de vontade do agente deve ser produto de uma escolha com liberdade (liberdade psíquica) e não necessariamente em liberdade, no sentido de liberdade física. Portanto, não há nenhum óbice a que o acordo seja firmado com imputado que esteja custodiado, provisória ou definitivamente, desde que presente a voluntariedade dessa colaboração. Entendimento em sentido contrário importaria em negar, injustamente, ao imputado preso a possibilidade de firmar acordo de colaboração e de obter sanções premiais por seu cumprimento, em manifesta vulneração ao princípio da isonomia"* (HC nº 127.483, Tribunal Pleno, Rel. Min. Dias Toffoli, unânime, j. 27.08.2015).

---

[6] Neste sentido: SUXBERGER, Antonio H. G.; MELLO, Gabriela S. J. V. A voluntariedade da colaboração premiada e sua relação com a prisão processual do colaborador. *Revista Brasileira de Direito Processual Penal*, Porto Alegre, v. 3, n. 1, jan./abr. 2017, p. 204. PEREIRA, Frederico Valdez. *Delação Premiada*. Legitimidade e procedimento. 3. ed. Curitiba: Juruá, 2016, p. 129.

Acerca da competência da autoridade judiciária que homologa o Acordo de Colaboração Premiada, é de se salientar que a competência para a homologação não vincula, por prevenção, o mesmo juízo ao processamento de todos os fatos delatados. Deve ser verificada a competência *ratione personae* e *ratione materiae* para cada episódio e a eventual existência de prevenção.

Neste sentido, confira-se o seguinte precedente deste Supremo Tribunal Federal:

> "EMENTA: AGRAVO REGIMENTAL. ACORDO DE COLABORAÇÃO PREMIADA. HOMOLOGAÇÃO. COMPETÊNCIA. PREVENÇÃO. DELIBERAÇÃO ACERCA DOS TERMOS DE DEPOIMENTO NÃO CONEXOS. ATRIBUIÇÃO DO JUÍZO HOMOLOGATÓRIO. RECURSO INTERNO DESPROVIDO.
> 1. O juízo que homologa o acordo de colaboração premiada não é, necessariamente, competente para o processamento de todos os fatos relatados no âmbito das declarações dos colaboradores (INQ-QO 4.130, Rel. Min. DIAS TOFFOLI, DJe de 3.2.2016). Existindo, nada obstante, dentre esses episódios, ao menos um em que se verifique a presença de conexão com objeto de feito previamente distribuído, adequada é a observância da regra prevista no art. 79, caput, do Código de Processo Penal, a demandar a distribuição por prevenção, nos exatos termos do art. 69, caput, do Regimento Interno da Corte Suprema.
> 2. Cabe ao Supremo Tribunal Federal decidir, com exclusividade, a permanência ou não da investigação ou da ação penal deflagrada em desfavor das demais pessoas não submetidas à jurisdição criminal originária, adotando-se, como regra, o desmembramento, salvo nas hipóteses em que a cisão possa causar prejuízo relevante (INQ 3.983, Rel. Min. TEORI ZAVASCKI, Tribunal Pleno, Dje 12.5.2016).
> 3. Os fatos dos quais não há notícia de participação de autoridade detentora de foro por prerrogativa nesta Suprema Corte, além daqueles em que não se observa qualquer relação de conexidade com investigações ou ações penais em curso, devem ser encaminhados para tratamento adequado perante a autoridade jurisdicional competente.
> 4. Agravo regimental desprovido." (PET 7.074, Tribunal Pleno, Relator Ministro Edson Fachin, unânime, j. 29.06.2017).

Preenchidos estes requisitos, a instrução de futuros inquéritos e ações penais com elementos obtidos por meio de Colaboração Premiada será válida.

A validade da Colaboração como meio de obtenção de prova, se realizada voluntariamente perante as autoridades competentes, não será afetada nem mesmo por posterior rescisão ou retratação das partes do negócio jurídico-processual.

Neste sentido, o artigo 4º, §10, prevê uma única hipótese de inutilização das provas coligidas através do Acordo de Colaboração: em caso de retratação das partes, as informações e os elementos autoincriminatórios não poderão ser utilizados em prejuízo do Colaborador.

Eis o teor do referido dispositivo: "*§10. As partes podem retratar-se da proposta, caso em que as provas autoincriminatórias produzidas pelo colaborador não poderão ser utilizadas exclusivamente em seu desfavor.*"

Em relação à prova produzida contra terceiros, portanto, inexiste vedação legal ao seu uso, quando obtidas mediante Acordo de Colaboração Premiada que cumpra os requisitos de validade antes mencionados – voluntariedade do Colaborador e competência dos órgãos de persecução e judicial perante os quais o Acordo foi firmado.

Portanto, ainda que se operasse a rescisão do Acordo ou a retratação das partes, as informações e os elementos de prova obtidos a partir da Colaboração Premiada mantêm sua utilidade processual contra os Delatados.

IV - A Proposta de Acordo de Colaboração Premiada como meio de obtenção de prova. Inutilidade das informações e elementos de prova fornecidos em caso de não formalização do Acordo por iniciativa do órgão celebrante

Antes de formalizar o Acordo de Colaboração Premiada, podem ser necessárias tratativas nas quais o Colaborador apresenta as informações e elementos de prova que pretende produzir contra os Delatados.

Estes elementos, fornecidos na fase Pré-Colaboração, virão, normalmente, a fazer parte do futuro Acordo de Colaboração, revelando-se úteis para a instrução de processos criminais contra os Delatados.

Nada obstante, a denominada Proposta de Colaboração Premiada pode vir a ser rejeitada pelo órgão celebrante.

Neste caso, se o Acordo deixar de ser formalizado, por discricionariedade do órgão celebrante, a lei prevê um caso não de ilicitude, mas de inutilidade da Proposta de Colaboração como meio de obtenção de prova para futuros processos.

A "Proposta de Colaboração" encontra-se prevista no *caput* do artigo 3º-B, nos seguintes termos:

> "Art. 3º-B. O recebimento da proposta para formalização de acordo de colaboração demarca o início das negociações e constitui também marco de confidencialidade, configurando violação de sigilo e quebra da confiança e da boa-fé a divulgação de tais tratativas iniciais ou de documento que as formalize, até o levantamento de sigilo por decisão judicial.
> §1º A proposta de acordo de colaboração premiada poderá ser sumariamente indeferida, com a devida justificativa, cientificando-se o interessado."

A Proposta de Acordo de Colaboração Premiada materializa-se em procedimento autônomo, preparatório do Acordo de Colaboração, demarcando o início formal das negociações.

Durante esta fase da "Pré-Colaboração", o Colaborador poderá ser instado a fornecer elementos de prova ou informações sobre os crimes que pretende confessar e identificar os corréus a serem delatados.

Nos termos do §4º do artigo 3º-B, "*O acordo de colaboração premiada poderá ser precedido de instrução, quando houver necessidade de identificação ou complementação de seu objeto, dos fatos narrados, sua definição jurídica, relevância, utilidade e interesse público. (Incluído pela Lei nº 13.964, de 2019)*"

Se a Proposta não resultar na assinatura do Acordo, deixando de se formalizar a Colaboração por iniciativa do órgão público, este não poderá se valer das provas fornecidas até aquela fase pelo Proponente-Colaborador.

Com efeito, nos termos do art. 3º-B, §6º, *"Na hipótese de não ser celebrado o acordo por iniciativa do celebrante, esse não poderá se valer de nenhuma das informações ou provas apresentadas pelo colaborador, de boa-fé, para qualquer outra finalidade"*.

Daí que, por expressa disposição legal, as informações e elementos de prova porventura arrecadados antes da celebração do acordo não poderão ser utilizados para qualquer outra finalidade, caso o órgão celebrante desista da negociação, sem justa causa, ou seja, sem provocação do colaborador.

Em verdade, o §6º do artigo 3º-B confere ao Colaborador uma garantia de que nem ele nem os coautores do delito por ele confessado sairá prejudicado se, depois de fornecer elementos de prova aos órgãos de investigação penal, no âmbito de Proposta de Colaboração Premiada, esta deixar de se formalizar. Vale, portanto, como mais incentivo à Colaboração.

In casu, as informações e elementos de prova empregados nos autos foram coligidos no âmbito de Acordo de Colaboração devidamente formalizado, o que afasta a vedação contida no artigo 3º-B, §6º, da Lei nº 12.850/2013.

Inexiste, portanto, vedação ao seu aproveitamento nos autos de origem.

V - Amplitude da Colaboração Premiada. O "encontro fortuito" de provas

Por fim, uma última questão pertinente ao deslinde da presente controvérsia diz respeito à possibilidade de o Colaborador vir a narrar fatos criminosos sem conexão com os praticados pela organização criminosa originalmente investigada, ou mesmo fatos criminosos dos quais ele não tenha participado, mas de que tenha conhecimento.

É pacífica, na doutrina e na jurisprudência, a compreensão no sentido da licitude, admissibilidade e aproveitamento destas provas em futuras investigações. A amplitude do Acordo de Colaboração Premiada, como meio de obtenção de prova de delitos não relacionados aos que lhe deram origem, encontra-se sedimentada na jurisprudência do Supremo Tribunal Federal, que assentou o seguinte:

"[...] sendo a colaboração premiada um meio de obtenção de prova, é possível que o agente colaborador traga informações (declarações, documentos, indicação de fontes de prova) a respeito de crimes que não tenham relação alguma com aqueles que, primariamente, sejam objeto da investigação" (INQ. nº 4.130-QO, Tribunal Pleno, Rel. Min. Dias Toffoli, j. 23.09.2015).

Ademais, a Colaboração Premiada pode dar azo ao "encontro fortuito de provas", ou seja, pode fornecer elementos probatórios sobre fatos que não eram objeto de investigação e que não são conexos aos fatos que motivaram a colaboração.

O encontro fortuito ocorre quando, no curso da Colaboração, o Delator confessa a prática de fatos criminosos que não necessariamente estão diretamente relacionados aos eventos delituosos que deram origem ao Acordo.

No que tange à amplitude do Acordo de Colaboração Premiada, é importante observar, em primeiro lugar, que um dos deveres do Colaborador é narrar todos os fatos ilícitos para os quais concorreu, dever este cuja inobservância pode dar margem à rescisão do Acordo.

> "Artigo 3º-C, §3º. No acordo de colaboração premiada, o colaborador deve narrar todos os fatos ilícitos para os quais concorreu e que tenham relação direta com os fatos investigados.
> [...]
> Artigo 4º, §17. O acordo homologado poderá ser rescindido em caso de omissão dolosa sobre os fatos objeto da colaboração."

Ao impor o dever de narrar todos os fatos criminosos ligados diretamente à investigação, é notório que a norma do artigo 3º-C, §3º, abrange não apenas crimes cometidos por membros da organização criminosa, como também aqueles que, praticados em concurso com não-membros, tenham relação direta com os fatos investigados.

Deveras, a Lei nº 12.850/2013 não vedou ou restringiu o objeto da colaboração premiada. Apenas impôs o dever de narrar os fatos diretamente relacionados ao objeto do Acordo.

Significa dizer que, no Acordo de Colaboração Premiada, podem surgir informações e elementos de prova relacionados a crimes que o Colaborador não tem o dever negocial de delatar.

Com efeito, no curso da Colaboração, o Delator pode confessar o cometimento de delitos que, embora não diretamente relacionados aos crimes inicialmente investigados, foram por ele praticados em concurso de agentes e não haviam chegado ao conhecimento dos órgãos de investigação.

Neste caso, a doutrina e a jurisprudência são uníssonas quanto à validade e ao aproveitamento das informações e elementos de prova produzidos pelo Colaborador para a instrução de futuros processos contra os Delatados, por se configurar hipótese de "encontro fortuito".

Os delitos assim narrados pelo Colaborador, por não serem conexos aos originalmente investigados, darão lugar a novos autos de investigação, instruídos com as informações e elementos de corroboração fornecidos voluntariamente pelo agente.

A ausência de conexão entre os fatos narrados pelo Colaborador e os que lhe foram originalmente imputados pode conduzir à mudança da autoridade judiciária competente para a homologação do Acordo e para o processamento da nova investigação.

Confira-se, neste sentido, o seguinte acórdão do Supremo Tribunal Federal, no julgamento do INQ. nº 4.130-QO, Tribunal Pleno:

> "EMENTA Questão de ordem no inquérito. Processual Penal. Crimes relacionados ao Ministério do Planejamento, Orçamento e Gestão. Indícios de participação de Senadora da República em ilícito penal. Remessa dos autos ao Supremo Tribunal Federal. Desmembramento do feito em relação a investigados não detentores de prerrogativa de foro. Possibilidade. Inexistência de prejuízo para a causa. Precedentes. Prevenção de Ministro da Corte que supervisiona as investigações de crimes relacionados à Petrobras.

Inexistência. Ausência de conexão entre os fatos reconhecida pela Presidência da Corte. Imbricação da matéria com o desmembramento do feito e seus consectários. Necessidade de seu exame para a determinação do juízo de primeiro grau competente para processar e julgar o feito desmembrado. Crimes de organização criminosa, lavagem de dinheiro, falsidade ideológica e corrupção passiva. Colaboração premiada. Delação de crimes não conexos com a investigação primária. Equiparação ao encontro fortuito de prova. Aplicação das regras de determinação, de modificação e de concentração da competência. Inexistência de prevenção, pelas mesmas razões, tanto de Ministro da Corte quanto de juízo de origem. Crimes que, em sua maioria, se consumaram em São Paulo. Circunstância que justifica a sua atração para a Seção Judiciária daquele estado. Ressalva quanto à posterior apuração de outras infrações conexas que, por força das regras do art. 78 do Código de Processo Penal, justifiquem conclusão diversa quanto ao foro competente. Remessa do feito desmembrado à Seção Judiciária de São Paulo para livre distribuição, independentemente da publicação do acórdão. Intangibilidade dos atos praticados na origem, tendo em vista a aplicação da teoria do juízo aparente. Precedente.

1. O Supremo Tribunal Federal assentou o entendimento de que o desmembramento do feito em relação a imputados que não possuam prerrogativa de foro deve ser a regra, diante da manifesta excepcionalidade da competência *ratione muneris*, ressalvadas as hipóteses em que a separação possa causar prejuízo relevante. Precedentes.

2. Ausente potencial e relevante prejuízo que justifique o *simultaneus processus*, impõe-se o desmembramento do inquérito em relação a todos os investigados que não detêm prerrogativa de foro, a fim de que a investigação prossiga perante a Suprema Corte tão somente em relação à Senadora da República.

3. A colaboração premiada, como meio de obtenção de prova, não constitui critério de determinação, de modificação ou de concentração de competência.

4. A competência para processar e julgar os crimes delatados pelo colaborador que não sejam conexos com os fatos objeto da investigação matriz dependerá do local em que consumados, de sua natureza e da condição das pessoas incriminadas (prerrogativa de foro).

5. Os elementos de informação trazidos pelo colaborador a respeito de crimes que não sejam conexos ao objeto da investigação primária devem receber o mesmo tratamento conferido à descoberta fortuita ou ao encontro fortuito de provas em outros meios de obtenção de prova, como a busca e apreensão e a interceptação telefônica.

6. A prevenção, essencialmente, não é um critério primário de determinação da competência, mas sim de sua concentração, razão por que, inicialmente, devem ser observadas as regras ordinárias de determinação da competência, tanto ratione loci (art. 70, CPP) quanto ratione materiae.

7. Nos casos de infrações conexas, praticadas em locais diversos, hão de ser observadas as regras de determinação do foro prevalente previstas no art. 78 do Código de Processo Penal, uma vez que a conexão e a continência importam em unidade de processo e julgamento.

8. A prevenção, nos termos do art. 78, II, c, do Código de Processo Penal, constitui critério residual de aferição da competência.

9. Não haverá prorrogação da competência do juiz processante - alargando-a para que conheça de uma causa para a qual, isoladamente, não seria competente -, se não estiverem presentes i) uma das hipóteses de conexão ou de continência (arts. 76 e 77, CPP) e ii) uma das hipóteses do art. 78, II, do Código de Processo Penal.

10. Como já decidido pelo Supremo Tribunal Federal, "a conexão intersubjetiva ou instrumental decorrente do simples encontro fortuito de prova que nada tem a ver com o objeto da investigação principal não tem o condão de impor o *unum et idem judex*". Do mesmo modo, "o simples encontro fortuito de prova de infração que não possui relação

com o objeto da investigação em andamento não enseja o simultaneus processus" (RHC nº 120.379/RO, Primeira Turma, Relator o Ministro Luiz Fux, DJe de 24/10/14).

11. Ainda que o juízo de origem, com base nos depoimentos do imputado colaborador e nas provas por ele apresentadas, tenha decretado prisões cautelares e ordenado a quebra de sigilos bancário ou fiscal e a realização de busca e apreensão ou de interceptação telefônica, essas medidas, por si sós, não geram sua prevenção, com base no art. 83 do Código de Processo Penal, caso devam ser primariamente aplicadas as regras de competência do art. 70 do Código de Processo Penal (local da consumação) ou do art. 78, II, a ou b, do Código de Processo Penal (determinação do foro prevalente, no caso de conexão ou continência).

12. Os ilícitos em apuração nos procedimentos encaminhados pelo juízo da 13ª Vara da Seção Judiciária do Paraná se referem, dentre outros fatos, a repasses de valores por empresa prestadora de serviços de informática na gestão de empréstimos consignados de servidores federais, no âmbito do Ministério do Planejamento, Orçamento e Gestão, com a utilização, em tese, de notas fiscais falsas e de empresas de fachada.

13. Não há relação de dependência entre a apuração desses fatos e a investigação de fraudes e desvios de recursos no âmbito da Petrobras, a afastar a existência de conexão (art. 76, CPP) e de continência (art. 77, CPP) que pudessem ensejar o simultaneus processus, ainda que os esquemas fraudulentos possam eventualmente ter um operador comum e destinação semelhante (repasse de recursos a partido político ou candidato a cargo eletivo).

14. O fato de a polícia judiciária ou o Ministério Público Federal denominarem de "fases da operação Lava-jato" uma sequência de investigações sobre crimes diversos - ainda que sua gênese seja a obtenção de recursos escusos para a obtenção de vantagens pessoais e financiamento de partidos políticos ou candidaturas - não se sobrepõe às normas disciplinadoras da competência.

15. Nenhum órgão jurisdicional pode-se arvorar de juízo universal de todo e qualquer crime relacionado a desvio de verbas para fins político-partidários, à revelia das regras de competência.

16. A mesma razão (inexistência de conexão) que motivou o não reconhecimento da prevenção de Ministro da Suprema Corte que supervisiona a investigação de crimes relacionados à Petrobras estende-se ao juízo de primeiro grau.

17. Na determinação do foro prevalente, constata-se a existência de veementes indícios de que a suposta organização criminosa, ora investigada, estaria radicada em São Paulo, onde também teria sido emitida a maior parte das notas fiscais supostamente falsas e ocorrido a maior parte das movimentações e repasses de recursos, por meio de condutas que, em tese, poderiam tipificar crimes de lavagem de dinheiro.

18. Ademais, a denúncia já oferecida perante o Supremo Tribunal Federal pela Procuradoria-Geral da República, contra investigado não detentor de prerrogativa de foro, por infração ao art. 2º, §1º, da Lei nº 12.850/13, descreve que esse crime se consumou em São Paulo (capital).

19. Considerando que o ilícito tipificado no art. 12.850/13 e a maior parte dos crimes de lavagem de dinheiro e de falsidade ideológica se consumaram em São Paulo, justifica-se a atração de todos eles para a Seção Judiciária do Estado de São Paulo, ressalvada a posterior apuração de outras infrações conexas que, por força das regras do art. 78 do Código de Processo Penal, justifiquem conclusão diversa quanto ao foro prevalente.

20. A questão de ordem se resolve no sentido do desmembramento do feito, a fim de que a investigação prossiga perante a Suprema Corte somente em relação à autoridade com prerrogativa de foro, com a consequente remessa de cópia dos autos à Seção Judiciária do Estado de São Paulo, independentemente da publicação do acórdão, para livre distribuição, preservada a validade dos atos praticados na origem, inclusive medidas cautelares, dentre as quais a prisão preventiva de um dos investigados, tendo em vista a aplicação da teoria

do juízo aparente (HC nº 81.260/ES, Pleno, Relator o Ministro Sepúlveda Pertence, DJ de 19/4/02).
(Inq 4130 QO, Relator(a): DIAS TOFFOLI, Tribunal Pleno, julgado em 23/09/2015, ACÓRDÃO ELETRÔNICO DJe-020 DIVULG 02-02-2016 PUBLIC 03-02-2016)"

Por fim, da mesma forma que é válido o Acordo de Colaboração Premiada como meio de obtenção de prova de crimes praticados pelo Delator, em concurso de agentes, que não eram objeto anterior de investigação, também serão válidos e útil os elementos de prova eventualmente fornecidos pelo Colaborador de crimes praticados por terceiros, dos quais ele não seja coautor ou partícipe.

Deveras, a imputação a terceiros de crimes dos quais o Colaborador não foi partícipe ou coautor não abala a validade nem a utilidade das informações e dos elementos de corroboração por ele apresentados no Acordo, para fins de instruir futuras investigações. Sua utilidade como "meio de obtenção de prova" independe de confissão.

Isto porque na hipótese de o Colaborador fornecer informações acerca de fatos criminosos praticados exclusivamente por terceiros, sem sua participação ou coautoria, será válido o uso das informações e dos elementos de corroboração em futuras investigações, mediante diligências complementares, classificando-se a Colaboração, neste caso, como "comunicação de crime" (*notitia criminis*), e o Colaborador como testemunha-informante.

VI - Mandado de busca e apreensão: a disciplina da Lei nº 12.850/2013

O artigo 4º, §16, inciso I, da Lei de Colaboração Premiada, incluído em 2019 pelo denominado Pacote Anticrime (Lei nº 13.964/2019), impede a decretação de medidas cautelares reais ou pessoais com fundamento exclusivamente nas declarações do Colaborador. Eis o teor do referido dispositivo:

"§16. Nenhuma das seguintes medidas será decretada ou proferida com fundamento apenas nas declarações do colaborador:
I - medidas cautelares reais ou pessoais;
II - recebimento de denúncia ou queixa-crime;
III - sentença condenatória."

Significa dizer que será ilícita e deverá ser desentranhada dos autos a prova produzida mediante mandado de busca e apreensão, cujo exclusivo fundamento seja a declaração do Colaborador.

Exigem-se, para a decretação da medida cautelar de produção de provas, elementos mínimos de corroboração das declarações verbais do Colaborador, sejam estes elementos apresentados desde logo pela sua defesa, sejam eles obtidos mediante diligências prévias dos órgãos de persecução penal.

Diversamente das duas hipóteses legais de vedação ao aproveitamento de informações e de elementos de corroboração apresentados pelo Colaborador no curso da Proposta de Acordo de Colaboração Premiada ou no âmbito do próprio Acordo já devidamente formalizado (item 4 supra), cuida-se, neste dispositivo, da ausência de elementos mínimos de prova fornecidos no Acordo de Colaboração, tendentes à corroboração das declarações prestadas.

A Lei nº 12.850/2013 foi alterada pelo denominado Pacote Anticrime (Lei nº 13.964/2019), para o fim de considerar insuficientes as declarações do Colaborador como fundamento da decisão, tanto das medidas cautelares reais e pessoais quanto do recebimento da denúncia. Com isto, a exigência de fundamentação em elementos de corroboração, anteriormente dirigida apenas à sentença condenatória (*§16. Nenhuma sentença condenatória será proferida com fundamento apenas nas declarações de agente colaborador*), estendeu-se àqueles atos processuais.

Esta também era a compreensão jurisprudencial, no sentido de negar às declarações, isoladamente, qualquer valor probatório. Neste sentido, decidiu o Supremo Tribunal Federal: "*Os termos de depoimento prestados em acordo de colaboração premiada são, de forma isolada, desprovidos de valor probatório, nos termos do art. 4º, §16, da Lei n. 12.850/13*" (PET nº 6.667-AgR, Segunda Turma, Relator Ministro Edson Fachin, j. 05.09.2017).

VII - O caso dos autos

In casu, o Recorrente foi acusado da prática dos crimes de associação criminosa (artigo 288 do Código Penal), de corrupção passiva (artigo 317 do Código Penal) e de lavagem de dinheiro (artigo 1º da Lei nº 9.613/1998);

O Acordo de Colaboração foi firmado, originalmente, segundo afirma a Defesa, para a investigação de fatos no âmbito da Operação Lavajato.

O Acordo redundou na confissão, pelo Delator, de outros crimes por ele praticados contra a Administração Pública, não necessariamente conexos àquela operação, e dos quais teria participado, como coautor, o ora Recorrente, em associação criminosa com o Colaborador e com outros envolvidos.

Inexiste ilicitude ou vedação ao aproveitamento das provas assim obtidas;

Estão, em primeiro lugar, presentes os requisitos de validade do Acordo de Colaboração Premiada, quais sejam, a voluntariedade e a competência. Deveras, o Acordo, embora tenha tramitado perante a Justiça Federal, foi submetido à homologação do órgão judiciário competente – o Órgão Especial do Tribunal de Justiça do Estado do Rio de Janeiro.

Em segundo lugar, a confissão de crimes não relacionados à Operação Lavajato, mas também praticados em concurso de agentes, configura, no mínimo, encontro fortuito de prova, inexistindo evidência de ilicitude, tampouco de *fishing expedition* – tentativa de burla às leis processuais que disciplinam as provas ou de devassa da privacidade individual.

Os autos revelam, como relata a própria defesa na Inicial, a existência de prévio de Procedimento de Investigação instaurado contra o recorrente, para investigação dos mesmos fatos que vieram a ser objeto da Delação.

Por conseguinte, a própria impugnação da validade do Acordo de Colaboração Premiada se revela insuficiente para fins de invalidar o conteúdo dos autos de origem, uma vez que o mandado de busca e apreensão foi expedido fundamentadamente, com fontes autônomas e independentes da Colaboração, de modo que as provas foram produzidas licitamente.

DISPOSITIVO

Por todo o exposto, voto pelo **desprovimento do presente Recurso Ordinário em *habeas corpus***.
É como voto.

Referências

BOTTINI, Pierpaolo Cruz. A homologação e a sentença na colaboração premiada na ótica do STF. *In*: MOURA, Maria Thereza de Assis; BOTTINI, Pierpaolo Cruz (Coord.). *Colaboração premiada*. São Paulo: Revista dos Tribunais, 2017.

BRITO, Michelle B. *Delação premiada e decisão penal*: da eficiência à integridade. Belo Horizonte: D'Plácido, 2016.

NUCCI, Guilherme de Souza. *O valor da confissão como meio de prova no processo penal*. São Paulo: Revista dos Tribunais, 1997.

PEREIRA, Frederico Valdez. *Delação premiada*. Legitimidade e Procedimento. 3. ed. Curitiba: Juruá, 2016.

SUXBERGER, Antonio H. G.; MELLO, Gabriela S. J. V. A voluntariedade da colaboração premiada e sua relação com a prisão processual do colaborador. *Revista Brasileira de Direito Processual Penal*, Porto Alegre, v. 3, n. 1, jan./abr. 2017.

VASCONCELOS, Vinícius Gomes de. *Colaboração premiada no processo penal*. São Paulo: Revista dos Tribunais, 2017.

Informação bibliográfica deste texto, conforme a NBR 6023:2018 da Associação Brasileira de Normas Técnicas (ABNT):

RAMOS, Carla. RHC nº 219.193: Os requisitos de validade do acordo de colaboração premiada e a vedação constitucional à prova obtida por meios ilícitos. *In*: FUX, Luiz. *Jurisdição constitucional IV*: pluralismo e direitos fundamentais. Belo Horizonte: Fórum, 2023. p. 101-118. ISBN 978-65-5518-601-7.

RECURSO EXTRAORDINÁRIO Nº 958.252: NOVOS PARÂMETROS DA TERCEIRIZAÇÃO DE SERVIÇOS NO BRASIL

DOROTHEO BARBOSA NETO

Por anos a legislação brasileira não apresentou regulamentação específica para a terceirização de mão de obra, não existindo nem sequer conceitos delimitados para a matéria.

No âmbito administrativo, exercido pelos órgãos fiscalizadores da legislação do trabalho e também no âmbito judicial trabalhista, havia uma tendência inaugural de considerar ilegal toda e qualquer terceirização de mão de obra, com exceção daquelas já regulamentadas por leis específicas, o que era o caso da Lei nº 6.019, de 3 de janeiro de 1974, que cuidava do trabalho temporário urbano, e a Lei nº 7.102, de 20 de junho de 1983, que regulamentava a segurança para estabelecimentos financeiros e estabeleceu normas para constituição e funcionamento das empresas particulares que exploram serviços de vigilância e de transporte de valores.

O Tribunal Superior do Trabalho, considerando os inúmeros casos pendentes de julgamento, as dúvidas que se apresentavam e os julgamentos disformes pelas diversas cortes trabalhistas pelo Brasil, primeiramente pacificou a matéria em três súmulas:

> Súmula nº 239 do TST – BANCÁRIO. EMPREGADO DE EMPRESA DE PROCESSAMENTO DE DADOS (incorporadas as Orientações Jurisprudenciais nºs 64 e 126 da SBDI-1) – Res. 129/2005, DJ 20, 22 e 25.04.2005 – É bancário o empregado de empresa de processamento de dados que presta serviço a banco integrante do mesmo grupo econômico, exceto quando a empresa de processamento de dados presta serviços a banco e a empresas não bancárias do mesmo grupo econômico ou a terceiros. (primeira parte – ex-Súmula nº 239 – Res. 15/1985, DJ 09.12.1985; segunda parte – ex-OJs nºs 64 e 126 da SBDI-1 – inseridas, respectivamente, em 13.09.1994 e 20.04.1998)
>
> "Súmula 256: Salvo os casos de trabalho temporário e de serviço de vigilância, previstos nas Leis nºs 6.019, de 03.01.1974, e 7.102, de 20.06.1983, é ilegal a contratação de trabalhadores por empresa interposta, formando-se o vínculo empregatício diretamente com o tomador dos serviços."
>
> Súmula nº 257 do TST – VIGILANTE (mantida) – Res. 121/2003, DJ 19, 20 e 21.11.2003 – O vigilante, contratado diretamente por banco ou por intermédio de empresas especializadas, não é bancário.

Com o passar dos anos e a evolução da dinâmica das relações do trabalho urbano no Brasil, as súmulas anteriormente existentes especificamente para cuidar do trabalho bancário e a vedação total de toda e qualquer relação de terceirização de mão de obra com as exceções já mencionadas, passaram a não mais pacificar os conflitos trabalhistas existentes e não mais servir de uniformização para os entendimentos dos juízos singulares e também dos Tribunais Regionais do Trabalho, mostrando necessária a revisão da Súmula nº 256 citada, o que depois de vários precedentes e várias revisões,[1] originou a seguinte Súmula nº 331 do Tribunal Superior do Trabalho:

> CONTRATO DE PRESTAÇÃO DE SERVIÇOS. LEGALIDADE (nova redação do item IV e inseridos os itens V e VI à redação) - Res. 174/2011, DEJT divulgado em 27, 30 e 31.05.2011
> I - A contratação de trabalhadores por empresa interposta é ilegal, formando-se o vínculo diretamente com o tomador dos serviços, salvo no caso de trabalho temporário (Lei nº 6.019, de 03.01.1974).
> II - A contratação irregular de trabalhador, mediante empresa interposta, não gera vínculo de emprego com os órgãos da Administração Pública direta, indireta ou fundacional (art. 37, II, da CF/1988).
> III - Não forma vínculo de emprego com o tomador a contratação de serviços de vigilância (Lei nº 7.102, de 20.06.1983) e de conservação e limpeza, bem como a de serviços especializados ligados à atividade-meio do tomador, desde que inexistente a pessoalidade e a subordinação direta.
> IV - O inadimplemento das obrigações trabalhistas, por parte do empregador, implica a responsabilidade subsidiária do tomador dos serviços quanto àquelas obrigações, desde que haja participado da relação processual e conste também do título executivo judicial.
> V - Os entes integrantes da Administração Pública direta e indireta respondem subsidiariamente, nas mesmas condições do item IV, caso evidenciada a sua conduta culposa no cumprimento das obrigações da Lei n.º 8.666, de 21.06.1993, especialmente na fiscalização do cumprimento das obrigações contratuais e legais da prestadora de serviço como empregadora. A aludida responsabilidade não decorre de mero inadimplemento das obrigações trabalhistas assumidas pela empresa regularmente contratada.
> VI - A responsabilidade subsidiária do tomador de serviços abrange todas as verbas decorrentes da condenação referentes ao período da prestação laboral.

A referida jurisprudência regulamentou e gerou estabilidade nas relações de trabalho e emprego por muito tempo, passando a admitir a terceirização para além das disposições legais da vigilância e do trabalho temporário, mas agora também a terceirização de mão de obra nas chamadas atividades meio da tomadora de serviço, isto é, aquelas atividades que não fariam parte da atividade produtiva primária, mas viriam a contribuir para esta.

Todavia, na prática, a caracterização de atividade-meio e atividade-fim sempre foi tarefa sem regulamentação, de difícil e de subjetiva constatação, razão pela qual, com a modernização do sistema produtivo, a outrora pacificadora Súmula nº 331 passou a gerar novos conflitos, principalmente após uma mudança

---

[1] Disponível em: https://www3.tst.jus.br/jurisprudencia/Sumulas_com_indice/Sumulas_Ind_301_350.html.

radical do cenário legal no Brasil, com a entrada em vigor da Lei nº 13.467 de 2017, a chamada Reforma Trabalhista, e a Lei nº 13.429/2017, a chamada Lei da Terceirização.

Nesse contexto, surge, diante da missão constitucional do Supremo Tribunal Federal, a necessidade de interpretação constitucional da Súmula nº 331 do TST e a definição de novos limites constitucionais para a terceirização de mão de obra no mercado de trabalho brasileiro, pacificando, ao menos no campo jurídico constitucional, o conflito entre capital e trabalho.

A análise derradeira pelo Supremo Tribunal Federal se deu principalmente no âmbito do Tema 725 de repercussão geral, que teve como *leading case* o Recurso Extraordinário nº 958.252, que, tendo o Ministro Luiz Fux como relator, discutia, à luz dos arts. 2º, 5º, II, XXXVI, LIV e LV, e 97 da Constituição Federal, a licitude da contratação de mão de obra terceirizada para prestação de serviços relacionados com a atividade-fim da empresa tomadora de serviços, haja vista o que dispõe a Súmula nº 331 do Tribunal Superior do Trabalho e o alcance da liberdade de contratar na esfera trabalhista.

No voto, o Ministro Luiz Fux, após tecer considerações relevantes sobre os valores do trabalho e da livre iniciativa, insculpidos na Constituição (art. 1º, IV), estabeleceu esses valores como intrinsecamente conectados por uma relação dialógica que impediria que um deles fosse maximizado em detrimento do outro, pois a sobreposição de um sobre o outro poderia ferir o direito de liberdade, que somente poderia ser restringido por medidas informadas por parâmetro constitucionalmente legítimo e adequadas ao teste da proporcionalidade, o que analisou não ser adequado por via de súmula de jurisprudência, avaliando que medidas restritivas a direitos fundamentais deveriam atingir grau máximo de certeza nos casos em que estas não forem propostas pela via legislativa, com a chancela do debate público e democrático.

O voto do Ministro Luiz Fux, para além da análise puramente jurídica do debate, realiza uma análise sociológica, administrativa e econômica da querela, nas suas mais diversas dimensões, verificando que aquela dicotomia entre "atividade-fim" e "atividade-meio" empregada pela jurisprudência trabalhista não se coadunava e até mesmo ignorava a dinâmica da economia moderna, que se caracterizava cada vez mais pela especialização não só da mão de obra, mas também de empresas e estabelecimentos, fixando assim que a divisão de atividades entre pessoas jurídicas caracterizadoras da terceirização não revelavam de maneira genérica qualquer intuito fraudulento, mas sim verdadeira estratégia empresarial e negocial, visando à sustentabilidade da empresa e por consequência da própria manutenção dos empregados gerados pela atividade.

Desse modo, após trazer considerações quanto a estudos sobre a realidade brasileira da terceirização e estabelecer correlações com a teoria da análise econômica do direito, o voto do Ministro Luiz Fux fixa que a terceirização permite produzir com menos custos, com benefícios diretos aos consumidores nacionais e, por consequência, a toda a cadeia produtiva, incluindo aí a manutenção do emprego.

Por fim, conclui o voto que a prática da terceirização já era válida no direito brasileiro antes da edição das Leis nºs 13.429/2017 e 13.467/2017, independentemente dos setores em que adotada ou da natureza das atividades contratadas, não havendo nem sequer aquelas limitações fixadas pelas Súmulas nº 239, 256 e 257 do TST, reputando ainda inconstitucional a Súmula nº 331 do TST, por violação aos princípios da livre iniciativa (arts. 1º, IV, e 170 da CRFB) e da liberdade contratual (art. 5º, II, da CRFB), fixando que as contratações de serviços por terceirização são hígidas, e fundamentada pelo negócio jurídico particular, até o advento das Leis nºs 13.429/2017 e 13.467/2017, marco temporal após o qual incide o regramento determinado na nova redação da Lei nº 6.019/1974, inclusive quanto às obrigações e formalidades exigidas das empresas tomadoras e prestadoras de serviço.

Como anteriormente fixado que não poderia ocorrer uma sobreposição entre os valores da livre iniciativa e do trabalho, não poderia ainda ocorrer outra conclusão que não fosse a proposta de que seria aplicável às relações jurídicas preexistentes à Lei nº 13.429, de 31 de março de 2017, a responsabilidade subsidiária da pessoa jurídica contratante pelas obrigações trabalhistas não adimplidas pela empresa prestadora de serviços, bem como a responsabilidade pelo recolhimento das contribuições previdenciárias devidas por esta (art. 31 da Lei nº 8.212/93), isso porque a legalidade da relação está justamente no equilíbrio entre capital e trabalho e no enriquecimento de empresas às custas de empregados não pagos não seria também condizente com os valores constitucionais brasileiros.

O voto proposto pelo Ministro Luiz Fux trouxe assim novas diretrizes e paradigmas para a terceirização de mão de obra no Brasil, afastando a presunção de ilegalidade e fraude que existia sobre a matéria, mantendo o equilíbrio necessário, pois também soluciona o problema da responsabilidade subsidiária do tomador de serviços, que afinal se aproveitou do trabalho do empregado da empresa interposta contratada como terceirizada, fixando a tese do Tema de Repercussão Geral 725, com a seguinte redação:

> É lícita a terceirização ou qualquer outra forma de divisão do trabalho entre pessoas jurídicas distintas, independentemente do objeto social das empresas envolvidas, mantida a responsabilidade subsidiária da empresa contratante.[2]

Concluindo todo o processo e considerando os milhares de processos afetados quanto ao tema, principalmente considerando o longo tempo de vigência da Súmula nº 331 do TST, decidiu-se em sede de embargos de declaração,[3] em nome da segurança jurídica, a modulação dos efeitos da tese vinculante fixada, de modo a afastar sua aplicação aos processos que já haviam transitado em julgado na data da conclusão do julgamento do mérito do recurso extraordinário em *leading*

---

[2] Disponível em: https://portal.stf.jus.br/jurisprudenciaRepercussao/verAndamentoProcesso.asp?incidente=4952236&numeroProcesso=958252&classeProcesso=RE&numeroTema=725.

[3] Disponível em: https://portal.stf.jus.br/processos/downloadPeca.asp?id=15352894389&ext=.pdf.

case. Dessa forma, chega ao fim o legado da Súmula nº 331 do TST, e o Tema 725 de repercussão geral do Supremo Tribunal Federal se torna o novo paradigma para terceirização de mão de obra no Brasil.

VOTO

O SENHOR MINISTRO LUIZ FUX (RELATOR): Senhor Presidente, egrégio Tribunal Pleno, ilustre representante do Ministério Público.

O tema ora em julgamento é um dos mais candentes na doutrina trabalhista-constitucional atual, dando margem a profundos debates doutrinários e jurisprudenciais acerca da compatibilidade entre o arranjo econômico da "terceirização" e os preceitos constitucionais.

Nesse aspecto, cumpre destacar ser função deste Supremo Tribunal Federal conceder uma resposta à sociedade acerca do modo como deve ser entendida – no terreno das garantias individuais e fundamentais –, a possibilidade de repartição de serviços entre diversos agentes, com quadros de pessoal distintos, para a consecução de uma atividade econômica final em comum – prática comumente denominada de terceirização.

Deve esta Corte, na qualidade de intérprete constitucional, definir se o referido fenômeno é admitido pela Carta brasileira, conferindo a necessária segurança jurídica aos jurisdicionados, bem assim aos demais órgãos do Poder Judiciário e também ao legislador. Nesse mister, servirão de norte maior os fundamentos do Estado Democrático de Direito insculpidos logo no art. 1º, IV, da Constituição, quais sejam: "os valores sociais do trabalho e da livre iniciativa".

Acrescento, ainda, que após o reconhecimento da Repercussão Geral do Recurso Extraordinário sub examine foram aprovadas pelo Congresso Nacional as Leis nº 13.429, de 31 de março de 2017, e 13.467, de 13 de julho de 2017, as quais modificaram a Lei nº 6.019/1974 para expressamente consagrar a terceirização das chamadas "atividades-fim", nos seguintes termos:

[...]

Os dispositivos ora transcritos admitem expressamente a figura da terceirização do trabalho, sem criar restrições com relação às atividades nas quais é admitida essa modalidade de organização empresarial. Por outro lado, os recentes diplomas criaram a responsabilidade subsidiária da contratante (tradicionalmente chamada "tomadora de serviços") pelas obrigações trabalhistas devidas pela pessoa jurídica contratada com relação ao período de prestação dos serviços contratualmente avençados. A propósito, transcrevo trecho do parecer da Comissão de Constituição e Justiça e de Cidadania ao Projeto de Lei nº 4.302, que deu origem à Lei nº 13.429/2017, no qual resta evidente a intenção do legislador de autorizar a terceirização em "atividades-fim":

> "Qualquer regulamentação, portanto, dispensa este tipo de esclarecimento e deve deixar autorização plena para as empresas contratarem serviços vinculados a sua atividade de forma ampla, prezando pela clareza e pela preservação máxima da livre iniciativa,

protegendo o atual exercício das atividades das empresas, que demanda a formação de redes de produção, uso intensivo de tecnologia da informação, e ganhos de eventual diferenciação entre atividade-fim e atividade- meio mostra-se um empecilho, pois as empresas da atualidade trabalham em redes de produção e, por isso, precisam contratar de tudo. O importante é que contratem de forma correta." (Parecer do Relator, Deputado Laércio Oliveira)

Dessa forma, persiste o interesse de agir no julgamento do Recurso Extraordinário, haja vista a necessidade de fixar não apenas o entendimento desta Corte sobre a constitucionalidade da tese esposada na Súmula nº 331 do TST quanto ao período anterior à vigência das Leis nºs 13.429/2017 e 13.467/2017, como também a respeito da subsistência da orientação sumular do TST após o advento das referidas leis, considerando o disposto na Carta Magna. A análise da quaestio juris, dessa maneira, deve ser igualmente informada pela presunção de constitucionalidade das leis, com os consequentes ônus argumentativos.

I. PRELIMINAR ADMISSIBILIDADE DO RECURSO EXTRAORDINÁRIO

[...]

II. MÉRITO

A *vexata quaestio*, conforme já adiantado, consiste em definir, quanto ao período anterior à vigência das Leis nºs 13.429/2017 e 13.467/2017, se o entendimento acolhido pela Súmula nº 331 da jurisprudência do Tribunal Superior do Trabalho traduz entendimento imposto pelos preceitos constitucionais que regem a ordem econômica e a proteção do trabalhador. Conclusão negativa resultará não apenas na afirmação da constitucionalidade das referidas leis sancionadas em 2017, no que regulam a terceirização, mas também na inaplicabilidade da orientação sumular do TST às relações jurídicas ocorridas em período anterior ao novo diploma.

Inaugura-se a nossa Carta Magna com o elenco dos fundamentos da República, reunindo, curiosamente, os valores sociais do trabalho e da livre iniciativa em um mesmo inciso (art. 1º, IV). A observação topográfica não é desimportante, pois denota que a inspiração axiológica do constituinte é refratária a uma suposta "guerra de classes", senão que reputa essencial para o progresso dos trabalhadores brasileiros a liberdade de organização produtiva dos cidadãos, entendida esta como balizamento do poder regulatório para evitar intervenções na dinâmica da economia incompatíveis com os postulados da proporcionalidade e da razoabilidade. Em outras palavras, os valores do trabalho e da livre iniciativa são intrinsecamente conectados, em uma relação dialógica que impede seja rotulada determinada providência como maximizadora de apenas um desses princípios. Não se pode legitimar, binariamente, a intervenção restritiva em um sob o pretexto de homenagem ao outro, porquanto componentes de um mesmo núcleo comum e harmônico.

Esta conexão inata entre ambos os valores deita suas raízes na história da contenção do poder absoluto dos monarcas, que se confunde também com o próprio advento e evolução da liberdade profissional. Sabe-se que o melhor meio de controle dos súditos sempre foi a concentração do poder de decisão sobre suas atividades produtivas nas mãos do monarca e da elite que lhe era servil. Na Europa, desde a idade média, profissões eram estritamente reguladas pelas chamadas guildas, sendo vedado o seu exercício sem a autorização dos dirigentes destas. É curioso notar como ainda há traços desse período no mundo moderno: vejam-se os sobrenomes europeus que remetem a profissões, derivados da época em que todos os descendentes de uma família eram obrigados a seguir o ofício de seus ascendentes. A rigidez regulatória concentrava em uma elite de mestres artesãos, no topo da hierarquia imposta, a prerrogativa de monopólio dos meios de produção, assim como o de estabelecer salários, preços e padrões de qualidade. Nesse ambiente hostil à competição e à inovação, tornava-se mais fácil controlar as massas e assegurar a manutenção no poder da nobreza dirigente. Apesar do notório óbice ao progresso e à distribuição das riquezas, o sistema era justificado paradoxalmente na proteção ao trabalhador.

Exemplificando como o discurso anti-liberdade, recoberto pelo falso verniz da proteção os trabalhadores, não apenas age em prejuízo destes, senão também perpetua odiosos privilégios, os Professores do MIT e da Universidade de Harvard Daron Acemoglu e James Robinson nos brindam com a seguinte lição:

"Em 1583, William Lee voltou de seus estudos na Universidade de Cambridge para tornar-se o pároco local em Calverton, Inglaterra. Elisabeth I (1558-1603) havia recentemente determinado que seus súditos sempre usassem um barrete de tricô. Lee notou que 'as tricoteiras eram o único meio de produzir essas peças de vestuário, mas a demora para terminar cada item era demasiado longa. Pus-me a refletir. Observei minha mãe e minhas irmãs sentadas no lusco-fusco do entardecer, às voltas com suas agulhas. Se cada peça era confeccionada por duas agulhas e uma linha de fio, por que não várias agulhas para conduzir o fio?'.

Esse lampejo marcou o início da mecanização da produção têxtil. Lee ficou obcecado pela construção de uma máquina que libertasse as pessoas daquele infindável tricotar manual. Segundo ele, 'comecei a negligenciar meus deveres para com a Igreja e a família. A ideia de minha máquina e sua criação tomaram-me por completo o coração e o cérebro'.

Por fim, em 1589, sua máquina de tricotar meias ficou pronta. Entusiasmado, ele se dirigiu a Londres, na esperança de conseguir uma audiência com Elisabeth I para mostrar-lhe o quanto a máquina podia ser útil e solicitar uma patente, a fim de impedir a cópia da ideia por terceiros. Alugou um prédio para montar a máquina e, com o auxílio de seu representante local no Parlamento, Richard Parkins, foi apresentado a Henry Carey, Lorde Hundson, membro do Conselho Privado da rainha. Carey conseguiu que a Rainha Elisabeth fosse conhecer a máquina, mas sua reação foi devastadora; não só se recusou a conceder a patente de Lee, como o admoestou: 'Quanto atrevimento, Senhor Lee. Considera o que tal invenção me poderia causar aos pobres súditos. Decerto lhes traria a ruína ao privá-los de emprego, convertendo-os assim em mendigos.' Arrasado, Lee mudou-se para a França, a fim de lá tentar sua sorte; tendo também ali fracassado, retornou à Inglaterra, onde requisitou a patente a Jaime I (1603-1625), sucessor de Elisabeth. Jaime I também recusou, com a mesma justificativa de Elisabeth.

> [...]
> A reação à brilhante invenção de Lee ilustra a tese central deste livro. O medo da destruição criativa é o principal motivo por que não houve uma melhoria sustentada dos padrões de vida entre as revoluções neolítica e industrial. A inovação tecnológica contribui para a prosperidade das sociedades humanas, mas também implica a substituição do antigo pelo novo, bem como a destruição dos privilégios econômicos e do poder político de alguns. Para que haja crescimento econômico sustentado, são necessárias novas tecnologias e novas maneiras de fazer as coisas [...]. Em última instância, não foi a preocupação com o destino dos possíveis desempregados devido à invenção de Lee que levou Elisabeth I e Jaime I a lhe negarem a patente; foi seu medo de saírem perdendo politicamente – isto é, seu receio de que os prejudicados pela máquina viessem a gerar instabilidade política e pôr em risco o seu poder.
> (ACEMOGLU, Daron; ROBINSON, James. *Por que as nações fracassam*: as origens do poder, das prosperidades e da pobreza. Tradução de Cristiana Serra. 1. ed. Rio de Janeiro: Elsevier, 2012. p. 143-144 – sem grifos no original).

O grande salto de progresso da humanidade que nos permitiu gozar de padrões de vida nunca antes experimentados somente foi possível com o advento do constitucionalismo – no caso inglês, ante a derrocada da dinastia absolutista dos Stuart e a imposição, pela revolução gloriosa de uma monarquia constitucional. Não é nenhuma surpresa para os economistas que o enriquecimento dos mais pobres é resultado direto de uma economia mais produtiva, ao passo que são condições fundamentais para isso a ausência de intervenções arbitrárias por parte dos governantes e a garantia da liberdade de organização econômica. Foi pela falta desses componentes, concluem Acemoglu e Robinson, que não houve qualquer melhoria significativa de padrões de vida entre as revoluções neolítica, ainda na pré-história, e industrial, no fim do século XVIII.

Refutada a existência de uma tensão inata entre o valor social do trabalho e a liberdade de iniciativa, prossegue-se à questão central desse julgamento: afinal, o texto constitucional impõe, a partir do parâmetro axiológico do valor social do trabalho (arts. 1º, IV, 6º e 170, *caput*), uma restrição à liberdade de iniciativa que condicione o modo de organização empresarial, limitando a possibilidade de divisão de trabalho entre quadros de pessoal pertencentes a empregadores distintos? Seria possível extrair de preceitos tão abstratos a necessidade de uma providência tão específica e de magnitude tão intensa?

Vale recordar que não há norma jurídica no ordenamento positivo que confere caráter cogente à solução restritiva. Nesse cenário, exsurge em importância o princípio fundamental e necessário em qualquer ordenamento constitucional, e que na Carta brasileira pode ser extraído do art. 5º, II: o princípio da liberdade jurídica, consistente na faculdade de agir ou deixar de agir conforme se aprouver. Trata-se de imperativo lógico inferido da impossibilidade de reger de forma adequada, por limitações cognitivas próprias da condição humana dos legisladores, todas as infinitas situações decorrentes das relações interpessoais. Mais além, o princípio da liberdade jurídica é consectário da dignidade da pessoa humana, pois essa, como afirma o Tribunal Constitucional Federal alemão, compreende o ser humano como um ser intelectual e moral, capaz de se determinar e de se desenvolver em liberdade (*"Dem liegt die Vorstellung vom Menschen als einem geistig-sittlichen Wesen zugrunde, das darauf angelegt ist, in Freiheit sich selbst zu bestimmen und sich zu entfalten"*) (BVerfGE 45, 187).

Na qualidade de regra mestra do sistema normativo, como afirma o jurista alemão Robert Alexy, o "princípio da liberdade jurídica exige uma situação de disciplina jurídica na qual se ordena e se proíbe o mínimo possível" (ALEXY, Robert. *Teoria dos Direitos Fundamentais*. Tradução de Virgílio Afonso da Silva. São Paulo: Malheiros, 2008. p. 177). E prossegue o jusfilósofo sobre as consequências lógico-jurídicas do direito geral de liberdade (das Allgemeine Freiheitsrecht):

> A liberdade geral de ação é uma liberdade de se fazer ou deixar de fazer o que se quer. [...] De um lado, a cada um é prima facie – ou seja, caso nenhuma restrição ocorra – permitido fazer ou deixar de fazer o que quiser (norma permissiva). De outro, cada um tem prima facie – ou seja, caso nenhuma restrição ocorra – o direito, em face do Estado, a que este não embarace a sua ação ou sua abstenção, ou seja, a que o Estado nelas não intervenha (norma de direitos).
> [...]
> Em razão do fato de o direito geral de liberdade estar relacionado não apenas a ações, mas também a situações e a posições, a esse princípio devem ser adicionados dois outros: um que exige a maior medida possível de não afetação de situações e outro que exige a maior medida possível de não-eliminação de posições jurídicas do titular do direito fundamental. Esses três princípios podem ser agrupados em um princípio superior, o princípio da liberdade negativa. No que se segue, será tratado apenas o mais simples dos subprincípios, o princípio da liberdade jurídica, que exige que as alternativas de ação sejam afetadas o mínimo possível por deveres e proibições. (*Op. cit.* p. 343 e 352)

Sendo a liberdade um *topoi*, extraído da dignidade humana e da própria configuração do sistema jurídico, é imperioso inferir, sob pena de torná-la estéril, que eventuais restrições devem: (i) ser informadas por um parâmetro constitucionalmente legítimo; e (ii) adequar-se ao teste da proporcionalidade. Adotando semelhante raciocínio, o Tribunal Constitucional Federal alemão assentou que "o indivíduo deve admitir restrições à sua liberdade de ação, estabelecidos pelo legislador para proteção e fomento do convívio social nos limites do razoável de acordo com a situação fática; mas deve a autonomia da pessoa restar mantida" ("Der Einzelne muß sich diejenigen Schranken seiner Handlungsfreiheit gefallen lassen, die der Gesetzgeber zur Pflege und Förderung des sozialen Zusammenlebens in den Grenzen des bei dem gegebenen Sachverhalt allgemein Zumutbaren zieht; doch muß die Eigenständigkeit der Person gewahrt bleiben") (BVerfGE 30, 1 [20]). Examinando a orientação pretoriana transcrita, Alexy vaticina: "Essa fórmula, na qual claramente se vislumbra a máxima da proporcionalidade, não apenas diz que a liberdade é restringível, mas também que ela é restringível somente diante da presença de razões suficientes" (*Op. cit.* p. 357-358).

Outra não é a conclusão de Volker Epping (professor da Universidade de Hannover) e Christian Hillgruber (professor da Universidade de Bonn), os quais, analisando o art. 2º da Constituição alemã (das Grundgesetz), defendem que a garantia de liberdade de ação humana "expressa-se antes de tudo em uma estrita aplicação do princípio da proporcionalidade, com aumentado ônus de justificação por parte do Estado para intervenções". ("menschlicher Handlungsfreiheit sich zuvörderst in einer strikteren Anwendung des Verhältnismäßigkeitsgrundsatzes mit erhöhter Rechtfertigungslast seitens des Staates bei Eingriffen ausdrückt") (EPPING, Volker; HILLGRUBER, Christian. *Grundgesetz* – Kommentar. 2. ed. München: C. H. Beck, 2013. p. 29).

Esse ônus de justificação elevado, por óbvio, não é atendido com o recurso a argumentos de cariz meramente retórico. É dizer: a restrição à liberdade deve encontrar suporte em elementos empíricos que indiquem a sua necessidade e adequação para o atingimento do objetivo constitucionalmente legítimo. Consubstancia ônus do proponente da medida embasá-la com informações – pesquisas de campo, estatísticas, levantamentos históricos etc. – que a justifiquem e demonstrem a sua eficácia.

Visto que constatações empíricas dependem de análises, mais ou menos controversas, sobre dados cuja abrangência e confiabilidade podem variar, põe-se a questão: qual o grau exigido de segurança dos argumentos de justificação para legitimar uma dada intervenção na liberdade? Com efeito, cuida-se de uma exigência de caráter dinâmico, não estático, pois seu rigor será variável, de acordo com a gravidade da restrição proposta à liberdade. É o que Alexy denomina "lei epistêmica do sopesamento": "Quanto mais pesada for a intervenção em um direito fundamental, tanto maior terá que ser a certeza das premissas nas quais essa intervenção se baseia". (ALEXY, Robert. *Teoria dos Direitos Fundamentais*. Tradução de Virgílio Afonso da Silva. São Paulo: Malheiros, 2008. p. 617).

Na hipótese vertente, há um fator adicional, que recomenda ainda maior rigor na apuração da segurança das premissas empíricas: a medida restritiva em escrutínio (qual seja, a Súmula nº 331 do TST) não foi estabelecida pela via legislativa, com a chancela do debate público e democrático, mas imposta por construção jurisprudencial. Se a postura do julgador deve ser, *prima facie*, de autocontenção em face do legislador, em homenagem à legítima função que também assiste a este de interpretação da Carta Magna, exige-se com maior razão o minimalismo quando não há vedação expressa a uma conduta nem na Constituição e nem na lei. Entender de outra forma equivale a tratar a liberdade como exceção, não como regra, contrariando o núcleo base da dignidade humana, expresso na formulação do imperativo categórico de Immanuel Kant: o ser humano deve sempre ser um fim em si mesmo, nunca um meio para um fim ("Handle so, dass du die Menschheit sowohl in deiner Person, als in der Person eines jeden anderen jederzeit zugleich als Zweck, niemals bloß als Mittel brauchst" – KANT, Immanuel. *Grundlegung zur Metaphysik der Sitten*. AA IV. Berlim: Ausgabe der Preußischen Akademie der Wissenschaften, 1900. p. 429). Some-se a tudo isso o fato de que, por meio das Leis nº 13.429/2017 e nº 13.467/2017, o Congresso Nacional veio a acolher expressamente a legitimidade da terceirização em todas as suas formas, com expressa menção aos princípios constitucionais da reserva legal (art. 5º, II) e da livre iniciativa (art. 1º) no curso do processo legislativo (cf. parecer do Relator da CCJ, Deputado Laércio Oliveira).

Considerando as balizas teóricas ora lançadas, tem-se *in casu* uma intervenção severa na configuração da atividade econômica (é dizer, a proibição de divisão de tarefas, dentro de um mesmo ciclo produtivo, entre pessoas jurídicas distintas), estabelecida por intérprete constitucional não investido de legitimidade democrática para realizar escolhas discricionárias entre as possibilidades semânticas e sistemáticas da Carta Magna, qual seja, o Judiciário. Por isso, é imprescindível submeter a medida a um crivo ainda mais minucioso e rígido para verificação de seus suportes fáticos.

A intervenção em comento resulta da Súmula n. 331 do Tribunal Superior do Trabalho, em especial seus incisos I, III, IV e VI, cuja leitura é essencial para melhor compreender o entendimento jurisprudencial a respeito da terceirização no ordenamento brasileiro até o advento das reformas de 2017, *in verbis*:

> [...] A primeira norma a ser extraída do enunciado jurisprudencial é a vedação, como regra, da delegação de atividades componentes do processo produtivo de uma empresa para pessoa jurídica com quadro de empregados distinto. Essa regra comportaria apenas quatro exceções: (i) trabalho temporário (Lei nº 6.019/74); (ii) contratação de serviços de vigilância (Lei nº 7.102/83); (iii) contratação de serviços de conservação e limpeza; e (iv) contratação de serviços especializados ligados à atividade-meio do tomador, desde que inexistentes a pessoalidade e a subordinação direta. É de se ressaltar, ainda, o advento da Lei nº. 11.442/2007, a qual passou a reger a terceirização, inclusive das atividades-fim, pelas empresas transportadoras de carga pela via rodoviária, afastando a configuração de vínculo de emprego (objeto da Ação Declaratória de Constitucionalidade nº. 48, de relatoria do Min. Luís Roberto Barroso).
> Outro ponto a ser salientado é o de que a Lei nº 7.102/83 não estabelece qualquer vedação à terceirização nas hipóteses que não envolvam serviços de vigilância e de transporte de valores, sequer a contrario sensu. Seu artigo 3º se limita a preceituar que a vigilância ostensiva e o transporte de valores podem ser executados por empresa especializada contratada ou pelo próprio estabelecimento financeiro. De igual modo, não há óbice imposto pela Lei nº 6.019/74, que tão somente reconhece a legitimidade da prestação de serviços por uma empresa a outra para atender a necessidade transitória de substituição de seu pessoal regular e permanente ou a acréscimo extraordinário de serviços. Nada dispõe sobre os casos em que a divisão de tarefas entre as empresas é conveniente, de forma permanente ou não, para fins de eficiência do processo produtivo.
> Aliás, antes mesmo das Leis nº. 13.429/2017 e 13.467/2017 já havia regra legal em favor da terceirização, inclusive da atividade-fim: o art. 25 da Lei nº 8.987/95, que permite à concessionária de serviços públicos "contratar com terceiros o desenvolvimento de atividades inerentes, acessórias ou complementares ao serviço concedido, bem como a implementação de projetos associados".

O quadro apresentado no momento anterior às reformas de 2017 revelava a existência de intervenção restritiva gravíssima na organização econômica – e, por consequência, na liberdade jurídica fundamental dos cidadãos –, estabelecida não pelo legislador, dotado da necessária *accountability* para positivar o vetor resultante das preferências dos seus eleitores, mas por ato de cunho jurisdicional, plasmado em enunciado sumular. Considerando a elevada intensidade da restrição da liberdade, o grau de certeza das premissas empíricas que embasam a medida já deveria ser igualmente elevado, ainda que se tratasse de norma editada pelo Congresso Nacional, por aplicação da "lei epistêmica do sopesamento", na expressão de Alexy. Tratando-se, porém, de orientação jurisprudencial, desprovida de um debate democrático antecedente na caixa de ressonância adequada para a reverberação de todos os interesses envolvidos, o escrutínio sobre a vedação deve observar o maior rigorismo possível, concluindo-se pela sua insubsistência ante o mais tênue elemento que exsurgir em seu desfavor.

As premissas empíricas invocadas pelo órgão *a quo* para sustentar a orientação esposada na Súmula nº 331, de acordo com os precedentes que lhe deram origem, são as seguintes: (i) a utilização, em dado processo produtivo, do trabalho prestado por empregados ligados a pessoas jurídicas diferentes configuraria fraude, autorizando a responsabilização da pessoa jurídica reputada como beneficiada; e (ii) a terceirização precarizaria o trabalho humano, consequentemente comprometendo o equilíbrio da ordem econômica instituída e a integração do trabalhador na vida da empresa.

Outro argumento, por vezes invocado em discussões sobre a matéria, é o de que a terceirização fragilizaria a mobilização sindical dos trabalhadores. Reputo essa alegação demasiadamente frágil, mormente porque é imprestável a sustentar, só por si, uma suposta inconstitucionalidade dessa técnica empresarial. A divisão da atividade produtiva entre diversas empresas não altera a representação sindical, haja vista que o art. 8º, II, da Constituição contempla a existência de apenas uma organização sindical para cada categoria profissional ou econômica. Nem se alegue que a terceirização provocaria uma dispersão territorial dos trabalhadores nociva à mobilização sindical, porquanto uma mesma firma pode igualmente dividir a sua operação por diversas localidades distintas.

O enfoque, desse modo, será em relação àquelas duas principais premissas basilares do entendimento do Tribunal Superior do Trabalho.

A premissa de que a terceirização configura invariavelmente uma fraude confere interpretação aos arts. 2º e 9º da Consolidação das Leis Trabalhistas desconectada do seu texto, extraindo proibição que não encontra nele qualquer respaldo. O argumento que subjaz a Súmula nº 331 do TST defende faltar à empresa "prestadora" de serviço a assunção dos riscos da atividade econômica, bem assim a pessoalidade, pois somente repassaria o salário ao empregado, não se apropriando nem se beneficiando do resultado do trabalho por ele prestado. Assim, haveria tão somente uma tentativa de burlar a legislação trabalhista, atraindo como consequência a nulidade, na forma do art. 9º da CLT: "Serão nulos de pleno direito os atos praticados com o objetivo de desvirtuar, impedir ou fraudar a aplicação dos preceitos contidos na presente Consolidação".

Esse argumento, entretanto, não resiste à mais superficial análise.

Primeiramente, a divisão entre empresa "tomadora" e "prestadora" de serviço ignora que, na dinâmica da economia moderna, caracterizada pela especialização e divisão de tarefas com vistas à maior eficiência possível, diversos agentes podem fazer parte de um complexo sistema produtivo, tornando, na verdade, como único "tomador" do serviço o consumidor final. Tome-se como exemplo a Apple Inc., oitava maior empresa do mundo no ano de 2018 (*ranking* Forbes Global 2000). O consumidor final, ao adquirir um iPhone da marca, nem sequer desconfia que todo o *hardware* foi fabricado pela Foxconn, pessoa jurídica distinta com sede em Taiwan que também produz componentes eletrônicos para Dell, Hewlett-Packard, Sony, Microsoft e Motorola, entre outros. A Foxconn, por sua vez, fabrica os aparelhos utilizando processadores da Intel. Enquanto a Apple lidera o *ranking* das maiores empresas de tecnologia do planeta no ano de 2018, a Foxconn ocupa a décima posição da lista e a Intel o sexto lugar. Nesse panorama simplificado – que omite, para fins didáticos, inúmeras outras pessoas jurídicas integrantes da cadeia produtiva nas atividades de desenho industrial, criação de *softwares*, publicidade, distribuição, sistema de pagamentos, obtenção de matérias-primas, controle de qualidade etc. –, já se antevê que não há verdadeiramente uma subordinação entre as empresas que compõem o sistema produtivo, senão uma coordenação entre agentes especializados para a consecução do melhor resultado final possível ao consumidor. A evolução do empreendedorismo tornou obsoleta, se é que algum dia foi útil ou objetivamente controlável, a diferença entre "atividades-meio" e "atividades-fim".

Logo se percebe que a cisão de atividades não revela qualquer intuito fraudulento, mas sim estratégia de configuração das empresas para fazer frente às exigências do mercado competitivo (em última análise, exigências de consumidores como todos nós), sendo precisamente esse o núcleo protegido pela liberdade de iniciativa insculpida nos arts. 1º, IV, e 170 da Constituição brasileira. A incessante busca por eficiência existe porque, ao contrário do afirmado pelo Tribunal Superior do Trabalho nos acórdãos geradores da Súmula nº 331, as empresas assumem o risco da atividade, sabendo que a perda de mercado significa uma ameaça à sua sobrevivência e, consequentemente, ao emprego dos seus trabalhadores. Voltando ao exemplo da Apple, a Foxconn disputa o mercado de fabricação dos componentes de produtos da marca com outras empresas, como a Pegatron Corporation, gerando uma sadia competição dentro da mesma cadeia produtiva. Não há qualquer pessoalidade entre os funcionários da Foxconn e da Pegatron, de um lado, e a Apple Inc., de outro, muito embora o resultado do trabalho prestado deva atender às diretrizes e exigências desta última.

A racionalidade que informa a figura da terceirização foi primeiramente teorizada por um dos maiores nomes da história das ciências econômicas, o ganhador do prêmio Nobel Ronald Coase. Quando tinha apenas 21 anos, em 1932, Coase proferiu palestra na Dundee School of Economics and Commerce, na qual apresentou pela primeira vez as ideias que seriam sistematizadas no seu clássico artigo The Nature of The Firm, de 1937 (Economica (new series), Vol. 4, Issue 16, p. 386-405). Perguntava-se, o jovem Coase, o motivo pelo qual não há apenas "competições atomísticas" – ou seja, por que cada transação que envolve o uso do trabalho, material ou dinheiro de outros não se efetua como uma transação de mercado. A razão estaria nos custos de produzir cada uma dessas transações no mercado: imagine-se a inconveniência, e com isso a elevação de custos, se, a cada vez que se utilizasse do trabalho de alguém, uma negociação de mercado fosse necessária. Isso explica a própria existência das firmas, destinadas a reproduzir internamente condições de mercado, mas sem os mencionados "custos" – que ficariam eternizados na literatura econômica como "custos de transação" –, que são substituídos por relações de hierarquia. Esse raciocínio conduziu Coase a uma outra pergunta: se o objetivo é eliminar os custos de transação, por que todas as operações de produção da sociedade não se submetem a apenas uma gigantesca firma? A resposta está no fato de que quanto maior e mais complexa a unidade empresarial, menos eficiente será ela em reproduzir internamente as condições de mercado, de modo que os custos de produção interna passam a ser superiores aos "custos de transação", isto é, de obtenção do mesmo bem no mercado. Dessa forma, se o objetivo de uma organização empresarial é o de reproduzir a distribuição de fatores sob competição atomística dentro da firma, apenas fará sentido a produção de um bem ou serviço internamente em sua estrutura quando os custos disso não ultrapassarem os "custos de transação". Do contrário, a aquisição do bem ou serviço em transações típicas de mercado será melhor não apenas para a firma, mas também para toda a sociedade, que desfrutará de maior produção com menor desperdício (COASE, Ronald H. The Nature of the Firm: Origin, 4 *Journal of Law, Economics, and Organization*, 3, Oxford, 1988).

As ideias de Coase são tão influentes que desafiam até hoje os estudiosos do tema. Basta ver que o prêmio Nobel de economia de 2016 foi conferido a Oliver Hart, Professor da Universidade de Harvard, precisamente por desenvolver os modelos coasianos de teoria da firma utilizando novas ferramentas, como a economia comportamental. Para Hart, a escolha entre efetuar uma transação no mercado – v. g., por contratação independente –, ou dentro da firma – v. g., por relação de emprego –, também é informada pela satisfação dos envolvidos com as condições do contrato (custos de ressentimento – aggrievement costs), pela propensão de cada um a realizar a melhor performance possível (shading costs), pela titularidade do poder de escolha do método de produção, por quem será responsável pelos custos desse método, dentre outros. Nas palavras do autor, "a terceirização será provavelmente eficiente quando um contrato detalhado puder ser elaborado sobre a natureza do bem a ser entregue [...]. Em contrapartida, se for difícil elaborar um contrato detalhado e o valor do comprador for muito sensível aos detalhes da produção, então a produção dentro da firma pode ser melhor" Tradução livre do trecho: "outsourcing is likely to be efficient when a detailed contract can be written about the nature of the good to be delivered [...]. In contrast, if a detailed contract is hard to write and B's value is very sensitive to the details of production, then in-house production may be better". HART, Oliver. Reference Points and the Theory of the Firm. *Economica*, 75, p. 404-411, 2008).

Seguindo essa linha, a Teoria da Administração demonstra como a evolução da configuração empresarial ao longo do tempo permitiu ganhos de desempenho, por meio da gestão, capazes de proporcionar melhores resultados tanto para a empresa quanto para a sociedade a que ela serve. É o que a literatura denomina "modelo organizacional", figura que descreve as diversas formas de estrutura administrativa, abrangendo a descentralização, a departamentalização, a especialização do trabalho etc. O professor de administração da Universidade de Stanford Donald John Roberts explica que a terceirização (*outsourcing*) se dá no chamado modelo de desintegração vertical, no qual a organização tem por objetivo ganhos de *performance* dificilmente alcançáveis por outros meios. Passo a transcrever as suas lições, que especificam com maestria os ganhos de desempenho para a firma decorrentes da terceirização e por que isso ocorre, *in verbis*:

> "Durante as primeiras duas décadas do século XX, administradores na Standard Oil of New Jersey, Dupont, Sears Roebuck e General Motors inventaram uma nova forma de organizar e gerir seus negócios. Sua criação – a agora ubíqua forma multidivisional – envolveu mudanças fundamentais no desenho da firma. Enquanto a mudança mais visível foi estruturar a organização com base em divisões definidas por produto ou geografia, no lugar da funcionalidade, a nova forma também implicou novos sistemas para coletar e armazenar informação, para alocar recursos e para controlar comportamentos. Esse novo modelo permitiu uma solução eficiente para o problema incrivelmente complicado de coordenar e motivar um grande número de pessoas realizando um complexo de atividades interrelacionadas, frequentemente em diferentes localidades. Isso, então, permitiu que organizações empresariais gigantes, lidando com produtos variados, emergissem e funcionassem de forma efetiva em escala continental e posteriormente global. O novo desenho também levou a um grande crescimento no número de pessoas trabalhando como administradores e à emergência de um conjunto de valores e normas que caracterizam a administração como uma profissão. Em termos do seu impacto, não apenas na atividade econômica, mas também na vida humana como um todo, o desenho organizacional multidivisional deve ser reputado como uma das maiores inovações do último século.
>
> Nada obstante, as últimas duas décadas têm visto um conjunto de inovações na organização da firma que é similarmente fundamental e que pode em última instância ser igualmente importante. Todos os elementos do desenho ainda não estão em sua forma final. Administradores continuam a experimentar com o seu aprimoramento enquanto implementam mudanças em suas organizações. Ainda assim, alguns contornos gerais são claros. Firmas mudaram o escopo de suas atividades, tipicamente reconcentrando em seus negócios principais e terceirizando muitas das atividades que previamente consideravam como centrais. Essas mudanças são refletidas no imenso volume de atividades de fusão, aquisição e cisão que marcaram as décadas de 1980 e 1990 e que podem agora estar novamente aumentando. [...] Muitas também tentaram redefinir a natureza da relação que possuíam com seus empregados na medida em que reprojetavam tarefas e a própria natureza do trabalho.
>
> Essas mudanças têm por objetivo melhorar a performance das firmas que as adotam. O aumento da pressão concorrencial conduz à sua adoção, e novas tecnologias fazem muitas delas possíveis pela primeira vez. [...]
>
> Essas inovações organizacionais, quando aplicadas corretamente, geram melhor performance econômica, afetando o bem-estar material da população do mundo. Mais ainda, elas alteram as maneiras pelas quais o trabalho é feito, mudando a vida das pessoas de formar fundamentais.
>
> [...]
>
> A ideia principal é projetar a organização de forma a prover o máximo de incentivos concentrados e intensos possível dentro dos limites impostos pelo formato da corporação

e das interdependências que ela tanto cria quanto se destina a controlar. Para isso é necessária uma variedade de escolhas de arquitetura e rotinas, sustentada por mudanças culturais, que juntas podem ser chamadas desagregação. Os elementos arquitetônicos chave envolvem redesenhar os limites horizontal e vertical da firma para aumentar o foco estratégico; criar subunidades relativamente pequenas dentro da organização nas quais direitos de decisão significativa são alocados; e diminuir o número de camadas de administração e a amplitude da equipe central. Rotinas e processos são alterados para tornar as subunidades responsáveis por produzir performance ao mesmo tempo em que as une por vários meios para gerir as interdependências entre elas. Finalmente, normas culturais são desenvolvidas para facilitar o alcance e realização da *performance* melhorada.

De fato, algumas firmas há muito empregam formatos organizacionais que envolvem muitas das características do modelo de baixo acoplamento e desagregado. Johnson & Johnson, a empresa de equipamentos farmacêuticos e médicos, e de produtos para o consumidor, é um excelente exemplo. A Johnson & Johnson é composta por mais de 150 empresas separadas, cada uma das quais fornecendo a mercados diferentes. As empresas extremamente independentes executam seus próprios desenvolvimento, produção, marketing e venda de produtos, pagando dividendos para a empresa-mãe. O desenho extremamente descentralizado gera intensos incentivos para as companhias criarem novos produtos e aumentar as vendas. Enquanto isso, um conjunto de valores e normas fortemente compartilhados ajuda a assegurar que o comportamento está alinhado com a performance geral.

[...]

Um elemento importante para projetar a organização com vistas a um desempenho superior é concentrar a firma somente naquelas atividades em que ela pode gerar o maior valor. Para muitas firmas, isso tem implicado desintegração vertical, transferindo para outros o fornecimento de bens e serviços que a firma anteriormente provia por si mesma.

Uma notável manifestação desse processo de terceirização e desintegração vertical é o conjunto de firmas exemplificado por Nike e Benetton, que têm adotado a função de 'arquiteto vertical' ou 'organizador da cadeia de valor'. Essa função envolve organizar a firma líder e administrar uma cadeia de valor – em tênis esportivos e, mais recentemente, vestuário e equipamentos esportivos na Nike, e em moda fashion na Benetton –, mas na realidade tendo poucos dos bens empregados e executando poucas das atividades necessárias para criar valor. A Nike, por exemplo, terceiriza toda a sua produção, mas realiza o design dos produtos, marketing e distribuição para revendedores (independentes).

[...]

Esse modelo tem sido largamente adotado na indústria de eletrônicos. Por exemplo, na indústria de computadores pessoais, muitas das principais empresas terceirizam quase toda a produção para companhias de serviços de produção de eletrônicos (EMS, em inglês), como Solectron e Flextronic. Ambas essas companhias EMS fazem dezenas de bilhões de dólares de negócios por ano, mas elas não têm produtos próprios. Além disso, as empresas de computação também estão começando a terceirizar logística, atendimento de pedidos e serviço pós-vendas, e até o design e a fabricação dos seus produtos de baixo custo.

Há, obviamente, várias razões muito boas pelas quais uma firma deveria preferir adquirir bens e serviços em vez de provê-los de forma caseira. Fundamentalmente, a menos que a firma possua uma especial competência em realizar a atividade de fornecimento, outras são provavelmente capazes de fazer o trabalho melhor e mais barato. Isso pode ocorrer porque elas se especializam nessa tarefa e, por meio do aprendizado, tornam-se mais competentes nela; ou porque elas se aproveitam de economias de escala fornecendo para múltiplos clientes, algo que a companhia que está comprando não pode por si mesma realizar; ou porque a sua concentração reduz a complexidade organizacional relativamente à alternativa integrada, do que resultam menores custos de administração. A maior concentração também reduz problemas de cálculo e atribuição, facilitando a provisão de incentivos mais fortes a empregados. Além do mais, confiar na competição para estabelecer preços pode ser muito melhor do que tentar determinar preços internos de transferência. O fornecimento externo é também atrativo porque é provavelmente mais fácil induzir competição entre fornecedores externos do que ocorre quando os fornecedores estão dentro da empresa compradora. Especificamente, substituir um fornecedor externo insatisfatório é muito mais fácil que se livrar de um fornecedor interno que não está tendo um bom desempenho. (ROBERTS, John. *The Modern Firm*: Organizational Design for Performance and Growth. Oxford: Oxford University Press, 2007. p. 1-3, 183-184 e 191-193)." [...]

Michael E. Porter, professor da Harvard Business School e uma das maiores autoridades do mundo em estratégia corporativa e competição no mercado, enumera ainda outros problemas que podem surgir quando não há terceirização (PORTER, Michael E. *Competitive strategy*: techniques for analyzing industries and competitors. New York: Free Press, 1998. p. 300- 23):

(i) volume de transferência e eficiência de escala: quando a necessidade da firma por um bem ou serviço não é grande o suficiente para compensar a economia de sua produção doméstica, restam apenas as opções não desejáveis de manter uma estrutura pequena e ineficiente para atender apenas à sua demanda ou construir uma estrutura capaz de aproveitar a economia de escala, com o possível inconveniente de ter de vender o excesso ao mercado, inclusive a concorrentes;

(ii) divergência entre preços de transferência e preços de mercado: quando o custo do fornecimento internalizado de um bem ou serviço não reflete o preço de mercado destes, uma unidade da companhia estará subsidiando a outra em comparação com o que poderia ser alcançado no mercado externo, de modo que a tomada de decisão com base nesses preços artificiais reduz a eficiência e prejudica a competitividade da empresa como um todo;

(iii) barreiras de entrada no mercado: se todas as empresas integram verticalmente a cadeia de produção, novos agentes interessados em ingressar no mercado necessitarão de grandes investimentos para conseguir fazer frente aos custos de uma estrutura que internalize o fornecimento de todos os bens e serviços necessários à sua atividade, diminuindo-se, assim, o espectro de entrantes com capacidade de suportar o aporte inicial e consequentemente a concorrência no mercado;

(iv) limitações de acesso a tecnologias ou matérias-primas: a integração à firma de um componente da cadeia produtiva pode ser inviabilizada ou dificultada em razão de restrições de acesso a certas tecnologias – v. g., por questões de propriedade intelectual – ou matérias-primas – v. g., quando há barreiras de acesso às suas fontes;

(v) maior alavancagem operacional: sendo certo que a integração vertical aumenta os custos fixos da empresa, esta fica mais sujeita a flutuações de mercado que reduzam a demanda pelo bem ou serviço internamente fornecido (v. g., ciclos inerentes ao negócio ou inovações de mercado), expondo a companhia a maiores riscos e oscilações de balanço;

(vi) menor flexibilidade para se adaptar ao mercado: sem terceirização, o sucesso de um negócio é ao menos parcialmente correlacionado à habilidade do seu fornecedor (ou cliente) interno de se adaptar às exigências competitivas. Inovações tecnológicas, mudanças no design do produto envolvendo componentes, falhas estratégicas ou problemas de gestão podem criar uma situação em que o fornecedor "doméstico" provê bens ou serviços mais caros, inferiores ou inapropriados para o negócio, mas os custos para que a firma promova a necessária adaptação são muito maiores se comparados ao relacionamento com entidades independentes;

(vii) requerimentos de investimento de capital: prover internamente todas as necessidades de uma firma consome os seus recursos, muitas vezes não compensando os custos de oportunidade, ao passo que a negociação com entidades independentes utiliza o capital de investimento de terceiros. Esse fator pode expor a empresa a riscos estratégicos e drenar os recursos que poderiam ser aplicados em outros setores da companhia, reduzindo a flexibilidade de alocação dos fundos de investimento e, desse modo, a capacidade de diversificar a operação;

(viii) incentivos frágeis: os incentivos de performance em uma relação cativa podem ser enfraquecidos quando o fornecimento é interno e não em ambiente competitivo. A aquisição de um bem ou produto de fornecedores externos pode ser objeto de barganhas que não ocorrem no interior de uma mesma firma. Ademais, quando uma unidade da cadeia enfrenta problemas, eles podem se espalhar para unidades até então saudáveis, pois estas, pressionadas ou voluntariamente, tendem a tentar socorrer a ala com desempenho ruim ao custo do seu próprio desempenho;

(ix) diferentes requerimentos de administração: diferentes setores de uma cadeia produtiva podem ser diferentes em estrutura, tecnologia e administração. A produção e a fabricação de metal primário, por exemplo, são bastante diferentes; uma é extremamente dependente de investimentos intensivos de capital, enquanto a outra, que não é, demanda estreita supervisão da produção e ênfase descentralizada em serviços e marketing. Fabricação e venda no varejo são atividades substancialmente diferentes. Adquirir o know-how e a estrutura necessários para administrar cada uma dessas áreas representa um custo adicional para a empresa, pois a administração capaz de operar um setor pode muito bem ser incapaz de gerir outros. A tendência é que a companhia submeta todos os setores a um conjunto comum de diretrizes inadequado para muitos daqueles: estrutura organizacional, controles, incentivos, diretrizes de investimento, dentre outras técnicas de administração, se aplicadas indiscriminadamente geram resultados contraproducentes.

Tratando-se de estratégia de organização, a decisão sobre a terceirização ou não depende da peculiaridade de cada mercado e cada empresa, sendo que por vezes a configuração ótima pode ser o fornecimento tanto interno quanto externo, o que Ranjay Gulati, também professor da Harvard Business School, denomina como "plural sourcing". (GULATI, Ranjay; PURANAM, Phanish; BHATTACHARYA, Sourav. "How Much to Make and How Much to Buy? An Analysis of Optimal Plural Sourcing Strategies." *Strategic Management Journal 34*, n. 10, p. 1145-1161, October 2013).

Nota-se, portanto, que a terceirização é um mecanismo moderno e eficiente de configuração da firma, utilizado pelas principais empresas do mundo nos mais variados segmentos, inclusive em suas "atividades-fim", pois facilita a especialização e fomenta a concorrência dentro de uma mesma cadeia de produção. Isso incentiva cada célula empresarial a produzir mais, melhor e com menos custos, proporcionando à sociedade, assim, bens e serviços com qualidade superior e preços inferiores.

Para demonstrar a tamanha impropriedade do critério da "atividade-fim", basta considerar que nos Estados Unidos já se debate até mesmo a terceirização daquilo que sempre se entendeu como o núcleo da empresa: o conselho de administração (Board of Directors). Dessa maneira, companhias terceirizariam esta função para as chamadas Board Service Providers (BSPs), a fim de atingir os seguintes objetivos: (i) economias de escala e de escopo, pela criação de um mercado de governança corporativa distinto do mercado de controle de companhias; (ii) incentivos de responsabilidade: ações em face da BSP têm maiores chances de reparação de danos que as dirigidas em face de conselheiros isoladamente; (iii) maior transparência sobre as ações do conselho; (iv) incentivos para melhor gestão, pois a reputação da BSP estará envolvida; (v) melhor precificação da governança corporativa pelo mercado. (BAINBRIDGE, Stephen M.; HENDERSON, M. Todd. "Boards-R-Us: Reconceptualizing Corporate Boards" (July 10, 2013). University of Chicago Coase-Sandor Institute for Law & Economics Research Paper No. 646; UCLA School of Law, Law-Econ Research Paper Nº. 13-11).

Adotando a premissa subjacente à Súmula nº 331 do TST, tornar-se-ia imperioso concluir que gigantes empresariais como Nike, Apple e Johnson & Johnson constituiriam meras fraudes, de modo que deveriam ser compelidas a reunificar toda a cadeia de produção em uma só firma, gigantesca, altamente burocrática, complexa e ineficiente. Logo se percebe que vedar a adoção desse avançado modelo organizacional significa proibir a atividade industrial e produtiva do país de acompanhar as tendências do mercado competitivo internacional, certamente tornando os atores nacionais extremamente fragilizados na disputa com seus concorrentes estrangeiros. Nesse contexto, o panorama que se apresenta é a diminuição do fluxo de riquezas para o país, gerando prejuízo não apenas para o bem-estar de toda a população, mas também para os próprios trabalhadores, que sofrerão as consequências das dificuldades enfrentadas pelas empresas para se manter em operação.

Por todo o exposto, a premissa de que a "terceirização" configura fraude é desprovida de qualquer fundamento fático, pois contraria os ensinamentos da mais avançada literatura no campo da administração de empresas, bem assim a realidade organizacional de companhias que são referência no mercado e devem servir de exemplo para concorrentes interessados em obter *performances* semelhantes. Tanto não há intuito fraudulento que cada uma das empresas envolvidas na cadeia de valor deve observar as leis trabalhistas com relação aos empregados que contratarem. *Verbi gratia*, a supramencionada Foxconn, que mantém fábricas no Brasil, é obrigada a cumprir com a legislação do trabalho e de segurança do trabalho no que tange ao seu quadro de pessoal.

Estabelecido que a proibição inserta na Súmula nº 331 do TST é insustentável sob a premissa da fraude, passa-se a testar os pressupostos empíricos da hipótese segundo a qual a terceirização gera "precarização" para as relações de trabalho.

Deve-se, preliminarmente, separar o que se pode considerar como pesquisa empírica jurídica com rigor científico e outros tipos de assertivas que, por falhas metodológicas ou conclusivas, não devem possuir valor perante a ciência – e nem perante as Cortes.

Lee Epstein, Professora da Washington University (EUA), e Andrew Martin, Diretor da University of Michigan (EUA), ensinam que uma pesquisa empírica (isto é, baseada em dados) de caráter observacional deve seguir um rígido procedimento de: (i) desenho do projeto; (ii) coleta e codificação de dados; e (iii) análise dos dados. A fase de desenho do projeto consiste na concretização de elementos conceituais, a fim de que se possa observá-los no mundo natural. A coleta de dados abrange: a definição das fontes de informações (como entrevistas e análise de documentos) e dos métodos para extraí-las; a escolha entre o exame de todos os elementos de interesse (o que se denomina população) ou de apenas uma amostra; e, em caso de amostra, como extraí-la e quantos dados coletar. Por codificação de dados se entende a conversão da informação para um formato passível de uso na aferição. A fase de análise, por sua vez, consiste em sumarizar os dados coletados pelo pesquisador para a realização de inferências estatísticas, ou seja, utilizar dados conhecidos para aprender sobre fatos não conhecidos. Para realizar conclusões sobre causalidade, é dizer, se um fator é causa de um determinado resultado, realiza-se a denominada inferência causal, que consiste na comparação da diferença entre um cenário factual (com o fator em exame) e um contra-factual (sem o fator), por meio da utilização cuidadosa de ferramentas de matemática, estatística e até mesmo de informática. A realização de inferência causal deve seguir técnicas tão delicadas e complexas que muitos autores aconselham cientistas a não configurar o desenho de pesquisas baseadas em dados observacionais em termos de causalidade, devendo ser restringida a análise a associações entre variáveis (EPSTEIN, Lee; MARTIN, Andrew D. *An Introduction to Empirical Legal Research*. New York: Oxford, 2014).

A partir desses parâmetros, devem ser analisadas as pesquisas que suportam cada uma das hipóteses, a começar pela pesquisa constante dos autos em favor da proibição da terceirização.

Na tentativa de apresentar dados fáticos que amparassem a genérica assertiva de "precarização", a Central Única dos Trabalhadores, admitida como *amicus curiae*, apresentou levantamento feito por ela própria (CUT) e pelo Departamento Intersindical de Estatística e Estudos Socioeconômicos (DIEESE), no qual se conclui que os trabalhadores "terceirizados", em média, receberiam salário 24,7% (vinte e quatro inteiros e sete décimos por cento) menor, teriam jornada de trabalho semanal superior em 3 (três) horas e ficariam menos tempo no emprego. Cuida-se, no entanto, de levantamento caracterizado por sérias falhas metodológicas, conduzindo à baixa confiabilidade das evidências empíricas coletadas e à incoerência lógica das conclusões apontadas.

Note-se, de plano, que o estudo realiza uma comparação entre "setores tipicamente terceirizados" e "setores tipicamente contratantes", sem explicar o que seriam esses conceitos genéricos e sem qualquer tipo de controle sobre as atividades neles inseridas para justificar a "diferença média" apontada. Há, portanto, equívocos elementares de desenho, coleta, codificação e análise na pesquisa.

Mais ainda, a relação de causalidade apontada entre terceirização e variação de salários não observa os rígidos parâmetros de inferência estatística exigidos pela ciência. Considerando que a Súmula nº 331 do TST limita a terceirização, em sua maior parte, a setores compostos por trabalhadores com menor qualificação (como vigilância, limpeza e manutenção), não é de se estranhar que o salário praticado nessas áreas seja inferior. Todavia, a defasagem não pode ser atribuída à "terceirização", mas sim, entre outros fatores, ao contraste de capital humano, entendido este como "qualquer estoque de conhecimento ou características que o trabalhador possua (seja inato ou adquirido) e que contribua para a sua produtividade" (ACEMOGLU, Daron; AUTOR, David. Lectures in LaborEconomics. p. 3. Disponível em: http://economics.mit.edu/faculty/acemoglu/course. Tradução livre para: "human capital corresponds to any stock of knowledge or characteristics the worker has (either innate or acquired) that contributes to his or her "productivity""). Noutras palavras, a diferença de salários e jornada de trabalho entre um médico e um faxineiro do mesmo hospital não pode ser explicada pela "terceirização", visto que a disparidade ainda persistiria no caso de ambos serem contratados pela mesma pessoa jurídica.

A mesma falha metodológica se apresenta no ponto do dossiê CUT/DIEESE que analisa a "rotatividade" dos trabalhadores: alega-se que a permanência média no trabalho é de 5,8 anos para os trabalhadores diretos e de 2,6 anos para os terceirizados. Ocorre que questões relacionadas ao capital humano também influenciam o denominado "turnover", ou seja, a substituição de empregados, como explica o economista laureado com o prêmio Nobel Gary Becker: "Empregados com treinamento específico têm menos incentivo para pedir demissão, e as firmas têm menos incentivos para demiti-los, do que empregados sem treinamento ou com treinamento genérico, inferindo-se disso que as taxas de demissão serão inversamente relacionadas à quantidade de treinamento específico". (Tradução livre para o trecho: "Employees with specific training have less incentive to quit, and firms have less incentive to fire them, than employees with no or general training, which implies that quit and layoff rates would be inversely related to the amount of specific training". BECKER, Gary S. Investment in Human Capital: A Theoretical Analysis. *The Journal of Political Economy*, v. 70, issue 5, part. 2, Oct. 1962. p. 21). Não houve, no referido dossiê, qualquer controle quanto ao grau de especificidade das habilidades exigidas nas funções que compuseram cada um dos grupos comparados, de modo que este fator, e não a desintegração vertical, pode ser o responsável pela discrepância constatada. Ainda, muitas outras variáveis podem estar relacionadas ao turnover, como a alta competitividade entre as empresas na disputa pelos empregados em certos setores, o perfil demográfico dos trabalhadores (idade, perfil familiar, gênero etc.) e fatores psicossociais (KURUVILLA, Sarosh; RANGANATHAN, Aruna. Employee Turnover in the Business Process Outsourcing Industry in India. *In*: Coord. Dariusz Jemielniak; Jerzy Kociatkiewicz. *Management Practices in High-Tech Environments*. New York: IGI Global, 2008. p. 110-132).

O não isolamento de outros fatores que possam contribuir para a variação observada é um erro técnico tão comum quanto grave em pesquisas empíricas. É o que a literatura designa como "enviesamento por omissão de variáveis" ("omitted variable bias"), conforme se depreende dos ensinamentos dos professores da Universidade de Illinois (EUA) Thomas Ulen, Robert Lawless e Jennifer Robbennolt:

> "O enviesamento por variável omitida ocorre quando há uma variável explanatória ou independente que possui influência na variável dependente, mas não foi explicitamente incluída como uma variável independente e é correlacionada com uma ou mais das variáveis independentes que está ou estão incluídas. Quando isso ocorre, as estimativas para os parâmetros das variáveis incluídas que estão correlacionadas com a variável omitida podem estar enviesadas.
> Uma variável omitida é uma variável independente que deveria ter sido incluída na regressão, mas não foi. [...]
> Isso é o jargão técnico. Tão importante quanto é o ponto bastante prático de que, se omitimos variáveis independentes, isso 'pode fazer com que seja creditado a uma variável incluída um efeito que na verdade é causado pela variável excluída. Em geral, variáveis omitidas que estão correlacionadas com a variável independente reduzem o valor probatório da análise regressiva'."
> [...]
> (LAWLESS, Robert M.; ROBBENNOLT, Jennifer K.; ULEN, Thomas S. *Empirical Methods in Law*. New York: Aspen, 2010. p. 324-325).

A pesquisa assinada por CUT e DIEESE ainda realiza outras afirmações que desafiam o rigor exigido de qualquer metodologia empírica. Conclui, por exemplo, que o calote seria uma realidade no mundo da terceirização, mas, em vez de apontar dados concretos que embasem a conclusão, limita-se a assinalar que ela pode ser confirmada por "uma simples pesquisa na internet ou conversas com os trabalhadores" e enumera, sem informações detalhadas, alguns casos em que isso teria ocorrido – a grande maioria deles envolvendo contratos com o poder público, sucedendo que a dificuldade financeira das contratadas decorreu da falta de repasse pelo governo. Posteriormente, afirma que acidentes e mortes no trabalho seriam uma "faceta da terceirização no país", sugerindo incorretamente que algum empregador no Brasil estaria desobrigado da observância das normas de segurança no trabalho. Além disso, mais uma vez ignora a possibilidade de que os dados apontados sejam distorcidos pela Súmula nº 331 do TST – com efeito, se a terceirização somente for autorizada para atividades em que os riscos à saúde do trabalhador sejam inerentemente maiores, a diferença de riscos entre essas e outras atividades não pode ser atribuída à terceirização, mas à própria distinção das suas naturezas. Pode-se dizer com razoável certeza, por exemplo, que está sujeito a maiores riscos de acidente um trabalhador em contato com alta tensão elétrica do que um secretário administrativo que realiza serviços internos, sem que se precise cogitar do vínculo empregatício terceirizado ou não para chegar a essa conclusão. Porém, no caso de o eletricista ser "terceirizado" e o secretário não, seria possível dizer que o risco de acidente de trabalho é maior por causa da terceirização? Obviamente, a resposta é negativa.

Evidencia-se, a partir do exposto, que o estudo apresentado não observou minimamente as técnicas básicas de pesquisa empírica, razão pela qual as suas conclusões não possuem qualquer valor científico. Por isso mesmo, cuida-se de elemento imprestável para fins probatórios, em especial quando se trata de fundamentar jurisprudência de tamanho relevo para a sociedade.

Falhas metodológicas idênticas são encontradas em outro dossiê realizado por organização sindical (Sindicato dos Empregados em Empresas de Prestação de Serviços a Terceiros, Colocação e Administração de Mão de Obra, Trabalho Temporário, Leitura de Medidores e Entrega de Avisos – Sindeepres), este referido no parecer do ilustre Procurador-Geral da República (Marcio Pochmann, "Trajetórias da Terceirização" (disponível em: http://www.sindeepres.org.br/~sindeepres/images/stories/pdf/pesquisa/t rajetorias1.pdf). O economista responsável não apresenta qualquer descrição da metodologia utilizada; não explica como caracterizou "estabelecimentos de terceirização" e quais os critérios para diferenciá-los dos demais; não distingue os dados coletados por cargos e setores da atividade econômica; não controla a presença de variáveis observáveis e não-observáveis; não considera eventual influência da Súmula nº 331 do TST nos resultados analisados; e realiza conclusões de natureza causal sem qualquer demonstração do procedimento utilizado para embasar seus resultados. Dessa maneira, tal como em relação ao dossiê CUT/DIEESE, deve ser considerado nulo o valor probatório do dossiê Sindeepres.

Se, por um lado, o suporte empírico da hipótese de "precarização" das relações de trabalho pela terceirização é fragilíssimo, como demonstrado, de outro, há robustos estudos que demonstram como esse modelo organizacional produz efeitos benéficos aos trabalhadores.

Um desses exemplos de efeitos positivos da terceirização, conforme apontado pela literatura especializada, tem relação com o desemprego.

De acordo com a síntese de indicadores sociais do Instituto Brasileiro de Geografia e Estatística (IBGE), 42,3% (quarenta e dois inteiros e três décimos por cento) dos brasileiros se sustentam por trabalhos informais, ou seja, vive à margem da legislação do trabalho e previdenciária (disponível em: http://www.ibge.gov.br/home/estatistica/populacao/condicaodevida/indicadoresminimos/sinteseindicsociais2015/default_tab_xls.shtm). Entre a população negra e parda, a proporção sobe para 48,4% (quarenta e oito inteiros e quatro décimos por cento). Na região Nordeste, que apresenta o menor Índice de Desenvolvimento Humano (IDH) médio do país, a parcela da população integrante do mercado de trabalho informal atinge preocupantes 60,4% (sessenta inteiros e quatro décimos por cento). Não se deve perder de vista que constituem objetivos fundamentais da República Federativa do Brasil "erradicar a pobreza e a marginalização e reduzir as desigualdades sociais e regionais", *ex vi* do art. 3º, III, da Constituição, cujo art. 170 ainda erige à condição de princípios gerais da atividade econômica a "redução das desigualdades regionais e sociais" e a "busca do pleno emprego".

A correlação entre o engessamento regulatório do mercado de trabalho formal e a precarização das condições de vida dos trabalhadores dele alijados é apontada pelos principais estudiosos da economia do trabalho. O economista norte-americano Douglass C. North, agraciado com um prêmio Nobel de Economia, teceu as seguintes considerações:

> "Se os governos dos países desenvolvidos continuarem a impor taxas marginais elevadas de imposto de renda e regulação mais custosa dos mercados de trabalho, o resultado inevitável será o aumento do trabalho informal. [...] Trabalhadores informais têm menos direitos e quase nenhum recurso aos Tribunais quando maltratados pelos patrões. Além disso, eles rotineiramente não possuem benefícios extras e têm pouca segurança no trabalho."
> (Tradução livre para o texto: "If developed countries's governments continue to impose higher marginal personal income tax rates and more costly regulation of labor markets, the inevitable result will be that more worl will be done off the books. [...] Underground workers have fewer rights and almost no recourse to the courts when maltreated by employers. Moreover, they routinely have no fringe benefits and little job security.")
> NORTH, Douglass C. *et al. The Economics of Public Issues.* 17. ed. New Jersey: Pearson, 2012. p. 95-96).

Nessa linha, estudos mais específicos demonstram, com o recurso a modelos matemáticos e pesquisa empírica, que o aumento da terceirização possui uma relação sistemática com a redução do desemprego (KOSKELA, Erkki; STENBACKA, Rune. "Equilibrium Unemployment with Outsourcing under Labour Market Imperfections". In: CESifo Working Paper n. 1892, category 4: labour markets, january 2007. p. 12). Mesmo quando analisado o impacto da contratação de bens e serviços terceirizados no exterior, estudos sobre o panorama dos Estados Unidos demonstram, ao contrário do que geralmente se alardeia, que a terceirização internacional não possui influência sobre o desemprego involuntário no mercado interno (OGLOBIN, Constantin. "Global Outsourcing of Human Capital and the Incidence of Unemployment in the United States". In: Applied Econometrics and International Development, (AEID), Vol. 4-3, 2004). Pesquisas que examinaram a situação da Alemanha, ainda, concluíram que a terceirização está associada a um aumento na estabilidade no emprego no setor de serviços, ao passo que não apresentou impacto sobre a estabilidade no emprego no setor de produção (BACHMANN, Ronald; BRAUN, Sebastian. "The Impact of International Outsourcing on Labour Market Dynamics in Germany".

In: Ruhr Economic Papers, n. 53, jul. 2008.). A própria Organização para a Cooperação e Desenvolvimento Econômico (OCDE) coordenou um estudo sobre a terceirização internacional, concluindo que os países envolvidos se beneficiam de maior crescimento econômico, menores índices de desemprego e aumento de salários (OECD (2012), "Policy Priorities for International Trade and Jobs", (ed.) D. Lippoldt. Disponível em: http://www.oecd.org/site/tadicite/50258009.pdf).

Essas conclusões reforçam a hipótese de que a terceirização está associada ao crescimento do mercado de trabalho, na medida em que a competitividade e a produtividade das empresas também aumentam com a especialização no processo produtivo. A racionalidade dessa correlação pode ser assim descrita: "Quando a terceirização permite às firmas produzir com menos custos, a competição entre firmas que terceirizam diminuirá os preços dos seus produtos. [...] consumidores terão mais dinheiro para gastar com outros bens, o que ajudará empregos em outras indústrias". (Tradução livre para o trecho: "When outsourcing allows firms to produce more cheaply, competition between firms that are outsourcing will drive down the prices of their products. [...] consumers will have more money to spend on other goods, which will help jobs in other industries". TAYLOR, Timothy. In Defense of Outsourcing. In: 25 Cato J. 367 2005. p. 371).

Apreciando o mercado brasileiro, estudo recente elaborado pela Escola de Economia de São Paulo da Fundação Getulio Vargas (FGV- EESP) estimou o diferencial de salários entre a mão de obra terceirizada e os trabalhadores contratados diretamente pelas empresas tomadoras de serviços. A pesquisa constatou que "características não observáveis exercem um papel relevante na seleção e na determinação da remuneração dos terceirizados", motivo pelo qual o comparativo deve levar em consideração não apenas outras características observáveis dos trabalhadores e das firmas além da terceirização (v. g., idade, escolaridade e ramo de atividade), mas também o "efeito fixo dos indivíduos" (v. g., motivação, dedicação, capacidade de comunicação e maturidade emocional). Uma ênfase semelhante a características não observáveis como fatores determinantes para explicar diferenças salariais já era proposta por Gary Becker (BECKER, Gary S. Economic Theory. 2. printing (2008, Transaction Publishers, New Brunswick, NJ). Original: New York: Knopf, 1971. p. 177). Apurou-se no estudo brasileiro, por exemplo, que "os trabalhadores das atividades de Segurança/vigilância recebem, em média, 5% a mais quando são terceirizados", bem como que "ocupações de alta qualificação e que necessitam de acúmulo de capital humano específico, como P&D [pesquisa e desenvolvimento] e TI [tecnologia da informação], pagam salários maiores aos terceirizados". Cogitou-se também ser "possível que [em] serviços nos quais os salários dos terceirizados são menores, o nível do emprego seja maior exatamente porque o 'preço' (salário) é menor" (ZYLBERSTAJN, Hélio et alii. *Diferencial de salários da mão de obra terceirizada no Brasil. In*: CMICRO - Nº 32, Working Paper Series, 7 de agosto de 2015, FGV-EESP).

Exatamente em razão dos seus efeitos benéficos aos trabalhadores em geral, os Projetos de Lei para regulamentação da terceirização que deram origem às Leis nº 13.429/2017 e nº 13.467/2017 receberam o apoio de centrais sindicais, como a Força Sindical ("Plenária da força sindical apoia regulamentação da terceirização". Disponível em: http://fsindical.org.br/plenarias-da-forca-sindical/plenaria-da-forca- sindical-apoia-regulamentacao-da-terceirizacao. Acesso em: 07 nov. 2016) e a União Geral dos Trabalhadores (UGT defende lei que discipline terceirização. Disponível em: http://www.ugt.org.br/index.php/post/6587-UGT-defende-lei-que-discipline-terceirizacao. Acesso em: 07 nov. 2016).

À vista de todas as considerações até aqui apresentadas, tem-se que as premissas subjacentes à proibição inserta na Súmula nº 331 do TST simplesmente não resistem ao mais leve escrutínio de suas premissas empíricas. Admitir a concepção peculiar dos dispositivos constitucionais construída pela Corte Trabalhista, nesse panorama, é defender que a realidade deve se curvar às teses elaboradas por juristas, não o contrário. Semelhante postura não se coaduna com a humildade judicial que deve informar o comportamento dos Tribunais, notadamente quando envolvida restrição gravíssima a liberdades fundamentais constitucionalmente protegidas. Como bem ressaltou o Professor da Universidade de Harvard Cass Sunstein, "se Tribunais supervisarão o mercado de trabalho, será impossível ter um mercado de trabalho" ("If courts are going to oversee the labor market, it will be impossible to have a labor market". SUNSTEIN, Cass R. "Against Positive Rights Feature". In: 2 East European Constitutional Review 35, 1993).

Ressalte-se, derradeiramente, que o critério criado pela referida Súmula, baseado na divisão entre atividades-meio e fim, gera divergências entre os próprios juízos obreiros no que concerne às hipóteses de terceirização por eles autorizadas. Em pesquisa elaborada pela ex-Presidente da Associação Brasileira de Direito e Economia (ABDE) e professora do Insper-SP Luciana Yeung, constatou-se que não há qualquer uniformidade na jurisprudência da Justiça do Trabalho sobre quais categorias de atividades seriam consideradas "meio" para fins de ilicitude da terceirização. Concluiu a estudiosa que o "regramento normativo existente sobre a questão da terceirização da mão de obra está longe de gerar orientações claras e segurança jurídica", que a "pacificação não está acontecendo com o passar do tempo" e que as "justificativas dos magistrados para defender ou atacar a terceirização são praticamente idiossincráticas" (YEUNG, Luciana. "Terceirização de Mão de Obra no Brasil: para quê a PL 4.330/2004?". Disponível em: http://www.cedes.org.br/downloads.html). Por essas razões, além do déficit democrático e das deficiências nos fundamentos de fato invocados pelos órgãos a quo, a orientação proibitiva, ante a falta de parâmetros objetivos, gera nefasta insegurança jurídica para empresas e trabalhadores.

Como proponente da regra proibitiva, competia à Corte de origem demonstrar inequivocamente as premissas empíricas por ela assumidas, não bastando o recurso meramente retórico a interpretações de cláusulas genéricas da Constituição, como a dignidade humana (art. 1º, III), o valor social do trabalho (art. 1º, IV), a proteção da relação de emprego contra despedida arbitrária (art. 7º, I) ou a busca do pleno emprego (art. 170, VIII). Não sendo a seara adequada para adoção de decisões puramente políticas, aquele Tribunal assume o ônus ainda maior de comprovar, com grau de certeza virtualmente insuperável, que a conduta por ele proibida causa danos a todos os trabalhadores, formais e informais, sem produzir qualquer benefício social em contrapartida. No entanto, apurações criteriosas, mediante técnicas universalmente aceitas pela comunidade científica, permitem concluir em sentido diametralmente oposto – longe de "precarizar", "reificar" ou prejudicar os empregados, a terceirização está associada a inegáveis benefícios aos trabalhadores em geral, como a redução do desemprego, diminuição do turnover, crescimento econômico e aumento de salários. Igualmente, não se sustenta a afirmativa de fraude, por tratar-se a terceirização de técnica aplicada pelas mais valiosas e modernas empresas do mundo, cuja importância é reconhecida tanto nas ciências econômicas quanto na literatura de Administração. Aplicando-se a já referida "lei epistêmica do sopesamento", para utilizar a nomenclatura de Alexy, é necessário afastar a regra proibitiva em exame, ante a debilidade das premissas empíricas em que se baseia a intervenção.

Conclui-se ante todo o exposto que, mesmo no período anterior à edição das Leis nº 13.429/2017 e 13.467/2017, a prática da terceirização já era válida no direito brasileiro, independentemente dos setores em que adotada ou da natureza das atividades contratadas com terceira pessoa. A Súmula n. 331 do TST é inconstitucional, por violação aos princípios da livre iniciativa (arts. 1º, IV, e 170 da CRFB) e da liberdade contratual (art. 5º, II, da CRFB). Por conseguinte, até o advento das referidas leis, em 31 de março e 13 de julho de 2017, respectivamente, reputam-se hígidas as contratações de serviços por interposta pessoa, na forma determinada pelo negócio jurídico entre as partes. A partir do referido marco temporal, incide o regramento determinado na nova redação da Lei nº 6.019/1974, inclusive quanto às obrigações e formalidades exigidas das empresas tomadoras e prestadoras de serviço.

In casu, o acórdão recorrido na hipótese paradigma condenou a pessoa jurídica ora recorrente a abster-se "de contratar terceiros para a prestação de serviços relacionados à sua atividade-fim, especialmente o florestamento, o reflorestamento, a colheita florestal, o reparo e o beneficiamento de madeira e ao objeto dos contratos firmados com seus empreiteiros, provendo este tipo de mão de obra, que lhe é essencial, por meio da contratação direta de trabalhadores, com vinculação a seus quadros funcionais e subordinação à sua disciplina interna". O referido acórdão deve ser reformado, julgando-se improcedente a ação civil pública ajuizada pelo Ministério Público do Trabalho.

Estabelecido que a terceirização é compatível com a Carta Magna e protegida pelos seus arts. 1º, IV, 5º, II, e 170, os quais garantem a livre iniciativa e a liberdade contratual, sendo insubsistente a Súmula nº 331 do TST, deve-se aplicar a solução da reforma trabalhista aos casos pretéritos, a fim de evitar um vácuo normativo quanto à matéria. Por essa razão, também quanto a fatos pretéritos se impõe a responsabilidade subsidiária da pessoa jurídica contratante pelas obrigações trabalhistas não adimplidas pela empresa prestadora de serviços, bem como a responsabilidade pelo recolhimento das contribuições previdenciárias devidas por esta, na forma do art. 31 da Lei nº 8.212/93.

Ex positis, dou provimento ao recurso extraordinário para reformar o acórdão recorrido e julgar integralmente improcedente a Ação Civil Pública ajuizada pelo Ministério Público do Trabalho em face da ora recorrente, propondo a fixação da seguinte tese: "É lícita a terceirização ou qualquer outra forma de divisão de trabalho entre pessoas jurídicas distintas, independentemente do objeto social das empresas envolvidas, mantida a responsabilidade subsidiária da empresa contratante".

É como voto.

Informação bibliográfica deste texto, conforme a NBR 6023:2018 da Associação Brasileira de Normas Técnicas (ABNT):

BARBOSA NETO, Dorotheo. Recurso Extraordinário nº 958.252: Novos parâmetros da terceirização de serviços no Brasil. *In*: FUX, Luiz. *Jurisdição constitucional IV*: pluralismo e direitos fundamentais. Belo Horizonte: Fórum, 2023. p. 119-146. ISBN 978-65-5518-601-7.

RE Nº 633.782/MG: DELEGAÇÃO DO PODER DE POLÍCIA A PESSOAS JURÍDICAS DE DIREITO PRIVADO INTEGRANTES DA ADMINISTRAÇÃO PÚBLICA

FÁBIO RIBEIRO PORTO

1 O *case*

O Plenário do Supremo Tribunal Federal, no julgamento virtual de 16 a 23.10.2020, por maioria, apreciando o Tema 532 da repercussão geral, (i) conheceu e deu provimento ao recurso extraordinário interposto pela Empresa de Transporte e Trânsito de Belo Horizonte – BHTRANS e (ii) conheceu e negou provimento ao recurso extraordinário interposto pelo Ministério Público do Estado de Minas Gerais, para reconhecer a *compatibilidade constitucional* da delegação da atividade de policiamento de trânsito à Empresa de Transporte e Trânsito de Belo Horizonte – BHTRANS, nos limites da tese jurídica objetivamente fixada pelo Pleno do Supremo Tribunal Federal, nos termos do voto do Relator (Min. Luiz Fux), vencidos os Ministros Edson Fachin e Marco Aurélio. Foi fixada a seguinte tese: "É constitucional a delegação do poder de polícia, por meio de lei, a pessoas jurídicas de direito privado integrantes da Administração Pública indireta de capital social majoritariamente público que prestem exclusivamente serviço público de atuação própria do Estado e em regime não concorrencial". Não participou deste julgamento a Ministra Rosa Weber.

2 Comentários

O acórdão da Lavra do eminente Ministro Luiz Fux, pacificou a matéria, que de muito tempo é objeto de controvérsia doutrinária[1] e jurisprudencial, sendo certo que é inquestionável que ao longo dos anos de modo gradativo foi possível

---

[1] Confira-se, por todos: TÁCITO, Caio. O Poder de Polícia e Seus Limites. *Revista de Direito Administrativo*, Rio de Janeiro, v. 27, 1952.

observar a transmissão de funções públicas, inclusive relacionadas ao poder de polícia, para entidades privadas.[2]

O Min. LUIZ FUX, no voto em comento, inicia a análise meritória abordando o difícil tema do conceito de "poder de polícia", que, por ser complexo e delicado, tendo em vista que ao longo dos anos sofreu evolução e mutação, mereceu um tópico específico da decisão.

Neste ponto importante mencionar que o conceito "tradicional" (ou *clássico*)[3] do poder de polícia entendido como o *poder ou a função que a Administração Pública dispõe para condicionar, restringir e/ou limitar as esferas de liberdade e de propriedade dos particulares, em prol de objetivos de interesse público*,[4] [5] passou gradativamente por uma evolução e mutação de modo a se amoldar a nova realidade social.[6] [7]

---

[2] Como destacou o Ministro aposentado MARCO AURÉLIO "A transferência de funções públicas tipicamente regulatórias, inclusive com poderes de polícia, para entidades privadas é um fenômeno que vem sendo verificado cada vez com maior frequência". (Supremo Tribunal Federal. *Rcl 14.284 MC/DF*, Rel. Min. Marco Aurélio, j. 22 dez. 2012, DJ 31 mar. 2013).

[3] Na definição de Celso Antônio Bandeira de Mello "pode-se definir a polícia administrativa como a atividade da Administração Pública, expressa em atos normativos ou concretos, de condicionar, com fundamento em sua supremacia geral e na forma da lei, a liberdade e a propriedade dos indivíduos, mediante ação ora fiscalizadora, ora preventiva, ora repressiva, impondo coercitivamente aos particulares um dever de abstenção (*"non facere"*) a fim de conformar-lhes os comportamentos aos interesses sociais consagrados no sistema normativo". (MELLO, Celso Antônio Bandeira de. *Curso de Direito Administrativo*. 20. ed. São Paulo: Malheiros, 2005, p. 95). Seguindo a linha clássica, veja-se: MOREIRA NETO, Diogo de Figueiredo. *Curso de Direito Administrativo*: Parte Introdutória, Parte Geral e Parte Especial. 15. ed. Rio de Janeiro: Forense, 2009; DI PIETRO, Maria Sylvia Zanella. *Direito Administrativo*. 14. ed. São Paulo: Atlas, 2002; CARVALHO FILHO, José dos Santos. *Manual de Direito Administrativo*. 33. ed. São Paulo: Atlas, 2019. A definição classifica, com pequenas singularidades, é possível consolidar as características da seguinte forma: "*(i)* consistir na limitação administrativa à liberdade ou à propriedade de terceiros; *(ii)* ser passível de ser exercida mediante a edição de normas legais ou mediante atos regulamentares ou administrativos, fundados em lei, de caráter preventivo ou repressivo; *(iii)* decorrer da sujeição geral exercida pela Administração Pública, na esfera de suas competências, sobre os demais entes públicos ou privados; e *(iv)* ter por fundamento primordial a supremacia do interesse público" (BRANDÃO, Gabriela da Silva. *A evolução do conceito de poder de polícia no Direito Administrativo e sua compatibilidade com o modelo de Estado Democrático de Direito na atualidade. Fórum Administrativo*, Belo Horizonte: v. 12, n. 131, p. 52-60, jan., 2012. Disponível em: https://www.cidp.pt/revistas/ridb/2012/07/2012_07_3895_3918.pdf. Acesso em: 6 dez. 2022).

[4] GALVÃO, Jorge Octávio Lavocat; FONSECA, Gabriel Campos Soares da. É constitucional a delegação do poder de polícia a particulares? *Consultor Jurídico*, 31 ago. 2019. Disponível em: https://www.conjur.com.br/2019-ago-31/constitucional-delegacao-poder-policia-particulares. Acesso em: 6 dez. 2022. Veja-se quanto ao tema: MEDAUAR, Odete. *Direito Administrativo Moderno*. 11. ed. São Paulo: Revista dos Tribunais, 2007, p. 331; CRETELLA JÚNIOR, José. *Do poder de polícia*. Rio de Janeiro: Forense, 1999, p. 7.

[5] Trata-se de instituto jurídico-administrativo que, em tese, é responsável por dosar legitimamente a intervenção estatal, de um lado, e o exercício de direitos e liberdades, de outro. Para uma visão mais atual do conceito: GOMES, Estevão. *Poder de Polícia no Direito Administrativo Contemporâneo*: críticas, modelos alternativos e transformações da polícia administrativa. Lumen Juris: Rio de Janeiro, 2019, p. 9-31.

[6] Destaca BRANDÃO que "com a evolução do Estado Democrático de Direito e com o crescente reconhecimento de que o Direito Administrativo deve se voltar, cada vez mais, aos cidadãos e não ao engrandecimento do poder estatal, focando-se no atendimento dos administrados e na preservação de seus direitos, o conceito de poder de polícia, na forma tradicionalmente adotada pela doutrina nacional, pode não se mostrar adequado às finalidades últimas do Estado" (BRANDÃO, Gabriela da Silva. *A evolução do conceito de poder de polícia no Direito Administrativo e sua compatibilidade com o modelo de Estado Democrático de Direito na atualidade. Fórum Administrativo*, Belo Horizonte: v. 12, n. 131, p. 52-60, jan., 2012. Disponível em: https://www.cidp.pt/revistas/ridb/2012/07/2012_07_3895_3918.pdf. Acesso em: 6 dez. 2022).

[7] Na definição de Marçal Justen Filho "O poder de polícia administrativa é a competência para disciplinar o exercício da autonomia privada para a realização de direitos fundamentais e da democracia, segundo os princípios da legalidade e da proporcionalidade" (JUSTEN FILHO, Marçal. *Curso de Direito Administrativo*. 4. ed. São Paulo: Saraiva, 2009, p. 120).

O comentado acórdão passa por toda a evolução do poder de polícia, abordando a doutrina nacional e estrangeira, consolidando o entendimento que "o poder de polícia administrativa, portanto, ao limitar os excessos no exercício das liberdades, mostra-se como instrumento de garantia da própria liberdade e do interesse da coletividade, sem desamparar os direitos fundamentais individuais".[8]

Superada a definição do poder de polícia o acórdão analisa a jurisprudência do Supremo Tribunal Federal a respeito da natureza das estatais prestadoras de serviços públicos em regime de monopólio, onde ficou demonstrado que embora sejam pessoas jurídicas de direito privado, possuem características que identificam traços de natureza jurídica híbrida. Para ao final abordar a questão relativa à delegação.

A *vexata quaestio*, conforme destacamos, é bem controvertida, parcela significativa da doutrina pátria sustenta que "não se admite, no nosso sistema constitucional, [...] delegação de atos de natureza de polícia, como a do poder de tributar [e] a sanção".[9] O grupo de autores que formam a nominada "doutrina clássica", entendem: *ser indelegável o exercício do poder de polícia, sobretudo por meio de quatro argumentos conexos.*[10]

O primeiro argumento, da visão nominada de "clássica", sustenta que o "poder de polícia é uma *potestade estatal*, isto é, atividade relacionada ao poder coercitivo do Estado, poder esse incompatível com a paridade que deve nortear as relações entre os particulares".[11] Deste modo, somente as pessoas jurídicas de direito público podem exercer atividades administrativas de polícia, posto que a autoridade estatal é que tem legitimidade para impor restrições, limitações e condicionamentos à liberdade e à propriedade dos particulares.[12]

O outro argumento (segundo) está pautado no fato que a indelegabilidade seria corolário do próprio Estado Democrático de Direito, no seu aspecto de defesa dos direitos fundamentais.[13] [14]

---

[8] RE nº 633.782, Relator(a): LUIZ FUX, Tribunal Pleno, julgado em 26/10/2020, PROCESSO ELETRÔNICO REPERCUSSÃO GERAL - MÉRITO DJe-279 DIVULG 24-11-2020 PUBLIC 25-11-2020, voto do Min. Luiz Fux, p. 33.

[9] MEIRELLES, Hely Lopes. *Direito Administrativo brasileiro*. 38. ed. São Paulo: Malheiros, 2012, p. 128-129.

[10] *Cf*. BINENBOJM, Gustavo. *Poder de polícia, ordenação e regulação*: transformações político-jurídicas, econômicas e institucionais do direito administrativo ordenador. Belo Horizonte: Fórum, 2016, p. 246-25.

[11] GALVÃO, Jorge Octávio Lavocat; FONSECA, Gabriel Campos Soares da. É constitucional a delegação do poder de polícia a particulares? *Consultor Jurídico*, 31 ago. 2019. Disponível em: https://www.conjur.com.br/2019-ago-31/constitucional-delegacao-poder-policia-particulares. Acesso em: 6 dez. 2022.

[12] GALVÃO, Jorge Octávio Lavocat; FONSECA, Gabriel Campos Soares da. É constitucional a delegação do poder de polícia a particulares? *Consultor Jurídico*, 31 ago. 2019. Disponível em: https://www.conjur.com.br/2019-ago-31/constitucional-delegacao-poder-policia-particulares. Acesso em: 6 dez. 2022. Nesse sentido, Celso Antônio BANDEIRA DE MELLO ressalta que a "restrição à atribuição de atos de polícia a particulares" estaria alicerçada no "corretíssimo entendimento de que não se lhes pode, ao menos em princípio, cometer o encargo de praticar atos que envolvem o exercício de misteres tipicamente públicos quando em causa liberdade e propriedade" (MELLO, Celso Antônio Bandeira de. *Curso de Direito Administrativo*. 20. ed. São Paulo: Malheiros, 2005, p. 863-865), concluindo o saudoso professor que "não há delegação de ato jurídico de polícia a particular e nem a possibilidade de que este o exerça a título contratual".

[13] GALVÃO, Jorge Octávio Lavocat; FONSECA, Gabriel Campos Soares da. É constitucional a delegação do poder de polícia a particulares? *Consultor Jurídico*, 31 ago. 2019. Disponível em: https://www.conjur.com.br/2019-ago-31/constitucional-delegacao-poder-policia-particulares. Acesso em: 6 dez. 2022.

[14] Marçal Justen Filho defende a vedação calcado no argumento que em um Estado Democrático de Direito o exercício da violência é necessariamente monopolizado pelo Estado. Assim, "não se admite que o exercício

O terceiro argumento sustenta a vedação pautado no princípio da isonomia (art. 5º, *caput*, da Constituição Federal), ao argumento que uma vez possibilitado o exercício de poder de polícia a particulares, estar-se-ia reconhecendo a existência de relações jurídicas desiguais entre particulares.[15] Deste modo, somente o Estado poderia impor essas restrições, porque se encontra em posição hierarquia superior aos demais particulares e sua atuação está sempre voltada à persecução do bem comum.[16]

Por fim (o quarto argumento) defende a impossibilidade de delegação alicerçado no fato de que apenas servidores públicos estáveis poderiam exercer tamanho *múnus* público.[17] A *ratio* dessa interpretação se encontra no fato que a estabilidade permite maior blindagem frente às pressões externas, como aquelas advindas de *atores* com alto poder econômico e influência política.[18]

Argumenta-se ainda que a delegação a particulares do poder de polícia teria como consequência um indesejável conflito interno de interesses: "de um lado, a busca pelo lucro e maximização de interesses pessoais; de outro, a concretização de finalidades públicas".[19]

Deste modo, grande parte da doutrina nacional ressalta a impossibilidade de se delegar a particulares atos relacionados ao exercício do poder de polícia.[20] Contudo, como sói acontecer no Direito, encontramos autores que progressivamente estão rompendo o "dogma" da indelegabilidade e relativizando a então consagrada impossibilidade.[21]

Diogo De Figueiredo Moreira Neto,[22] ao notabilizar a **teoria do ciclo de polícia**, que se desenvolve em quatro fases, cada uma correspondendo a um modo de atuação da Administração: *a ordem de polícia*, o *consentimento de polícia*, a

---

da violência seja transferido a terceiros, que não agentes públicos" (JUSTEN FILHO, Marçal. *Curso de Direito Administrativo*. 4. ed. São Paulo: Saraiva, 2009, p. 584).

[15] MELLO, Celso Antônio Bandeira de. *Curso de Direito Administrativo*. 20. ed. São Paulo: Malheiros, 2005, p. 847-853.

[16] GALVÃO, Jorge Octávio Lavocat; FONSECA, Gabriel Campos Soares da. É constitucional a delegação do poder de polícia a particulares? *Consultor Jurídico*, 31 ago. 2019. Disponível em: https://www.conjur.com.br/2019-ago-31/constitucional-delegacao-poder-policia-particulares. Acesso em: 6 dez. 2022.

[17] GALVÃO, Jorge Octávio Lavocat; FONSECA, Gabriel Campos Soares da. É constitucional a delegação do poder de polícia a particulares? *Consultor Jurídico*, 31 ago. 2019. Disponível em: https://www.conjur.com.br/2019-ago-31/constitucional-delegacao-poder-policia-particulares. Acesso em: 6 dez. 2022.

[18] MENDONÇA, José Vicente Santos de. Estatais com poder de polícia: por que não? *Revista de Direito Administrativo*, Rio de Janeiro, n. 252, p. 97-118, set./dez. 2009.

[19] GALVÃO, Jorge Octávio Lavocat; FONSECA, Gabriel Campos Soares da. É constitucional a delegação do poder de polícia a particulares? *Consultor Jurídico*, 31 ago. 2019. Disponível em: https://www.conjur.com.br/2019-ago-31/constitucional-delegacao-poder-policia-particulares. Acesso em: 6 dez. 2022.

[20] Não se desconhece a existência de ressalvas pontuais, à guisa de exemplo: MELLO, Celso Antônio Bandeira de. Serviço Público e Poder de Polícia: concessão e delegação. *Revista Eletrônica de Direito do Estado*, n. 7, jul./set. 2006, p. 7.

[21] Sobre o tema: KLEIN, Aline Lícia. *Delegação de Poder de Polícia*. São Paulo: Enciclopédia Jurídica da PUCSP, Tomo Direito Administrativo Constitucional, Edição 1, Abril de 2017; SCHWIND, Rafael Wallbach. Particulares em colaboração com o exercício do poder de polícia. *In*: MEDAUAR, Odete; SCHIRATO, Vitor Rhein. *Poder de Polícia na Atualidade*. Belo Horizonte: Fórum, 2013; MARRARA, Thiago. O exercício do poder de polícia por particulares. *Revista de Direito Administrativo*, Rio de Janeiro, v. 269, p. 255-278, maio/ago. 2015.

[22] MOREIRA NETO, Diogo de Figueiredo. *Curso de Direito Administrativo*: Parte Introdutória, Parte Geral e Parte Especial. 15. ed. Rio de Janeiro: Forense, 2009, p. 444.

fiscalização de polícia e a *sanção de polícia*, sustenta a legitimidade da delegação de algumas atividades a partir de uma perspectiva funcional.[23]

Esse quadro doutrinário se refletia na posição jurisprudencial. No Supremo Tribunal Federal, por exemplo, antes do paradigmático acórdão relatado pelo Ministro LUIZ FUX, encontramos a ADI nº 2.310,[24] ajuizada pelo Partido dos Trabalhadores, que tratava da inconstitucionalidade da criação de empregos públicos – regidos pela CLT – no âmbito das agências reguladoras. O autor defendia na inicial que, por exercer funções inerentes à atividade do Estado, como a de fiscalização, os membros das agências não poderiam ser regidos por contratos de trabalho. Em sede monocrática, o relator Min. Marco Aurélio, chegou a defender que "prescindir, no caso, da ocupação de cargos públicos, com os direitos e garantias a eles inerentes, é adotar flexibilidade incompatível com a natureza dos serviços a serem prestados, igualando os servidores das agências a prestadores de serviços subalternos". Contudo, a ação perdeu objeto e não teve o mérito julgado.

Ainda no Supremo Tribunal Federal encontramos a ADI nº 1.717,[25] [26] ajuizada pelo PC do B, PT e PDT, onde se questionava a constitucionalidade de dispositivo legal que permitia que a fiscalização de profissões regulamentadas fosse exercida em caráter privado, a partir de delegação do Poder Público e mediante autorização legislativa.[27] Em 2002, o plenário da Corte, ao interpretar sistematicamente a Constituição, concluiu pela "indelegabilidade, a uma entidade privada, de atividade típica de Estado, que abrange até poder de polícia".[28]

No STJ encontramos o REsp nº 817.534/MG,[29] que ensejou o precedente que estamos analisando, onde o relator o Ministro Mauro Campbell, definiu que "as atividades que envolvem a consecução do poder de polícia podem ser sumariamente divididas em quatro grupos, a saber: (i) legislação, (ii) consentimento, (iii) fiscalização e (iv) sanção". Com base nessa distinção, fixou o entendimento de que "somente os atos relativos ao consentimento e à fiscalização são delegáveis, pois aqueles referentes à legislação e à sanção derivam do poder

---

[23] Com base nessa diferenciação funcional, sustenta o mencionado autor que não seria possível delegar (i) *a ordem de polícia*, tampouco (iv) *a sanção de polícia*, pois existiria uma *reserva estatal* quanto à elaboração de leis e regulamentos, bem como quanto ao *uso coercitivo da força*. Lado outro, (ii) o consentimento de polícia e (iii) a atividade fiscalizatória, *poderiam ser delegados*.

[24] BRASIL, Supremo Tribunal Federal. *ADI 2.310 MC*. Rel. Min. Marco Aurélio, posteriormente Min. Carlos Velloso, j. em 19/12/200, DJ 01/02/2001.

[25] BRASIL, Supremo Tribunal Federal. *ADI 1.717*. Rel. Min. Sydney Sanches, PLENÁRIO, j. em 07/11/2002, DJ 18/11/2002.

[26] O Pleno da Corte Constitucional concluiu pela indelegabilidade, a uma entidade privada, de atividade típica de Estado, que abrange até poder de polícia, de tributar e de punir, no que concerne ao exercício de atividades profissionais regulamentadas. (STF, ADI 1717, Relator Min. Sydney Sanches, Tribunal Pleno, julgado em 7/11/2002, DJ 28/3/2003).

[27] BINENBOJM, Gustavo. *Poder de polícia, ordenação e regulação*: transformações político-jurídicas, econômicas e institucionais do direito administrativo ordenador. Belo Horizonte: Fórum, 2016, p. 256.

[28] STF, ADI 1717, Relator Min. Sydney Sanches, Tribunal Pleno, julgado em 7/11/2002, DJ 28/3/2003.

[29] BRASIL, Superior Tribunal de Justiça. *REsp 817.534/MG*, Rel. Min. Mauro Campbell Marques, SEGUNDA TURMA, DJe 10/12/2009.

de coerção do Poder Público. [Em verdade,] no que tange aos atos de sanção, o bom desenvolvimento por particulares estaria, inclusive, comprometido pela busca do lucro – aplicação de multas para aumentar a arrecadação".

E agora, pacificando o entendimento jurisprudencial, o *leading case* analisado, de forma pioneira e paradigmática, consagrou a tese da **possibilidade de delegação** *condicionada* a alguns elementos essenciais[30] e pautada nas seguintes premissas:

1ª. *As estatais prestadoras de serviços públicos em regime de monopólio, embora sejam pessoas jurídicas de direito privado, possuem características que identificam traços de natureza jurídica híbrida* – Assim, é possível dizer que entidades da Administração Pública indireta que prestem exclusivamente serviço público de atuação própria do Estado de capital social majoritariamente público, sem o objetivo de lucro, em regime não concorrencial, não se assemelham aquelas rígidas pelo modelo concorrencial, onde necessariamente incide o regime de direito privado;

2ª. *Não existe vedação constitucional para a delegação* – Ante a natureza jurídica de direito público da pessoa que desempenhará a função de polícia delegada, em perfeita paridade com a natureza jurídica do ente delegante,[31] não existindo, portanto, qualquer impedimento ao exercício do poder de polícia pelo delegatário pessoa jurídica de direito público;[32] [33]

3ª. *A questão relativa à ausência de estabilidade do empregado não afasta a possibilidade do exercício do poder de polícia* – Apesar de os empregados públicos não contaram com a prerrogativa da estabilidade prevista no art. 41 da CF, não estão submetidos a regime idêntico ao aplicável à iniciativa privada, isto é, o regime celetista aplicado à Administração indireta possui singularidades que afastam o argumento da instabilidade;[34]

---

[30] 1. *Respeito à legalidade* – por meio de lei; 2. *Capital social majoritariamente público* – as pessoas jurídicas de direito privado integrantes da Administração Pública indireta de capital social majoritariamente público; 3. *Regime não concorrencial* – que as pessoas jurídicas de direito privado integrantes da Administração Pública indireta prestem exclusivamente serviço público de atuação própria do Estado em regime não concorrencial.

[31] CARLOS ARI SUNDFELD, ensina que "empresa que executa atividade pública se sujeita ao direito público, no que respeita a essa atividade." (SUNDFELD, Carlos Ari. Empresa estatal pode exercer o poder de polícia. *Boletim de Direito Administrativo*, São Paulo, v. 9, n. 2, p. 98-102, fev. 1993. Disponível em: http://dspace/xmlui/bitstream/item/18444/geicIC_FRM_0000_pdf.pdf?sequence=1. Acesso em: 28 maio 2015, p. 101).

[32] Nas palavras do Ministro FUX "É que o regime jurídico híbrido das estatais prestadoras de serviço público em regime de monopólio é plenamente compatível com a delegação, nos mesmos termos em que se admite a constitucionalidade do exercício delegado de atividade de polícia por entidades de regime jurídico de direito público" (RE nº 633.782, Relator(a): LUIZ FUX, Tribunal Pleno, julgado em 26/10/2020, PROCESSO ELETRÔNICO REPERCUSSÃO GERAL - MÉRITO DJe-279 DIVULG 24-11-2020 PUBLIC 25-11-2020, voto do Min. Luiz Fux, p. 48).

[33] Como destaca Valter Shuenquener de Araújo, o papel ordenador, regulatório e preventivo do poder de polícia é que precisa ser ressaltado na conjuntura atual. Nas palavras do cultuado professor "o Direito Administrativo Sancionador não é um fim em si mesmo. Seu precípuo papel é o de organizar atividades e de incentivar comportamentos desejáveis pela sociedade" (ARAÚJO, Valter Shuenquener de. Direito Administrativo Sancionador no Brasil: uma contribuição para a efetividade dos direitos fundamentais. *In*: ARABI, Abhner Youssif Mota; MALUF, Fernando, MACHADO NETO, Marcello Lavenère (Coords.). *Constituição da República 30 anos depois*: uma análise prática da eficiência dos direitos fundamentais. Estudos em homenagem ao Ministro Luiz Fux. Belo Horizonte: Fórum, 2018, p. 435-448, p. 446).

[34] A admissão de empregados públicos em empresas estatais deve ser sempre precedida de concurso público, característica que, a princípio, não se coaduna com a dispensa imotivada, *v.g.*: "Ementa: Direito Constitucional e Direito do Trabalho. Embargos de declaração em recurso extraordinário. Dispensa sem justa causa de empregados da ECT. Esclarecimentos acerca do alcance da repercussão geral. Aderência aos elementos do caso

4ª. *Não há razão para o afastamento do atributo da coercibilidade inerente ao exercício do poder de polícia, sob pena de esvaziamento da finalidade para a qual aquelas entidades foram criadas* – O poder de polícia não se confunde com segurança pública, de modo que o exercício do poder de polícia não é prerrogativa exclusiva das entidades policiais, desse modo as estatais prestadoras de serviço público de atuação própria do Estado e em regime de monopólio (com regime jurídico próximo do fazendário), podem receber por lei delegação de atos de polícia;

5ª. *Não há motivo para afastar a delegação sob o fundamento incompatibilidade da função de polícia com a finalidade lucrativa, porquanto as estatais prestadoras de serviço público de atuação própria do Estado não exploram atividade econômica em regime de concorrência* – A entidade que exerce função pública típica não tem como finalidade precípua a obtenção de lucro, até mesmo porque as estatais prestadoras de serviço público de atuação própria do Estado não exploram atividade econômica em regime de concorrência.

Assim, concluiu o Ministro Luiz Fux, que a única fase do ciclo de polícia que é absolutamente *indelegável* é justamente: "a *ordem de polícia*, ou seja, a função legislativa. Os atos de consentimento, de fiscalização e de aplicação de sanções podem ser delegados"[35] a estatais que tenham um regime jurídico próximo daquele aplicável à Fazenda Pública.[36]

O majestoso voto aborda temas centrais do Direito Administrativo e Constitucional moderno com densidade única e uma abordagem original. O *case* desmistifica a questão relativa da delegação dos poderes de polícia de forma clara e objetiva, lançando luzes sobre o tema e inaugurando um novo paradigma doutrinário e jurisprudencial.

Afinal, quando a sociedade evolui, o direito tem que acompanhar essa mudança e evoluir junto e não seria diferente com a jurisprudência.

---

concreto examinado. 1. No julgamento do RE 589998, realizado sob o regime da repercussão geral, esta Corte estabeleceu que a Empresa Brasileira de Correios e Telégrafos – ECT tem o dever de motivar os atos de dispensa sem justa causa de seus empregados. Não houve, todavia, a fixação expressa da tese jurídica extraída do caso, o que justifica o cabimento dos embargos. 2. O regime da repercussão geral, nos termos do art. 543-A, §7º, do CPC/1973 (e do art. 1.035, §11, do CPC/2015), exige a fixação de uma tese de julgamento. Na linha da orientação que foi firmada pelo Plenário, a tese referida deve guardar conexão direta com a hipótese objeto de julgamento. 3. A questão constitucional versada no presente recurso envolvia a ECT, empresa prestadora de serviço público em regime de exclusividade, que desfruta de imunidade tributária recíproca e paga suas dívidas mediante precatório. Logo, a tese de julgamento deve estar adstrita a esta hipótese. 4. A fim de conciliar a natureza privada dos vínculos trabalhistas com o regime essencialmente público reconhecido à ECT, não é possível impor-lhe nada além da exposição, por escrito, dos motivos ensejadores da dispensa sem justa causa. Não se pode exigir, em especial, instauração de processo administrativo ou a abertura de prévio contraditório. 5. Embargos de declaração providos em parte para fixar a seguinte tese de julgamento: A Empresa Brasileira de Correios e Telégrafos – ECT tem o dever jurídico de motivar, em ato formal, a demissão de seus empregados" (RE 589998 ED, Relator(a): ROBERTO BARROSO, Tribunal Pleno, julgado em 10/10/2018, ACÓRDÃO ELETRÔNICO DJe-261 DIVULG 04-12-2018 PUBLIC 05-12-2018).

[35] RE 633782, Relator(a): LUIZ FUX, Tribunal Pleno, julgado em 26/10/2020, PROCESSO ELETRÔNICO REPERCUSSÃO GERAL - MÉRITO DJe-279 DIVULG 24-11-2020 PUBLIC 25-11-2020, voto do Min. Luiz Fux, p. 61.

[36] A decisão já está consagrada agora como a jurisprudência predominante no Poder Judiciário nacional, *v.g.*: ARE 1351079 AgR, Relator(a): ROBERTO BARROSO, Primeira Turma, julgado em 28/03/2022, PROCESSO ELETRÔNICO DJe-074 DIVULG 19-04-2022 PUBLIC 20-04-2022; ARE 1351083 ED, Relator(a): ROSA WEBER, Primeira Turma, julgado em 14/02/2022, PROCESSO ELETRÔNICO DJe-031 DIVULG 16-02-2022 PUBLIC 17-02-2022.

VOTO

O Senhor Ministro Luiz Fux (Relator): Senhor Presidente, egrégio Plenário, ilustre representante do Ministério Público, senhores advogados presentes.

O Plenário deste Supremo Tribunal reconheceu repercussão geral ao *thema decidendum*, veiculado nos autos destes Recursos Extraordinários, referentes à definição da compatibilidade constitucional da delegação do poder de polícia administrativa a pessoas jurídicas de direito privado prestadoras de serviço público integrantes da Administração Pública indireta.

I. Preliminares

Da admissibilidade dos recursos extraordinários

Ab initio, verifico que os autos em análise albergam dois recursos extraordinários, o primeiro interposto pelo Ministério Público do Estado de Minas Gerais e o segundo interposto pela Empresa de Transporte e Trânsito de Belo Horizonte – BHTRANS.

O Recurso Extraordinário interposto pelo Ministério Público do Estado de Minas Gerais impugna acórdão originário proferido pelo Tribunal de Justiça do Estado de Minas Gerais no julgamento da Apelação Cível 1.0024.10.112.860-1/001, que assentou a possibilidade de delegação do Poder de Polícia Estatal para a Empresa de Transporte e Trânsito de Belo Horizonte – BHTRANS, entidade constituída sob a forma de sociedade de economia mista (e-Doc. 10, p. 191-204). O acórdão proferido pelo Tribunal de Justiça do Estado de Minas Gerais restou assim ementado:

[...]

Violação do direito à prestação jurisdicional adequada

Preliminarmente, o apelo extremo interposto pela Empresa de Transporte e Trânsito de Belo Horizonte – BHTRANS sustenta violação aos artigos 5º, XXXV, e 93, IX, da Constituição, uma vez que a temática alusiva à composição acionária da Empresa de Transporte e Trânsito de Belo Horizonte – BHTRANS não teria sido considerada pelo Superior Tribunal de Justiça, de modo que restaria prejudicada a tese de que o poder de polícia não estaria sendo exercido, *in casu*, por particulares.

Não assiste razão à recorrente.

[...]

Usurpação da competência do Supremo Tribunal Federal

A recorrente, ainda em sede preliminar, aduz a tese de usurpação de competência por parte do Superior Tribunal de Justiça. Isso porque o Tribunal de Justiça do Estado de Minas Gerais teria julgado válida a delegação da atividade de controle de trânsito à Empresa de Transportes e Trânsito de Belo Horizonte S/A – BHTRANS com base em lei ordinária municipal. Assim, a análise da compatibilidade entre lei local e lei federal revelaria competência do Supremo Tribunal Federal, nos termos do artigo 102, inciso III, *d*, da Constituição.

Não assiste razão à recorrente.

[...]

Da questão constitucional

A controvérsia *sub examine* consiste na apreciação da constitucionalidade da delegação do exercício de poder de polícia a pessoas jurídicas de direito privado integrantes da Administração Pública indireta.

A *vexata quaestio* ora submetida à apreciação deste Plenário gravita em torno de um dos temas mais sensíveis do Direito Administrativo contemporâneo, objeto de ampla reflexão doutrinária, acadêmica e jurisprudencial. Isso porque a indispensável definição acerca da possibilidade do exercício do poder de polícia administrativa por pessoas jurídicas de direito privado integrantes da Administração Pública indireta impõe a análise detida das mais variadas visões existentes na doutrina e prática jurídica brasileira.

A repercussão geral do tema decorre, pois, da necessidade de estabilização da interpretação dos dispositivos constitucionais afetos ao tema, de modo a fixar, objetivamente, tese sobre a viabilidade, ou não, de delegação da atividade de polícia administrativa a pessoas jurídicas de direito privado integrantes da Administração Pública indireta, a ser replicada nos tribunais do país.

Nesse contexto, rememoro que esta Corte já se manifestou sobre a questão relativa à delegação de poder de polícia administrativa a entidades privadas no julgamento da ADI nº 1.717, de relatoria do Ministro Sydney Sanches. Naquela oportunidade, o Pleno do Tribunal concluiu pela *indelegabilidade, a uma entidade privada, de atividade típica de Estado, que abrange até poder de polícia, de tributar e de punir, no que concerne ao exercício de atividades profissionais regulamentadas*, em acórdão que veiculou a seguinte ementa:

[...]

O Superior Tribunal de Justiça, no julgamento que deu origem ao presente Recurso Extraordinário, prestigiou a tese de que somente os atos relativos ao consentimento e à fiscalização são delegáveis, seguindo o entendimento de que aqueles referentes à legislação e à sanção derivam do poder de coerção do Poder Público, este indelegável às pessoas jurídicas de direito privado (STJ, EDcl no REsp 817.534/MG, Rel. Ministro Mauro Campbell Marques, Segunda Turma, julgado em 25/5/2010, *DJe* 16/6/2010; e REsp. 817.534/MG, Rel. Ministro Mauro Campbell Marques, Segunda Turma, Julgado em 10/11/2009, *Dje* 10/12/2009).

No âmbito doutrinário, apesar de a maioria dos administrativistas sustentar a indelegabilidade do poder de polícia a entes privados, o cenário é de entendimentos díspares.[1]

Assim, ao decidir pela tese de que somente os atos relativos ao *consentimento* e à *fiscalização* são delegáveis – na medida em que os referentes à *legislação* e à *sanção* derivam do poder de coerção do Poder Público, manifestações indelegáveis às pessoas jurídicas de direito privado -, o Superior Tribunal de Justiça adotou interpretação que merece análise detida por esta Suprema Corte, à luz das disposições do texto constitucional.

Nesse contexto, depreende-se que a questão constitucional ultrapassa os interesses das partes e é relevante do ponto de vista econômico, político, social e jurídico. Trata-se, pois, de temática sensível no âmbito do Direito Administrativo e Constitucional contemporâneo com ressonância em inúmeros feitos, o que impõe a sua análise sob a sistemática da repercussão geral.

II. Mérito

A *quaestio iuris* submetida a julgamento consiste na definição, por esta Corte, da compatibilidade constitucional de delegação da atividade de polícia administrativa a pessoas jurídicas de direito privado integrantes da Administração Pública indireta.

Para a análise da matéria *sub judice*, é indispensável, *ab initio*, a fixação de algumas premissas teóricas e a realização de um recorte teórico. A controvérsia posta em julgamento se restringe à aferição da compatibilidade constitucional da delegação do poder de polícia administrativa a pessoas jurídicas de direito privado integrantes da Administração Pública indireta. O caso concreto tem por objeto delegação conferida à sociedade de economia mista municipal. A matéria afetada, portanto, a este julgamento, em repercussão geral, não se estende a pessoas físicas ou jurídicas desvinculadas da Administração Pública. A possibilidade de delegação do poder de polícia a particulares não é, portanto, tema destes autos.

Para adequada apreciação da *vexata quaestio*, o exame do mérito foi dividido em três partes. Na primeira, são estabelecidos os principais pressupostos teóricos para o regular exercício do poder de polícia. Prosseguindo, na segunda parte, é colacionada a jurisprudência desta Corte acerca do regime jurídico das empresas públicas e sociedades de economia mista prestadoras de serviço público em regime não concorrencial. E, por fim, na última parte, a delegação da atividade de polícia administrativa propriamente dita é examinada.

Passo à análise do mérito.

II.1 O Poder de Polícia no Direito Administrativo Contemporâneo

A conceituação exata do termo *poder de polícia*, em razão de sua complexidade e constante transformação, é tema e amplamente debatido pela doutrina pátria. Sem a pretensão de esgotamento da matéria, cabe, aqui, uma incursão breve e utilitária na definição, com a exclusiva finalidade de estabelecer os subsídios necessários ao julgamento do *thema decidedum*.

Etimologicamente, a palavra *polícia* decorre do grego *politeia* e do latim *politia*, termos que traduziam a ideia de administração das cidades, gestão da *polis*. Como se vê, o termo polícia se relaciona, intimamente, com a administração do Estado. De acordo com **DIOGO DE FIGUEIREDO MOREIRA NETO**:

> foi com essa acepção geral, de **administração**, que o vocábulo se manteve até o final da Idade Média, difundindo-se o seu uso nos idiomas do romance, até que, sob o influxo das ideias liberais germinadas no século XVIII, concentrou-se o seu significado para a designação das **atividades do Estado limitativas e condicionadoras das liberdades individuais.** (MOREIRA NETO, Diogo de Figueiredo. *Curso de Direito Administrativo*. Rio de Janeiro: Forense, 2014. p. 437). (Grifamos)

Em sua acepção histórica, apesar da raiz etimológica comum, o termo *política* se diferencia da expressão *polícia*. Na lição de **GUSTAVO BINENBOJM**:

> A política significava viver na polis, isto é, estar submetido a uma forma de governo de membros autônomos e iguais, na qual as questões de interesse comum eram resolvidas mediante recurso às palavras e à persuasão, e não por meio da força e da violência. [...] A polícia, a seu turno, designava um modo distinto de governança, de natureza pré-política, aplicável à vida fora da polis, ou seja, à vida da casa e da família, na qual o patriarca – o pater familias— comandava seus subordinados com poderes despóticos e incontestáveis. A função do patriarca era chefiar a família e zelar pela maximização do seu bem-estar e prosperidade. (*Poder de Polícia, ordenação, regulação*: transformações político-jurídicas, econômicas e institucionais do direito administrativo ordenador. Belo Horizonte: Fórum, 2016. p. 27)

Com a evolução dos tempos, a expressão *"poder de polícia"* passou a ser utilizada para designar propriamente uma prerrogativa estatal a partir dos regimes absolutistas europeus. Assevera **GUSTAVO BINENBOJM** que "*o Estado absoluto é denominado Estado de Polícia precisamente porque o poder de polícia passa nele a designar a integralidade da ação estatal [...]*" (*Poder de Polícia, ordenação, regulação: transformações político-jurídicas, econômicas e institucionais do direito administrativo ordenador*. Belo Horizonte: Fórum, 2016. p. 29).

A compreensão do poder de polícia é, assim, originalmente permeada por um contexto do Estado absolutista, significando, na lição de **MARCELLO CAETANO**, uma "*atividade eminentemente discricionária, subtraída à lei e regida pelas vicissitudes e circunstâncias do bem comum e da segurança pública*" (*Manual de Direito Administrativo*. Coimbra: Almedina, 1980. V. II, p. 1147).

Em razão do ambiente histórico que envolve a matéria, surgiu, na doutrina, crítica à terminologia *"poder de polícia"*, porquanto ela retrata designação surgida em regime incompatível com o Estado de Direito, revelando sua inadequação em relação à sistemática atual. Comumente, são propostas novas nomenclaturas, tais como administração ordenadora[2], limitações administrativas à liberdade e à propriedade, dentre outras. Sobre a crítica, consigna o jurista **CELSO ANTÔNIO BANDEIRA DE MELLO** (*Curso de Direito Administrativo*. São Paulo: Malheiros, 30. ed. 2013, p. 837) que

> [...] a expressão "poder de polícia" traz consigo a evolução de uma época pretérita, a do "Estado de Polícia", que precedeu ao Estado de Direito. Traz consigo a suposição

de prerrogativas dantes existentes em prol do "príncipe" e que se faz comunicar inadvertidamente ao Poder Executivo. Em suma: raciocina-se como se existisse uma "natural titularidade de poderes em prol da Administração e como se dela emanasse intrinsecamente, fruto de um abstrato 'poder de polícia'".

A crítica dos inconvenientes desta expressão foi admiravelmente bem-feita por Agustín Gordillo, a quem hoje damos razão e segundo quem melhor seria que fosse banida do vocabulário jurídico. Atualmente, na maioria dos países europeus (de que a França é marcante exceção), em geral o tema é tratado sob a titulação "limitações administrativas à liberdade e à propriedade", e não mais sob o rótulo de "poder de polícia".

Nos Estados Unidos, por sua vez, a concepção do lá denominado *police power* se ateve ao exercício da função legislativa, de modo que, segundo a percepção de **CAIO TÁCITO**:

> a expressão **police power** surge, pela primeira vez, em 1827, utilizada por Marshall no caso **Brown v. Maryland**, voltando, dez anos mais tarde, a ser usada no caso **Mayor of New York v. Miln**, tornando-se, pouco a pouco, de emprego comum. Em uma das primeiras definições, no caso **Commonwealth v. Alger** (1853), dizia o Chief Justice Shaw, depois de aludir à relatividade dos direitos de propriedade, subordinados aos demais interêsses individuais e aos da coletividade" (TÁCITO, Caio. O Poder de Polícia e seus Limites. *Revista de Direito Administrativo*, v. 27. p. 5).

No mesmo sentido, **WESTEL WILLOUGHBY** em seu clássico *Principles of the Constitution Law of the United States*, verbis:

> O poder a que aludimos é antes o poder da polícia, o poder investido na legislatura pela Constituição para fazer, ordenar e estabelecer todo tipo de leis, estatutos e ordenanças adequados e razoáveis, com ou sem penalidades, não repugnantes para a Constituição, como julgarão ser para o bem e bem-estar da Commonwealth, e para os destinatários da mesma. (WILLOUGHBY, Westel W. *Principles of the Constitution Law of the United States*. 2. ed. 1935, p. 763; *apud* TÁCITO, Caio. O Poder de Polícia e seus Limites. *Revista de Direito Administrativo*, v. 27. p. 5)

Assim, no direito norte-americano os debates sobre o poder de polícia possuem foco no campo do Direito Constitucional, mais especificamente na esfera legislativa acerca dos limites constitucionais do poder de polícia na imposição de restrições a direitos e liberdades individuais.

No campo do Direito Administrativo da tradição francesa, por sua vez, o conceito da *police administrative* relaciona-se estritamente com a preservação da ordem pública, da segurança, da tranquilidade e da salubridade públicas. A doutrina clássica, vinculada a essa tradição francesa, preleciona que a noção de poder de polícia deveria ser compreendida como mero *"processo negativo de manutenção da sociedade contra os excessos individualistas"*. Nesse contexto, **OTTO MAYER** afirma que *"o poder de polícia consiste, em suma, na ação da autoridade estatal para fazer cumprir o dever de não perturbar a boa ordem da coisa pública (gute Ordnung des Gemeinwesens)"* (Apud TÁCITO, Caio. *O Poder de Polícia e seus Limites*. Revista de Direito Administrativo, v. 27. p. 3). Assim, o poder de polícia se resumiria no dever de *não perturbar*.

A partir de uma conceituação mais moderna, entretanto, prestigia-se uma maior extensão à compreensão do poder de polícia administrativa. Nesse sentido, **CELSO ANTÔNIO BANDEIRA DE MELLO**, citando **RENATO ALESSI**, reconhece ao Estado um papel mais amplo e ativo da atividade de polícia administrativa, *verbis*:

> "sem desconhecer o caráter eventualmente repressivo da polícia administrativa [...] a atividade administrativa preordenada à proteção do todo social e de suas partes, mediante uma ação, ora de observação, ora de prevenção, ora de repressão contra os danos que a eles poderiam ocorrer em razão da atividade dos indivíduos [...] a atividade da Administração Pública, expressa em atos normativos ou concretos, de condicionar, com fundamento em sua supremacia geral e na forma da lei, a liberdade e a propriedade dos indivíduos, mediante ação ora fiscalizadora, ora preventiva, ora repressiva, impondo coercitivamente aos particulares um dever de abstenção ("non facere") a fim de conformar-lhe os comportamentos aos interesses sociais consagrados no sistema normativo". (MELLO, Celso Antônio Bandeira de. *Curso de Direito Administrativo*. São Paulo: Malheiros, 30. ed. 2013, p. 851 e 853)

Prosseguindo na difícil tarefa da definição do poder de polícia, **CAIO TÁCITO** nos apresenta o seguinte conceito:

> "o poder de polícia é, em suma, o conjunto de atribuições concedidas à administração para disciplinar e restringir, em favor de interêsse público adequado, direitos e liberdades individuais. Essa faculdade administrativa não violenta o princípio da legalidade porque é da própria essência constitucional das garantias do indivíduo a supremacia dos interêsses da coletividade. Não há direito público, seja em sua formação ou em seu exercício" (TÁCITO, Caio. O Poder de Polícia e seus Limites. *Revista de Direito Administrativo*, v. 27. p. 08).

Nessa esteira, **DIOGO DE FIGUEIREDO MOREIRA NETO** entende que:

> "o que se tinha como um "poder de polícia" deve hoje ser entendido apenas como o exercício de função reservada ao legislador, pois apenas por lei é constitucionalmente possível limitar e condicionar liberdades e direitos em tese, enquanto, distintamente, a função de polícia, como aplicação da lei, no exercício de função reservada ao administrador, pois a este cabe concretizar a incidência das limitações e condicionamentos legais nas hipóteses previstas" (MOREIRA NETO, Diogo de Figueiredo. *Curso de Direito Administrativo*. Rio de Janeiro: Forense, 2014. p. 438).

Nesse contexto, a doutrina pátria biparte o poder de polícia em sentido amplo e em sentido estrito. O magistério de **JOSÉ DOS SANTOS CARVALHO FILHO** bem delimita tal diferenciação:

> "Em sentido amplo, **poder de polícia** significa toda e qualquer ação restritiva do Estado em relação aos direitos individuais. Sobreleva nesse enfoque a função do Poder Legislativo, incumbido da criação do *ius novum*, e isso porque apenas as leis, organicamente consideradas, podem delinear o perfil dos diretos elastecendo ou reduzindo o seu conteúdo. É o princípio constitucional de que "**ninguém será obrigado a fazer ou deixar de fazer alguma coisa senão em virtude de lei**" (art. 5º, II, CF).

Em sentido estrito, poder de polícia se configura como atividade administrativa, que consubstancia [...] verdadeira prerrogativa conferida aos agentes da Administração, consistente no poder de restringir e condicionar a liberdade e a propriedade." (CARVALHO FILHO, José dos Santos. *Manual de Direito Administrativo*. 31 ed. São Paulo: Atlas, 2017. p. 78).

Como se vê, a noção estrita de poder de polícia conferiu as bases para a definição do que, atualmente, se entende por *polícia administrativa*. Vale dizer, ainda, que função de polícia administrativa, em sua acepção estrita, não se confunde com a da polícia judiciária, atividade que, embora administrativa, relaciona-se com a preparação para atuação da jurisdição penal e é executada por órgãos de segurança pública, elencados no artigo 144 da Constituição da República.[5]

O objeto do julgamento, como já exposto, é, por conseguinte, a aferição da compatibilidade constitucional da delegação da atividade de polícia administrativa a estatais prestadoras de serviço público.

Após essa incursão doutrinária acerca dos contornos conceituais do poder de polícia, tem-se como traço fundamental da definição a tutela do interesse público primário. O poder de polícia administrativa, portanto, ao limitar os excessos no exercício das liberdades, mostra-se como instrumento de garantia da própria liberdade e do interesse da coletividade, sem desamparar os direitos fundamentais individuais.

Sob o enfoque legislativo, a Constituição da República prevê a possibilidade de instituição de taxas em razão do exercício do poder de polícia.[6] E a definição legal de poder de polícia também consta do disposto no artigo 78 do Código Tributário Nacional, *in verbis*:

[...]

A previsão normativa do poder de polícia, embora não precisa, traça os aspectos gerais relacionados às limitações de direitos e estabelece uma enumeração exemplificativa de suas manifestações.

A doutrina, por sua vez, criou a teoria do ciclo de polícia, que se desenvolve em quatro fases, cada uma correspondendo a um modo de atuação da Administração: a **ordem de polícia**, o **consentimento de polícia**, a **fiscalização de polícia** e a **sanção de polícia**. De acordo com o magistério de **DIOGO DE FIGUEIREDO MOREIRA NETO** (*Curso de Direito Administrativo*. Rio de Janeiro: Forense, 2014. p. 440/444):

> A **ordem de polícia** é o **preceito legal básico**, que possibilita e inicia o **ciclo de atuação**, servindo de referência específica de **validade** e satisfazendo a **reserva constitucional** (art. 5º, II), para que **se não faça** aquilo que possa prejudicar o interesse geral ou para que **se não deixe fazer** alguma coisa que poderá evitar ulterior prejuízo público, apresentando-se, portanto, sob duas modalidades [...], em que ambos os casos, a **limitação** é o instrumento básico da atuação administrativa de polícia. Essas modalidades, referem-se, portanto, respectivamente, a **restrições** e a **condicionamentos**. [...]
> O **consentimento de polícia**, em decorrência, é o ato administrativo de **anuência** que possibilita a utilização da propriedade particular ou o exercício da atividade privada, em

todas as hipóteses legais em que a ordem de polícia se apresenta sob a segunda modalidade: com a **previsão de reserva de consentimento**, a provisão pela qual o legislador exige um **controle administrativo prévio** da efetiva **compatibilização do uso de certo bem ou do vexercício de certa atividade com o interesse público.** [...]
Segue-se, no ciclo, a **fiscalização de polícia**, a função que se desenvolverá tanto para a verificação do **cumprimento das ordens de polícia**, e não apenas quanto à observância daquelas absolutamente vedatórias, que não admitem exceções, como para constatar se, naquelas que foram consentidas, não ocorrem **abusos do consentimento** nas utilizações de bens e nas atividades privadas, tanto nos casos de outorga de **licenças** como de **autorizações**. A utilidade da **fiscalização de polícia** é, portanto, dupla: porque, primeiramente, realiza a prevenção das infrações pela observação do adequado cumprimento, por parte dos administrados, das ordens e dos consentimentos de polícia; e, em segundo lugar, porque prepara a repressão das infrações pela constatação formal da existência de atos infratores. (...)
Finalmente, falhando a fiscalização preventiva, e verificada a ocorrência de infrações às ordens de polícia e às condições de consentimento, desdobra-se a fase final do **ciclo jurídico** em estudo, com a **sanção de polícia** - que vem a ser a **função pela qual se submete coercitivamente o infrator a medidas inibidoras (compulsivas) ou dissuasoras (suasivas) impostas pela Administração.**

A teoria do ciclo de polícia exsurge como um relevante marco teórico, especialmente para a análise da constitucionalidade da delegação do poder de polícia, uma vez que demonstra o desenvolvimento de sua manifestação em fases bem delimitadas.

No acórdão proferido pelo Superior Tribunal de Justiça, ora impugnado por este recurso extraordinário, a teoria do ciclo de polícia foi base para a predileção pela tese de indelegabilidade das fases de *ordem de polícia* e *sanção de polícia* à Empresa de Transportes e Trânsito de Belo Horizonte S/A - BHTRANS, ao entendimento de que tais modos de atuação seriam restritos a pessoas jurídicas de direito público.

Estabelecidas as premissas teóricas fundamentais acerca do poder de polícia, passa-se à análise da jurisprudência desta Suprema Corte no tocante ao tratamento dispensado às empresas públicas e sociedades de economia mista prestadoras de serviço público.

II.2. Jurisprudência do Supremo Tribunal Federal: regime jurídico das Empresas Públicas e Sociedades de Economia Mista Prestadoras de Serviço Público e Extensão do Regime Inerente à Fazenda Pública

A Constituição da República, ao dispor sobre as empresas públicas e sociedades de economia mista, prescreve a submissão dessas entidades da Administração Pública indireta ao regime jurídico de direito privado[7].

Entretanto, embora privado, o regime aplicável às empresas públicas e sociedades de economia mista prestadoras de serviço público se diferencia, em muito, daquele a que as exploradoras de atividade econômica ou mesmo ao que os particulares em colaboração com a Administração estão submetidos.

No dizer de **MIGUEL REALE**, em suas lições introdutórias ao estudo do Direito, é preciso sempre ter em mente que:

> [...] a verdade, muitas vezes, consiste em distinguir as coisas sem separá-las. Ao homem afoito e de pouca cultura basta perceber uma diferença entre dois seres para, imediatamente, extremá-los um do outro, mas os mais experientes sabem a arte de distinguir sem separar, a não ser que haja razões essenciais que justifiquem a contraposição (*Lições preliminares de Direito*. 27. ed. 2002, 12ª tiragem, 2014, p. 41).

As empresas públicas e sociedades de economia mista prestadoras de serviço público, embora sejam figuras jurídicas classificadas como pessoas de direito privado, possuem características que identificam traços de **natureza jurídica híbrida**, que ora se aproximam do regime de direito público, ora se afastam. A classificação, por conseguinte, dessas entidades como pessoas jurídicas de direito privado, não possui o condão de dissociá-las, de modo absoluto, de incidências do regime de direito público, em razão de sua atuação destinada à prestação de serviços públicos.

Nesse sentido, **GUSTAVO BINENBOJM** afirma que:

> "A despeito de sua natureza jurídica de direito privado, isso não é obstáculo per se a que elas exerçam certos atos e funções que um dia foram tidos como exclusivos do Estado. Tanto assim que se reconhece com certa tranquilidade, que as empresas estatais praticam atos de império no âmbito de licitações e concursos públicos, por imperativo do art. 37, II e XXI, da Constituição de 1988. Se as estatais se sujeitam ao regime jurídico de seleção de pessoal e de fornecedores, faz sentido que elas exerçam algum nível de autoridade. O processo licitatório e os atos relativos ao concurso público são tipicamente de Estado e aproximam-se da sua lógica de império. Daí se reconhecer, inclusive, o cabimento de mandado de segurança contra atos de autoridade praticados por empresas estatais." (*Poder de Polícia, ordenação, regulação*: transformações político-jurídicas, econômicas e institucionais do direito administrativo ordenador. Belo Horizonte: Fórum, 2016. p. 273)

Ipso facto, esta Suprema Corte tem vasta jurisprudência no sentido de reconhecer a incidência de traços do regime de direito público às estatais que desempenham determinadas funções públicas, reafirmando a natureza híbrida de tais entidades. Consolidou-se a compreensão de que sociedades de economia mista e empresas públicas prestadoras de serviços públicos em regime não concorrencial possuem algumas prerrogativas, originalmente, destinadas apenas a pessoas jurídicas de direito público. Essa tendência do Tribunal, conforme observa **GUSTAVO BINENBOJM**, vem sendo denominada pela doutrina de *"autarquização das empresas estatais prestadoras de serviço públicos"* ou *"feições autárquicas"* dessas entidades da Administração indireta (*Poder de Polícia, ordenação, regulação*: transformações político-jurídicas, econômicas e institucionais do direito administrativo ordenador. Belo Horizonte: Fórum, 2016. p. 273).

Nesse sentido, o Supremo Tribunal Federal pacificou, *verbi gratia*, que as sociedades de economia mista prestadoras de serviço público de atuação própria do Estado e de natureza não concorrencial submetem-se ao regime de precatório. Dentre outros precedentes, recordo que, no julgamento do RE 852.302, de relatoria do Ministro Dias Toffoli, a 2ª Turma a tese foi aplicada. O caso concreto se referia a uma sociedade de economia mista prestadora de serviços de abastecimento de água e saneamento que prestava serviço público primário e em regime de exclusividade. Segundo o *decisum*, a atuação desta sociedade de economia mista correspondia à própria atuação do Estado, porquanto não existia objetivo de lucro e o capital social era majoritariamente estatal. O precedente veiculou a seguinte ementa:

[...]

A contrario sensu, esta Corte já havia decidido, no julgamento da Tese de Repercussão Geral 253, que *"sociedades de economia mista que desenvolvem atividade econômica em regime concorrencial não se beneficiam do regime de precatórios, previsto no art. 100 da Constituição da República."*, pois: *"[...] Os privilégios da Fazenda Pública são inextensíveis às sociedades de economia mista que executam atividades em regime de concorrência ou que tenham como objetivo distribuir lucros aos seus acionistas. Portanto, a empresa Centrais Elétricas do Norte do Brasil S.A. - Eletronorte não pode se beneficiar do sistema de pagamento por precatório de dívidas decorrentes de decisões judiciais (art. 100 da Constituição).* (...) O acórdão, da lavra do Ministro Joaquim Barbosa, foi, assim, emendado:

[...]

A jurisprudência foi reafirmada pelo Tribunal no julgamento da ADPF 387, de relatoria do Ministro Gilmar Mendes, em que restou assentada na no item 4 da ementa a conclusão, no sentido de que *"é aplicável o regime dos precatórios às sociedades de economia mista prestadoras de serviço público próprio do Estado e de natureza não concorrencial"*. Há, ainda, inúmeros outros precedentes no mesmo sentido.[8]

Ademais, no julgamento da ADI nº 1.642, de relatoria do Ministro Eros Grau, esta Corte estabeleceu distinção relativa ao regime jurídico aplicável às estatais exploradoras de atividade econômica e às prestadoras de serviço público, reconhecendo a esta última natureza jurídica híbrida, *verbis*:

[...]

A jurisprudência do Supremo Tribunal Federal é, pois, sólida em distinguir o regime aplicável às empresas públicas e sociedades de economia mistas prestadoras de serviço público que atuam em regime de monopólio daquelas exploradoras de atividade econômica em regime concorrencial, em razão da natureza híbrida resultante da inevitável incidência de aspectos próprios do regime de direito público àquelas que prestam serviço público sem qualquer concorrência.

Vale, ainda, o registro de que esta Corte decidiu, no julgamento do RE nº 658.570, pela constitucionalidade do exercício do poder de polícia pelas guardas municipais, inclusive com a possibilidade de aplicação de sanções administrativas previstas em lei, fixando tese em repercussão geral, nos seguintes termos: *"é constitucional a atribuição às guardas municipais do exercício de poder de polícia de trânsito, inclusive para imposição de sanções administrativas legalmente previstas"*, em decisão que veiculou a seguinte ementa:

[...]
Anote-se, contudo, que, embora, inicialmente, tenha sido constituída sob a forma de empresa pública, a guarda municipal do Município do Rio de Janeiro foi transformada em autarquia pela Lei Complementar do Município do Rio de Janeiro 100, de 15 de outubro de 2009.

Assim, as estatais prestadoras de serviço público de atuação própria do Estado, embora sejam concebidas em regime de direito privado, praticam atos natureza jurídica pública. Por atuarem no campo próprio do Estado, exercem funções eminentemente públicas, e não predominantemente privadas. À função de natureza pública, portanto, incide regime de direito público próximo ao aplicável ao Estado.

Nessas hipóteses de atuação, o foco está no sentido objetivo da noção de administração pública, e não em seu sentido subjetivo. É que, conforme a lição de **MARIA SYLVIA ZANELLA DI PIETRO:**
[...]
Dos precedentes desta Suprema Corte sobre a matéria, é possível identificar alguns fatores que justificam a extensão de prerrogativas destinadas à Fazenda Pública a empresas públicas e sociedades de economia mista prestadoras de serviço público em regime de monopólio e, consequentemente, a aplicação de regime jurídico público aos atos por elas praticados. A extensão da aplicação de regras do regime de direito público àquelas pessoas jurídicas se restringe a **entidades integrantes da Administração Pública indireta destinadas à prestação de serviço público de atuação própria do Estado, em regime não concorrencial e cujo capital social seja majoritariamente público**.

Analisados os precedentes desta Corte e extraídas suas premissas, passo, enfim, à análise da *quaestio iuris* propriamente dita, relativa à constitucionalidade da delegação do poder de polícia a entidades integrante da Administração Pública indireta de regime jurídico de direito privado.

II. 3. Delegação e parâmetros para o exercício do poder de polícia por entidades da Administração Pública indireta

A Constituição de 1988 atribuiu ao Estado brasileiro o dever de atuar em diversos campos da sociedade, circunstância que originou os mais variados mecanismos organizacionais legais para o atendimento dos comandos constitucionais.

A delegação surge, por conseguinte, nesse contexto, como técnica organizacional de transferência de atribuições públicas a destinatários diversos daqueles dotados das competências originárias. Isso com a finalidade precípua de atender ao princípio da eficiência na atuação da Administração Pública.

No Brasil, tradicionalmente, assentou-se a tese de que o poder de polícia é indelegável a pessoas jurídicas privadas. Como já mencionado anteriormente, esta

Corte já se manifestou sobre a questão relativa à delegação de poder de polícia a entidades privadas no julgamento da ADI nº 1.717, de relatoria do Ministro Sydney Sanches. Naquela oportunidade, o Pleno do Tribunal concluiu, em síntese, pela *indelegabilidade, a uma entidade privada, de atividade típica de Estado, que abrange até poder de polícia, de tributar e de punir, no que concerne ao exercício de atividades profissionais regulamentadas*. (**STF**, ADI 1717, Relator Min. Sydney Sanches, Tribunal Pleno, julgado em 7/11/2002, DJ 28.03.2003)

Entretanto, a *quaestio iuris* relativa à compatibilidade constitucional da delegação de poder de polícia a sociedades de economia mista e empresas públicas prestadoras de serviço público desafia a tese tradicional da indelegabilidade. Isso porque, como exposto no tópico anterior, as estatais prestadoras de serviços públicos em regime de monopólio, embora sejam pessoas jurídicas de direito privado, possuem características que identificam traços de natureza jurídica híbrida, que ora se aproximam do regime de direito público, ora se afastam. Essa característica, amplamente reconhecida pela jurisprudência desta Suprema Corte, implica tratamento condizente com suas particularidades.

O direito administrativo contemporâneo brasileiro reclama constante revisitação aos paradigmas impostos e repetidos pelos Tribunais. A ciência jurídica é dinâmica e repleta de intercessões, de modo que, raramente, uma afirmação genérica se mantém incólume frente a todas as possibilidades da realidade. Por isso, é indispensável a contemporização e submissão de tais paradigmas aos fenômenos jurídicos que se apresentam na efetiva aplicação das normas jurídicas.

Nesse contexto, a tese da indelegabilidade do poder de polícia a pessoas jurídicas de direito privado, majoritária na doutrina e jurisprudência pátria, certamente, não possui caráter absoluto. Com o devido cuidado que a matéria exige, há hipóteses em que a descentralização daquela atividade administrativa revela compatibilidade com a Constituição da República, a exemplo, já adianto, do caso específico, ora em julgamento, de delegação, *por meio de lei*, a *pessoas jurídicas de direito privado integrantes da Administração Pública indireta* de *capital social majoritariamente público* que *prestem exclusivamente serviço público de atuação própria do Estado em regime não concorrencial*.

A lógica da indelegabilidade do exercício do poder de polícia a pessoas jurídicas de direito privado se fundamenta, basicamente, em quatro pilares argumentativos: (*i*) *ausência de autorização constitucional*; (*ii*) *indispensabilidade da estabilidade do serviço público para o seu exercício*; (iii) *impossibilidade de delegação da prerrogativa da coercibilidade, atributo intrínseco ao poder de polícia, por ser atividade típica de Estado, e (iv) incompatibilidade da função de polícia com finalidade lucrativa*.

Passo a analisar cada uma dessas questões individualmente, a fim de demonstrar que, nenhuma delas, possui incidência na hipótese específica de delegação a sociedades de economia mista e empresas públicas que possuem os traços identificadoras da natureza jurídica híbrida, extraídas da jurisprudência do Supremo Tribunal Federal, ou seja, entidades da Administração Pública indireta que prestem exclusivamente serviço público de atuação própria do Estado de capital social majoritariamente público, sem o objetivo de lucro, em regime não concorrencial.

A **primeira questão** se relaciona com a tese de ausência de autorização constitucional para a delegação do poder polícia administrativa. O argumento é de que, como a norma contida no artigo 175 da Constituição se restringe à descentralização do desempenho de atividades relacionadas a serviços públicos em sentido estrito, não haveria autorização para a delegação de outras atividades administrativas. É que a previsão constitucional, ao admitir a execução indireta de atividades estatais, alude, apenas, serviços públicos, deixando de fora, *verbi gratia*, a possibilidade de delegação da atividade de polícia administrativa.

Entretanto, apesar da afirmada ausência de permissivo constitucional para a delegação de poder de polícia, admite-se, amplamente, a transferência dessa atividade a pessoas jurídicas de direito público. A justificativa para tal possibilidade está na natureza jurídica de direito público da pessoa que desempenhará a função de polícia delegada, em simetria à natureza jurídica do ente delegante, de modo que, neste caso, não haveria qualquer óbice ao exercício do poder de polícia pelo delegatário pessoa jurídica de direito público.

Nesse contexto, na hipótese específica de atribuição de atividade de polícia administrativa a estatais prestadoras de serviço público, não se sustenta a lógica da indelegabilidade por ausência de permissivo constitucional. É que o regime jurídico híbrido das estatais prestadoras de serviço público em regime de monopólio é plenamente compatível com a delegação, nos mesmos termos em que se admite a constitucionalidade do exercício delegado de atividade de polícia por entidades de regime jurídico de direito público. Como mencionado anteriormente, a incidência de normas de direito público em relação àquelas entidades da Administração indireta tem o condão de aproximá-las do regime de direito público, do regime fazendário e acabar por desempenhar atividade própria do Estado.

Deveras, o fato de a pessoa jurídica integrante da Administração Pública indireta destinatária da delegação da atividade de polícia administrativa ser constituída sob a roupagem do regime privado não a impede de exercer a função pública de polícia administrativa. Isso porque não se pode confundir o regime jurídico da pessoa com o regime da função desenvolvida. Na lição de **CARLOS ARI SUNDFELD**, *"empresa que executa atividade pública se sujeita ao direito público,* **no que respeita a essa atividade.**" (*Empresa Estatal pode Exercer o Poder de Polícia*. Boletim de Direito Administrativo, v. 2, São Paulo: NDJ, fev. 1993. p. 101).

O enfoque, portanto, consiste no regime necessariamente público da atividade desempenhada, de modo que o que deve ser viável, sob o prisma constitucional, é o desempenho da função pelos destinatários da delegação da atividade de polícia administrativa. Assim, tem-se como possível o exercício de uma função de Estado por uma pessoa jurídica integrante da Administração Pública indireta prestadora de serviço público. Essa é exatamente a razão por que a jurisprudência deste Tribunal admite a incidência de normas de direito público na hipótese de estatais prestadoras de serviço público de atuação própria do Estado, de capital social majoritariamente público, sem o objetivo de lucro, em regime não concorrencial.

Nesse ponto, é importante que não se confunda. A delegação da função de atuação própria do Estado à particular se diferencia, em muito, daquela relativa a pessoas jurídicas de direito privado integrantes da Administração Pública, que, como já exposto, possuem características que permitem o desempenho de atividades de natureza, eminentemente, estatal.

Consectariamente, a Constituição da República, ao autorizar a criação de empresas públicas e sociedades de economia mista que tenham por objeto exclusivo a prestação de serviços públicos de atuação típica do Estado, autoriza, consequentemente, a delegação dos meios necessários à realização do serviço público delegado, sob pena de restar inviabilizada a atuação dessas entidades na prestação de serviços públicos.

Assim, a afirmada indelegabilidade do poder de polícia por ausência de permissivo constitucional não se sustenta na hipótese do exercício da atividade por estatal prestadora de serviço público de atuação própria do Estado. Nesse seguimento, é forçoso concluir que mais relevante do que restringir os possíveis atores estatais com competência para o exercício do poder de polícia e, por conseguinte, para a aplicação de sanções, é identificar caminhos para uma melhor racionalização e sistematização do direito punitivo estatal, que também se materializa através desse poder da Administração. O papel ordenador, regulatório e preventivo do poder de polícia é que deve ganhar o devido destaque no cenário atual, ainda que poder de polícia seja exercido por pessoas integrantes da Administração Pública e constituídas sob o regime de direito privado. No dizer de **VALTER SHUENQUENER DE ARAÚJO:**

> "O Direito Administrativo Sancionador não é um fim em si mesmo. Seu precípuo papel é o de organizar atividades e de incentivar comportamentos desejáveis pela sociedade. Deve, assim, haver uma melhor sistematização das suas regras.
> A sanção deve ser compreendida como uma ferramenta estatal para a regulação de atividades privadas. [...] o Direito Administrativo Sancionador brasileiro é desprovido de uma sistematização e racionalização, gera insegurança jurídica e origina, não raras vezes, decisões injustas, desproporcionais e fundadas em noções generalistas e principiológicas. (...) a estratégia punitiva estatal e a sua metodologia podem impactar, sobremaneira, a produção de riquezas em um país e ofender direitos fundamentais. Um modelo sancionador eficiente é ponto de partida fundamental para a preservação dos direitos e garantias fundamentais e para o pleno desenvolvimento de um Estado e de sua sociedade." (ARAÚJO, Valter Shuenquener de. Direito Administrativo Sancionador no Brasil. Uma contribuição para a efetividade dos direitos fundamentais. *In: Constituição da República*: 30 anos depois. Uma análise da eficiência dos direitos fundamentais. Estudos em homenagem ao Ministro Luiz Fux. p. 435-448. Belo Horizonte: Fórum, 2019, p. 446, 447).

Nessa mesma linha, **ESTEVÃO GOMES** evidencia a relevância da racionalidade para o eficiente exercício do poder de polícia na contemporaneidade, *verbis*:

[...]
O **segundo argumento**, fundado na afirmação de que a estabilidade no serviço público, predicado dos servidores públicos estatutários, seria requisito indispensável ao exercício do poder de polícia, também não se sustenta.

O alicerce desta tese está na afirmação de que a estabilidade própria dos servidores públicos estatutários os preservaria de eventuais pressões externas em sua atuação. Tal argumento foi utilizado quando da concessão de medida cautelar na ADI nº 2.310, oportunidade em que se entendeu pela inadmissibilidade do exercício do poder de polícia por agentes submetidos ao regime celetista, uma vez que não lhe seriam conferidas as mesmas garantias dos agentes públicos regidos pelo regime estatutário.

Data maxima venia aos que aderem a essa posição, essa conclusão não pode subsistir, quando confrontada com o exercício da atividade de polícia por empregados públicos de empresas públicas e sociedades de economia mista prestadoras de serviço público de atuação própria do Estado.

Inicialmente, vale lembrar que nem todos os servidores estatutários possuem estabilidade. Os ocupantes de cargos em comissão não possuem tal garantia, sendo, inclusive, demissíveis *ad nutum*. Além deles, os servidores em estágio probatório também não contam com a estabilidade até o término do período de prova. Todavia, essas peculiaridades não deslegitimam a prática atos derivados do poder de polícia.

[...]
Deveras, eventual despedida de empregado público demanda a indispensável motivação idônea, a fim de se tutelar, especialmente, o princípio da impessoalidade e o dever de motivação.

Os empregados públicos se submetem, ainda, aos princípios constitucionais vetores da atuação da Administração, constantes do artigo 37 da Carta Política. Assim, eventuais interferências indevidas em sua atuação são objeto de controle administrativo e judicial, tendo por parâmetro os preceitos regentes da Administração Pública.

[...]
Assim, na atual conformação normativa-jurisprudencial que circunscreve a temática, não se sustenta a afirmada incompatibilidade entre o regime celetista aplicado às empresas estatais prestadoras de serviço público de atuação própria do Estado e o exercício de atividade de polícia administrativa pelos agentes públicos daquelas entidades da Administração indireta.

O **terceiro argumento** e, talvez o mais sensível, relaciona-se com a tese de que o poder de polícia seria indelegável a pessoas jurídicas de direito privado, em razão de seu atributo da coercibilidade.

Nesse contexto, o Superior Tribunal de Justiça, no acórdão objeto de impugnação por meio do presente Recurso Extraordinário, utilizando a tese, ao desdobrar o ciclo de polícia, entendeu que *"somente os atos relativos ao consentimento e à fiscalização são delegáveis, pois aqueles referentes à legislação e à sanção derivam do poder de coerção do Poder Público"* (**STJ**, REsp. 817.534/MG, Rel. Ministro Mauro Campbell Marques, Segunda Turma, julgado em 10/11/2009, *DJe* 10/12/2009).

Apesar da substancialidade da tese, *in casu*, verifica-se que, em relação às estatais prestadoras de serviço público de atuação própria do Estado e em regime de monopólio, não há razão para o afastamento do atributo da coercibilidade inerente ao exercício do poder de polícia, sob pena de esvaziamento da finalidade para a qual aquelas entidades foram criadas.

A coercibilidade é, de fato, um dos atributos do poder de polícia caracterizado pela aptidão que o ato de polícia possui de criar unilateralmente uma obrigação a ser adimplida pelo seu destinatário. Conforme mencionado anteriormente, segundo a teoria do ciclo de polícia, o atributo da coercibilidade é identificado na fase de **sanção de polícia**, que, de acordo com o magistério de **DIOGO DE FIGUEIREDO MOREIRA NETO** compreende *"a função pela qual se submete coercitivamente o infrator a medidas inibidoras (compulsivas) ou dissuasoras (suasivas) impostas pela Administração."* (*Curso de Direito Administrativo*. Rio de Janeiro: Forense, 2014. p. 440/444).

[...]

Portanto, de acordo com as premissas jurisprudenciais fixadas por esta Suprema Corte, não há qualquer óbice constitucional para a delegação de atos de polícia às estatais que possam ter um regime jurídico próximo do fazendário.

Finalmente, o **quarto e último argumento** contrário à delegação se refere à alegada incompatibilidade da função de polícia com a finalidade lucrativa. O receio, neste ponto, é com o que se denomina *"indústria de multas"*, consubstanciada no perigo de que uma função tipicamente estatal seja desviada para aferição de lucro por pessoas jurídicas de direito privado exploradoras de atividade econômica.

Da mesma forma, não há motivo para, *in casu*, afastar a delegação sob este fundamento, porquanto as estatais prestadoras de serviço público de atuação própria do Estado não exploram atividade econômica em regime de concorrência. A razão é óbvia: a atuação típica do Estado não se dirige precipuamente ao lucro. É dizer, se a entidade exerce função pública típica, a obtenção de lucro não é o seu fim principal.

Em relação a esta última questão, vale o registro de que esta Suprema Corte reconheceu repercussão geral em relação ao tema da constitucionalidade da imunidade recíproca a entidade cuja composição acionária, objeto de negociação em Bolsa de Valores, revela inequívoco objetivo de distribuição de lucros a investidores públicos e privados, em decisão que porta a seguinte ementa:

[...]

A questão, no entanto, merece ser examinada sob outro prisma: a possibilidade de ocorrem abusos de poder no exercício do poder de polícia delegado. É certo que eventuais abusos não decorrem, exclusivamente, da atuação de pessoas jurídicas de direito privado, mas também de pessoas jurídicas de direito público. Fato é que os abusos devem ser, constantemente, apurados e reprimidos pelo Estado, de modo a diminuir a sua incidência. Sobre a questão específica do trânsito, **JOSÉ DOS SANTOS CARVALHO FILHO** observa o seguinte:

[...]

Os riscos, *per se*, de ocorrerem abusos e desvios no exercício do poder de polícia administrativa por entidade dotada de personalidade jurídica de direito privado não revela fundamento capaz de afastar o instituto da delegação daquela atividade. Por certo, excessos no exercício de poderes administrativos não são determinados pela natureza jurídica da pessoa que os exerce. Isso porque, diuturnamente, são constatados excessos perpetrados pelo próprio Estado.

O enfoque deve ser outro. Os mecanismos de exercício e controle dos poderes administrativos, em especial, do poder de polícia, devem garantir, por meio de um sistema efetivo, a proteção adequada dos cidadãos frente a eventuais excessos praticados pelas pessoas investidas daqueles poderes.

Nesse contexto, os instrumentos de exercício e controle da atividade de polícia administrativa deve garantir a observância dos princípios constitucionais que regem a atuação da Administração, mormente a impessoalidade, de modo a garantir que não existam subjetividades no exercício da função pública.

Não há, pois, razão jurídica constitucional para se afastar a delegação do poder de polícia administrativa das sociedades de economia mista, em razão dos riscos de abuso e desvios, em virtude do fato de serem pessoas jurídicas de direito privado.

De todo o exposto, resta afastada a tese da indelegabilidade do poder de polícia a pessoas jurídicas de direito privado integrantes da Administração Pública indireta de capital social majoritariamente público que prestem exclusivamente serviço público de atuação própria do Estado, sem o objetivo de lucro, em regime não concorrencial. O desempenho de atividade em regime não concorrencial é, no dizer de **JOSÉ VICENTE SANTOS DE MENDONÇA** um dos requisitos a serem observados para a delegação do poder de polícia à estatais. Caso contrário, a estatal poderia indevidamente criar regras delimitadoras da liberdade capazes de comprometer a concorrência.

Não se pode olvidar, ainda, que a delegação do poder de polícia a uma estatal também depende da edição de lei formal. **JOSÉ DOS SANTOS CARVALHO FILHO** consigna a indispensabilidade de tal requisito, *verbis* (*Manual de Direito Administrativo*. 31 ed. São Paulo: Atlas, 2017. p. 82):

[...]

Nessa mesma esteira, destaca-se que a aplicação de qualquer sanção administrativa decorrente do exercício do poder de polícia deve observar a garantia constitucional do devido processo em sua dupla acepção: processual e substantiva. Assim, a aplicação de uma sanção administrativa derivada do exercício do poder de polícia pressupõe, para que seja válida, a instauração do devido processo administrativo por ato motivado da autoridade competente. Deve ser garantida a notificação do cidadão, submetido ao efetivo poder de polícia, sendo assegurando, ainda, o amplo acesso aos autos e o direito de extração de cópias de todos os documentos e decisões, de modo que seja possível, a todo tempo, o controle jurisdicional dos atos praticados pela Administração.

Por fim, cumpre ressaltar a única fase do ciclo de polícia que, por sua natureza, é absolutamente **indelegável**: a **ordem de polícia**, ou seja, a **função legislativa**. Os atos de consentimento, de fiscalização e de aplicação de sanções podem ser delegados a estatais que, à luz do entendimento desta Corte, possam ter um regime jurídico próximo daquele aplicável à Fazenda Pública.

A competência legislativa é restrita aos entes públicos previstos na Constituição da República, sendo vedada sua delegação, fora das hipóteses expressamente autorizadas no tecido constitucional, a pessoas jurídicas de direito privado.

III. Tese objetiva

Após o exame detido das premissas teóricas e jurisprudenciais que circunscreve o *thema decidendum* veiculado neste recurso extraordinário, proponho a fixação da seguinte tese objetiva em repercussão geral:

"*É constitucional a delegação do poder de polícia, por meio de lei, a pessoas jurídicas de direito privado integrantes da Administração Pública indireta de capital social majoritariamente público que prestem exclusivamente serviço público de atuação própria do Estado e em regime não concorrencial.*"

IV. Caso Concreto

Assentada a tese jurídica objetiva acima enunciada, **passo à análise do caso concreto**.

Conforme se depreende dos autos do Recurso Extraordinário, aduz-se, em suma, a possibilidade constitucional de delegação da execução de serviço público, incluída a atividade de controle de trânsito, à Empresa de Transporte e Trânsito de Belo Horizonte – BHTRANS, sociedade de economia mista municipal, e que tal delegação, operada por via legal, consubstanciaria exercício regular de competência legislativa municipal.

O acórdão atacado do Superior Tribunal de Justiça prestigiou a tese de que somente os atos relativos ao consentimento e à fiscalização são delegáveis, porque aqueles referentes à legislação e à sanção derivariam do poder de coerção do Poder Público, este indelegável às pessoas jurídicas de direito privado,[16] de modo que à recorrente seria possível apenas a prática da atividade de policiamento do trânsito de Belo Horizonte em relação aqueles dois tipos de atos de polícia.

Tendo como parâmetro a tese jurídica objetivamente fixada, verifico que, *in casu*, estão presentes todos os pressupostos necessários à compatibilização da delegação da atividade de polícia administrativa à Empresa de Transporte e Trânsito de Belo Horizonte – BHTRANS.

A Empresa de Transporte e Trânsito de Belo Horizonte – BHTRANS é sociedade de economia mista, entidade, portanto, integrante da Administração Pública indireta prestadora de serviço público, em regime não concorrencial, consubstanciado no policiamento do trânsito do Município de Belo Horizonte do Estado de Minas Gerais.

Além disso, sua composição acionária é expressivamente pública. Dessume-se dos autos que 98% (noventa e oito por cento) de suas ações pertencem ao Município Belo Horizonte e os outros 2% (dois por cento) são distribuídos entre duas entidades da Administração Pública indireta: 1% (um por cento) pertencente à SUDECAP, autarquia municipal, e 1% (um por cento) à PRODABEL, sociedade de economia mista dependente e de capital fechado.

Assim, tendo em conta que a Empresa de Transporte e Trânsito de Belo Horizonte – BHTRANS – cujo capital social é majoritariamente público, presta serviço público de atuação própria do Estado e em regime não concorrencial, consistente no policiamento de trânsito da cidade de Belo Horizonte, não há óbice constitucional ao exercício da atividade de polícia administrativa, inclusive quanto à aplicação de multas.

Ex positis, voto no sentido de (i) **CONHECER** e **DAR PROVIMENTO** ao recurso extraordinário interposto pela Empresa de Transporte e Trânsito de Belo Horizonte – BHTRANS e (ii) **CONHECER** e **NEGAR PROVIMENTO** ao recurso extraordinário interposto pelo Ministério Público do Estado de Minas Gerais, para reconhecer a compatibilidade constitucional da delegação da atividade de policiamento de trânsito à Empresa de Transporte e Trânsito de Belo Horizonte – BHTRANS, nos limites da tese jurídica objetivamente fixada pelo Pleno do Supremo Tribunal Federal.

Sem prejuízo, voto no sentido de fixar a tese jurídica objetiva, em repercussão geral, nos seguintes termos:

"É constitucional a delegação do poder de polícia, por meio de lei, a pessoas jurídicas de direito privado integrantes da Administração Pública indireta de capital social majoritariamente público que prestem exclusivamente serviço público de atuação própria do Estado e em regime não concorrencial."

É como voto.

Informação bibliográfica deste texto, conforme a NBR 6023:2018 da Associação Brasileira de Normas Técnicas (ABNT):

PORTO, Fábio Ribeiro. RE nº 633.782/MG: Delegação do poder de polícia a pessoas jurídicas de direito privado integrantes da Administração Pública. In: FUX, Luiz. *Jurisdição constitucional IV*: pluralismo e direitos fundamentais. Belo Horizonte: Fórum, 2023. p. 147-172. ISBN 978-65-5518-601-7.

ADI Nº 6.390: O DIREITO FUNDAMENTAL À PROTEÇÃO DE DADOS PESSOAIS

GABRIEL CAMPOS SOARES DA FONSECA

Introdução

Nos dias 6 e 7 de maio de 2020,[1][2] o Supremo Tribunal Federal (STF) proferiu uma decisão histórica para o desenvolvimento da proteção jurídico-institucional dos dados pessoais no Brasil ao referendar a Medida Cautelar concedida pela Ministra Rosa Weber, relatora das Ações Diretas de Inconstitucionalidade (ADIs) nºs 6.387, 6.388, 6.389, 6.390 e 6.393.

Em apertada síntese, quatro partidos políticos (PSB, PSDB, PSol e PCdoB) e o Conselho Federal da OAB ajuizaram as referidas ADIs requerendo a inconstitucionalidade da Medida Provisória nº 954, de 17 de abril de 2020, cujo art. 2º determinava que empresas prestadoras dos serviços de telecomunicações compartilhassem nome, número de telefone e endereço de seus consumidores de telefonia móvel e fixa (STFC e SMP) com o Instituto Brasileiro de Geografia e Estatística (IBGE), de modo direto e exclusivo.

O pretenso objetivo da norma consistia em tratar esses dados pessoais para a "a produção estatística oficial", por meio da realização de "entrevistas em caráter não presencial no âmbito de pesquisas domiciliares" devido à pandemia do vírus COVID-19.

No entanto, os requerentes sustentavam que a MPv nº 954/2020 (i) não cumpria com os requisitos formais de urgência e de relevância exigidos pela Constituição (art. 62, *caput*), bem como (ii) violava direitos fundamentais, tais

---

[1] Para uma análise contemporânea à decisão, Cf. MENDES, Laura Schertel; FONSECA, Gabriel Campos Soares da. STF reconhece direito fundamental à proteção de dados. *Revista de Direito do Consumidor*, São Paulo, v. 130, p. 471-478, jul./ ago. 2020.

[2] Para uma análise ampliada sobre o tema, Cf. MENDES, Laura Schertel; RODRIGUES JR., Otávio Luiz. FONSECA, Gabriel Campos Soares da. O Supremo Tribunal Federal e a proteção constitucional dos dados pessoais: rumo a um direito fundamental autônomo. *In*: BIONI, Bruno (*et al.*). *Tratado de proteção de dados pessoais*. Rio de Janeiro: Forense, 2021.

como a dignidade da pessoa humana, a inviolabilidade da intimidade e da vida privada, a inviolabilidade do sigilo de dados e das comunicações telefônicas etc.

Muito além do escopo dessa Medida Provisória que posteriormente 'caducou' e extinguiu a análise de mérito da demanda, o debate inaugurado por essas ações colocou em pauta o papel da jurisdição constitucional brasileira no reconhecimento de direito fundamental não previsto expressamente no texto então vigente da Constituição Federal de 1988: *o direito fundamental à proteção de dados pessoais*.

A despeito da inegável importância de todos os votos proferidos, o Ministro Luiz Fux apresentou uma contribuição extremamente inovadora e arrojada a fim de consolidar esse direito no ordenamento jurídico brasileiro.

É bem verdade que o Ministro Fux já havia sido o relator do Recurso Extraordinário nº 673.707, no qual assentou que a garantia do *habeas data* seria um verdadeiro instrumento de proteção da autonomia privada sobre a divulgação e o compartilhamento de dados pessoais dos cidadãos contribuintes, na seara tributária. Porém, a decisão proferida no presente caso é comparável ao julgamento da "Lei do Recenseamento"[3] perante o Tribunal Federal Constitucional Alemão, em 1983.

Isso, porque – nas palavras do Ministro Luiz Fux – "a proteção de dados pessoais e a autodeterminação informativa são direitos fundamentais autônomos, extraídos da garantia da inviolabilidade da intimidade e da vida proviada (art. 5º, X), do princípio da dignidade da pessoa humana (art. 1º, III) e da garantia processual do habeas data (art. 5º, LXXII)".

Em primeiro lugar, a decisão se tornou um incentivo institucional e uma fonte de segurança jurídica para medidas administrativas e normativas subsequentes no país. Vale ressaltar que o contexto então vigente era muito distinto do hoje existente. Em verdade, as inconstitucionalidades reconhecidas pela Suprema Corte estavam agravadas por um quadro alarmante de déficit normativo-institucional,[4] no qual:

(i) Não havia qualquer previsão constitucional sobre o direito fundamental à proteção de dados pessoais ou à autodeterminação informativa, tampouco precedente do STF reconhecendo-os;

(ii) A Lei Geral de Proteção de Dados (LGPD – Lei nº 13.709/2018) não estava em vigor, havendo movimentos à época para postergar ainda mais sua vigência;

---

[3] Sobre essa decisão e os seus desdobramentos na jurisprudência do Bundesverfassungsgericht, Cf. MENDES, Laura Schertel Ferreira. Autodeterminação informativa: a história de um conceito. *Revista Pensar*, Fortaleza, v. 25, n. 4, p. 1-18, out./dez. 2020.

[4] "Os vícios da Medida Provisória são ainda mais graves diante de um quadro de carência do sistema institucional brasileiro da proteção de dados [...] O pano de fundo desse conflito é, em verdade, a enorme fragilidade institucional da proteção de dados no Brasil. Afinal, o país não tem uma lei geral de proteção de dados em vigor, não conta com o reconhecimento expresso de um direito fundamental à proteção de dados e, de forma ainda mais grave, tampouco possui uma autoridade independente que possa supervisionar o tratamento de dados mencionado pela Medida Provisória" (MENDES, Laura Schertel. *A encruzilhada da proteção de dados no Brasil e o caso IBGE*. Brasília, Jota, 23 abr. 2020. Disponível em: https://www.jota.info/opiniao-e-analise/artigos/a-encruzilhada-da-protecao-de-dados-no-brasil-e-o-caso-do-ibge-23042020. Acesso em: 31 jan. 2023.).

(iii) Devido a veto presidencial, a Autoridade Nacional de Proteção de Dados (ANPD) foi inicialmente instituída como órgão integrante da estrutura da própria Presidência da República, alocada na Casa Civil – o que trazia desconfianças acerca das condições institucionais para sua autonomia técnico-decisória, financeira e administrativa. Porém, mais do que isso: a ANPD sequer havia sido criada à época, tampouco havia iniciativas concretas nesse sentido.

Impulsionado pela decisão ora analisada, em 10 de fevereiro de 2022, o Congresso Nacional promulgou a Emenda Constitucional nº 115/2022 (anteriormente PEC nº 17/2019), inserindo o inciso LXXIX ao rol de direitos fundamentais do art. 5º da Constituição Federal de 1988 – assim prevendo: "é assegurado, nos termos da lei, o direito à proteção de dados pessoais, inclusive nos meios digitais".

De fato, a promulgação dessa EC estava diretamente ligada à decisão proferida pelo STF. Inclusive, havia quem questionasse a própria necessidade de tal PEC, tendo em vista a *ratio decidendi* da ADI ora analisada. Felizmente, prevaleceu o entendimento no sentido de que: mesmo com o reconhecimento jurisprudencial do direito fundamental à proteção de dados pessoais (extraído implicitamente pelo STF de diferentes dispositivos constitucionais), a positivação formal desse direito fundamental trouxe uma "carga positiva adicional". É dizer: a promulgação da EC trouxe um "valor positivo substancial" para o frágil quadro normativo-institucional então vigente no país.[5]

Quanto aos demais pontos, a LGPD entrou em pleno vigor desde agosto de 2021; seus conceitos têm sido difundidos por meio de capacitações públicas e privadas; e sua aplicação tem sido fiscalizada por diferentes órgãos do Ministério Público, do Poder Judiciário, de Proteção e Defesa dos Consumidores (PROCONs), do Conselho Administrativo de Defesa Econômica (CADE), dos Tribunais de Contas e – é claro – da Autoridade Nacional de Proteção de Dados (ANPD).

Em verdade, durante esse período, o Conselho Diretor da ANPD e os membros de seu órgão consultivo (Conselho Nacional de Proteção de Dados – CNPD) foram nomeados; o seu regimento interno foi delineado; a Autoridade já emitiu vários documentos com diretrizes para o Poder Público e para o setor privado se adequarem à LGPD; assim como, firmou importantes parcerias institucionais para difundir a cultura de proteção de dados, para coordenar a aplicação dessa legislação no Brasil e – acima de tudo – para proteger o direito fundamental à proteção de dados.

Nesse sentido, veio em boa hora a Medida Provisória nº 11.24/2022 (posteriormente convertida em Lei nº 14.460/2022) assegurando definitivamente a natureza jurídica de autarquia especial da ANPD. Por consequência, foi garantida

---

[5] SARLET, Ingo Wolfgang. A EC 115/22 e a proteção de dados pessoais como direito fundamental. *Consultor Jurídico*, Brasília, 11 mar. 2022. Disponível em: https://www.conjur.com.br/2022-mar-11/direitos-fundamentais-ec-11522-protecao-dados-pessoais-direito-fundamental Acesso em: 31 jan. 2023.

a sua autonomia técnico-decisória em face da Administração Pública direta, assim como gestão administrativa e financeira descentralizadas.

Em segundo lugar, a decisão proferida na ADI nº 6.390 também deixou um legado importante para todo o Poder Judiciário e, em especial, para o próprio STF. Todavia, não é exagero ou mera bajulação afirmar que grande parte desses avanços foram capitaneados pelo Ministro Luiz Fux.

Na seara administrativa, o então Ministro Presidente Luiz Fux estabeleceu como meta a transformação da Suprema Corte brasileira em uma Corte Constitucional Digital – com a digitalização dos seus sistemas e serviços para garantir maior acessibilidade e acesso à justiça. Entretanto, reconheceu que o desempenho dessa missão demanda a "observância irrestrita da privacidade, da autodeterminação informativa e da proteção de dados pessoais dos atores do Sistema de Justiça".[6]

Não por acaso, durante o biênio 2020-2022, o Ministro Luiz Fux (i) instituiu o primeiro Comitê Executivo de Proteção de Dados do STF (Resolução nº 724/2021) para identificar e implementar as medidas de adequação da Corte à LGPD, (ii) atualizou a Política de Segurança da Informação do STF à luz da LGPD (Resolução nº 773/2022), (iii) criou o Programa Corte Aberta (Resolução nº 774/2022) tendo como eixos a Proteção de Dados Pessoais e a Segurança da Informação – entre tantas outras medidas administrativas (*v.g.* nomeação da encarregada de proteção de dados do STF), cursos e palestras de capacitação, parcerias institucionais etc.[7]

No âmbito jurisdicional, o referendo da medida cautelar na ADI nº 6.390 serviu de fundamento jurídico vinculante para todos os juízos nacionais, mas também incentivou a proposição de demandas judiciais para tutela do direito fundamental à proteção de dados e alicerçou as manifestações posteriores do STF sobre temas sensíveis a esse direito fundamental.[8]

Nesse ponto, os exemplos mais contundentes são as ADI nº 6.649 e ADPF nº 695, respectivamente, ajuizadas pelo Conselho Federal da OAB e pelo Partido Socialista Brasileiro. Em ambos os casos, o direito fundamental à proteção de dados pessoais foi invocado como parâmetro para questionar a constitucionalidade do Decreto federal nº 10.046/2019, que autonomamente dispunha sobre a governança

---

[6] "O alcance de resultados frutíferos no processo de digitalização dos sistemas judiciários e das atividades administrativo-jurisdicionais do CNJ e do STF demanda uma observância irrestrita da privacidade, da autodeterminação informativa e da proteção dos dados pessoais dos atores do Sistema de Justiça, garantindo-lhes previamente a confidencialidade e a integridade dos sistemas técnico-informacionais utilizados, com alto grau de segurança da informação" (FUX, Luiz; FONSECA, Gabriel Campos Soares da. Segurança da informação e proteção de dados como pressupostos para o Poder Judiciário na era digital: uma análise da Resolução CNJ 361/2020 e da Resolução STF 724/2020. In: *Ensaios sobre a transformação digital no Direito*: estudos em homenagem ao Ministro Kássio Nunes Marques. Brasília: Ed. OAB, 2022, p. 385-386).

[7] Apesar de estar fora do escopo do presente trabalho, vale ressaltar que essa intensa produção normativa e atividade administrativa também ocorreu durante a gestão do Ministro Luiz Fux no CNJ – por exemplo, com a Recomendação nº 73/2020, a Portaria nº 213/2020, a Resolução nº 363/2021, entre outras.

[8] A título de exemplo, conferir o voto da Ministra Rosa Weber na ADI nº 5.527 e o voto do Ministro Edson Fachin na ADPF nº 403, que discutem a constitucionalidade da chamada 'criptografia de ponta-a-ponta' em aplicativos de mensagem. Igualmente, conferir as manifestações pela repercussão geral no ARE nº 1042075/RJ, de relatoria do Ministro Dias Toffoli, e no RE nº 1301250/RJ, de relatoria da Min. Rosa Weber.

no compartilhamento de dados perante a Administração Pública federal, além de instituir o Cadastro Base do Cidadão e o Comitê Central de Governança de Dados.

Ao proferir seu voto acompanhando o Ministro Relator (Gilmar Mendes) pela procedência parcial dos pedidos,[9] o Ministro Luiz Fux expressamente retomou as premissas de seu voto na ADI nº 6.390, porém foi adiante. Assim, introduziu a inédita discussão na Corte sobre os limites constitucionais em relação ao fluxo de dados na Administração Pública diante do chamado *poder informacional do Estado* – oriundo do tratamento de dados pessoais pelo Poder Público com o objetivo de gerar informações e conhecimento acerca de indivíduos ou de segmentos sociais.

Como destacado pelo Ministro Fux, esse poder é legítimo (e até necessário) para a formulação de políticas públicas empiricamente informadas, por exemplo, angariando informações sobre os problemas a serem combatidos, sobre os recursos disponíveis e, principalmente, acerca dos segmentos sociais, étnicos, demográficos que serão impactados, etc. Entretanto, é necessário que esse poder seja democraticamente limitado.

Noutras palavras, a jurisdição constitucional não pode conceder um "cheque em branco" à Administração Pública para compartilhar irrestritamente dados pessoais de cidadãos sem prever, como contrapartida, medidas de segurança ou justificativas sobre a finalidade e a necessidade de tal tratamento. Tudo isso diante dos direitos e das garantias fundamentais desses cidadãos a fim de que as medidas não estimulem ou descambem para a vigilância massiva e até a perseguição estatal.[10]

Por essa razão, o Ministro Luiz Fux pioneiramente defendeu a atualização de preceitos fundamentais da Constituição Federal em face da ubiquidade computacional e da exponencial digitalização de variadas atividades da vida social, econômica e cultural. Assim, sustentou a consolidação:

a) Do *devido processo informacional*, segundo o qual os indivíduos e as sociedades devem desenvolver suas personalidades livremente dotados de instrumentos processuais que apaziguem as assimetrias no processo decisório estatal (*v.g.* contraditório e ampla defesa acerca do que é feito com seus dados pessoais, bem como em face das inferências alcançadas por meio deles);

b) Da *separação informacional de poderes*, pela qual sejam implementadas barreiras eficazes contra a formação de unidades estatais centralizadas. Isto é: rechaçando a concentração do fluxo de dados pessoais e de

---

[9] Vale ressaltar que – até o momento de escrita do presente texto – o acórdão das referidas ações ainda não havia sido publicado.

[10] "Poder que, se usado para alcançar os objetivos legais do Estado, de forma supervisionada, transparente e procedimentalizada, é considerado legítimo; mas quando usado para subjugar indivíduos por meio da vigilância ininterrupta e sorrateira, bem como para a tomada de decisões sem o devido processo legal e sem oportunidades de participação do cidadão, é a própria subversão do Estado de Direito, tornando-se um instrumento da restrição da liberdade e do livre desenvolvimento da personalidade" (MENDES, Laura Schertel. Democracia, poder informacional e vigilância: limites constitucionais ao compartilhamento de dados pessoais na Administração Pública. *O Globo*, coluna Fumus Boni Iuris, Rio de Janeiro, 13 ago. 2022. Disponível em: https://oglobo.globo.com/blogs/fumus-boni-iuris/post/2022/08/laura-schertel-democracia-poder-informacional-e-vigilancia.ghtml Acesso em: 31 jan. 2022.

informações perante o Estado sejam desproporcionais às suas necessidades ou passíveis de compartilhamento irrestrito, sem supervisão adequada.[11]

É possível encerrar este breve ensaio com as eternas palavras de Ariano Suassuna, para quem "o otimista é um tolo. O pessimista um chato. Bom mesmo é ser um realista esperançoso".

Sem dúvidas, ainda há um longo caminho para a consolidação da cultura da proteção de dados pessoais no Brasil e para a adequação do país aos padrões internacionais sobre o tema. Entretanto, a decisão a seguir foi um instrumento catalizador para o fortalecimento do regime jurídico-institucional da proteção de dados pessoais no Brasil. Na mesma linha, as normas, as medidas administrativas e os entendimentos jurisprudenciais mencionados ao longo do texto também fornecem subsídios concretos de que o Brasil está trilhando um árduo, porém exitoso caminho. Sigamos *realistas esperançosos*!

VOTO

AÇÃO DIRETA DE INCONSTITUCIONALIDADE
DIREITOS FUNDAMENTAIS. COMPARTILHAMENTO DE DADOS POR EMPRESAS DE TELECOMUNICAÇÕES PRESTADORAS DE SERVIÇO TELEFÔNICO COM A FUNDAÇÃO INSTITUTO BRASILEIRO DE GEOGRAFIA E ESTATÍSTICA - IBGE. SUPORTE À PRODUÇÃO ESTATÍSTICA OFICIAL DURANTE SITUAÇÃO DE EMERGÊNCIA DE SAÚDE PÚBLICA DE IMPORTÂNCIA INTERNACIONAL DECORRENTE DO CORONAVIRUS - COVID 19. ALEGADA VIOLAÇÃO À INVIOLABILIDADE DA INTIMIDADE, DA VIDA PRIVADA, DA HONRA DAS PESSOAS E AO SIGILO DOS DADOS. PRINCÍPIO DA DIGNIDADE DA PESSOA HUMANA. DIREITO À AUTODETERMINAÇÃO INFORMATIVA. MEDIDA PROVISÓRIA 954/2020. CF/88, ARTS. 1º, III; 2º; 5º, X E XII; E 62.

1. A proteção de dados pessoais e a autodeterminação informativa são direitos fundamentais autônomos, extraídos da garantia da inviolabilidade da intimidade e da vida privada (art. 5º, X), do princípio da dignidade da pessoa humana (art. 1º, III) e da garantia processual do habeas data (art. 5º, LXXII), previstos na Constituição Federal de 1988.

2. A Lei Geral de Proteção de Dados Pessoais (Lei 13.709/2018), que entrará em vigor em 16 de agosto de 2020, define os princípios e procedimentos para o tratamento dos dados pessoais e os critérios para a responsabilização dos agentes por eventuais danos ocorridos em virtude desse tratamento.

---

[11] Sobre o tema, Cf. SARLET, Ingo Wolfgang; SARLET, Gabrielle Bezerra Sales. Separação informacional de poderes e devido processo informacional. *Consultor Jurídico*, Brasília, 13 maio 2022. Disponível em: https://www.conjur.com.br/2022-out-21/direitos-fundamentais-stf-compartilhamento-dados-ambito-poder-publico. Acesso em: 31 jan. 2022.

3. A Carta de Direitos Fundamentais da União Europeia reconhece, em seu art. 8º, que *"todas as pessoas têm direito à proteção dos dados de caráter pessoal que lhes digam respeito"*. Também o Tribunal Constitucional Alemão, em julgamento paradigmático ocorrido em 1983, reconheceu a autonomia do *"direito à autodeterminação informativa"*, assentando que a atividade de processamento dos dados pessoais deve seguir *"precauções organizacionais e processuais que combatam o perigo de uma violação do direito da personalidade"* .

4. As leis que tratam da coleta e processamento de dados devem (i) atender a propósitos legítimos, específicos, explícitos e informados; (iii) limitar a coleta ao mínimo necessário para a realização das finalidades normativas; (iv) prever medidas técnicas e administrativas de segurança aptas a proteger os dados pessoais de acessos não autorizados e (v) prevenir a ocorrência de danos, consoante os parâmetros desenhados no direito comparado e na Lei Geral de Proteção de Dados Pessoais (Lei 13.709/18).

5. *In casu*, a Medida Provisória 954/2020 determinou o compartilhamento de dados como nome, endereço e telefone de clientes de empresas de telefonia fixa e móvel com o Instituto Brasileiro de Geografia e Estatística (IBGE), para fins de produção estatística oficial durante a pandemia de COVID-19. De acordo com a MPv, os dados compartilhados serão utilizados pelo IBGE com o objetivo de *"realizar entrevistas em caráter não presencial no âmbito de pesquisas domiciliares"*.

6. A MPv 954/2020 desborda dos limites fixados pelos direitos fundamentais à proteção de dados, à autodeterminação informativa e à privacidade, inobservando, ainda, o postulado da proporcionalidade, mormente porque (i) não delimita o objeto, a amplitude e a finalidade específica da estatística a ser produzida com os dados obtidos;

(ii) incorre em excesso ao determinar o compartilhamento de dados de milhões de brasileiros, quando pesquisas realizadas pelo IBGE são em geral amostrais. O espectro amplíssimo de dados requisitados contraria, inclusive, o Regulamento Sanitário Internacional da Organização Mundial da Saúde (OMS), incorporado no ordenamento pátrio pelo Decreto 10.212/2020, que determina que não devem existir *"processamentos [de dados] desnecessários e incompatíveis"*, com o propósito de *"avaliação e manejo de um risco para a saúde pública"* (art. 45, 2, "a").

(iii) não detalha métodos de segurança para a proteção dos dados contra riscos de vazamentos; e

(iv) determina que o relatório de impacto à proteção de dados deve ser elaborado somente após já realizado o compartilhamento, o que agrava riscos à segurança dos dados.

7. A necessidade de suspensão da eficácia da MPv 954/2020 não deriva da determinação do compartilhamento de dados *per se*, mas da ausência de especificação dos objetivos, métodos e procedimentos que envolvem esse compartilhamento. Faltou ao texto normativo a transparência e informação

necessários para uma adequada composição e conciliação entre a necessidade de produção estatística e os direitos fundamentais à proteção de dados e à autodeterminação informativa.

8. O uso e compartilhamento de dados, mesmo em cenários de crise, deve seguir os mandamentos constitucionais e legais, observando uma estrita relação entre necessidade e adequação. Situações de emergência não são uma carta em branco para ferir a Constituição. Nas palavras de Daniel J. Solove, professor estadunidense da Universidade George Washington, *"sacrifícios a direitos e liberdades civis somente podem ser feitos quando o governo justifica adequadamente por que esses sacrifícios são necessários. É preciso submeter tais restrições a direitos a um escrutínio meticuloso, especialmente porque, em tempos de crise, o medo distorce nosso julgamento. [...] devemos ser extremamente cautelosos ao fazer sacrifícios desnecessários"* (SOLOVE, Daniel J. *Nothing to hide*: The false tradeoff between privacy and security. Yale University Press, 2011, p. 61)

9. *Ex positis*, referendo a decisão cautelar proferida pela Ministra relatora Rosa Weber, para suspender a eficácia da Medida Provisória 954/2020 e, em consequência, determinar ao Instituto Brasileiro de Geografia e Estatística – IBGE que se abstenha de requerer a disponibilização dos dados objeto da referida medida provisória.

O Senhor Ministro Luiz Fux: Senhor Presidente, egrégio Tribunal Pleno, ilustre representante do Ministério Público, senhores advogados.

Trata-se de cinco ações diretas de inconstitucionalidade, com pedido de medida liminar, em face da Medida Provisória 954/2020, que determinou o compartilhamento de dados como nome, endereço e telefone de clientes de empresas de telefonia fixa e móvel com o Instituto Brasileiro de Geografia e Estatística (IBGE), para fins de produção estatística oficial durante a pandemia de COVID-19. De acordo com a MPv, os dados compartilhados serão utilizados pelo IBGE com o objetivo de *"realizar entrevistas em caráter não presencial no âmbito de pesquisas domiciliares"*.

A questão jurídico-constitucional posta nestes autos envolve o cotejo entre (i) a exigência de produção estatística para o desenho de políticas públicas de combate ao coronavírus e (ii) os direitos fundamentais à proteção de dados, à autodeterminação informativa e à privacidade. Apesar dos limites próprios à sede cautelar, o presente julgamento pode emergir como um paradigma da proteção de dados no país, com a definição de princípios e parâmetros para o tratamento e compartilhamento de informações pessoais.

O presente voto é estruturado sobre a premissa de que o compartilhamento de dados, mesmo em cenários de crise, deve seguir os mandamentos constitucionais e legais, observando uma estrita relação entre adequação e necessidade. Nesse prisma, entendo que a Medida Provisória nº 954/2020 desborda dos limites fixados pelos direitos fundamentais à proteção de dados e à autodeterminação informativa, extraídos da garantia da inviolabilidade da intimidade e vida privada (art. 5º,

X, CF/88), do princípio da dignidade da pessoa humana (art. 1°, III, CF/88) e da garantia processual do habeas data (art. 5º, LXXII, CF/88). A Medida Provisória afronta, ainda, o postulado da proporcionalidade, notadamente nas vertentes adequação e necessidade, mormente por não delimitar o objeto, a amplitude e a finalidade específica da estatística a ser produzida com os dados obtidos.

1. Breve contextualização

É comum a afirmação de que os dados pessoais são como o "petróleo", "insumo" ou a *"commodity"* da economia da informação.[12]

O recente escândalo envolvendo a *Cambridge Analytica* revelou como modelos de negócios são rentabilizados pela análise de dados e alertou como seu uso indevido pode lesar a privacidade dos indivíduos e a própria democracia. Consoante observado por Stefano Rodotà, jurista precursor do tema e responsável pela formatação de normas de proteção de dados na Europa, "não podemos nos limitar a falar da informação como 'recurso' […]. As tecnologias interativas criaram uma nova 'mercadoria' da qual a legislação tende a se ocupar".[13]

Dados como nomes, telefones e endereços são extremamente relevantes para a identificação pessoal e potencialmente perigosos quando cruzados com outras informações ou compartilhados com pessoas ou entidades distintas.[14]

Como ressaltado pelo Tribunal Constitucional alemão no famoso julgamento da Lei do Censo de 1983, "não existem mais dados insignificantes no contexto do processamento eletrônico de dados".[15] De fato, não se deve subestimar os riscos do compartilhamento de informações entre empresas privadas e o governo, máxime quando inexistem procedimentos de segurança e transparência efetivos ou relatórios de impactos e riscos à privacidade de milhões de pessoas, como no caso da Medida Provisória nº 954/2020, *sub examine*.

2. O direito constitucional à proteção de dados e à autodeterminação informativa

A proteção de dados pessoais e a autodeterminação informativa são direitos fundamentais autônomos, que envolvem uma tutela jurídica e âmbito de incidência específicos. Esses direitos são extraídos da interpretação integrada da garantia

---

[12] BIONI, Bruno Ricardo. *Proteção de dados pessoais*: a função e os limites do consentimento. Forense, 2019, p. 132, e-book.

[13] RODOTÀ, Stefano. *A vida na sociedade da vigilância*. Tradução de Danilo Doneda e Luciana Cabral Doneda. Rio de Janeiro: Renovar, 2008, p. 46.

[14] MENDES, Laura Schertel. A encruzilhada da proteção de dados no Brasil e o caso do IBGE. *Jota*, 23 abr. 2020. Disponível em: https://www.jota.info/opiniao-e-analise/artigos/a-encruzilhada-da-protecao-de-dados-no-brasil-e-o-caso-do-ibge-23042020#sdfootnote3sym. Acesso em: 31 jan. 2023.

[15] BVerfGE 65, 1, "Recenseamento" (Volkszählung). MARTINS, Leonardo. (org.) Cinquenta anos de Jurisprudência do Tribunal Constitucional federal Alemão. Montevidéu: Fundação Konrad Adenauer, 2005, p. 244-245.

da inviolabilidade da intimidade e da vida privada (art. 5º, X), do princípio da dignidade da pessoa humana (art. 1º, III) e da garantia processual do *habeas data* (art. 5º, LXXII), todos previstos na Constituição Federal de 1988.

Além do texto constitucional, a Lei Geral de Proteção de Dados Pessoais (Lei nº 13.709/2018) define os princípios e procedimentos para o tratamento dos dados pessoais e os critérios para a responsabilização dos agentes por eventuais danos ocorridos em virtude desse tratamento. Nas palavras de Valter Shuenquener de Araújo e Daniel Calil, a Lei nº 13.709/2018 "teve como um de seus principais propósitos incentivar a criação de um costume institucional de proteção de dados e, especialmente por meio da Autoridade Nacional de Proteção de Dados, a preocupação de garantir efetividade no cumprimento das normas acerca da temática".[16]

Em sede jurisprudencial, o Supremo Tribunal Federal, no julgamento do Recurso Extraordinário nº 673.707, de minha relatoria, reconheceu o direito de acesso do contribuinte à sistema da Receita Federal que registra dados de apoio à arrecadação federal e armazena informações de débitos e créditos. No julgamento, o Plenário desta Suprema Corte afirmou a importância do sistema de proteção de bancos de dados de entidade governamentais ou de caráter público geridos por pessoas privadas. Na ocasião, ressaltei que a Lei nº 9.507/1997, que disciplina o *habeas data*, restringe "*a divulgação a outros órgãos, que não o detentor das informações, ou a terceiros, que não o titular dos dados registrados*", sendo necessária a proteção da autonomia privada sobre a divulgação e compartilhamento dessas informações pessoais.

No plano do direito comparado, a Carta de Direitos Fundamentais da União Europeia destina um tópico específico ao tema e determina que "*todas as pessoas têm direito à proteção dos dados de caráter pessoal que lhes digam respeito*", *verbis*:

> "Artigo 8. Proteção de dados pessoais
> 1. Todas as pessoas têm direito à proteção dos dados de caráter pessoal que lhes digam respeito.
> 2. Esses dados devem ser objeto de um tratamento leal, para fins específicos e com o consentimento da pessoa interessada ou com outro fundamento legítimo previsto por lei. Todas as pessoas têm o direito de aceder aos dados coligidos que lhes digam respeito e de obter a respectiva retificação.
> 3. O cumprimento destas regras fica sujeito a fiscalização por parte de uma autoridade independente".

Ainda, o Tribunal de Justiça da União Europeia, no caso *Digital Rights Ireland* (C-293/12), destacou a existência do direito fundamental à proteção dos dados pessoais, assentando que qualquer medida legislativa promulgada para fornecer uma base legal para o tema deve atender a princípio da proporcionalidade, de

---

[16] CALIL, Daniel Couto dos Santos Bilcherg; ARAÚJO, Valter Shuenquener de Araújo. *Inovações Disruptivas e a Proteção de Dados Pessoais*: novos desafios para o Direito. No prelo.

modo que "só podem ser introduzidas restrições a esses direitos e liberdades se forem necessárias e corresponderem efetivamente a objetivos de interesse geral reconhecidos pela União ou à necessidade de proteção dos direitos e liberdades de terceiros".[17]

A seu turno, o Tribunal Constitucional Alemão, em julgamento paradigmático, reconheceu a autonomia do *"direito à autodeterminação informativa"* a partir da análise da Lei do Censo alemã de 1983, que determinou que os cidadãos fornecessem uma série de dados pessoais para mensurar estatisticamente a distribuição espacial e geográfica da população. O Tribunal declarou a inconstitucionalidade parcial da norma em razão de sua vagueza e amplitude, que possibilitava o cruzamento dos dados coletivos com outros registros públicos, bem como a sua transferência para outros órgãos da administração.[18]

O julgado alemão é relevante porque reconheceu a autonomia dos direitos à proteção dos dados pessoais e à autodeterminação informacional, destacados do direito à privacidade.[19] Para o Tribunal, a capacidade do indivíduo de autodeterminar seus dados pessoais é parcela fundamental do seu direito de desenvolver livremente sua personalidade. Dessa forma, a atividade de processamento dos dados pessoais deve ter limites, impondo-se "precauções organizacionais e processuais que combatam o perigo de uma violação do direito da personalidade".[20] Nos termos do acórdão proferido pela Corte alemã,

> "[...] Esse poder [do uso de dados] necessita, sob as condições atuais e futuras do processamento automático de dados, de uma proteção especialmente intensa. Hoje, com ajuda do processamento eletrônico de dados, informações detalhadas sobre relações pessoais ou objetivas de uma pessoa determinada ou determinável [...] podem ser, do ponto de vista técnico, ilimitadamente armazenados e consultados a qualquer momento, a qualquer distância e em segundos. Além disso, podem ser combinados, sobretudo na estruturação de sistemas de informação integrados, com outros bancos de dados, formando um quadro da personalidade relativamente completo ou quase, sem que a pessoa atingida possa controlar suficientemente sua exatidão e seu uso. Com isso, ampliaram-se, de maneira até então desconhecida, as possibilidades de consulta e influência que podem atuar sobre o comportamento do indivíduo em função da pressão psíquica causada pela participação pública em suas informações privadas".[21]

---

[17] Tribunal de Justiça da União Europeia (Grande Secção). Digital Rights Ireland Ltd *versus* Minister for Communications, Marine and Natural Resources e o. e Kärntner Landesregierung e o. Acórdão de 8 de abril de 2014. Item nº 38 do Acórdão. Disponível em: http://curia.europa.eu/juris/document/document.jsf?text=&docid=150642&pageIndex=0&doclang=PT&mode=lst&dir=&occ=first&part=1&cid=5863500. Acesso em: 31 jan. 2023.
[18] BVerfGE 65, 1, "Recenseamento" (Volkszählung). MARTINS, Leonardo. (Org.) *Cinquenta anos de Jurisprudência do Tribunal Constitucional federal Alemão*. Montevidéu: Fundação Konrad Adenauer, 2005, p. 244.
[19] BIONI, Bruno Ricardo. *Proteção de dados pessoais*: a função e os limites do consentimento. Forense, 2019, p. 132, e-book.
[20] BVerfGE 65, 1, "Recenseamento" (Volkszählung). MARTINS, Leonardo. (org.) *Cinquenta anos de Jurisprudência do Tribunal Constitucional federal Alemão*. Montevidéu: Fundação Konrad Adenauer, 2005, p. 239.
[21] MARTINS, Leonardo. *Introdução à jurisprudência do Tribunal Constitucional Federal Alemão*. Cinquenta anos de jurisprudência do Tribunal Constitucional Federal Alemão. Tradução de Beatriz Hennig *et al*. Montevidéu: Fundação Konrad Adenauer, 2005, p. 237.

Conforme se verá, tal como a Lei do Censo de 1983 na Alemanha, a Medida Provisória sub examine também padece de vagueza e amplitude injustificadas, não atendendo a princípios básicos de privacidade, como a definição da finalidade específica e a necessidade para a transferência das informações.

3 A violação ao postulado da proporcionalidade

As leis que tratam de coleta e processamento de dados devem (i) atender a propósitos legítimos, específicos, explícitos e informados; (iii) limitar a coleta ao mínimo necessário para a realização das finalidades normativas; (iv) prever medidas técnicas e administrativas de segurança aptas a proteger os dados pessoais de acessos não autorizados e (v) prevenir a ocorrência de danos, consoante os parâmetros desenhados no direito comparado e no art. 6º da Lei Geral de Proteção de Dados Pessoais (Lei nº 13.709/18).

In casu, a Medida Provisória nº 954/2020 não atende ao direito à proteção de dados e ao postulado da proporcionalidade, máxime porque (i) não especifica para quais finalidades os dados serão utilizados; (ii) incorre em excesso ao determinar o compartilhamento de dados de milhões de brasileiros, quando pesquisas amostrais realizadas pelo IBGE em geral envolvem apenas cerca de 70 (setenta) mil domicílios por mês; (iii) não detalha métodos de segurança para a proteção dos dados contra riscos de vazamento; (iv) determina que o relatório de impacto à proteção de dados seja elaborado somente após já efetivado o compartilhamento, e não antes; e (v) pode gerar um nível preocupante de precisão na identificação dos usuários.

Em primeiro lugar, a MPv não especifica ou detalha para quais finalidades específicas os dados serão utilizados. O texto do §1º do art. 2º do ato normativo é demasiadamente vago ao afirmar que os dados "serão utilizados direta e exclusivamente pela Fundação IBGE para a produção estatística oficial, com o objetivo de realizar entrevistas em caráter não presencial no âmbito de pesquisas domiciliares". Como destacado pela Ministra relatora Rosa Weber, o dispositivo não delimita (i) o objeto da estatística a ser produzida, (ii) a finalidade específica, (iii) a amplitude da pesquisa, ou (iv) a necessidade da disponibilização dos dados. Ainda que o art. 1º, parágrafo único, da MPv preceitue que o ato terá aplicação "durante a situação de emergência de saúde pública de importância internacional decorrente do coronavírus (COVID-19)", não há elementos normativos suficientes que especifiquem como e por que o compartilhamento dos dados auxiliará o combate contra a COVID-19.

Em segundo lugar, há patente desproporcionalidade entre os dados necessários para uma pesquisa amostral e os dados requisitados. A MPv determina a disponibilização dos dados de todas as pessoas e empresas que tem acesso a telefonia móvel e fixa, sem explicar o porquê dessa amplitude de dados, especialmente quando se considera que as pesquisas da Fundação IBGE são em geral amostrais.

Em razão da importância e delicadeza do bem envolvido, a coleta de informações pessoais deve se limitar ao mínimo necessário para o atendimento às finalidades especificadas em lei, e não incorrer em excessos desproporcionais. Esse espectro amplíssimo de dados contraria, inclusive, o Regulamento Sanitário Internacional da Organização Mundial da Saúde (OMS), incorporado no ordenamento pátrio pelo Decreto nº 10.212/2020, que determina que não devem existir "processamentos [de dados] desnecessários e incompatíveis", com o propósito de "avaliação e manejo de um risco para a saúde pública" (art. 45, 2, "a").[22]

Em terceiro lugar, a MPv 954/2020 não detalha qualquer medida de segurança para que o compartilhamento seja realizado sem risco de acessos indevidos ou vazamentos. O art. 3º, I e II, da MPv dispõe que os dados compartilhados "terão caráter sigiloso" e "serão utilizados exclusivamente para a finalidade prevista no §1º do art. 2º", enquanto o art. 3º, §1º, veda ao IBGE compartilhar os dados disponibilizados com outros entes, públicos ou privados. Ocorre que o texto falha em determinar os padrões de segurança e de anonimização, a supervisão da comunicação e a autoridade responsável para fiscalizar o processo de compartilhamento.

No mesmo sentido, a Instrução Normativa 2, de 17 de abril de 2020, do IBGE, publicada na mesma data que a MPv, embora pretenda especificar os meios de transferência dos dados, também falha em determinar métodos de segurança eficientes, mormente ao possibilitar que os dados sejam "disponibilizados no formato e nos veículos de compartilhamento escolhidos pelas empresas de telecomunicações prestadoras de STFC ou SMP, condicionado à anuência do IBGE".[23]

Em quarto lugar, a MPv predica que a Fundação IBGE "divulgará relatório de impacto à proteção de dados pessoais" após o compartilhamento e o tratamento

---

[22] Decreto nº 10.212, de 30 de janeiro de 2020: "Artigo 45 Tratamento de dados pessoais. 1. As informações de saúde coletadas ou recebidas por um Estado Parte de outro Estado Parte ou da OMS, consoante este Regulamento, referentes a pessoas identificadas ou identificáveis, deverão ser mantidas em sigilo e processadas anonimamente, conforme exigido pela legislação nacional. Não obstante o Parágrafo 1º, os Estados Partes poderão revelar e processar dados pessoais quando isso for essencial para os fins de validação e manejo de um risco para a saúde pública, no entanto os Estados Partes, em conformidade com a legislação nacional, e a OMS devem garantir que os dados pessoais sejam: (a) processados de modo justo e legal, e sem outros processamentos desnecessários e incompatíveis com tal propósito; (b) adequados, relevantes e não excessivos em relação a esse propósito; (c) acurados e, quando necessário, mantidos atualizados; todas as medidas razoáveis deverão ser tomadas a fim de garantir que dados imprecisos ou incompletos sejam apagados ou retificados; e (d) conservados apenas pelo tempo necessário".

[23] Instrução Normativa 2, de 17 de abril de 2020. "[…] Da transmissão dos dados. Art. 2º Os dados de que trata o artigo 1º deverão ser disponibilizados no formato e nos veículos de compartilhamento escolhidos pelas empresas de telecomunicações prestadoras de STFC ou SMP, condicionado à anuência do IBGE. §1º Para a transmissão dos dados referidos no caput, dar-se-á preferência a formatos e a veículos já existentes e que preservem a configuração atual de armazenamento dos dados, apresentando-se como alternativas, dentre outras, a utilização do Drive do IBGE para envio das bases de dados, o recebimento presencial dos dados em formato digital ou, ainda, a utilização de sistema na nuvem acordado entre as partes. §2º Em caso de constatação de inconsistência, ineficácia ou inoperância do formato dos dados ou do veículo de transmissão adotado pela empresa, o IBGE deverá se manifestar em até 2 (dois) dias após a data do recebimento da base de dados, solicitando à empresa a retransmissão em formato ou veículo alternativo. §3º O eventual pedido de que trata o parágrafo anterior não enseja a contagem de novo prazo para envio dos dados". Disponível em: in.gov.br/web/dou/-/instrucao-normativa-n-2-de-17-de-abril-de-2020-253341223. Acesso em: 31 jan. 2023.

dos dados. Ocorre que esse relatório deve ser anterior à coleta e uso dos dados, e não posterior, a fim de garantir a transparência pública e medir os riscos do compartilhamento.

Em quinto lugar, há o risco de identificação precisa e formação de perfil dos usuários. Dados como nome, endereço e telefone de todos os usuários dos serviços de telefonia móvel e fixa, somados às entrevistas pessoais, podem gerar um nível preocupante de precisão na identificação dos usuários.

Finalmente, insta ressaltar que a Lei Geral de Proteção de Dados – LGPD (Lei nº 13.709/18) ainda está em *vacatio legis* e a Autoridade Nacional de Proteção de Dados (ANPD), órgão responsável pela fiscalização da proteção de dados, também ainda não está em operação. Nesse cenário, nota-se que a ausência de diploma legislativo e de autoridade administrativa específicos para a proteção de dados agrava as deficiências e imprecisões da MPv, evidenciando os riscos do compartilhamento.

Não se deve olvidar, ainda, que já foram apresentadas 344 propostas de emenda à Medida Provisória, que propugnam a restrição do âmbito de incidência da norma somente aos dados estritamente necessários, a elaboração de relatório de impacto de segurança da informação anterior à coleta e uso dos dados, além da maior transparência na definição da finalidade e do uso dos dados compartilhados.

4. A proteção de dados em tempos de coronavírus

A produção de estatísticas a partir do uso de dados pessoais é de extrema importância para a elaboração e desenho de políticas públicas de enfrentamento da crise sanitária. Diversos países têm adotado métodos intensivos de controle social e monitoramento individual, utilizando a tecnologia para frear a proliferação da doença.

Ocorre que, mesmo em cenários de crise, o uso e compartilhamento de dados deve seguir os mandamentos constitucionais e legais, observando uma estrita relação entre necessidade e adequação. Situações de emergência não são, de forma alguma, uma carta em branco para o emprego irrestrito de dados pessoais. O tratamento e compartilhamento de informações devem respeitar direitos e garantias individuais, sendo precedidos de uma adequada especificação das finalidades e medidas de segurança. Como observado pelo Tribunal Constitucional alemão no julgamento da Lei do Censo de 1983, perfeitamente transponível ao caso ora analisado, o Estado deve coletar somente a informação que seja realmente necessária para as finalidades legais, *verbis*:

> "[...] A obrigação de fornecer dados pessoais pressupõe que o legislador defina a finalidade de uso por área e de forma precisa, e que os dados sejam adequados e necessários para essa finalidade. Com isso não seria compatível a armazenagem de dados reunidos, não anônimos, para fins indeterminados ou ainda indetermináveis. Todas as autoridades

que reúnem dados pessoais para cumprir suas tarefas devem se restringir ao mínimo indispensável para alcançar seu objetivo definido".[24]

Com efeito, a necessidade de suspensão da eficácia da MPv nº 954/2020 não deriva da determinação do compartilhamento de dados *per se*, mas da ausência de especificação dos objetivos, métodos e procedimentos que envolvem esse compartilhamento. Faltou ao texto normativo a transparência e informação necessários para uma adequada composição e conciliação entre a necessidade de produção estatística e os direitos fundamentais à proteção de dados e à autodeterminação informativa.

Nessa temática, ressalte-se que o art. 6º da Lei Geral de Proteção de Dados – LGPD (Lei nº 13.709/18) elenca os princípios para o tratamento de dados pessoais, dos quais destaco a finalidade, adequação, necessidade, transparência, prevenção e responsabilização, *verbis*:

> Lei Geral de Proteção de Dados – LGPD (Lei nº 13.709/18)
> "Art. 6º As atividades de tratamento de dados pessoais deverão observar a boa-fé e os seguintes princípios:
> I - finalidade: realização do tratamento para propósitos legítimos, específicos, explícitos e informados ao titular, sem possibilidade de tratamento posterior de forma incompatível com essas finalidades;
> II - adequação: compatibilidade do tratamento com as finalidades informadas ao titular, de acordo com o contexto do tratamento;
> III - necessidade: limitação do tratamento ao mínimo necessário para a realização de suas finalidades, com abrangência dos dados pertinentes, proporcionais e não excessivos em relação às finalidades do tratamento de dados;
> IV - livre acesso: garantia, aos titulares, de consulta facilitada e gratuita sobre a forma e a duração do tratamento, bem como sobre a integralidade de seus dados pessoais;
> V - qualidade dos dados: garantia, aos titulares, de exatidão, clareza, relevância e atualização dos dados, de acordo com a necessidade e para o cumprimento da finalidade de seu tratamento;
> VI - transparência: garantia, aos titulares, de informações claras, precisas e facilmente acessíveis sobre a realização do tratamento e os respectivos agentes de tratamento, observados os segredos comercial e industrial;
> VII - segurança: utilização de medidas técnicas e administrativas aptas a proteger os dados pessoais de acessos não autorizados e de situações acidentais ou ilícitas de destruição, perda, alteração, comunicação ou difusão;
> VIII - prevenção: adoção de medidas para prevenir a ocorrência de danos em virtude do tratamento de dados pessoais;
> IX - não discriminação: impossibilidade de realização do tratamento para fins discriminatórios ilícitos ou abusivos;
> X - responsabilização e prestação de contas: demonstração, pelo agente, da adoção de medidas eficazes e capazes de comprovar a observância e o cumprimento das normas de proteção de dados pessoais e, inclusive, da eficácia dessas medidas".

---

[24] BVerfGE 65, 1, "Recenseamento" (Volkszählung). MARTINS, Leonardo. (Org.) *Cinquenta anos de Jurisprudência do Tribunal Constitucional federal Alemão*. Montevidéu: Fundação Konrad Adenauer, 2005, p. 240.

Ainda que o artigo 7º da Lei Geral de Proteção de Dados – LGPD (Lei nº 13.709/18) permita o uso "pela administração pública, para o tratamento e uso compartilhado de dados necessários à execução de políticas públicas previstas em leis e regulamentos [...]; para a realização de estudos por órgão de pesquisa" e também "para a tutela da saúde, exclusivamente, em procedimento realizado por profissionais de saúde, serviços de saúde ou autoridade sanitária", é certo que tais procedimentos devem obedecer aos princípios constitucionais e legais ínsitos à matéria.

5. Privacidade e segurança

O professor estadunidense Daniel J. Solove,[25] da Universidade George Washington, tece importantes apontamentos a respeito do direito à privacidade em tempos de crise. Para ele, existe uma falsa dicotomia entre privacidade e segurança, como se ambos os valores fossem mutuamente excludentes. Solove, nesse contexto, critica o *"argumento do pêndulo"*, segundo o qual em tempos de crise o pêndulo vai em direção à segurança e permite o sacrifício de direitos, enquanto em tempos de paz, o pêndulo volta para a valorização da liberdade e da proteção de direitos. Para o autor, tempos de crise não são uma carta em branco para ferir a Constituição.

A obra de Solove, apesar de direcionada a cenários de crise na segurança pública, pode ser transposta para o atual contexto de pandemia de COVID-19. De fato, eventuais restrições ao direito à privacidade, à proteção de dados e à autodeterminação informativa podem e devem ocorrer, posto inexistir direitos absolutos, mas sempre orientadas por parâmetros constitucionais e legais. Nas palavras de Solove, "Sacrifícios de direitos e liberdades civis devem ser feitos somente quando o governo justifica adequadamente por que esses sacríficos são necessários. É preciso submeter tais restrições a um escrutínio meticuloso, especialmente porque, em tempos de crise, o medo distorce nosso julgamento. [...] devemos ser extremamente cautelosos ao fazer sacrifícios desnecessários". O autor ainda prossegue:

> "Não apenas o argumento do pêndulo está errado ao supor falsamente que sacrifícios de direitos e liberdades civis são sempre necessários, mas também ao ignorar a essência do porquê os direitos e as liberdades civis são importantes. A proteção da liberdade é ainda mais importante em tempos de crise, quando ela está sob a maior ameaça. Durante os tempos de paz a necessidade de protegê-la não é tão imperiosa, justamente porque nesse período é menos provável que façamos sacrifícios desnecessários de liberdade. A maior necessidade de salvaguardar a liberdade ocorre nos momentos em que menos queremos protegê-la, quando nosso medo obscurece nosso julgamento. Quando as coisas ficam difíceis é justamente o momento em que nós mais precisamos de direitos".

---

[25] SOLOVE, Daniel J. *Nothing to hide*: The false tradeoff between privacy and security. Yale University Press, 2011, p. 61.

6. Conclusão

Consectariamente, satisfeitos os requisitos do *fumus boni juris*, também reputo presente o periculum in mora, uma vez que o imediato compartilhamento de dados pode causar danos irreparáveis à intimidade, ao sigilo da vida privada e ao direito à proteção de dados de mais de uma centena de milhão de usuários dos serviços de telefonia fixa e móvel.

Ex positis, referendo a decisão cautelar proferida pela Ministra relatora Rosa Weber, para suspender a eficácia da Medida Provisória nº 954/2020, cujo teor viola os direitos fundamentais à proteção de dados e à autodeterminação informativa, extraídos da garantia da inviolabilidade da intimidade e vida privada (art. 5º, X, CF/88), do princípio da dignidade da pessoa humana (art. 1º, III, CF/88) e da garantia processual do habeas data (art. 5º, LXXII, CF/88), bem como o postulado da proporcionalidade, notadamente nas vertentes adequação e necessidade.

É como voto.

Informação bibliográfica deste texto, conforme a NBR 6023:2018 da Associação Brasileira de Normas Técnicas (ABNT):

FONSECA, Gabriel Campos Soares da. ADI nº 6.390: O direito fundamental à proteção de dados pessoais. *In*: FUX, Luiz. *Jurisdição constitucional IV*: pluralismo e direitos fundamentais. Belo Horizonte: Fórum, 2023. p. 173-189. ISBN 978-65-5518-601-7.

ADI Nº 6.492: REFLEXOS NA ESTRUTURA REGULATÓRIA SETORIAL DO SANEAMENTO BÁSICO

JOÃO MOREIRA PESSOA DE AZAMBUJA

Introdução

O Supremo Tribunal Federal (STF) é o órgão máximo do Poder Judiciário brasileiro e tem papel fundamental na definição de temas relacionados à ordem econômica, especialmente no que diz respeito aos serviços públicos. Isso ocorre porque o STF é responsável por solucionar em última instância os conflitos constitucionais relacionados a questões como as competências e titularidades setoriais, a remuneração dos prestadores de serviços públicos, o conteúdo essencial dos serviços e dos contratos, os direitos dos usuários e a proteção socioambiental.

No setor de saneamento básico, esses desafios são ainda mais evidentes devido à complexidade da conformação do setor e às incertezas normativas existentes. Isso ocorre em parte devido à distribuição de titularidades e competências entre os entes federativos no Brasil, que atribui à União o estabelecimento de diretrizes gerais, aos municípios a titularidade do serviço em razão do interesse predominantemente local e aos estados a titularidade conjunta em regiões metropolitanas e microrregiões.

Ademais, o setor de saneamento básico é fundamental para garantir o atendimento de necessidades básicas da população, como o acesso à água limpa e o esgotamento sanitário adequado. Por ser essencial para a saúde e bem-estar das pessoas, o saneamento básico também tem impacto em outros direitos sociais, como a educação, pois o acesso à água limpa e o esgotamento adequado facilitam a realização de atividades escolares e a redução de absenteísmo; a moradia, pois a falta de saneamento pode gerar insalubridade nas residências; e a alimentação, pois a água contaminada pode afetar a produção agrícola e, consequentemente, a disponibilidade de alimentos. Além disso, o saneamento básico também é importante para a preservação do meio ambiente, pois o esgotamento inadequado pode contaminar fontes de água e afetar a vida aquática e o ecossistema. Portanto, é evidente que o setor de saneamento básico tem um impacto social e político significativo, pois é fundamental para a concretização de direitos humanos sociais e intergeracionais.

Com efeito, o presente ensaio busca apresentar os pontos centrais do julgamento do marco regulatório do saneamento básico e seus reflexos sobre questões fundamentais para a estrutura econômica do setor. Portanto, será realizada uma apresentação da estrutura do voto do ministro Luiz Fux no julgamento da ADI nº 6.492, da qual foi relator, acompanhada de comentários sobre os reflexos do *decisum* sobre a arquitetura regulatória setorial.

I Apresentação do voto do relator

O objeto do julgamento foi a análise da constitucionalidade de quatro leis federais que atualizam o marco legal do saneamento básico no Brasil: a Lei nº 9.984/2000, que criou a Agência Nacional de Águas (ANA); a Lei nº 10.768/2003, que estabelece o quadro funcional da ANA; a Lei nº 11.107/2005, que trata dos consórcios públicos; e principalmente, a Lei nº 11.445/2007, que estabelece as diretrizes nacionais para o saneamento básico. A análise do relator é baseada em quatro premissas teóricas: (A) a disciplina constitucional dos serviços públicos de saneamento; (B) a funcionalidade e os atributos econômicos do saneamento; (C) a realidade brasileira à luz da redação original da Lei nº 11.445/2007, considerando o desatendimento às essencialidades sanitárias; e (D) os objetivos setoriais da Lei nº 14.026/2020. São examinadas três temáticas principais: o primeiro pilar da Lei nº 14.026/2020, que trata dos instrumentos de prestação regionalizada *versus* a autonomia política e financeira dos municípios; o segundo pilar, que regula a modelagem contratual que determinou a concessão obrigatória e, ao mesmo tempo, a vedação ao contrato de programa; e o terceiro pilar, que reforça a instância federal para a coordenação do sistema de saneamento. As ações diretas de inconstitucionalidade foram conhecidas e, no mérito, julgadas improcedentes.

Esses três pilares do voto do relator são reflexos da evolução da jurisprudência do STF no tema de saneamento básico e serão analisados a seguir.

II Prestação regionalizada e autonomia dos entes federados

Conflitos entre Estados e Municípios são um dos temas centrais no setor de saneamento básico, especialmente devido à distribuição de titularidades e competências entre os entes federativos. Esses conflitos podem ser relacionados a três subtemas principais: competências legislativas, titularidade da atividade e prestação em regiões metropolitanas. Além disso, também podem surgir conflitos entre a União e outros entes federativos relacionados a imunidades tributárias recíprocas com prestadores estaduais ou municipais. De acordo com uma pesquisa empírica da jurisprudência do STF no período pós-1988, 21 casos foram identificados que tratam de conflitos interfederativos, sendo que 71% desses casos envolvem conflitos entre Estados e Municípios e apenas 29% envolvem a União (AZAMBUJA; JAMUR, 2021).

Nesse ponto, o acórdão conjunto das ADI nºs 6.492, 6356, 6583 e 6882 revisita o histórico da jurisprudência do STF sobre o tema para afirmar a constitucionalidade da integração compulsória de regiões metropolitanas. Reconheceu-se que a Constituição não estabeleceu uma definição precisa dos serviços de saneamento básico e não designou uma instância federativa específica como responsável por esses serviços. Isso reflete a natureza multifacetada do saneamento, que envolve diversos setores.

Além disso, o tema foi abordado pelo voto do relator para além do viés urbanístico. É que a Constituição, em seu artigo 200, IV, atribui ao Sistema Único de Saúde (SUS) a participação da formulação da política e de execução das ações de saneamento básico. Nesse sentido, estabeleceu a premissa de que "as políticas públicas sanitárias também precisam ser compatíveis com a estrutura da rede regionalizada e hierarquizada do SUS, como prescreve o art. 198 da Constituição" (ADI nº 6.492, 2021, p. 18).

Ao reconhecer essa premissa teórica o relator permite influxos de diversas áreas do direito para a solução da complexa controvérsia acerca da constitucionalidade do novo marco regulatório do saneamento básico. Assim, realiza uma análise sistêmica do julgamento por diversas lentes, com abordagem metodológica plural na medida em que dialoga com vários ramos do Direito, como o Direito Urbanístico, Direito da Saúde, Direito Constitucional, e, inclusive, Direitos Humanos.

III Funcionalidade e os atributos econômicos do saneamento básico

A segunda premissa teórica relevante do acórdão analisado é a funcionalidade e os atributos econômicos do saneamento básico. Nesse ponto do seu voto, o relator analisa o fenômeno do marco regulatório do saneamento básico pelas lentes do Direito Econômico e Regulatório. Utiliza essas ferramentas para que os objetivos constitucionais de saúde, sustentabilidade, meio ambiente equilibrado e liberdade econômica permeiem a arquitetura regulatória setorial.

A partir desse ponto do voto, o objetivo de capilaridade e universalização do serviço são vistos como resultados desejados e para os quais deve o Supremo Tribunal Federal contribuir, conferindo maior previsibilidade e segurança ao setor, sem desconsiderar as características inerentes ao setor, especialmente o monopólio natural, em razão dos elevados custos de produção e altas barreiras regulatórias de entradas de novos atores no mercado regulado.

Logo, ao se considerar as particularidades do setor de saneamento básico, é possível observar que a distribuição de água, o tratamento de esgoto e o gerenciamento de resíduos sólidos exigem o uso de instalações de infraestrutura complexas e de grande porte, bem como o envolvimento humano para sua operação. Tais fatores contribuem para a diminuição do número de agentes econômicos interessados em oferecer serviços de saneamento, além das dificuldades econômicas de implementação e operação do setor. Estes aspectos contribuem para a redução de agentes econômicos potencialmente interessados em prestar serviços de saneamento, resultando em situações de monopólio natural em muitos casos (ADI nº 6.492, 2021, p. 27). A Lei nº 14.026/2020 busca promover a universalização dos serviços de saneamento e garantir a gestão sustentável de água e saneamento para todas as pessoas, como estabelecido no Objetivo de Desenvolvimento Sustentável 6 da Agenda 2030 das Nações Unidas. (ONU, 2015)

III.3 A realidade brasileira de execução dos serviços de saneamento e os objetivos da Lei nº 14.026/2020

Para além das perspectivas já analisadas no voto, o relator parte de uma abordagem histórico-jurídica do setor de saneamento básico no Brasil e seus marcos regulamentares. Desse modo, o relator pode compreender com mais amplitude os objetivos setoriais da Lei nº 14.026/2020, na medida em que situa o diploma legal historicamente e constitucionalmente no ordenamento jurídico brasileiro, levando em conta ainda aspectos de política federativa e de administração pública.

Nesse sentido, o relator reconhece que a Lei nº 14.026/2020 tem como objetivo principal aumentar a eficiência na prestação de serviços de saneamento básico através de um novo regime de contratação pública, utilizando o modelo de concessão. Além disso, a lei estabelece metas ambiciosas para a cobertura da população com distribuição de água e esgotamento sanitário, incentivando o controle periódico dos resultados das outorgas. O terceiro objetivo da lei é a regionalização dos instrumentos de cooperação interfederativa, visando à sustentabilidade econômico-financeira e viabilidade dos vínculos entre a administração pública e os agentes econômicos.

A partir dessas premissas teóricas, parte para a análise da argumentação desenvolvida na petição inicial, julgando efetivamente o caso. Entretanto, é importante notar que as premissas e objetivos reconhecidos pelo relator no início de seu voto passam a ser a bússola condutora da concretização do marco regulatório do saneamento básico, na medida em que sistematiza juridicamente as controvérsias decorrentes da legislação com fundamento constitucional e situado historicamente no contexto político e econômico brasileiro.

Essa metodologia de julgamento pelo Supremo Tribunal Federal permite que as questões econômicas e sociais sejam apreciadas a partir de diversas premissas e perspectivas, afastando-se da insegurança que pode ser causada pela falta de diálogo entre o sistema jurídico e os demais sistemas sociais.

Portanto, o Supremo Tribunal Federal (STF) tem sido um ator fundamental na definição da política setorial de saneamento básico no Brasil, tendo julgado diversos casos relacionados a este setor até o julgamento do marco regulatório do saneamento básico. O acórdão analisado abordou temas como conflitos interfederativos, sustentabilidade econômica, regime jurídico das empresas estatais prestadoras de serviços de saneamento, regulação e imposição de deveres de universalização do serviço.

VOTO

O SENHOR MINISTRO LUIZ FUX (RELATOR): Eminentes pares, ilustre representante do Ministério Público, senhoras advogadas, senhores advogados e espectadores que nos acompanham pela TV Justiça.

Ab initio, verifico que as quatro Ações Diretas de Inconstitucionalidade ora julgadas versam sobre diferentes aspectos da Lei nº 14.026, de 15 de julho de 2020, cunhada de "Marco Regulatório do Saneamento Básico".

Como se passa a expor, a Lei nº 14.026/2020 se caracteriza como uma refundação do ambiente jurídico ("legal framework") aplicável aos serviços públicos de saneamento básico, porquanto permeia os seguintes pontos:

(a) a atribuição de competências normativas e fiscalizatórias à Agência Nacional de Águas, que teve, inclusive, a sua nomenclatura alterada para Agência Nacional de Águas e Saneamento Básico – ANA (mantida a sigla);

(b) os objetivos, os conceitos, as hipóteses e as responsabilidades federativas atinentes aos serviços públicos de saneamento básico;

(c) o conteúdo mínimo dos instrumentos políticos de planejamento setorial, que balizam o cronograma e a ordem de priorização das ações públicas;

(d) os arranjos contratuais possíveis para a delegação dos serviços;

(e) as cláusulas de observância obrigatória nos contratos de concessão, bem como as condições para a alteração unilateral das avenças pelo Poder Concedente;

(f) as obrigações dos agentes econômicos no período de vigência da avença e as responsabilidades extensíveis ao período pós-contratual;

(g) as balizas para a estipulação de tarifas;

(h) as matérias que podem objeto de regulação pelas autarquias subnacionais (órgãos reguladores nos âmbitos municipal e estadual); e

(i) os mecanismos de cooperação interfederativa, notadamente quanto à participação da União.

Nas próximas sessões, a fundamentação se inicia pelas premissas teóricas. Em seguida, examinam-se as mudanças textuais e semânticas que a Lei nº 14.026/2020 concretizou em outras 4 (quatro) Leis Federais. Em ordem cronológica, (1) a Lei nº nº 9.984/2000, que instituiu a Agência Nacional de Águas – ANA; (2) a Lei nº 10.768/2003, que disciplinou a estrutura orgânica da ANA; (3) a Lei nº 11.107/2005, a cognominada "Lei dos Consórcios Públicos"; e (4) a Lei nº 11.445/2007, representativa do último marco regulatório do saneamento básico e que continua vigente.

II. PREMISSA TEÓRICA: A MOLDURA CONSTITUCIONAL DOS SERVIÇOS PÚBLICOS DE SANEAMENTO BÁSICO

A leitura atenta da Lei nº 14.026/2020 revela que o Congresso Nacional dispôs sobre diretrizes para o saneamento básico e sobre normas gerais para a respectiva contratação pública. Ambas as matérias correspondem a competências privativas da União, nos termos do art. 21, inciso XX, e ao art. 22, XXVII, da CF. Não é demais reproduzi-los:

> "Art. 21. Compete à União [...]
> XX - instituir diretrizes para o desenvolvimento urbano, inclusive habitação, saneamento básico e transportes urbanos."

> "Art. 22. Compete privativamente à União legislar sobre: [...]
> XXVII – normas gerais de licitação e contratação, em todas as modalidades, para as administrações públicas diretas, autárquicas e fundacionais da União, Estados, Distrito Federal e Municípios, obedecido o disposto no art. 37, XXI, e para as empresas públicas e sociedades de economia mista, nos termos do art. 173, § 1°, III."

Sucede que a competência legislativa da União para balizar as políticas sanitárias (CF/88, art. 21, XX) é apenas um dos pontos de contato entre a organização formal dos Poderes e a dinâmica predominantemente cooperativa para a concretização do saneamento básico.

Note-se que a Constituição brasileira não empreendeu a definição taxativa dos serviços relativos ao saneamento básico, nem pretendeu a sua designação como competência de instância federativa única. Essa disciplina mais fluida, menos analítica do Texto Maior, é compatível com os traços multissetoriais do saneamento.

Nessa toada, o art. 23, IX, da Constituição Federal, estabelece a competência administrativa compartilhada entre a União, Estados, Distrito Federal e Municípios para *"promover programas de construção de moradias e a melhoria das condições habitacionais e de saneamento básico"*.

Inobstante esse viés urbanístico, o saneamento básico também é pautado pelo Sistema Único de Saúde – SUS, por dicção do art. 200, inciso IV, da Carta Maior:

> "Art. 200. Ao sistema único de saúde compete, além de outras atribuições, nos termos da lei: [...]
> IV - participar da formulação da política e da execução das ações de saneamento básico."

Consequentemente, as políticas públicas sanitárias também precisam ser compatíveis com a estrutura de rede regionalizada e hierarquizada do SUS, como prescreve o art. 198 da Constituição Federal:

> "Art. 198. As ações e serviços públicos de saúde integram uma rede regionalizada e hierarquizada e constituem um sistema único, organizado de acordo com as seguintes diretrizes:

I - descentralização, com direção única em cada esfera de governo;
II - atendimento integral, com prioridade para as atividades preventivas, sem prejuízo dos serviços assistenciais;
III - participação da comunidade"

Vale pontuar que as opções políticas resguardadas tanto pelo art. 23, inciso IX, como pelo art. 200, inciso IV, dizem respeito ao planejamento das políticas de saneamento. A participação dos Estados e/ou da União nessa seara pode até condicionar o cronograma de projetos ou determinar a ordem de priorização das políticas públicas correlatas. Porém, não infirma a interpretação sólida deste Egrégio Supremo Tribunal Federal para atribuir a titularidade da execução dos serviços públicos de saneamento básico aos Municípios e ao Distrito Federal, à luz do art. 30, inciso V, da Constituição Federal:

> "Art. 30. Compete aos Municípios: [...]
> V - organizar e prestar, diretamente ou sob regime de concessão ou permissão, os serviços públicos de interesse local."

Nessa linha, cumpre destacar as conclusões assentadas por esta Corte no bojo do paradigmático julgamento da ADI nº 1.842, em que se discutiu acerca da possibilidade de transferência aos estados dos serviços de interesse metropolitano, em especial dos serviços de saneamento básico. Transcrevo os trechos pertinentes da ementa do referido julgado:

> "O art. 23, IX, da Constituição Federal conferiu competência comum à União, aos estados e aos Municípios para promover a melhoria das condições de saneamento básico.
> Nada obstante a competência municipal do poder concedente do serviço público de saneamento básico, o alto custo e o monopólio natural do serviço, além da existência de várias etapas – como captação, tratamento, adução, reserva, distribuição de água e o recolhimento, condução e disposição final de esgoto – que comumente ultrapassam os limites territoriais de um município, indicam a existência de interesse comum do serviço de saneamento básico.
> A função pública do saneamento básico frequentemente extrapola o interesse local e passa a ter natureza de interesse comum no caso de instituição de regiões metropolitanas, aglomerações urbanas e microrregiões, nos termos do art. 25, § 3º, da Constituição Federal. Para o adequado atendimento do interesse comum, a integração municipal do serviço de saneamento básico pode ocorrer tanto voluntariamente, por meio de gestão associada, empregando convênios de cooperação ou consórcios públicos, consoante o arts. 3º, II, e 24 da Lei Federal 11.445/2007 e o art. 241 da Constituição Federal, como compulsoriamente, nos termos em que prevista na lei complementar estadual que institui as aglomerações urbanas [...].
> O estabelecimento de região metropolitana não significa simples transferência de competências para o estado. O interesse comum é muito mais que a soma de cada interesse local envolvido, pois a má condução da função de saneamento básico por apenas um município pode colocar em risco todo o esforço do conjunto, além das consequências para a saúde pública de toda a região. O parâmetro para aferição da constitucionalidade reside no respeito à divisão de responsabilidades entre municípios e estado. É necessário evitar que o poder decisório e o poder concedente se concentrem nas mãos de um único ente para preservação do autogoverno e da autoadministração dos municípios. Reconhecimento

do poder concedente e da titularidade do serviço ao colegiado formado pelos municípios e pelo estado federado. A participação dos entes nesse colegiado não necessita de ser paritária, desde que apta a prevenir a concentração do poder decisório no âmbito de um único ente. A participação de cada Município e do Estado deve ser estipulada em cada região metropolitana de acordo com suas particularidades, sem que se permita que um ente tenha predomínio absoluto. Ação julgada parcialmente procedente [...]." (ADI 1.842, Redator p/ acórdão Min. Gilmar Mendes, Tribunal Pleno, julgado em 06/03/2013, DJe de 13/9/2013)"

Confiram-se outros precedentes desta Corte na matéria:
[...]
É dizer: os âmbitos de planejamento e de execução dos serviços públicos de saneamento básico são regidos por fundamentos constitucionais de competência distintos. Tal premissa é estruturante para a fixação da tese a ser apresentada neste julgamento, servindo de pano de fundo para a formação de arranjos federativos de contratação pública compatíveis com a autoadministração dos municípios.

O equacionamento dessas variáveis está no cerne do art. 241 da Constituição, que dispõe, *verbis*:

> "Art. 241. A União, os Estados, o Distrito Federal e os Municípios disciplinarão por meio de lei os consórcios públicos e os convênios de cooperação entre os entes federados, autorizando a gestão associada dos serviços públicos, bem como a transferência total ou parcial de encargos, serviços, pessoal e bens essenciais à continuidade dos serviços transferidos."

A adesão do ente federativo ao arranjo de consórcio público ou de convênio de cooperação é uma faculdade. No momento em que faz essa opção, o Município concretiza a máxima expressão do seu poder-dever de execução do serviço público, porquanto define a moldura de suas responsabilidades para com a organização e a prestação daquele serviço – isto é, define como, por quais meios satisfaz as competências do art. 30, inciso V –, a médio ou a longo prazo.

III. PREMISSA TEÓRICA: A FUNCIONALIDADE E OS ATRIBUTOS ECONÔMICOS DO SANEAMENTO BÁSICO

O saneamento básico está sempre respondendo a questões alocativas complexas – entre o individual e o coletivo; entre o presente e o futuro. Nessa chave, os serviços de saneamento atendem ao valor de salubridade ambiental, que pode ser conceituado, in verbis, como

> "[o] estado de higidez em que vive a população urbana e rural, tanto no que se refere à sua capacidade de inibir, prevenir ou impedir a ocorrência de endemias ou epidemias veiculadas pelo meio ambiente, como no tocante ao seu potencial de promover o aperfeiçoamento de condições favoráveis ao pleno gozo de saúde e bem-estar." (vide FUNDAÇÃO NACIONAL DE SAÚDE – FUNASA. Ministério da Saúde. Manual de saneamento. 5ª ed. Brasília: Funasa, 2019, p. 20)."

Para figurar quais são os interesses aqui sopesados, basta notar que o acesso à água potável é uma utilidade pública primordial à vida e à saúde; mas também, é fator crítico para o uso racional dos recursos hídricos.

Por oportuno, saliento que a presente decisão impactará diretamente a concretização do Objetivo de Desenvolvimento Sustentável (ODS) nº 6, da Agenda 2030 das Nações Unidas, que enuncia o compromisso de "assegurar a disponibilidade e a gestão sustentável de água e saneamento para todas e todos".

A universalização do saneamento diz respeito à percepção de seu valor pela coletividade. O sucesso da atuação estatal na concretização desse mister não se limita à qualidade dos serviços prestados e à respectiva satisfação dos usuários. Indo além, o valor é mensurado pelo acesso e pela capilaridade desse conjunto de serviços, infraestrutura e instalações.

Por essa lógica, as disparidades de abastecimento decorrentes de fatores socioeconômicos são prejudiciais ao acesso; e os déficits de acesso a essa política pública decorrentes de fatores geográficos são prejudiciais à capilaridade.

Dados coletados entre 2017 e 2020 revelam falhas em acesso e em capilaridade na política de saneamento básico brasileira. As taxas de atendimento variam consideravelmente (a) entre os Estados da Federação; (b) entre os Municípios de um mesmo Estado; (c) entre os espaços urbanos, os espaços rurais, as comunidades indígenas e as comunidades quilombolas; e (d) entre as habitações regulares e as "aglomerações subnormais" (vide PAGANINI, Wanderley da Silva; BOCCHIGLIERI, Miriam Moreira. O Novo Marco Legal do Saneamento: universalização e saúde pública. *Revista USP*. São Paulo, n. 128, jan./mar. 2021, p. 53-55).

Por sua vez, os atributos econômicos da execução dos serviços de saneamento revelam contexto de fácil convergência dos agentes econômicos envolvidos ao monopólio natural. Tal fator descortina-se a partir dos altos custos inerentes ao planejamento, à implementação e à execução operacional das políticas de saneamento.

Sobre o tema, Calixto Salomão afirma:

> "[a] impossibilidade econômica [de um determinado setor] é decorrente de características particulares inerentes àquele ramo específico da indústria que tornam a competição ruinosa ou autodestrutiva [...]. Nesse caso, as causas do monopólio são econômicas, e podem ser teoricamente elaboradas. A primeira e principal delas é a forte prevalência dos custos fixos sobre os custos variáveis [...]. Imagine-se, por exemplo, o transporte ferroviário. Seu custo fixo consiste nada mais nada menos que na construção de linhas ferroviárias." (SALOMÃO FILHO, Calixto. *Direito concorrencial*. 2. ed. Rio de Janeiro: Forense, 2021, p. 206-207).

Igualmente, Paulo Casagrande assevera:

> "[H]á duas características econômicas extremamente importantes de investimentos em ativos de infraestrutura. A primeira l a especificidade de ativo (asset specificity), que pode ser definida como a impossibilidade econômica de determinado investimento ser empregado para outros usos ou ser transportado para ser usado em outro local [...]. Já a segunda característica a ser destacada l o longo tempo de amortização desse tipo de

investimento, já que a construção de ativos de infraestrutura geralmente envolve grande quantidade de recursos que não podem ser recuperados em poucos anos." (CASAGRANDE, Paulo L. Regulação pró-concorrencial de acesso a ativos de infraestrutura: regime jurídico e aspectos econômicos. *In*: SCHAPIRO, Mario Gomes (Coord.). *Direito Econômico*: Direito Econômico Regulatório. São Paulo: Saraiva, 2010, pp. 129-134).

Aplicando-se essas premissas ao setor de saneamento básico, tem-se a constatação de que a distribuição de água, o tratamento de esgoto e o manejo de resíduos sólidos requerem o suporte em instalações de infraestrutura de sofisticação e de grandeza consideráveis, aliado à necessária contribuição do fator humano para sua execução operacional. Esses dois aspectos são determinantes para a redução de agentes econômicos potencialmente interessados em prestar serviços de saneamento, cumulativamente às dificuldades econômicas de implementação e de operação do setor. Esse contexto conduz, na maioria dos casos, a situações de monopólio natural.

IV. PREMISSA TEÓRICA: A REALIDADE BRASILEIRA DE EXECUÇÃO DOS SERVIÇOS DE SANEAMENTO E OS OBJETIVOS DA LEI nº 14.026/2020

A reconstrução histórica que, em certa medida, é instrumental à compreensão do atual cenário das ações e das políticas de saneamento tem como ponto de corte a instituição do Plano Nacional de Saneamento (PLANASA), em 1971. Sob o forte viés estatista, a União aprovou essa política pública à época, com o objetivo primordial de ampliar a cobertura do saneamento básico.

Em virtude do PLANASA, a estratégia para a ampliação da infraestrutura e das instalações foi a criação das Companhias Estaduais de Saneamento Básico (CESBs). Cumpre contextualizar que, naquele momento histórico, a competência para a prestação dos serviços de saneamento básico pertencia aos Estados. Assim, essas estruturas da Administração Pública Indireta apenas espelharam as atribuições da unidade política no mesmo estrato federativo.

Cediço que os investimentos foram direcionados para a infraestrutura das empresas estatais, cuja tutela coube aos Estados. Transcorridas quatro décadas, essa configuração empresarial continua a ser a principal forma de disponibilização dos serviços de saneamento no país.

Até a edição da Lei nº 14.026/2020, as Companhias Estaduais de Saneamento Básico continuaram dominando o setor. No entanto, a fonte do Poder Concedente deixou de residir nos Estados da Federação. Desde a promulgação da Constituição de 1988, os Municípios assumiram o protagonismo na prestação desses bens e serviços essenciais. Nessa toada, a prática caminhou para que os Municípios se agrupassem em prol da negociação com as empresas estatais, para agregar o contingente de usuários suficiente à mobilização da oferta, que foi desenhada para atender aos entes estaduais. O aludido agrupamento foi recepcionado pelo ordenamento constitucional de 1988, mais precisamente sob as formas de "consórcio público" e "convênio de cooperação".

V. PREMISSA TEÓRICA: OS OBJETIVOS SETORIAIS DA LEI Nº 14.026/2020

O movimento político que culminou na Lei nº 14.026/2020 foi engendrado pelo Poder Executivo Federal anos antes, mediante apresentação das Medidas Provisórias (MP) nº 844/2018 e 868/2018. Ambos os atos normativos tiveram sua eficácia exaurida, em função do decurso de tempo para a sua conversão. Não obstante, as linhas gerais da proposta presidencial anterior estão refletidas no marco regulatório em debate.

O primeiro objetivo setorial da Lei nº 14.026/2020 é incrementar a eficiência na prestação dos serviços, diante de novo regime de contratação pública. Portanto, quanto à forma de execução dos serviços de saneamento básico, a norma impugnada externou a vontade política inequívoca pelo modelo de concessão. Seja conforme a justificativa dos Ministros de Estado da Economia e do Desenvolvimento Regional, que instruiu o texto da MP nº 868/2018 (peça juntada aos autos pela d. Consultoria-Geral da União); seja conforme os documentos produzidos pelo Relator do Projeto de Lei no Senado Federal (documento público), extrai-se a pretensão de fomentar a concorrência para os mercados.

Reitero: concorrência para os mercados, uma vez que a concorrência nos mercados – correspondente ao senso comum de "livre concorrência" – é indesejável para o setor de monopólio natural. Nesse particular, o processo de licitação corresponde ao momento em que o Poder Público interessado pode analisar as variáveis tecnológicas, a evolução dos fatores de produção e a relação de custo-benefício de cada player que se habilita. Ao lado do incremento da pressão competitiva, é dizer, da percepção da concessionária de que pode ser substituída após o termo contratual, o segundo objetivo setorial da Lei nº 14.026/2020 é a estipulação de ambiciosas metas quanto à população atendida pela distribuição de água (99% da população) e pelo esgotamento sanitário (90% da população).

Nesse ponto, por ausência de capacidade institucional, não compete ao Poder Judiciário proceder à valoração desse objetivo, para questionar se a métrica é precisa ou imprecisa, conveniente ou inconveniente. O que se pode deduzir, razoavelmente, é o incentivo das metas à realização de controle periódico sobre os resultados das outorgas.

O terceiro objetivo setorial diz respeito à regionalização instrumentalizada em prol da efetividade das políticas sanitárias. O marco regulatório consolidou proposta inovadora para os instrumentos de cooperação interfederativa, movido não só pelas experiências regulatórias das últimas décadas, mas também pela busca de sustentabilidade econômico-financeira e viabilidade dos vínculos de parceria entre a Administração Pública (Poder Concedente) e os agentes econômicos (concessionárias).

VI. DAS ALTERAÇÕES À LEI Nº 11.445/2007 - A REGULAMENTAÇÃO DA PRESTAÇÃO REGIONALIZADA

Tal como enunciado nos objetivos setoriais do Marco Regulatório, a prestação regionalizada passa a ser um dos pilares para a institucionalização do saneamento básico. Essa configuração endereça as mesmas circunstâncias fáticas, anteriormente abarcadas pelo contrato de programa, quais sejam a universalização e os atributos econômicos do saneamento.

O consórcio público e o convênio de cooperação assumiram uma importância prática para o setor de saneamento – o que não se confunde com a sua observância obrigatória. Como se passa a demonstrar, a solução desenhada pelas novas redações aos dispositivos da Lei nº 11.445/2007 também está apta a prover o acesso, a capilaridade e a eficiência do saneamento básico.

As definições legais de prestação regionalizada estão inscritas no inciso VI, do art. 3º, da Lei nº 11.445/2007:

> "VI - prestação regionalizada: modalidade de prestação integrada de um ou mais componentes dos serviços públicos de saneamento básico em determinada região cujo território abranja mais de um Município, podendo ser estruturada em:
> a) região metropolitana, aglomeração urbana ou microrregião: unidade instituída pelos Estados mediante lei complementar, de acordo com o § 3º do art. 25 da Constituição Federal, composta de agrupamento de Municípios limítrofes e instituída nos termos da Lei nº 13.089, de 12 de janeiro de 2015 (Estatuto da Metrópole);
> b) unidade regional de saneamento básico: unidade instituída pelos Estados mediante lei ordinária, constituída pelo agrupamento de Municípios não necessariamente limítrofes, para atender adequadamente às exigências de higiene e saúde pública, ou para dar viabilidade econômica e técnica aos Municípios menos favorecidos;
> c) bloco de referência: agrupamento de Municípios não necessariamente limítrofes, estabelecido pela União nos termos do §3º do art. 52 desta Lei e formalmente criado por meio de gestão associada voluntária dos titulares."

Contra essa disposição, os requerentes aduziram a violação ao art. 25, §3º, da Carta Maior, que dá estatura constitucional apenas às categorias elencadas pela alínea "a". Confira-se:

> "§3º Os Estados poderão, mediante lei complementar, instituir regiões metropolitanas, aglomerações urbanas e microrregiões, constituídas por agrupamentos de municípios limítrofes, para integrar a organização, o planejamento e a execução de funções públicas de interesse comum."

Os autores interpretam restritivamente essa autorização constitucional de índole federativa e concluem que as regiões metropolitanas, aglomerações urbanas e microrregiões seriam as únicas formas de integração intermunicipal compatíveis com a Constituição de 1988.

A alegação não procede, pois são distintos o grau de interdependência e a abrangência dos interesses comuns entre os partícipes de uma "região metropolitana" (CF/88, art. 25, §3º c/c Lei 11.445/2007, art. 3º, VI, alínea 'a'), e entre os integrantes de um "bloco de referência" (Lei 11.445/2007, art. 3º, VI, alínea 'c').

A redação da norma sub examine é clara. A região metropolitana, a aglomeração urbana e a microrregião criam uma unidade voltada à organização, ao planejamento e à execução de funções públicas (no plural). Seus traços distintivos são a compulsoriedade e a proximidade territorial.

Em contraponto, os arranjos peculiares à Lei nº 14.026/2020 se limitam à viabilidade da execução de um ou mais serviços públicos de saneamento básico. A organização das atividades continua sob a titularidade dos Municípios; ao passo que o planejamento é o resultado da deliberação democrática em dois níveis, o Plano Federal e o Plano Estadual ou Regional.

Também não prospera a argumentação que rivaliza, de um lado, as "unidades regionais de saneamento básico" e os "blocos de referência"; e por outro lado, a autonomia dos Municípios, plasmada nos arts. 1º, 18, 29, caput; 30, incisos I e V; 34, inciso VII, alínea "c", da Constituição.

Para que não pairem dúvidas: quanto à titularidade dos serviços públicos de saneamento, a Lei nº 14.026/2020 manteve a autonomia municipal. Apesar de questões referentes ao saneamento básico serem intrinsecamente de interesse local e de competência dos entes municipais, isso não impede a atuação conjunta e integrada entre todos os entes, o que se pretende com as alterações legais questionadas.

A disposição territorial contígua, a integração econômica e populacional e o domínio compartilhado (ou condomínio) de recursos hidrográficos são fatores que levam dois Municípios à comunhão ou à contraposição de interesses em torno dos serviços e instalações de saneamento. Configura-se o equilíbrio instável entre a titularidade (status de posse, poder de imperium), a abrangência territorial e os interesses.

Ademais, os aludidos arranjos federativos representam um dos trunfos do Marco Regulatório para promover a modicidade tarifária. As unidades regionais de saneamento básico (art. 3º, VI, alínea 'b') e os blocos de referência (art. 3º, VI, alínea 'c') podem ser benéficos à outorga de serviços que contemplem os subsídios cruzados, agregando entes administrativos deficitários e superavitários quanto ao retorno financeiro (arrecadação) com os serviços de saneamento básico. Que fique claro, sob a perspectiva dos subsídios cruzados, as diferenças socioeconômicas não são tratadas de maneira pejorativa. Ao contrário, são dados de uma realidade que se pretende corrigir, em face do acesso e da capilaridade.

Nesse sentido, o Estado-membro, quando organiza uma "unidade regional" voltada à concessão dos serviços públicos de saneamento, tende a defender os interesses de todo o território sob sua jurisdição; e tende a incluir Municípios mais distantes das Capitais ou de outras metrópoles. É dizer: não se cuida, aqui, da imposição por um agente externo contrário ao interesse público, tampouco hierarquicamente superior. É dado presumir que o Estado – ou, subsidiariamente, a União – desenhará arranjos federativos de contratação pública atentos às necessidades das populações locais, às disparidades intermunicipais e à agenda do desenvolvimento urbano.

A rigor, a Administração Pública Estadual estaria mais bem informada sobre o ponto ótimo de integração, para fins de compensação financeira e de oportunidades – se comparada à associação voluntária de Municípios. O consórcio público, por mais que represente a auto-organização e a voluntariedade dos Municípios, não necessariamente garante que aquela união atinge a estabilidade financeira sustentável a longo prazo.

Informação bibliográfica deste texto, conforme a NBR 6023:2018 da Associação Brasileira de Normas Técnicas (ABNT):

AZAMBUJA, João Moreira Pessoa de. ADI nº 6.492: Reflexos na estrutura regulatória setorial do saneamento básico. *In*: FUX, Luiz. *Jurisdição constitucional IV*: pluralismo e direitos fundamentais. Belo Horizonte: Fórum, 2023. p. 191-204. ISBN 978-65-5518-601-7.

RE Nº 677.725: DESLEGALIZAÇÃO EM MATÉRIA TRIBUTÁRIA E O CASO DO FAP

MARCUS LÍVIO GOMES
RAQUEL DE ANDRADE VIEIRA ALVES

I A evolução doutrinária e jurisprudencial no STF em relação ao princípio da legalidade tributária: chancela do requisito da densidade normativa suficiente para a validade da delegação legislativa

Durante um bom tempo, o princípio da legalidade tributária foi compreendido pela dogmática jurídica nacional como sinônimo de tipicidade fechada, de modo a vedar qualquer espaço de decisão ou valoração ao aplicador da norma. Sob tal entendimento, caberia à lei em sentido estrito não apenas autorizar a instituição e majoração de tributos, como prever de maneira exaustiva todos os elementos essenciais à obrigação tributária, quais sejam: fato gerador, base de cálculo, alíquotas e sujeito passivo. É dizer, não bastaria que os aspectos que formam a relação jurídico-tributária estivessem previstos na lei, mas seria preciso que todo o seu conteúdo fosse a partir dela determinado, a reduzir o fenômeno jurídico à mera subsunção do fato à norma tributária.

Esta premissa, incompatível com a hermenêutica contemporânea, esteve baseada em uma visão liberal do Estado e, por conseguinte, do próprio direito, na medida em que concebido como um simples conjunto de regras limitadoras da liberdade estatal. O império da legalidade, nesse momento, colocou o Parlamento no centro do Estado Liberal clássico, fenômeno mundial que produziu reflexos diretos no país.

Ocorre que o quadro de supremacia do Legislativo sobre o Executivo passou por uma reversão a partir do advento do Estado Social, em meados do século XX. O agigantamento do Estado pela incorporação de novas atribuições constitucionalmente asseguradas conferiu ao Poder Executivo uma posição de preponderância no cenário político, principalmente em países que adotaram o sistema presidencialista de governo, com é o caso do Brasil.

O crescimento das atividades estatais, aliado à complexidade da sociedade moderna e ao caráter técnico que ela agrega às regras de conduta, tornaram praticamente impossível a previsão de todos os aspectos necessários à regulação normativa pelo legislador. A consequência disso, além da mencionada reversão do quadro de primazia do Parlamento sobre o Executivo, foi um novo delineamento de atribuições a cargo de ambos os Poderes; uma reinterpretação das funções que tradicionalmente lhes foram atribuídas. É nesse contexto que se insere o fenômeno da "deslegalização", que tal como em outras áreas do Direito, também no Direito Tributário vem produzindo seus reflexos.

Não obstante, como afirmado, a doutrina tributária, até um período recente, insistia na defesa da impossibilidade de utilização pelo Direito Tributário de conceitos jurídicos indeterminados e tipos, como se fosse possível ao legislador, em nome da segurança jurídica, trabalhar apenas com conceitos fechados e determinados. Com isso, não restaria ao aplicador da norma qualquer margem de interpretação dos conceitos utilizados para definição do fenômeno tributário e de seus aspectos essenciais.

Foi então a partir do movimento doutrinário conduzido pelo saudoso Professor da Universidade do Estado do Rio de Janeiro, Ricardo Lobo Torres, que a ideia de conceber a legalidade tributária como reflexo do princípio da especificidade conceitual passou a ser objeto de crítica, sob a ótica da necessidade de alcance de um maior espectro de aplicação para as leis tributárias, a permitir uma atuação relevante por parte do Poder Executivo na concretização deste objetivo. Passou-se a reconhecer, portanto, a impossibilidade de a linguagem jurídica assegurar uma predeterminação absoluta, mesmo em se tratando da definição de aspectos relativos à regra matriz de incidência tributária.

Esse movimento de reinterpretação do conteúdo do princípio da legalidade tributária à luz da segurança jurídica não se restringiu ao campo doutrinário, produzindo reflexos diretos na jurisprudência do Supremo Tribunal Federal. Podemos dizer, assim, que há duas fases na ressignificação do papel do Poder Executivo em matéria tributária, sob o prisma da legalidade: (i) a primeira, em 2003, quando do julgamento do RE nº 343.446 (Rel. Min. Carlos Velloso), referente à contribuição destinada ao Seguro de Assistência ao Trabalhador – SAT; e (ii) a segunda, em 2016, quando do julgamento das ADIs nºs 4.697 e 4.762 (Rel. Min. Edson Fachin) e dos REs nºs 704.292 e 838.284 (Rel. Min. Dias Toffoli).

No RE nº 343.446, o STF analisou, dentre outros fundamentos, a compatibilidade do art. 22, §3º, da Lei nº 8.212/1991, que delegou ao Ministério do Trabalho e da Previdência Social a definição de "atividade preponderante" e de "grau de risco leve, médio ou grave", para fins de incidência da alíquota da respectiva contribuição, conforme a variação em três faixas, 1%, 2% e 3% (art. 22, inciso II, alíneas a, b e c).

Vale mencionar que, além de o grau de risco ser medido pelo Ministério do Trabalho e da Previdência Social, conforme associação estatística entre o índice de incidência de doenças laborativas e a atividade econômica definida nos termos da Classificação Nacional de Atividade Econômica (CNAE) – o que, por si só, já demanda conhecimento de caráter eminentemente técnico, cujo detentor é o Poder Executivo –, a expressão "atividade preponderante" pode ser interpretada sob diferentes acepções. Estes fatos levaram ao questionamento da constitucionalidade da utilização dos respectivos conceitos pela lei, para fins de determinação do *quantum* de tributo que deveria ser pago, à luz do princípio da legalidade tributária.

Prevaleceu o entendimento do Ministro Carlos Velloso de que o dispositivo questionado seria constitucional, na medida em que não se vislumbraria delegação pura e simples ao regulamento para dispor acerca de elemento essencial à obrigação tributária, já que a lei teria previsto as alíquotas e a base de cálculo da contribuição ao SAT. Não obstante, restou assentada a compatibilidade da adoção de conceitos jurídicos indeterminados na regra matriz de incidência tributária com o princípio da legalidade.

É dizer, o caso do SAT de fato não reflete uma delegação legislativa propriamente dita quanto à fixação do montante do tributo, e sim a chancela quanto à permissão ao Executivo de realizar a aferição e o enquadramento dos contribuintes conforme o risco da atividade, sendo-lhe atribuída ainda a interpretação do "conceito de atividade preponderante", o que, indiretamente, acaba por refletir na determinação da alíquota aplicável e do quantum devido a título de contribuição.

Ainda assim, trata-se do primeiro paradigma analisado pela Corte quanto à possibilidade de utilização de conceitos jurídicos indeterminados pela norma de incidência tributária, para fins de aferição de um dos elementos essenciais à determinação da obrigação. Com isso, marca a virada de chave na incorporação pela jurisprudência da hermenêutica mais moderna acerca do papel da legalidade no Direito Tributário e o abandono gradual da dogmática jurídica tradicional pela jurisdição constitucional tributária.

Daí a divisão neste artigo do cenário jurisprudencial em relação ao princípio da legalidade em duas fases, valendo-se da valiosa contribuição de Daniel Lannes, em estudo específico sobre o assunto, que propugna a distinção entre (i) o regulamento editado para concretizar a interpretação administrativa, de um lado, e (ii) o regulamento editado para conformação normativa de aspectos da imposição tributária, com base em lei que expressamente atribui ao administrador, com base nos *standards* legais, a tarefa de estabelecer a alíquota do tributo, de outro. A primeira hipótese corresponde precisamente ao caso do SAT, já descrito, enquanto a segunda corresponde a uma nova fase na interpretação da legalidade tributária pelo STF, cujos paradigmas serão analisados na sequência.

Na análise das ADIs nºs 4.697 e 4.762, na sessão de julgamento de 06.10.2016, o STF teve a oportunidade de se debruçar sobre a constitucionalidade de dispositivos da Lei nº 12.514/2011 que delegavam ao regulamento a fixação das contribuições para os Conselhos Profissionais de atividade regulamentada, a partir das balizas estabelecidas pelo art. 6º do referido diploma. Por maioria, vencidos os Ministros Marco Aurélio e Rosa Weber (esta última, quanto à constitucionalidade formal), reconheceu-se a constitucionalidade da norma, reputando-se, para fins de compatibilidade com o princípio da legalidade tributária, ser adequada e suficiente a determinação do mandamento tributário no bojo da lei impugnada, por meio da fixação de tetos aos critérios materiais das hipóteses de incidência das contribuições profissionais, à luz da chave analítica formada pelas categorias da praticabilidade e da parafiscalidade.

Ainda no mesmo mês, em 19.10.2016, o STF analisou os REs nºs 704.292 e 838.284, em que se questionava, respectivamente, dispositivos da Lei nº 11.000/2004, que autorizava os Conselhos Profissionais de atividade regulamentada a fixarem o montante de suas contribuições anuais, sem balizamento, bem como da Lei nº 6.496/1977, que delegava aos Conselhos Regionais de Engenharia, Arquitetura e Agronomia a fixação do montante a ser pago a título de taxa de Anotação de Responsabilidade Técnica (ART), obedecendo ao limite máximo de cinco MVRs (Maior Valor de Referência).

No caso do RE nº 704.292, a posição do Ministro Dias Toffoli foi acolhida a fim de se considerar inconstitucionais os dispositivos da Lei nº 11.000/2004, não em função da delegação ao regulamento em si, para fins de conformação dos critérios legais definidores do aspecto quantitativo da incidência tributária, e, sim, em razão da ausência de balizamento suficiente na lei para fins de controle do exercício da delegação pelo Executivo.

Em paralelo, restou consignada a compatibilidade com o princípio da legalidade tributária da lei que disciplina os elementos essenciais determinantes para o reconhecimento da contribuição de interesse de categoria econômica como tal, deixando um espaço de complementação para o regulamento. Ao final, foi fixada a seguinte tese, para fins do Tema 540, da qual divergiu o Ministro Marco Aurélio: "É inconstitucional, por ofensa ao princípio da legalidade tributária, lei que delega aos conselhos de fiscalização de profissões regulamentadas a competência de fixar ou majorar, sem parâmetro legal, o valor das contribuições de interesse das categorias profissionais e econômicas, usualmente cobradas sob o título de anuidades, vedada, ademais, a atualização desse valor pelos conselhos em percentual superior aos índices legalmente previstos."

Apesar de o RE nº 704.292 e as ADIs nºs 4.697 e 4.762 terem o mesmo pano de fundo, a lei examinada continha diferença fundamental, porquanto no primeiro a norma tão somente delegava a atribuição de fixação das anuidades aos Conselhos Profissionais de atividade regulamentada, sem estabelecer qualquer parâmetro a ser observado pelo Executivo, enquanto no caso das ações diretas a norma continha balizas específicas e suficientes para pautar a atuação regulamentar.

No mesmo dia, fechando o raciocínio do STF quanto à interpretação da legalidade tributária, foi julgado o RE nº 838.284, tendo a Corte reputado constitucional a atribuição a ato normativo infra legal para determinar o valor da taxa de fiscalização, desde que observado o teto estipulado pela lei delegatória e que o mesmo fosse estipulado em proporção razoável ao custo da atuação do Estado (Tema 829: "Não viola a legalidade tributária a lei que, prescrevendo o teto, possibilita o ato normativo infralegal fixar o valor de taxa em proporção razoável com os custos da atuação estatal, valor esse que não pode ser atualizado por ato do próprio conselho de fiscalização em percentual superior aos índices de correção monetária legalmente previstos.").

Nos dois últimos casos, o Ministro Relator deixou expresso o que se estava a analisar na ocasião: qual o tipo e o grau de legalidade que satisfazem a exigência do art. 150, I, da Constituição. E, em seguida, levou em consideração não só os comandos normativos que deveriam pautar a atividade regulamentar, com vistas à possibilidade de se estabelecer algum controle no cumprimento da atribuição delegada, como também as exigências da espécie tributária cujo aspecto material seria complementado pela atividade do Executivo.

Ou seja, especialmente no caso do RE nº 838.284, o Ministro Dias Toffoli, no que foi acompanhado pela maioria do STF, tomou como base de análise da constitucionalidade da delegação o perfil constitucional das taxas, enquanto tributos marcados pelo caráter contraprestacional e, via de consequência, informados pelo princípio da equivalência aos custos da atividade estatal. Daí porque faria ainda mais sentido a atribuição ao Poder Executivo da fixação do *quantum* devido a título de taxa de ART, observado o limite legal.

Apenas em análise criteriosa cuja competência técnica está a cargo do Executivo seria possível estabelecer a exata medida da contraprestação à atividade fiscalizatória estatal. A delegação na hipótese trataria de estabelecer um diálogo entre a norma e o regulamento, para fins de determinação do aspecto quantitativo da taxa, de modo a atender em maior grau a justiça comutativa. E, a partir de então, com este entendimento, abriu-se espaço para a análise da delegação em matéria tributária aplicada a outras espécies de tributos, que não apenas as contribuições de interesse das categorias profissionais ou econômicas e as taxas, ambas dotadas de forte caráter contraprestacional.

Seguindo a linha de raciocínio inaugurada em 2016, o STF teve a oportunidade de apreciar a constitucionalidade da delegação feita pela Lei nº 10.865/2004 ao Poder Executivo para redução e restabelecimento das alíquotas das contribuições ao PIS e à COFINS incidentes sobre receitas financeiras, respeitado o limite máximo legal, através da ADI nº 5.277 e do RE nº 1.043.313, também sob a relatoria do Ministro Dias Toffoli, em sessão realizada em 10.12.2020.

No caso, a Corte considerou constitucional a delegação a partir não apenas da previsão de um limite máximo para as alíquotas de PIS e COFINS incidentes sobre receitas financeiras, como especialmente em função da presença de uma função extrafiscal na tributação que grava as operações financeiras, ainda que se trate de contribuições destinadas ao custeio da seguridade social. É o que se extrai do seguinte trecho:

> 1. A observância do princípio da legalidade tributária é verificada de acordo com cada espécie tributária e à luz de cada caso concreto, sendo certo que não existe ampla e irrestrita liberdade para o legislador realizar diálogo com o regulamento no tocante aos aspectos da regra matriz de incidência tributária. 2. Para que a lei autorize o Poder Executivo a reduzir e restabelecer as alíquotas da contribuição ao PIS/Pasep e da Cofins, é imprescindível que o valor máximo dessas exações e as condições a serem observadas sejam prescritos em lei em sentido estrito, bem como exista em tais tributos função extrafiscal a ser desenvolvida pelo regulamento autorizado.

Para fins de repercussão geral, foi fixada a seguinte tese para o Tema 939:

> É constitucional a flexibilização da legalidade tributária constante do §2º do art. 27 da Lei nº 10.865/04, no que permitiu ao Poder Executivo, prevendo as condições e fixando os tetos, reduzir e restabelecer as alíquotas da contribuição ao PIS e da COFINS incidentes sobre as receitas financeiras auferidas por pessoas jurídicas sujeitas ao regime não cumulativo, estando presente o desenvolvimento de função extrafiscal.

Como se vê, desde 2003, o STF vem acolhendo o movimento doutrinário de reinterpretação das funções do Poder Executivo em matéria tributária à luz do princípio da legalidade. Em um primeiro momento, a expressão do acolhimento dessa nova hermenêutica ocorreu a partir do julgamento da constitucionalidade da contribuição ao SAT, ocasião em que a Corte pôde afirmar a existência de conceitos jurídicos indeterminados na regra matriz de incidência tributária, a demandar a atuação interpretativa do Poder Executivo, sem que isso represente violação à legalidade.

Já a partir do julgamento das ADIs nºs 4.697 e 4.762 e dos REs nºs 704.292 e 838.294, consolidou-se o entendimento no âmbito do STF em relação à possibilidade de a norma de incidência tributária delegar expressamente ao regulamento a função de estabelecer o aspecto quantitativo do tributo, desde que a lei delegadora possua densidade normativa suficiente.

É dizer, desde 2016, a Corte admite a deslegalização em matéria tributária a partir do estabelecimento de alguns parâmetros, de forma que não pode a delegação representar um "cheque em branco" ao Poder Executivo, mesmo porque constitui requisito essencial para a sua validade a necessidade de previsão dos limites de atuação do ente delegatário, a fim de que seja possível o controle da delegação pelo Poder delegante. Justamente por isso, em se tratando de norma que prevê a incidência tributária, ela deve conter os elementos mínimos capazes de identificar e quantificar a obrigação, ainda que a apuração do *quantum* a ser pago dependa da atuação complementar do Executivo. A ausência de limite máximo para a incidência, por exemplo, não se compatibiliza com o princípio da legalidade tributária.

Ademais, há que se observar a pertinência da delegação à luz de cada espécie de tributo, respeitando o seu perfil constitucional e o caráter extrafiscal que justifica a atuação do Poder Executivo, conforme o caso.

II A controvérsia submetida à análise do STF através do julgamento do RE nº 677.725 e o caráter extrafiscal do FAP sob a ótica do princípio da equidade na forma de participação no custeio da seguridade social

Diante da evolução doutrinária e jurisprudencial apresentada, cabe-nos tratar agora do mais recente julgamento da Corte Suprema acerca dos limites da possibilidade de delegação normativa ao Executivo da conformação do aspecto material da incidência tributária, relatado pelo Ministro Luiz Fux.

Trata-se do Tema 554 da repercussão geral, que ainda dentro da temática da seguridade social e tendo por pressuposto o julgamento do RE nº 343.446, analisou a constitucionalidade do Fator Acidentário de Prevenção (FAP) à luz da legalidade tributária.

Como visto, de acordo com o art. 22, II, da Lei nº 8.212/1991, a alíquota-base da contribuição ao SAT é de 1%, 2% ou 3%, conforme o risco da atividade econômica preponderante (leve, médio ou grave), cuja constitucionalidade foi afirmada pelo STF no recurso extraordinário acima mencionado.

Ocorre que, em 2003, foi editada a Lei nº 10.666, que, em seu art. 10, trouxe importante inovação ao criar o Fator Acidentário de Prevenção (FAP), permitindo, no financiamento das prestações previdenciárias derivadas de acidentes de trabalho, a tarifação individual, por empresa, da contribuição devida, como forma de quantificar o encargo social de acordo com a sinistralidade aferida. Assim, para além da gradação em três níveis da Lei nº 8.212/1991, de acordo com o segmento econômico, tornou-se possível a quantificação do risco por empresa, como forma de ajuste fino.

Na prática, as alíquotas da contribuição ao SAT, variáveis entre 1%, 2% e 3%, em função do CNAE correspondente à atividade preponderante da empresa, a partir do FAP, passaram a poder ser reduzidas em até 50% ou aumentadas em até 100%, a depender do desempenho da empresa na redução dos riscos inerentes ao trabalho. O FAP é, dessa forma, um fator de individualização da contribuição ao SAT, conforme o desempenho da empresa, calculado a partir de três critérios: (a) frequência, (b) gravidade dos acidentes e doenças do trabalho ocorridos em cada empresa, e (c) custos dos benefícios pagos, segundo metodologia aprovada pelo Conselho Nacional de Previdência Social (CNPS).

A partir da apuração do FAP, mediante Resolução do Conselho Nacional de Previdência Social (CNPS), obtém-se um multiplicador que é aplicado às alíquotas definidas no art. 22, II, da Lei nº 8.212/1991, a fim de obter-se o *quantum* que deve ser pago pela empresa para fins de custeio da seguridade social.

Nesse contexto, o Sindicato das Indústrias Têxteis do Estado do Rio Grande do Sul, com fundamento no art. 102, III, "a", interpôs o Recurso Extraordinário nº 677.725, paradigma do Tema 554, com a finalidade de reformar o acórdão proferido pelo Tribunal Regional Federal da 4ª Região que assentou a constitucionalidade do FAP, alegando, dentre outros fundamentos, violação ao princípio da legalidade tributária.

Ao apreciar a questão sob a sistemática da repercussão geral, em sessão de julgamento realizada em 11.11.2021, o Ministro Luiz Fux, em análise detalhada, iniciou a apreciação do tema destacando a alteração de paradigma com relação à proteção acidentária, que antes atendia ao sinistrado sem considerar o ambiente de trabalho e a prevenção, passando ao cenário atual em que os fatores de risco e o índice de acidentes de trabalho por empresa afetam diretamente o cálculo da sua parcela de contribuição à seguridade social.

Em seguida, traçou a indispensável correlação entre a contribuição ao SAT e o custeio dos benefícios acidentários, ressaltando a enorme influência exercida pelo princípio da equivalência sobre o respectivo sistema de custeio, na medida em que o seu financiamento se dá mediante arrecadação de uma contribuição para a seguridade social, cujo postulado informador corresponde à solidariedade social, sob a perspectiva de grupo.

Esse resgate é fundamental para entender o caráter extrafiscal do FAP como elemento concretizador da capacidade contributiva aplicada às contribuições para a seguridade social, de modo a permitir a individualização do custeio. Nesse sentido, o enquadramento genérico para definição da alíquota de custeio do SAT se dá por atividade econômica, na forma do art. 22, inciso II, alíneas "a", "b" e "c", enquanto o enquadramento individual se dá por meio do FAP ao qual compete o dimensionamento da sinistralidade por empresa, na forma do art. 10 da Lei nº 10.666/2003.

Ocorre que a forma de se aferir o multiplicador passa pela apuração dos índices de frequência, gravidade e custo quanto ao desempenho da empresa em relação à atividade econômica por ela exercida, o que depende da expertise eminentemente técnica do CNPS. É impossível que o legislador obtenha de antemão todos os elementos necessários à apuração do FAP, para fins de redução ou aumento da alíquota da contribuição ao SAT. Justamente por isso é que a Lei nº 10.666/2003 deixou a referida tarefa a cargo do regulamento, o que foi feito pelo art. 202-A do Decreto nº 3.048/99, com alterações posteriores (Regulamento da Previdência Social – RPS).

Tal fato foi, inclusive, bem observado pelo Relator, ao mencionar a ausência de capacidade institucional do Poder Judiciário para infirmar a validade da regulamentação do FAP, aprovada mediante atuação técnica do Conselho Nacional da Previdência Social.

Tendo isso em perspectiva, o Ministro Luiz Fux ressaltou que nos Estados Unidos as delegações legislativas mais amplas foram corroboradas pela Suprema Corte, que elaborou a tese de que o Poder Legislativo pode formular *standards*, parâmetros ou critérios normativos gerais e abstratos, que delineiam a opção política inicial, e delegar ao Poder Executivo a competência para editar normas com o fim de cumprir os desideratos da lei.

Na sequência, trazendo a ideia da deslegalização para o âmbito da incidência tributária, o Ministro trouxe em seu voto a evolução da jurisprudência da Corte quanto tema, a partir dos paradigmas já mencionados, concluindo, por fim, que não haveria, *in casu*, violação ao princípio da legalidade tributária pelo FAP, nos moldes em que previsto pelo art. 10 da Lei nº 10.666/2003 e pelo RPS. O entendimento foi seguido pela Corte, à unanimidade, sendo fixada a seguinte tese, para fins de repercussão geral: "O Fator Acidentário de Prevenção (FAP), previsto no art. 10 da Lei nº 10.666/2003, nos moldes do regulamento promovido pelo Decreto nº 3.048/99 (RPS) atende ao princípio da legalidade tributária (art. 150, I, CRFB/88)".

O que se pode concluir a partir do julgamento do RE nº 677.725 é que, na esteira dos precedentes do STF que vinham se formando desde 2003, a Corte manteve de lado a ideia, por muitos anos dominante na doutrina tradicional, de que o princípio da legalidade seria sinônimo de determinação conceitual absoluta, de modo a não permitir qualquer espaço de conformação do Executivo na interpretação da norma de incidência tributária.

Ademais, tomando por base o caso da contribuição ao SAT e da taxa de ART, reconheceu as limitações institucionais dos Poderes Judiciário e Legislativo, quando se está diante de questões de cunho eminentemente técnico para fins de determinação de um dos aspectos essenciais à obrigação tributária, qual seja, o seu elemento material.

E, por fim, talvez o ponto que torne mais importante ainda a análise do paradigma do RE nº 677.725, o STF mais uma vez levou em consideração o perfil constitucional da espécie tributária, destacando corretamente o caráter extrafiscal que informa a existência do FAP, sob a ótica da equidade como expressão da capacidade contributiva aplicada às contribuições para custeio da seguridade social, o que só poderia ser concretizado, no caso, mediante a atuação complementar do Executivo.

Nesse ponto, a fim de dar concretude à capacidade contributiva em matéria de custeio da seguridade social, o art. 194, V, da Constituição Federal contempla o denominado princípio da equidade na forma de participação no custeio, que nada mais é do que a distribuição equitativa da carga tributária em relação ao financiamento da seguridade. Sob essa ótica, deve-se cobrar mais contribuições de quem tem maior capacidade de pagamento em benefício dos que não possuem as mesmas condições.

Conforme afirma Wladimir Novaes Martinez, este princípio é uma norma securitária abundante, praticamente desnecessária diante do disposto no artigo 150, II, da Constituição Federal, que veda a instituição de tratamento desigual entre contribuintes que se encontrem em situação equivalente. O tratamento diferenciado dispensado a microempresas e empresas de pequeno porte pode ser justificado com base neste princípio, por exemplo, assim como o regime de custeio do segurado especial.

O mesmo pode-se dizer em relação ao FAP, na medida em que atua de modo a bonificar aqueles empregadores que tenham efetivamente investido na melhoria da segurança do trabalho e apresentado no último período menores índices de acidentalidade e aumentar a contribuição daquelas empresas que tenham apresentado índices de acidentalidade superiores à média de seu setor econômico.

Assim, o reconhecimento pelo STF da constitucionalidade da flexibilização de alíquotas realizada de acordo com os parâmetros do FAP, nos termos do judicioso voto do Ministro Luiz Fux, vai ao encontro do disposto no art. 194, parágrafo único, V, do texto constitucional, prestigiando a extrafiscalidade pelo prisma da equidade no custeio da seguridade social. Trata-se, portanto, de uma questão de justiça fiscal.

VOTO

O SENHOR MINISTRO LUIZ FUX (RELATOR): *Ab initio*, convém serem tecidas considerações a respeito da proteção acidentária do trabalhador em um cenário brasileiro e mundial.

Com o processo de industrialização, nos seus primórdios e em todas as nações civilizadas, o trabalhador foi considerado insumo da produção, elemento da cadeia produtiva da incipiente era industrial. A proteção acidentária surge justamente com a fixação de condutas mínimas e condições básicas a serem observadas na relação entre empregadores e empregados.

Desde então, muitas coisas mudaram quanto ao tema da proteção acidentária, restando, entretanto, muito o que evoluir e aperfeiçoar. Os fundamentos da proteção acidentária atendiam ao sinistrado, sem considerar-se o ambiente de trabalho e a prevenção (OLIVEIRA, Paulo Rogério Albuquerque de. *Uma sistematização sobre a saúde do trabalhador*: do exótico ao esotérico. São Paulo: LTr, 2011, p. 77).

Ressalve-se que a proteção acidentária tem origem precoce na legislação pátria, pois adveio com o Decreto-Legislativo nº. 3.724/19, ao admitir as doenças ocupacionais como equiparadas a acidentes do trabalho, o que indiretamente expunha a necessidade de controle de tais riscos.

Doença ocupacional é designação de várias doenças que causam alterações na saúde do trabalhador, provocadas por fatores relacionados com o ambiente de trabalho. Elas se dividem em doenças profissionais ou tecnopatias, que são causadas por fatores inerentes à atividade laboral, e doenças do trabalho ou mesopatias, que são causadas pelas circunstâncias do trabalho. A primeira possui nexo causal presumido, já na segunda a relação com o trabalho deve ser comprovada.

O citado Decreto-Legislativo admitia a "teoria do contrato", impondo um dever geral de cuidado do empregador para com seus empregados, como um encargo derivado da subordinação contratual, gerando, pela primeira vez, a inversão do ônus da prova em prol do obreiro (MORAES, Evaristo de. *Os acidentes no trabalho e sua reparação*. São Paulo, LTr, 2009, p. 34).

A "teoria do risco profissional" é adotada e aperfeiçoada partir de 1934, inserindo maior leque de doenças profissionais no rol de doenças ocupacionais. Passou-se a entender que a vantagem da atividade econômica para o empresário impunha, como consequência, o ônus pelos acidentes do trabalho.

Essa teoria do risco profissional evolui do sistema acidentário para o previdenciário, surgindo a "teoria do risco social", em 1967. A cobertura de acidentados migra do empregador para a sociedade, em especial, as empresas, como forma incipiente de solidariedade social, nos moldes do Seguro de Acidente de Trabalho (SAT), com espeque na Lei nº 5.316/67 (MAGANO, Octávio Bueno. *Lineamentos de infortunística*. São Paulo: Bushatsky, 1976, p. 07 e seguintes).

Extrai-se do Direito Comparado preocupações similares, tais como na Espanha, onde, em 1900, a lei acidentária já previa noções de tais riscos (FERNANDES, Anníbal. *Os acidentes do trabalho*: do sacrifício do trabalho à prevenção e à reparação: evolução legislativa: atualidades e perspectivas: lei, doutrina e jurisprudência. 2. ed. rev. com participação de Sérgio Pardal Freudenthal. São Paulo: LTr, 2003, p. 259).

No Brasil, o tema passou a ser tratado em todas as legislações posteriores, culminando com a Lei nº 8.213/91. Essa, além da previsão das doenças profissionais e do trabalho passou, com o advento da Lei nº. 11.430/06, a admitir um novo nexo, o epidemiológico previdenciário, de forma a reconhecer novas patologias como oriundas da atividade profissional do segurado.

O CONCEITO DE ACIDENTE DE TRABALHO E O NEXO TÉCNICO EPIDEMIOLÓGICO PREVIDENCIÁRIO

O Seguro de Acidentes de Trabalho (SAT) tem fundamento no art. 7º, XXVIII, CF/88, e como explanado, atende à teoria do risco social, de forma que o benefício do trabalho deva ser custeado por um sistema solidário de financiamento, com a contribuição do Estado, assim como dos empregados e empregadores, ultrapassada, portanto, a teoria do risco profissional, onde a responsabilidade objetiva era unicamente do respectivo empregador.

Com o fim de cumprir este desiderato, foi instituída a Comunicação de Acidente de Trabalho (CAT), prevista inicialmente na Lei nº 5.316/67, com todas as alterações ocorridas posteriormente até a Lei nº 9.032/95, regulamentada pelo Decreto nº 2.172/97. A Lei nº 8.213/91 determina, no seu artigo 22, que todo acidente do trabalho ou doença profissional deva ser comunicada pela empresa ao Instituto Nacional do Seguro Social-INSS, sob pena de multa em caso de omissão.

Cabe ressaltar a importância da CAT, tendo em vista as informações nela contidas, não apenas do ponto de vista previdenciário, estatístico e epidemiológico, mas também trabalhista e social. Este documento sempre foi muito demandado pela perícia do INSS como pré-requisito ao benefício acidentário, em que pese não ser essa a sua finalidade precípua.

De forma a suprir a ausência de apresentação deste documento pelos empregadores, em prejuízo dos empregados, o Ministério da Previdência e Assistência Social criou o Nexo Técnico Epidemiológico Previdenciário (NTEP), através da Resolução MPS/CNPS nº 1.236//2004, do Conselho Nacional de Previdência Social (CNPS). Este documento é o vínculo da Classificação Internacional de Doenças (CID), obtida a partir da perícia médica, com a atividade desempenhada pelo empregador, reconhecendo-se o benefício como acidentário mesmo sem a CAT.

Esta nova sistemática do NTEP passou a constar da Lei nº 8.213/91 (Lei de Benefícios da Previdência Social – LBPS), com a redação dada pela MP nº 316/06, posteriormente convertida na Lei nº 11.430/2006, que acrescentou o art. 21-A à Lei de Benefícios da Previdência Social. No Regulamento da Previdência Social - RPS, Decreto nº 3.048/99, o tema é tratado a partir do art. 337, com a redação dada pelo Decreto nº 6.042/07, que dá nova formatação ao Anexo II deste regulamento, o qual estabelece o NTEP entre a atividade da empresa e a entidade mórbida (art. 20 da Lei nº 8.213/91) motivadora da incapacidade.

Conforme assinalado, o conceito de acidente de trabalho é muito mais amplo que o infortúnio "no trabalho", não estando, assim, limitado ao "acidente-tipo". Já assentamos que a "doença ocupacional" é o gênero da qual são espécies as "doenças profissionais ou tecnopatias" e as "doenças do trabalho ou mesopatias".

A disciplina da matéria evoluiu com a identificação de três nexos previdenciários, a teor da Instrução Normativa INSS/Pres nº 31 de 10 de setembro de 2008, a qual veio a corroborar a insuficiência da CAT como instrumento adequado de controle e prevenção de doenças ocupacionais, seja pela não comunicação pelo empregador, seja pela insuficiência de informações substâncias a caracterizar os acidentes de trabalho lato sensu, *verbis*:

> Art. 3º O nexo técnico previdenciário poderá ser de natureza causal ou não, havendo três espécies:
> I - nexo técnico profissional ou do trabalho, fundamentado nas associações entre patologias e exposições constantes das listas A e B do anexo II do Decreto nº 3.048, de 1999;
> II - nexo técnico por doença equiparada a acidente de trabalho ou nexo técnico individual, decorrente de acidentes de trabalho típicos ou de trajeto, bem como de condições especiais em que o trabalho é realizado e com ele relacionado diretamente, nos termos do §2º do art. 20 da Lei nº 8.213/91
> III - nexo técnico epidemiológico previdenciário, aplicável quando houver significância estatística da associação entre o código da Classificação Internacional de Doenças-CID, e o da Classificação Nacional de Atividade Econômica-CNAE, na parte inserida pelo Decreto nº 6.042/07, na lista B do anexo II do Decreto nº 3.048, de 1999;

A novidade trazida pelo NTEP é a presunção relativa de acidentalidade a partir de associações entre patologias categorizadas de acordo com a Classificação Internacional de Doenças (CID) e fatores de risco organizados de acordo com a atividades econômicas especificadas na Classificação Nacional de Atividades Econômicas (CNAE) (OLIVEIRA, Paulo Rogério Albuquerque de. Uma Sistematização sobre a saúde do trabalhador: Do exótico ao esotérico. São Paulo: Ltr, 2011, pp. 84 e ss.).

Esta inovação veio a permitir o reconhecimento de ofício de determinadas doenças do trabalho que dificilmente conseguiriam aplicação pelos nexo técnico profissional (ou do trabalho) ou nexo técnico por doença equiparada a acidente de trabalho (ou nexo técnico individual), tendo em vista a dificuldade de verificação, através da perícia do INSS, se determinado segurado desenvolveu a patologia em razão do trabalho. Contata-se que o NTEP produziu forte elevação no quantitativo de benefícios acidentários concedidos, gerando cobertura mais abrangente e protetiva ao empregado.

O resultado prático foi a inversão do ônus da prova, transferindo ao empregador, no caso concreto, demonstrar que a avaliação epidemiológica que motivou o liame da doença à atividade, considerando a mensuração global das empresas de mesma atividade econômica, não deve ser aplicada na hipótese. Nesse sentido, o art. 21-A, §3º da Lei nº 8.213/91 prevê a possibilidade de recurso das empresas pela não aplicação do NTEP (redação dada pela Lei Complementar nº 150/2015).

O CUSTEIO DOS BENEFÍCIOS ACIDENTÁRIOS

Dessume-se que o sistema de financiamento do Seguro de Acidente de Trabalho (SAT), em que pese ter natureza de Contribuição Social para o Financiamento da Seguridade Social, portanto fundamentado no Princípio da Solidariedade Social, a teor do art. 194, parágrafo único, V, CRFB/88, sofre maior influência do Princípio de Equivalência.

Isso porque no plano acidentário, a prevalência deve ser a relação custo versus benefício. Melhor explicitando, prêmio versus sinistro, impondo-se maior ônus às empresas com maior sinistralidade por atividade econômica (FERNÁNDEZ AVILÉS, José Antonio. *El acidente de Trabajo en El Sistema de Seguridad Social. Su Contradictorio Proceso de Institucionalización Jurídica*. Barcelona: Atelier, 2007, p. 199).

A contribuição para o Seguro de Acidente do Trabalho (SAT) e para o custeio da Aposentadoria Especial visa suportar os benefícios acidentários decorrentes das doenças ocupacionais. Tem matriz constitucional no art. 195, I, a, da CRFB/88, que cuida do custeio dos benefícios concedidos pelo Regime Geral da Previdência Social (RGPS).

Esta contribuição incide sobre o total das remunerações pagas ou creditadas, no decorrer do mês, aos segurados empregados e trabalhadores avulsos, sendo as alíquotas definidas na forma do art. 22, II, da Lei nº 8.212/91, *verbis*:

> Art. 22. A contribuição a cargo da empresa, destinada à Seguridade Social, além do disposto no art. 23, é de:
> II - para o financiamento do benefício previsto nos arts. 57 e 58 da Lei nº 8.213, de 24 de julho de 1991, e daqueles concedidos em razão do grau de incidência de incapacidade laborativa decorrente dos riscos ambientais do trabalho, sobre o total das remunerações pagas ou creditadas, no decorrer do mês, aos segurados empregados e trabalhadores avulsos: (Redação dada pela Lei nº 9.732, de 1998).
> a) 1% (um por cento) para as empresas em cuja atividade preponderante o risco de acidentes do trabalho seja considerado leve;
> b) 2% (dois por cento) para as empresas em cuja atividade preponderante esse risco seja considerado médio;
> c) 3% (três por cento) para as empresas em cuja atividade preponderante esse risco seja considerado grave. [...]
> §3º O Ministério do Trabalho e da Previdência Social poderá alterar, com base nas estatísticas de acidentes do trabalho, apuradas em inspeção, o enquadramento de empresas para efeito da contribuição a que se refere o inciso II deste artigo, a fim de estimular investimentos em prevenção de acidentes.

O enquadramento genérico se dá por atividade econômica, na forma do art. 22, inciso II, alíneas a, b e c, enquanto o enquadramento individual se dá por meio do Fator Acidentário de Prevenção (FAP), ao qual compete o dimensionamento da sinistralidade por empresa, na forma da Lei nº 10.666/2003, a qual será analisada adiante, e que, no art. 10, estabelece, *verbis*:

> Art. 10. A alíquota de contribuição de um, dois ou três por cento, destinada ao financiamento do benefício de aposentadoria especial ou daqueles concedidos em razão

do grau de incidência de incapacidade laborativa decorrente dos riscos ambientais do trabalho, poderá ser reduzida, em até cinqüenta por cento, ou aumentada, em até cem por cento, conforme dispuser o regulamento, em razão do desempenho da empresa em relação à respectiva atividade econômica, apurado em conformidade com os resultados obtidos a partir dos índices de freqüência, gravidade e custo, calculados segundo metodologia aprovada pelo Conselho Nacional de Previdência Social.

OS CONCEITOS DE ATIVIDADE PREPONDERANTE E A CLASSIFICAÇÃO DOS GRAUS DE RISCO POR ATIVIDADE ECONÔMICA EM LEVE, MÉDIO E MODERADO

A lei não trouxe definição expressa da atividade preponderante, lacuna preenchida pelo Regulamento da Previdência Social (RPS), aprovado pelo Decreto nº 3.048/99, o qual define como preponderante a atividade que ocupa, "em cada estabelecimento da empresa", o maior número de segurados empregados e trabalhadores avulsos (art. 202, §3º, do RPS). A lei também não trouxe a classificação dos graus de risco por atividade econômica, a qual é implementada com base em estatísticas do Ministério da Previdência e Assistência Social (MPS).

A falta de definição legal do conceito de "atividade preponderante" e da classificação do "grau de risco leve, médio e grave" sofreu forte impugnação judicial em face da possível violação ao princípio da legalidade tributária.

Depreende-se do texto constitucional (art. 150, inc. I) que a mensuração do tributo deve estar prevista em lei e é regulado no art. 97, inc. IV, do CTN, que exige a definição expressa do fato gerador, da base de cálculo e da alíquota incidente. Dessa forma, a exação prevista no art. 22, inc. II, da Lei nº 8.212/91, foi objurgada, em especial, por violação ao princípio da legalidade, entre outros aspectos relevantes.

O Superior Tribunal de Justiça afastou a alegação de ofensa ao princípio da legalidade (REsp 392.355/RS) e a Suprema Corte reconheceu a constitucionalidade da Lei nº 8.212/91, que remeteu para o regulamento a complementação dos conceitos de "atividade preponderante" e de "grau de risco leve, médio e grave" (RE nº 343.446/SC), *verbis*:

> TRIBUTÁRIO. CONTRIBUIÇÃO PARA O SEGURO DE ACIDENTE DO TRABALHO - SAT. ART. 22, II, DA LEI N.º 8.212/91, NA REDAÇÃO DADA PELA LEI N.º 9.528/97. ARTS. 97 E 99, DO CTN. ATIVIDADES ESCALONADAS EM GRAUS, PELOS DECRETOS REGULAMENTARES N.ºS 356/91, 612/92, 2.173/97 e 3.048/99. SATISFEITO O PRINCÍPIO DA RESERVA LEGAL.
> - Matéria decidida em nível infraconstitucional, atinente ao art. 22, II, da Lei n.º 8.212/91, na redação da Lei n.º 9.528/97 e aos arts. 97 e 99 do CTN.
> - Atividades perigosas desenvolvidas pelas empresas, escalonadas em graus leve, médio e grave, pelos Decretos n.ºs 356/91, 612/92, 2.173/97 e 3.048/99.
> - Não afronta o princípio da legalidade, o estabelecimento, por decreto, dos mencionados graus de risco, partindo-se da atividade preponderante da empresa. (REsp 392355/RS, Rel. Ministro HUMBERTO GOMES DE BARROS, PRIMEIRA TURMA, julgado em 04/06/2002, DJ 12/08/2002)
> EMENTA: - CONSTITUCIONAL. TRIBUTÁRIO. CONTRIBUIÇÃO: SEGURO DE ACIDENTE DO TRABALHO - SAT. Lei 7.787/89, arts. 3º e 4º; Lei 8.212/91, art. 22, II,

redação da Lei 9.732/98. Decretos 612/92, 2.173/97 e 3.048/99. C.F., artigo 195, §4º; art. 154, II; art. 5º, II; art. 150, I. I. - Contribuição para o custeio do Seguro de Acidente do Trabalho - SAT: Lei 7.787/89, art. 3º, II; Lei 8.212/91, art. 22, II: alegação no sentido de que são ofensivos ao art. 195, §4º, c/c art. 154, I, da Constituição Federal: improcedência. Desnecessidade de observância da técnica da competência residual da União, C.F., art. 154, I. Desnecessidade de lei complementar para a instituição da contribuição para o SAT. II. - O art. 3º, II, da Lei 7.787/89, não é ofensivo ao princípio da igualdade, por isso que o art. 4º da mencionada Lei 7.787/89 cuidou de tratar desigualmente aos desiguais. III. - As Leis 7.787/89, art. 3º, II, e 8.212/91, art. 22, II, definem, satisfatoriamente, todos os elementos capazes de fazer nascer a obrigação tributária válida. O fato de a lei deixar para o regulamento a complementação dos conceitos de "atividade preponderante" e "grau de risco leve, médio e grave", não implica ofensa ao princípio da legalidade genérica, C.F., art. 5º, II, e da legalidade tributária, C.F., art. 150, I. IV. - Se o regulamento vai além do conteúdo da lei, a questão não é de inconstitucionalidade, mas de ilegalidade, matéria que não integra o contencioso constitucional. V. - Recurso extraordinário não conhecido. (RE 343446, Relator(a): Min. CARLOS VELLOSO, Tribunal Pleno, julgado em 20/03/2003, DJ 04/04/2003)

Restou assentado que as Leis nº 7.787/89, art. 3º, II, e nº 8.212/91, art. 22, II, definiram, satisfatoriamente, todos os elementos capazes de fazer nascer a obrigação tributária válida. O fato de a lei deixar para o regulamento a complementação dos conceitos de "atividade preponderante" e "grau de risco leve, médio e grave", não implicou ofensa ao princípio da legalidade genérica, art. 5º, II, e da legalidade tributária, art. 150, I. IV, ambos da CF/88.

OS PRINCÍPIOS DA LEGALIDADE E DA TIPICIDADE, OS TIPOS E OS CONCEITOS INDETERMINADOS

A lei que institui o tributo deve conter os seus elementos essenciais, antecedentes e consequentes da regra-matriz de incidência, previstos em lei formal, a saber a hipótese de incidência, que define os aspectos material (fatos tributados), temporal (momento em que a norma incide) e espacial (espaço territorial em que a norma incide), assim como a consequência jurídica, de onde se extraem os aspectos quantitativo (base de cálculo e alíquota) e pessoal (sujeitos ativo e passivo). Tanto na doutrina como na jurisprudência inexistem dúvidas no sentido de que estes elementos estão sob a reserva do princípio da legalidade tributária.

Não obstante, o princípio da tipicidade tributária e os limites às possibilidades de configuração secundária da Administração Fazendária ensejam profundas discussões no seio do Direito Tributário. No Direito Comparado, do qual trago à colação o Direito Espanhol, comunga-se a tese de que a finalidade da normatização secundária é colmatar lacunas ou interpretar os conceitos indeterminados, sem que disso possa derivar *ius novum* (MOROTE SARRIÓN, J. V. Las circulares normativas de la Administración Pública, Valência, Tirant lo Blanch, 2002, p. 27 *et seq.*).

O enfraquecimento do princípio da legalidade que vem ocorrendo no Direito Tributário se faz acompanhar de maior transcendência das formas infralegais de manifestação do Direito, que, por sua vez, devem ser controladas em sua interpretação e aplicação pelos órgãos jurisdicionais (CORTÉS DOMINGUEZ, M.;

MARTÍN DELGADO, J. M. *Ordenamiento tributario español*, I, 3. ed. Madri, Civitas, 1977, p. 46; GAMBA VALEGA, C. M. *La discrecionalidad en el Derecho Tributario*: Especial referencia a la potestad para condonar sanciones tributarias, Universidade Complutense de Madri, Departamento de Direito Financeiro e Tributário, Madri, 1999, p. 190 *et seq.*).

Antes de um aprofundamento sobre a questão, cumpre ressaltar a sua terminologia. Para uma parte da doutrina pátria, o princípio da tipicidade tributária, que é um corolário do princípio da legalidade tributária, é assimilado ao princípio da reserva absoluta de lei (XAVIER, Alberto. Manual de Direito Fiscal. Lisboa: Faculdade de Direito de Lisboa, 1981, v. 1. p. 119) e ao princípio da estrita legalidade tributária.

O que se questiona é existência de um princípio da tipicidade no Direito Tributário e, se assim for, se prevê uma tipicidade fechada ou uma tipicidade aberta. Objetivamente, a questão está em fixar, clara e precisamente, os limites da Administração Fazendária na colmatação e na interpretação da lei.

No Brasil, vivencia-se o fenômeno da deslegalização, tanto em sentido lato, com a pretensão de redução da intervenção estatal nas relações privadas, como em sentido estrito, com a transferência de competências originariamente alocadas no Poder Legislativo ao Poder Executivo, através de delegação legislativa. Resta perquirir se esse fenômeno pode se espraiar para o seio do Direito Tributário.

A passagem do Estado Liberal para o Estado Social, com seus vários matizes, desde um Estado Mínimo ao Estado Intervencionista, implicou no crescimento das atividades desenvolvidas pelo Poder Executivo, o qual se caracteriza pela intervenção estatal nas relações privadas e no exercício dos direitos individuais pelos cidadãos, assim como pelo desenvolvimento das prestações de seguridade social, a incluir a saúde, a previdência social e a assistência social.

Essa hipertrofia do Poder Executivo, acentuada em países que adotam o sistema Presidencialista de Governo, como o Brasil, tem como causas mais relevantes no Direito Tributário os seguintes aspectos: o crescimento das atividades atribuídas ao Poder Executivo; o caráter técnico de suas normas jurídicas; a inflação legislativa em face da complexidade de suas normas jurídicas; a incapacidade da lei para tratar dos problemas na sociedade de risco; a globalização, da qual decorre a deslocalização das fontes de produção e de rendimentos.

O princípio da tipicidade envolve a definição das noções de tipo e tipificação. O direito alemão tem cuidado desta distinção com maior profundidade, sob as denominações de Typizität e Typisierung. Tipicidade é a qualidade do tipo jurídico, ou seja, o típico, quando o tipo reveste realmente características necessárias à sua configuração lógica.

Tipificação compreende a formação normativa do tipo; refere-se à atividade legislativa de formação do tipo. É o recorte da realidade para a ordenação de dados semelhantes, implicando a simplificação e praticabilidade fiscal.

O tipo é a ordenação dos dados concretos existentes na realidade segundo critérios de semelhança. Nele não há abstração e concretude, pois é encontrado assim na vida social como na norma jurídica, tais como: empresa, empresário, trabalhador, indústria, poluidor. Estão contidas todas as possibilidades de descrição de suas características, independentemente de tempo, lugar ou espécie de empresa, por exemplo.

É obtido por indução a partir da realidade social, mas também exibe aspectos valorativos, sendo aberto pela sua própria complexidade. Por isto, não é suscetível de definição, mas apenas de descrição. A utilização do tipo contribui para a simplificação do Direito Tributário, o que não impede que este ramo do direito utilize o conceito jurídico. O tipo não se confunde com o conceito jurídico, o qual é a representação abstrata de dados empíricos (TORRES, Ricardo Lobo. O Princípio da Tipicidade no Direito Tributário. RIBEIRO, Ricardo Lodi; ROCHA, Sérgio André (Coord.) *Legalidade e Tipicidade no Direito Tributário*. São Paulo: Quartier Latin, 2008, p. 136/138, com fundamento nos juristas alemães LARENZ, Karl. *Metodologia da Ciência do Direito*. Trad. José Lamengo. 3. ed. Lisboa: Fundação Calouste Gulbenkian, 1997, p. 344; KAUFMANN, Arthur. *Filosofia del Derecho*. Trad. Villar Borda e Ana María Montoya. Bogotá: Universidad Externato de Colombia, 1996, p. 125; TIPKE, Klaus. *Die Steuerrechtsordnung*. 2. ed. Köln: O. Schmidt, 1993, v. 3. p. 133; KIRCHOF, Paul. *Steueransprunch und Informationseingriff*. Festschrif für Klaus Tipke, p. 27-45, p. 1995).

Ressalta Ricardo Lobo Torres que o princípio da determinação do fato gerador aproxima-se do princípio da tipicidade porque o tipo pode também surgir no fato gerador abstrato, ou seja, na hipótese de incidência, sendo às vezes difícil a opção do legislador pelo tipo ou pelo conceito jurídico.

Pontifica que a ciência jurídica alemã distingue, ainda, entre o conceito classificatório ou abstrato e o conceito de ordem ou conceito-tipo, podendo utilizar-se de ambas para a descrição hipotética do fato gerador. Nesta linha, o tipo sofre a influência do princípio da determinação, mas com ele não se confunde.

São do ilustre e saudoso Lôbo Torres, em artigo para a Revista de Direito da Procuradoria-Geral do Estado do Rio de Janeiro (TORRES, Ricardo Lôbo. A legalidade tributária e seus subprincípios constitucionais. *Revista da Procuradoria Geral do Estado do Rio de Janeiro*, n, 58, p. 193-219, 2004), as seguintes palavras:

Tipke, criticando o positivismo legalista, aponta a passagem do 'Estado de Leis ao Estado de Direito' (Vom Gesetzesstaat zum Rechtsstaat), dizendo que 'as leis que não possam ser justificadas não são direito (Gesetze die nicht gerechtfertig werden können, sind kein Recht); em outra página de sua imensa obra Tipke frisou que a legalidade é quanto à iniciativa do Parlamento, mas não quanto ao fechamento da lei, o que é impossível. Isensee criticou a tendência de se exigir lei formal para qualquer assunto, o que enfraquece a separação de poderes e a teoria dos conceitos indeterminados; afirmou que o princípio da reserva da lei só se justifica quando o bem jurídico do cidadão deva ser protegido frente ao Estado (vor dem Staat) e através do Estado (durch dem Staat); mas repudiou a ideia de 'uma reserva total de competência parlamentar' (ein totaler Parlamentsvorbehalt).

O princípio da determinação afasta-se do princípio da tipicidade porque este é aberto, enquanto aquele postula o desenho legal pleno de todos os elementos da hipótese de incidência, embora não seja fechado, já que admite também as cláusulas gerais e os conceitos indeterminados.

O conceito jurídico, ao contrário do tipo, pode ser objeto de definição e subsunção. De acordo com o princípio da determinação, os conceitos jurídicos devem, sempre que possível, ser determinados, trazendo em seu bojo toda a conformação da hipótese de incidência. Não obstante, os conceitos indeterminados são inevitáveis no direito tributário.

Não é por outro motivo que o Direito Tributário convive com a permanente tensão entre as técnicas de fechamento dos conceitos para que prevaleça o princípio da determinação, tais como as enumerações casuísticas e taxativas, e as técnicas de abertura, como o emprego dos tipos, dos conceitos indeterminados e das cláusulas gerais.

As cláusulas gerais expressam-se por *standards*, aproximando-se de princípios éticos como a boa fé e os bons costumes. Nelas, ocorre a formulação da hipótese de incidência com maior generalidade, afastando-se do *numerus clausus*.

Os conceitos indeterminados, gênero do qual os tipos fazem parte, caracterizam-se pela indeterminação da linguagem no plano abstrato da norma, estabelecendo comandos que serão definidos no momento de sua aplicação. Exteriorizam um critério de decisão que já consta da lei, apesar da imprecisão quanto aos limites desta exigir uma valoração, ocorrendo uma redução do grau de vinculação do aplicador à literalidade da norma, autorizada pelo próprio legislador, atribuindo ao aplicador o exame a respeito do chamado halo do conceito (RIBEIRO, Ricardo Lodi. *A Segurança Jurídica do Contribuinte. Legalidade, Não-surpresa e Proteção à Confiança Legítima*. Rio de Janeiro: Lumen Juris, 2008, p. 147).

Do exposto, extrai-se que a adequação do fato gerador concreto ao abstrato pode-se perfazer por três formas diferentes, conforme a técnica adotada pelo legislador seja composta pelo conceito classificatório (subsunção), por conceito indeterminado (subsunção) ou por tipo (coordenação).

A doutrina tradicional ou clássica encampa a tese da tipicidade fechada, mediante a qual a lei deve prever, de forma objetiva e exaustiva, o tipo tributário, associando a reserva absoluta de lei ou legalidade em sentido estrito com a tipicidade fechada, para designar uma menor abertura do tipo tributário (XAVIER, Alberto. *Os princípios da Legalidade e da Tipicidade*. São Paulo: Revista dos Tribunais, 1978, p. 36/37 e 92).

Em trabalho mais recente o saudoso jurista assevera que "o princípio da tipicidade ou da reserva absoluta da lei tem como corolário o princípio da seleção, o princípio do numerus clausus, o princípio do exclusivismo e o princípio da determinação ou tipicidade fechada" (XAVIER, Alberto. *Tipicidade da Tributação, Simulação e Norma Antielisiva*. São Paulo: Dialética, 2011, p. 18).

A construção doutrinária de Alberto Xavier não escapou à arguta observação de Misabel Derzi (DERZI, Misabel. *Direito Tributário, Direito Penal e Tipo*. São Paulo: Revista dos Tribunais, 1988, p. 248), ao obtemperar que para chegar à definição do tipo fechado, aquele autor, segundo indicado na própria obra citada (XAVIER, Alberto. *Os princípios da Legalidade e da Tipicidade*. São Paulo: Revista dos Tribunais, 1978, p. 94, nota de rodapé n. 20), partiu de uma classificação adotada por Karl Larenz (LARENZ, Karl. Metodologia da Ciência do Direito. Tradução de José Lamengo. 3. ed. Lisboa: Fundação Calouste Gulbenkian, 1997, p. 344) entre os tipos aberto e fechado, sendo este último caracterizado por elevado grau conceitual.

Não obstante, ressalva Misabel Derzi que Karl Larenz abandonou a tese da possibilidade do tipo fechado a partir da terceira edição de sua obra, datada de 1975. De acordo com este novo entendimento, a estrutura tipológica é sempre aberta, ao contrário do conceito abstrato, que em situações ideais, apresenta-se fechado.

Chegando ao mesmo resultado, mas com argumentos diferentes, Misabel Derzi (DERZI, Misabel. *Direito Tributário, Direito Penal e Tipo*. São Paulo: Revista dos Tribunais, 1988, p. 248) esforça-se na defesa do fechamento dos conceitos abstratos, aos quais acaba por reduzir o próprio tipo. Aduz que "O tipo fechado não se distingue do conceito classificatório, pois seus limites são definidos e suas notas rigidamente assentadas. No entanto, como nova metodologia jurídica, em sentido próprio, os tipos são abertos, necessariamente abertos...".

Complementa com a expulsão do campo tributário dos tipos abertos e dos conceitos indeterminados ou carentes de especial valoração, prevalecendo nesta seara tão somente o conceito determinado fechado ou simplesmente conceitos determinados. O resultado de ambas as teses é o mesmo, a impossibilidade de colmatação secundária e de interpretação pela Administração Fazendária.

Desta doutrina clássica ou tradicional decorre que, em matéria tributária, o princípio da estrita legalidade tributária leva ao princípio da tipicidade (fechada) tributária, ou princípio da determinação. Segundo esta teoria, os elementos integrantes do tipo tributário devem ser formulados na lei de modo tão preciso e determinado, vedado o uso de cláusulas gerais e conceitos indeterminados, que o aplicador não tenha como introduzir critérios subjetivos de apreciação, o que fortaleceria a segurança jurídica.

Nessa linha, os tipos devem necessariamente ser minuciosos, para que não haja espaço para a conformação secundária ou interpretação pela Administração Fazendária, incluída aí a discricionariedade técnica, o que se traduz numa tipicidade fechada ou cerrada. O resultado é uma compreensão restrita das atividades de interpretação e conformação secundária pela Administração Fazendária, como se fosse possível, na teoria do direito e no campo dos fatos, assegurar segurança jurídica absoluta e previsibilidade objetiva integral de todos os direitos e deveres dos contribuintes.

Seguindo este entendimento podemos citar, de forma não exaustiva, AMARO, Luciano. *Direito Tributário Brasileiro*. 7. ed. São Paulo: Saraiva, 2001. p. 24; ATALIBA, Geraldo. *Hipótese de Incidência Tributária*. 5. ed. São Paulo:

Malheiros, 1993. p. 63; BARRETO, Aires Ferdinando. *ISS na Constituição e na Lei*. São Paulo: Dialética, 2003. p. 14; CARRAZA, Roque Antônio. *Curso de Direito Constitucional Tributário*. 20 ed. São Paulo: Malheiros, 2004. p. 235/236 e 398/399; COÊLHO, Sacha Calmon Navarro. *Curso de Direito Tributário Brasileiro*. 6 ed. Rio de Janeiro: Forense, 2001. p. 196-202; DERZI, Misabel Abreu Machado. A Desconsideração dos Atos e Negócios Jurídicos Dissimulatórios, segundo a Lei Complementar nº 104, de 10 de janeiro de 2001. In: ROCHA, Valdir de Oliveira (Coord.). *O Planejamento Tributário e a Lei Complementar 104*. São Paulo: Dialética, 2001. p. 224; MACHADO, Hugo de Brito. *Curso de Direito Tributário*. 10. ed. São Paulo: Malheiros, 1995. p. p. 42; NABAIS, José Casalta. *Contratos Fiscais*: Reflexões acerca da sua admissibilidade. Coimbra: Coimbra Editora, 1994. p. 222; OLIVEIRA, Yonne Dolácio. *A tipicidade no direito tributário brasileiro*. São Paulo: Saraiva, 1990; MARTINS, Ives Gandra da Silva (Coord.). *Princípio da Legalidade*. São Paulo: Resenha Tributária, 1981. p. 506 e 507; ROLIM, João Dácio. *Normas Antielisivas Tributárias*. São Paulo: Dialética, 2001. p. 48.

Entretanto, temos que a teoria da essencialidade não pode afastar a competência dos aplicadores do direito para a decisão adequada ao caso concreto (ZIPPELIUS, Reinhold. *Introdução ao Estudo do Direito*. Trad. Gersélia Batista de Oliveira Mendes. Belo Horizonte: Del Rey, 2006, p. 118; PEREZ DE AYALA, Jose Luis. *Derecho Tributário I*. Madrid: Editorial de Derecho Financiero, 1968, p. 80; JARACH, Dino. *Curso de Finanças Públicas y Derecho Tributario*. 3. ed. Buenos Aires: Abeledo-Perrot, 1996, p. 315; SANTAMARIA, Baldassare. *Lineamenti di Diritto Tributario*. Milano: Giuffrè, 1996, p. 9; NABAIS, José Casalta. *O dever fundamental de pagar impostos*. Lisboa: Almedina, 2010, p. 345; SANCHES, J. L. Saldanha. *Manual de Direito Fiscal*. Lisboa: Lex, 1998, p. 31).

Destarte, o ordenamento jurídico, especialmente na seara tributária, admite interpretação mais flexível, em sintonia com a teoria da interpretação que aceita num mesmo texto legal a possibilidade de criação de mais de uma norma jurídica, o que irá permitir a conformação interpretativa e normatizadora pelo Poder Executivo através da Administração Fazendária.

Embora o legislador deva efetuar uma regulação mínima dessas matérias, nem por isso está obrigado a regular rígida e pormenorizadamente todos e cada um dos elementos reservados à Lei.

Isso é assim porque excluiria qualquer intervenção da Administração, podendo sacrificar a aplicação de outros princípios ou valores constitucionais dignos de proteção.

Ordinariamente, o legislador realiza a tipificação, especificando todos os aspectos da hipótese de incidência. Não obstante, haverá casos excepcionais em que a Administração o fará, colmatando ou interpretando a lei nas hipóteses em que se deva preservar a igualdade na sua aplicação, legitimando a incidência de outros valores e princípios constitucionais, tais como a proporcionalidade, a razoabilidade, bem como o Princípio da Equivalência, o qual rege o Sistema de Financiamento Acidentário, sob análise concreta nestes autos.

Os aplicadores do Direito, em especial do Direito Tributário, advogados, funcionários da fazenda e juízes, não desvelam o significado da norma jurídica pela simples subsunção a conceitos jurídicos explícitos, mas também pela valoração, tal qual o legislador, o que não viola a legalidade, fenômeno que ocorre em maior ou menor grau, restando indagar qual o grau de vinculação à lei exigida em cada situação (ENGLISH, Karl. *Introdução ao pensamento jurídico*. Trad. João Baptistan Machado. 7. ed. Lisboa: Fundação Calouste Gulbenkian, 1996, p. 207).

A lei tributária deve guardar uma maior densidade normativa, de modo que constem dela todas as decisões fundamentais referente à instituição e à criação de tributos. É necessário que se prevejam os elementos essenciais da regra-matriz de incidência, traduzidos pelo antecedente e consequente normativos (aspectos material, pessoal, espacial, temporal e quantitativo), reserva de essencialidade que se aplica tão somente às questões fundamentais (ÁVILA, Humberto. *Sistema Constitucional Tributário*. São Paulo: Saraiva, 2004, p. 192).

Buscamos o fundamento filosófico desta tese jurídica nos Direitos Fundamentais dos contribuintes. Isso porque a adoção da segurança jurídica como princípio absoluto do Direito Tributário, mediante a afirmação de que esse ramo do Direito teria características tão peculiares e particulares que nem sequer seriam encontradas no Direito Penal, reflete a posição ideológica de privilegiar a liberdade vinculada ao patrimônio em detrimento da liberdade vinculada à pessoa (OLIVEIRA, José Marcos Domingues de. *Direito Tributário e meio ambiente* – Proporcionalidade, tipicidade aberta e afetação da Receita. 2. ed. Rio de Janeiro, Renovar, 1999, p. 114).

É a definição do fato imponível pelo legislador que irá definir a maior ou menor abertura do tipo. Assim, sempre haverá a possibilidade de adequação da norma à realidade, abrindo-se à aplicação teleológica do Direito e permitindo a utilização pela lei de cláusulas gerais e conceitos indeterminados.

A ideia de determinação, corolário do princípio da determinação, não se extrai de uma estrutura conceitual, cuja abstração é incompatível com a exigência de correspondência com dados perceptíveis extraídos da realidade. A determinação, na verdade, é melhor atendida pela concreção dos tipos abertos, a partir de sua valoração, através de pauta axiológica a ser aplicável ao objeto da regulação.

A conformidade da situação fática com o fato gerador não ocorrerá pela subsunção, mas pela coordenação daquele a um tipo, atividade não informada pela lógica formal, mas por uma dinâmica valorativa (ASCENÇÃO, José de Oliveira. *O Direito: Introdução e Teoria Geral* – Uma Perspectiva Luso-Brasileira. 2. ed. Brasileira. Rio de Janeiro: Renovar, 2001, p. 644).

Corrobora esta tese, por exemplo, a legislação do imposto de renda, na qual se utilizam expressões como "despesas razoáveis", "gastos incompatíveis" e "despesas necessárias", entre tantas outras utilizadas na legislação dos diversos tributos.

Nessa mesma linha de pensar, de forma não exaustiva, ABRAHAM, Marcus. A segurança jurídica e os princípios da Legalidade e da Tipicidade Aberta in

RIBEIRO, Ricardo Lodi; ROCHA, Sérgio André (Coord.) *Legalidade e Tipicidade no Direito Tributário*. São Paulo: Quartier Latin, 2008, p. 155; GOMES, Marcus Lívio. *A interpretação da Legislação Tributária*. São Paulo: Quartier Latin. 2010, p. 49; GODOI, Marciano Seabra. O quê e o porquê da tipicidade tributária in RIBEIRO, Ricardo Lodi-ROCHA, Sérgio André (Coord.) *Legalidade e Tipicidade no Direito Tributário*. São Paulo: Quartier Latin, 2008, p. 110; GRECO, Marco Aurélio. Três papéis da Legalidade Tributária in RIBEIRO, Ricardo Lodi-ROCHA, Sérgio André (Coord.) *Legalidade e Tipicidade no Direito Tributário*. São Paulo: Quartier Latin, 2008, p. 128; OLIVEIRA, José Marcos Domingues de. Legalidade Tributária: o princípio da proporcionalidade e a tipicidade aberta in RIBEIRO, Ricardo Lodi-ROCHA, Sérgio André (Coord.) *Legalidade e Tipicidade no Direito Tributário*. São Paulo: Quartier Latin, 2008, p. 88; PAULSEN, Leandro. *Segurança Jurídica, certeza do direito e tributação*: a concretização da certeza quanto à instituição de tributos através das garantias da legalidade, da irretroatividade e da anterioridade. Porto Alegra: Livraria do Advogado, 2006, p. 104/108; RIBEIRO, Ricardo Lodi. A tipicidade Tributária in RIBEIRO, Ricardo Lodi-ROCHA, Sérgio André (Coord.) *Legalidade e Tipicidade no Direito Tributário*. São Paulo: Quartier Latin, 2008, p. 199; ROCHA, Sérgio André. A Deslegalização no Direito Tributário Brasileiro Contemporâneo: Segurança Jurídica, Legalidade, Conceitos Indeterminados, Tipicidade e Liberdade de Conformação da Administração Pública in RIBEIRO, Ricardo Lodi-ROCHA, Sérgio André (Coord.) *Legalidade e Tipicidade no Direito Tributário*. São Paulo: Quartier Latin, 2008, p. 201; SEIXAS FILHO, Aurélio Pitanga. Legalidade e Tipicidade Tributária in RIBEIRO, Ricardo Lodi-ROCHA, Sérgio André (Coord.) *Legalidade e Tipicidade no Direito Tributário*. São Paulo: Quartier Latin, 2008, p. 29; TORRES, Ricardo Lobo. O princípio da Tipicidade no Direito Tributário in RIBEIRO, Ricardo Lodi-ROCHA, Sérgio André (Coord.) *Legalidade e Tipicidade no Direito Tributário*. São Paulo: Quartier Latin, 2008, p. 66; ZILVETTI, Fernando Aurélio. Tipo e Linguagem: a gênese da igualdade na tributação in RIBEIRO, Ricardo Lodi-ROCHA, Sérgio André (Coord.) *Legalidade e Tipicidade no Direito Tributário*. São Paulo: Quartier Latin, 2008, p. 49.

Por fim, a tipicidade aberta tem como limite a criação de tributos sem previsão legal, vedando-se ao aplicador da lei a interpretação extensiva e a analogia para criar tributos, na forma do art. 108, §1º, do CTN (REsp 816.512/PI, Rel. Ministro LUIZ FUX, PRIMEIRA SEÇÃO, julgado em 25/11/2009, DJe 01/02/2010; REsp 728029/DF, Rel. Ministro LUIZ FUX, PRIMEIRA TURMA, julgado em 14/04/2009, DJe 06/05/2009).

A DESLEGALIZAÇÃO, O REGULAMENTO, A DELEGAÇÃO TÉCNICA E A DISCRICIONARIEDADE TÉCNICA

Nos EUA, delegações legislativas mais amplas foram corroboradas pela Suprema Corte, que elaborou a tese de que o poder legislativo pode formular *standards*, parâmetros ou critérios normativos gerais e abstratos, que delineiam a opção política inicial, e delegar ao Poder Executivo a competência para editar normas com o fim de cumprir os desideratos da lei.

A delegação legislativa encontra limite nesses *standards*, os quais condicionam a discrição normativa da Administração. Assim, elas foram consideradas válidas em vários precedentes sob o argumento de que estariam limitadas pelas circunstâncias, pelos termos e pelas condições estabelecidas na lei de delegação.

O que a Corte Suprema denomina de *standards* para considerar legítima a delegação legislativa, tal como as noções de "justo e razoável", "serviço adequado", "interesse ou necessidade públicos", "métodos desleais de concorrência", "variações razoáveis", correspondem, em última ratio, às noções de conceitos jurídicos indeterminados da doutrina brasileira.

Ademais, outro aspecto ressaltado pela Suprema Corte foi um juízo de ponderação na análise das delegações legislativas, implementados pela razoabilidade e proporcionalidade. Envolvem, em certa medida, o juízo político do Poder Judiciário e a sua intervenção nas decisões políticas de governo. Isto ficou bem claro no embate entre a Suprema Corte e o governo Roosevelt na política do New Deal (FERREIRA FILHO, Manoel Gonçalves. *Do processo legislativo*. São Paulo: Saraiva, 2002. p. 164/166; VELLOSO, Carlos Mário da Silva. *A delegação legislativa* – a legislação por associações in Temas de direito público. Belo Horizonte: Del Rey, 1994. p. 405).

A reserva de lei, em matéria tributária, tem sido compreendida como relativa no ordenamento jurídico espanhol, embora o Tribunal Constitucional deste país tenha declarado a necessidade de lei para regular os elementos essenciais do tributo (QUERALT, J. M. et alii. *Derecho Tributário*. 5. ed. Madri: Aranzandi, 2002. p. 67).

Não obstante, admite-se a habilitação de regulamentos executivos para desenvolver "o complemento indispensável da lei", vedados os regulamentos autônomos ou independentes, o que não se distancia do Direito Tributário brasileiro.

As críticas que a doutrina espanhola faz à deslegalização naquele país refletem a controvérsia doutrinária ora posta nestes autos, revelando a profundidade e complexidade do tema. Pontifica Ferreiro Lapatza (FERREIRO LAPATZA, José Juan. *Direito tributário: teoria geral do tributo*. Tradução de Roberto Barbosa Alves. Barueri, SP: Manole; Espanha, ED: Marcial Pons, 2007. p. 13-15) que:

> "O critério do complemento indispensável deve servir também para criticar o generalizado costume da Administração financeira espanhola de abranger, com as normas regulamentares, toda a disciplina dos tributos, repetindo no regulamento as normas da lei, introduzindo explicações e esclarecimentos, fixando sua possível interpretação, como se dispusesse de uma potestade regulamentar geral e autônoma. Naturalmente, a Constituição não outorga tais potestades à administração, que, aliás, não dispõe, em nossa opinião e em diversas ocasiões, de uma segura base legal para isso, pois nem é possível identificar claramente na Lei uma autorização, nem o texto legal revela absoluta necessidade do complemento regulamentar".

Inicialmente, ressalto que no Brasil não há matéria reservada ao regulamento, sendo todos os campos sujeitos à regulação por lei, diante do princípio da universalidade desta, disposição contida no art. 48, da CF/88, no sentido de que cabe ao Congresso Nacional, com a sanção do Presidente da República, dispor sobre todas as matérias de competência da União. Ademais, o seu art. 84, autoriza, tão somente, a expedição de decretos e regulamentos para a fiel execução das leis.

Segundo a doutrina do Direito Constitucional, há delegação legislativa quando se transfere a função normativa, atribuída originária e constitucionalmente ao Poder Legislativo, a órgãos ou agentes especializados do próprio Poder Legislativo ou a integrantes dos demais Poderes do Estado (CASTRO, Carlos Roberto de Siqueira. *O Congresso e as Delegações Legislativas*. Rio de Janeiro: Forense, 1986, p. 81; DUARTE, Clenício da Silva. Delegação de Competência. *Revista de Direito Público*, São Paulo, n. 27, jan./mar. 1974, p. 38; FORTES, Bonifácio. Delegação Legislativa. *Revista de Direito Administrativo*, Rio de Janeiro, v. 62, out./dez. 1960, p. 353; OTTO, Ignacio de. Derecho Constitucional: Sistema de Funtes. Barcelona: Ariel, 1998, p. 181-185; TOURINHO, Arx da Costa. A delegação Legislativa e sua irrelevância no Direito Brasileiro Atual. *Revista de Informação Legislativa*, Brasília, n. 54, abr./jun. 1997, p. 69).

Os requisitos fundamentais da delegação legislativa são: previsão no ordenamento jurídico, ou, ao menos, a sua não vedação; a existência de ato específico que, de forma expressa, concretize a delegação, o qual pode ser a própria constituição ou a lei; a determinação, por parte do poder delegante, dos limites de atuação do ente delegatário; possibilidade de controle da delegação pelo poder delegante.

Dessume-se que a atuação dos entes delegatários, que se desenvolve por atos infralegais, deve pautar-se por *standards* previstos na norma delegatária, e ter como balizas os demais valores e princípios do ordenamento jurídico. A exigência de previsão de limites ao delegatário deflui do Princípio do Estado Democrático de Direito, pois a delegação legislativa traduz-se em delegação técnica, ou seja, o recebimento de atribuição para o exercício de discricionariedade técnica.

A discricionariedade técnica autoriza o ente delegatário a adotar as ações, em especial a normatização secundária, que melhor se prestem à consecução das finalidades legais, pois o legislador não tem como prever qual a melhor solução a ser adotada no caso concreto para atingi-la.

O fechamento do sistema de delegação técnica, através da discricionariedade técnica, se dá pela possibilidade de controle da delegação legislativa. Tal controle pode ser exercido pelo Poder Legislativo, quanto à legalidade e mérito dos atos normativos secundários editados pelo ente delegatário, na forma do art. 49, V, CRFB/88.

Também o exercerá o Poder Judiciário, quanto à legalidade e constitucionalidade, o que envolve a compatibilização dos atos normativos secundários editados pelo ente delegatário com os princípios constitucionais expressos e implícitos, em especial a legalidade tributária, a igualdade, a capacidade contributiva e, por fim a proporcionalidade e razoabilidade.

No Direito Tributário existe um consenso generalizado quanto à constitucionalidade das delegações legislativas expressamente previstas no texto constitucional, *verbis*:

Art. 153. Compete à União instituir impostos sobre:
I - importação de produtos estrangeiros;
II - exportação, para o exterior, de produtos nacionais ou nacionalizados;
III - renda e proventos de qualquer natureza;
IV - produtos industrializados;
V - operações de crédito, câmbio e seguro, ou relativas a títulos ou valores mobiliários;
VI - propriedade territorial rural;
VII - grandes fortunas, nos termos de lei complementar.
§1º - É facultado ao Poder Executivo, atendidas as condições e os limites estabelecidos em lei, alterar as alíquotas dos impostos enumerados nos incisos I, II, IV e V. (grifo nosso)

Sem embargo, a delegação técnica através do exercício da discricionariedade técnica, sem previsão no texto constitucional, provoca grandes discussões doutrinárias. O posicionamento da doutrina que defende a impossibilidade de discricionariedade técnica no Direito Tributário está fundamentado, de uma maneira geral, no princípio da segurança jurídica, do qual decorrem os princípios da legalidade e tipicidade tributárias. Superada a premissa da tipicidade fechada no Direito Tributário, inexiste óbice à delegação técnica, na forma da discricionariedade técnica.

Expresse-se que não se propõe uma deslegalização integral do Direito Tributário, muito menos a possibilidade de a lei atribuir ao Poder Executivo a competência para dispor acerca de qualquer dos aspectos fundamentais da regra-matriz de incidência, seja no antecedente como consequente. Todos os aspectos da hipótese de incidência (material espacial, temporal, pessoal e quantitativo) devem ser bem delimitados pela lei, como expressão da reserva de lei.

Trata-se, especificamente, do tema da deslegalização em sentido estrito, como delegação ao Executivo da competência para editar determinados atos normativos, com base em *standards* estabelecidos pelo legislador. Isto porque a lei não pode transferir para o âmbito do regulamento a disciplina da regra-matriz de incidência, como, por exemplo, definir que a alíquota de determinado tributo.

Frise-se que se trata da delegação legislativa sem a criação de *ex novo*, sem inovação do ordenamento, diferentemente da doutrina clássica do direito constitucional. A doutrina tradicional da delegação legislativa caracteriza-se pela transferência de competências normativas do Legislativo para outro ente, normalmente o Executivo. Esta delegação deve ser estabelecida em regra que contenha a moldura dentro da qual tem o Executivo a possibilidade de exercer a competência delegada (CASTRO, Carlos Roberto de Siqueira. *O Congresso e as Delegações Legislativas*. Rio de Janeiro: Forense, 1986, p. 103/104).

Admitida a possibilidade de utilização dos conceitos indeterminados no Direito Tributário, sustenta-se que se podem alcançar o mesmo efeito da delegação legislativa. Segue-se a linha de que os conceitos indeterminados funcionam como *standards* a serem desenvolvidos pelo aplicador da lei, em especial o Poder Executivo ao regulamentar a lei tributária, a concretização em ato destes parâmetros contidos na regra de delegação. A tipicidade, considerada a possibilidade da adoção dos tipos, abertos por natureza, na formatação da regra-matriz de incidência, funcionaria como standard, como modelo a ser seguido pelo ente delegado.

Assim, o Executivo, através dos Regulamentos Tipificadores, identificaria os fatos típicos, como uma outra forma de delegação legislativa (ROCHA, Sérgio André. A deslegalização no Direito Tributário Brasileiro Contemporâneo: Segurança Jurídica, Legalidade, Conceitos Indeterminados, Tipicidade e Liberdade de Conformação da Administração Pública. RIBEIRO, Ricardo Lodi – ROCHA, Sérgio André (Coord.). *Legalidade e Tipicidade no Direito Tributário*. São Paulo: Quartier Latin, 2008, p. 59/60; GRECO, Marco Aurélio. *Planejamento Tributário*. São Paulo: Dialética, 2004, p. 145).

Através da leitura do art. 10 da Lei nº 10.666, de 08 de maio de 2003, observa-se que a situação não é similar ao *leading case* em que foi decidido a constitucionalidade da contribuição destinada ao SAT. Isto porque no precedente citado (RE nº 343.446) foi reconhecido que a contribuição possuía todos os elementos essenciais à sua cobrança previstos no art. 22, inciso II, da Lei nº 8.212/91, fato gerador, base de cálculo e alíquotas, ou seja, estavam presentes todos os aspectos da regra-matriz de incidência, restando para regulamentação os conceitos, ou tipos, dependendo da linha argumentativa da qual se parta, de "atividade preponderante" e "graus de risco leve, médio e grave".

Destaque-se que a lei determinava as alíquotas diferenciadas de 1%, 2% e 3%, enquanto o comando judicial do artigo 10 da Lei nº 10.666 traz norma a ser colmatada pela via regulamentar. Um dos principais argumentos jurídicos do questionamento quanto à compatibilidade constitucional do art. 22, II, da Lei nº 8.212/91, consistia na alegação de violação ao princípio da legalidade, em especial a tipicidade tributária, ao delegar ao Executivo a determinação do que seria "atividade preponderante" e "graus de risco leve, médio e grave", conceitos indeterminados à luz da doutrina que ora se fixa.

Manifestou-se a Suprema Corte, em voto do Min. Carlos Velloso, no sentido de que "o fato de a lei deixar para o regulamento a complementação dos conceitos de "atividade preponderante" e "graus de risco leve, médio e grave", não implica ofensa ao princípio da legalidade genérica, C.F., art. 5º, II, e da legalidade tributária, C.F, art. 150, I".

Sustentou o relator que se estaria diante de uma delegação legislativa imprópria para o Executivo, a qual seria legítima diante do princípio da legalidade, uma vez que previstos na lei os *standards* que deveriam ser observados pelo poder delegatário.

Indicia a Corte a vigência da tipicidade aberta, bem como a possibilidade de utilização de conceitos indeterminados no Direito Tributário, os quais corresponderiam a uma forma de delegação legislativa imprópria, indireta ou oblíqua. Consectariamente, é possível a utilização de conceitos indeterminados de natureza técnica pela lei, configurando hipótese de discricionariedade técnica.

Mais recentemente a Corte enfrentou a matéria em outro caso. Pode-se mencionar a tese firmada no Tema 939 de Repercussão Geral, julgado recentemente pela Corte: "É constitucional a flexibilização da legalidade tributária constante do §2º do art. 27 da Lei nº 10.865/04, no que permitiu ao Poder Executivo, prevendo as condições e fixando os tetos, reduzir e restabelecer as alíquotas da contribuição ao PIS e da COFINS incidentes sobre as receitas financeiras auferidas por pessoas jurídicas sujeitas ao regime não cumulativo, estando presente o desenvolvimento de função extrafiscal" (RE nº 1043313, Rel. Min. Dias Toffoli, Tribunal Pleno, julgado em 10.12.2020).

In casu, não se está diante da delegação pura a que se refere a doutrina clássica do direito constitucional, mas, utilizando-se as palavras do próprio relator "à atribuição que a lei comete ao regulamento para a aferição de dados, em concreto, justamente para a boa aplicação concreta da lei".

Quando se afirma a existência de discricionariedade técnica não se está a afirmar a possibilidade de juízo de mérito quanto à conveniência e oportunidade da concretização da lei através de conformação secundária. Estamos a tratar de hipótese de delegação legislativa imprópria, já que se assume a utilização de conceitos indeterminados de natureza técnica pela lei.

Nesse contexto, a função do regulamento é desempenhar um juízo técnico, desprovido da discricionariedade no seu sentido clássico, pois não se está diante de espaço entre várias soluções possíveis ou ponderações de interesses, mas a avaliação quanto aos critérios extrajurídicos, técnicos, de natureza objetiva.

Adota-se a tese de que a lei, no Direito Tributário, é incapaz funcionalmente de programar materialmente decisões tecnicamente adequadas à sociedade de risco, onde o legislador substitui a programação material do conteúdo das decisões por uma programação procedimental em que estas devem ser tomadas.

Assim, abre-se espaço para a conformação secundária dos conceitos indeterminados e dos tipos pelo Executivo, seja em virtude de seu maior aparelhamento burocrático, seja por meio da especificidade técnica de seus órgãos e funcionários, ou ainda pela sua maior proximidade com a realidade fática (FALCÃO, Amilcar de Araújo. *Introdução ao Direito Tributário*. Rio de Janeiro: Editora Rio, 1976, p. 50; NABAIS. José Casalta. *O Dever Fundamental de pagar impostos*. Lisboa: Almedina, 2010, p. 340; UCKMAR, Victor. *Princípios comuns de direito constitucional tributário*. São Paulo: Malheiros, 1999, p. 39).

Em verdade, a alegação de que toda a lei seria inconstitucional por ausência de cumprimento da exaustividade, na descrição da hipótese de antecedência, tem se tornado um argumento retórico bem desgastado. Um pouco da ironia de JHERING parece se aplicar facilmente, já que a teoria da tipicidade e da reserva absoluta da lei tributária parece mesmo acreditar em um paraíso dos conceitos (Begriffshimmel). (ANDRADE, José Maria de Arruda. Legalidade Tributária, Segurança Jurídica, Pós-Positivismo e a Difícil Relação Entre Política e Direito, São Paulo: *THESIS*, ano III, v. 5, p. 58-96, 1º Semestre. 2006).

Ao fim e ao cabo, o controle da delegação legislativa através dos conceitos indeterminados e da tipicidade aberta se dará pela pertinência, instrumentalizado pelos princípios da proporcionalidade e razoabilidade, à luz de juízo de ponderação, inexistindo qualquer zona de insindicabilidade judicial.

Além dos precedentes já citados, pode-se ainda invocar situações outras em que a jurisprudência do Supremo Tribunal Federal apresenta casos em que essa delegação foi reconhecida como legítima, na medida em que formalizada por meio de balizas rígidas e guarnecidas de razoabilidade e proporcionalidade. Nesse sentido podemos citar (i) a fixação das anuidades cobradas pelos Conselhos Profissionais, cujas balizas estão estabelecidas na Lei nº 12.514/11, mas a exigência se faz por ato das autarquias (ADIs 4697 e 4762 Rel. Min. Edson Fachin, Tribunal Pleno, DJe 30/03/2017); (ii) a exigência de taxa em razão do exercício do poder de polícia referente à Anotação de Responsabilidade Técnica (ART) – RE 838284, Rel. Min. Dias Toffoli, Tribunal Pleno, DJe 22/09/2017) e (iii) a possibilidade do estabelecimento de pautas fiscais para exigência do Imposto sobre Produtos Industrializados – IPI - RE 602917, Rel. Min. Rosa Weber, Redator p/ Acórdão Min. Alexandre de Moraes, Tribunal Pleno, DJe 21/10/2020).

LEGISLAÇÃO DO FATOR ACIDENTÁRIO DE PREVENÇÃO-FAP

O SAT representa a contribuição da empresa, prevista no inciso II, do artigo 22, da Lei nº 8.212/91, e consiste em percentual que mede o risco da atividade econômica, com base no qual é cobrada a contribuição para financiar os benefícios previdenciários decorrentes do grau de incidência de incapacidade laborativa.

A alíquota de contribuição para o SAT será de 1% se a atividade é de risco mínimo; 2% se de risco médio e de 3% se de risco grave, incidentes sobre o total da remuneração paga, devida ou creditada a qualquer título, no decorrer do mês, aos segurados empregados e trabalhadores avulsos.

Havendo exposição do trabalhador a agentes nocivos que permitam a concessão de aposentadoria especial, há acréscimo das alíquotas na forma da legislação em vigor.

As alíquotas básicas são fixadas expressamente em lei, restando ao nominado Fator Acidentário de Prevenção – FAP a delimitação da progressividade na forma de coeficiente a ser multiplicado por estas alíquotas básicas, para somente então ter-se aplicada sobre a base de cálculo do tributo. Não é, portanto, fator integrante do conceito de alíquota, esta sendo a relação existente entre a expressão quantitativa ou dimensionável do fato gerador e do tributo correspondente.

Para permitir o enquadramento individual das empresas quanto à sua sinistralidade, foi editada a Lei nº 10.666/2003, que no art. 10 estabelece:

> Art. 10. A alíquota de contribuição de um, dois ou três por cento, destinada ao financiamento do benefício de aposentadoria especial ou daqueles concedidos em razão do grau de incidência de incapacidade laborativa decorrente dos riscos ambientais do trabalho, poderá ser reduzida, em até cinqüenta por cento, ou aumentada, em até cem por cento, conforme dispuser o regulamento, em razão do desempenho da empresa em relação à respectiva atividade econômica, apurado em conformidade com os resultados obtidos a partir dos índices de freqüência, gravidade e custo, calculados segundo metodologia aprovada pelo Conselho Nacional de Previdência Social.

O dispositivo legal cotejado autorizou a possibilidade de redução de até 50% ou majoração em até 100% das alíquotas 1%, 2% e 3%, conforme o desempenho da empresa em relação à respectiva atividade econômica, nos termos de regulamento a ser editado pelo Poder Executivo, com a utilização de um multiplicador, denominado FAP.

O art. 14 desta lei determinava que sua regulamentação se desse em 360 dias, o que somente adveio com a edição do Decreto nº 6.042/07, que incluiu o art. 202-A no Decreto nº 3.048/99 (Regulamento da Previdência Social – RPS), posteriormente alterado pelos Decretos nº 6.257/07, 6.577/08, 6.957/09 e, mais recentemente, pelo Decreto nº 10.410/20, os quais fixaram que a variação da alíquota do SAT fosse feita a partir do multiplicador FAP, com a seguinte redação:

> Art. 202-A. As alíquotas a que se refere o caput do art. 202 serão reduzidas em até cinquenta por cento ou aumentadas em até cem por cento em razão do desempenho da empresa, individualizada pelo seu CNPJ em relação à sua atividade econômica, aferido pelo Fator Acidentário de Prevenção - FAP. (Redação dada pelo Decreto nº 10.410, de 2020)
>
> §1º O FAP consiste em multiplicador variável em um intervalo contínuo de cinco décimos a dois inteiros aplicado à respectiva alíquota, considerado o critério de truncamento na quarta casa decimal. (Redação dada pelo Decreto nº 10.410, de 2020)
>
> §2º Para fins da redução ou da majoração a que se refere o caput, o desempenho da empresa, individualizada pelo seu CNPJ será discriminado em relação à sua atividade econômica, a partir da criação de índice composto pelos índices de gravidade, de frequência e de custo que pondera os respectivos percentis. (Redação dada pelo Decreto nº 10.410, de 2020)
>
> §3º (Revogado pelo Decreto nº 6.957, de 2009)
>
> §4º Os índices de freqüência, gravidade e custo serão calculados segundo metodologia aprovada pelo Conselho Nacional de Previdência Social, levando-se em conta: (Incluído pelo Decreto nº 6.042, de 2007).
>
> I - para o índice de frequência, os registros de acidentes ou benefícios de natureza acidentária; (Redação dada pelo Decreto nº 10.410, de 2020)
>
> II - para o índice de gravidade, as hipóteses de auxílio por incapacidade temporária, auxílio-acidente, aposentadoria por incapacidade permanente, pensão por morte e morte de natureza acidentária, aos quais são atribuídos pesos diferentes em razão da gravidade da ocorrência, da seguinte forma: (Redação dada pelo Decreto nº 10.410, de 2020)
>
> a) pensão por morte e morte de natureza acidentária - peso de cinquenta por cento; (Redação dada pelo Decreto nº 10.410, de 2020)
>
> b) aposentadoria por incapacidade permanente - peso de trinta por cento; e (Redação dada pelo Decreto nº 10.410, de 2020)
>
> c) auxílio por incapacidade temporária e auxílio-acidente – peso de dez por cento para cada; e (Redação dada pelo Decreto nº 10.410, de 2020)
>
> III - para o índice de custo, os valores dos benefícios de natureza acidentária pagos ou devidos pela previdência social. (Redação dada pelo Decreto nº 10.410, de 2020)
>
> §5º O Ministério da Economia publicará, anualmente, no Diário Oficial da União, portaria para disponibilizar consulta ao FAP e aos róis dos percentis de frequência, gravidade e custo por subclasse da Classificação Nacional de Atividades Econômicas. (Redação dada pelo Decreto nº 10.410, de 2020)
>
> §6º O FAP produzirá efeitos tributários a partir do primeiro dia do quarto mês subseqüente ao de sua divulgação. (Incluído pelo Decreto nº 6.042, de 2007).

§7º Para o cálculo anual do FAP, serão utilizados os dados de janeiro a dezembro de cada ano, até completar o período de dois anos, a partir do qual os dados do ano inicial serão substituídos pelos novos dados anuais incorporados. (Redação dada pelo Decreto nº 6.957, de 2009)

§8º O FAP será calculado a partir de 1º de janeiro do ano seguinte àquele ano em que o estabelecimento completar dois anos de sua constituição. (Redação dada pelo Decreto nº 10.410, de 2020)

§9º (Revogado pelo Decreto nº 10.410, de 2020)

§10. A metodologia aprovada pelo Conselho Nacional de

Previdência indicará a sistemática de cálculo e a forma de aplicação de

índices e critérios acessórios à composição do índice composto do FAP.

(Redação dada pelo Decreto nº 10.410, de 2020)

§11. (Revogado pelo Decreto nº 10.410, de 2020)

§12. (Revogado pelo Decreto nº 10.410, de 2020)

Tal sistemática somente entrou em vigor em 2010, pois fixado originalmente para setembro (art. 5º, III, Decreto nº 6.042/2007), foi prorrogado por um ano tanto pelo Decreto nº 6.257/07, quanto pelo Decreto nº 6.577/08, e, finalmente definido pela Administração Fazendária como sendo janeiro de 2010, com o Decreto nº 6.957/09.

O tema também veio a ser disciplinado pela Portaria Interministerial nº 254/09, a qual dispôs sobre a publicação dos índices de frequência, gravidade e custo, por atividade econômica, considerados para o cálculo do FAP, permitindo às empresas observarem sua situação dentro do agrupamento econômico.

A metodologia para a sistemática de cálculo e a forma de aplicação de índices e critérios acessórios à composição do índice composto do FAP foram implementadas pelo Conselho Nacional de Previdência Social.

Quanto à publicidade dos dados estatísticos constantes do Anexo V, do Decreto nº 3.048/99, com as alterações do Decreto nº 6.042/07, posteriormente do Decreto nº 6.958/09, e mais recentemente do Decreto 14.410/2010, o Conselho Nacional de Previdência Social – CNPS, instância quadripartite que conta com a representação de trabalhadores, empregadores, associações de aposentados e pensionistas e do Governo, publicou diversas resoluções, a saber: Resolução MPS/CNPS Nº 1.101/98, Resolução MPS/CNPS Nº 1.269/06, Resolução MPS/CNPS Nº 1.308/09, Resolução MPS/CNPS Nº 1.309/09 e Resolução MPS/CNPS Nº 1.316/2010.

Apesar do Conselho Nacional de Previdência Social ter editado a Resolução nº 1.101/98, com vistas à Metodologia para Avaliação e Controle dos Acidentes de Trabalho, somente houve uma disciplina efetiva do FAP com a Resolução nº 1.269/06.

Segundo o Ministério da Previdência Social – MPS, o atraso da entrada em vigor do FAP decorreu de imperfeições na metodologia de cálculo instituída pela Resolução MPS/CNPS nº 1.269/06, a qual se referia ao FAP como Fator Acidentário Previdenciário, posteriormente substituída pela Resolução MPS/CNPS nº 1.308/09, a qual alterou a terminologia para Fator Acidentário de Prevenção.

De acordo com a exposição de motivos desta resolução, a nova metodologia instituída foi submetida a testes e "os resultados sinalizaram para a necessidade de aperfeiçoar a metodologia de modo a garantir justiça na contribuição do empregador e equilíbrio atuarial".

Deste estudo resultou nova metodologia, que altera parâmetros e critérios para o cálculo da frequência, gravidade e custo e do próprio FAP em relação à metodologia anterior. Passado um mês da edição da Resolução MPS/CNPS nº 1.308/09, esta metodologia foi novamente alterada pela Resolução MPS/CNPS nº 1.309/09, que incluiu novo elemento no cálculo do FAP, a taxa de rotatividade. Em maio de 2010 houve nova alteração desta metodologia de cálculo pela Resolução MPS/CNPS nº 1.316/10.

Com o pretexto de aprimorar o mecanismo, as Resoluções nº 1.308/09 e 1.309/09, combinadas com o Decreto nº. 6.957/09, alteraram as premissas iniciais, produzindo incremento generalizado das alíquotas, aliada a uma revisão da tabela CNAE também com aumento geral de alíquotas. Em seguida, conforme apontado, a metodologia foi novamente alterada pela Resolução CNPS nº 1.316, de 31 de maio de 2010.

O FAP destina-se a aferir o desempenho específico da empresa em relação aos acidentes de trabalho, tal como previsto no §1º, do art. 202-A. A variação do fator ocorre em função do desempenho da empresa em relação aos seus pares, mais precisamente, frente às demais empresas que desenvolvem a mesma atividade econômica.

Na concepção original do FAP, estipulada pelo Decreto nº 6.042/07, o desempenho específico da empresa era determinado pelo "distanciamento de coordenadas tridimensionais padronizadas". Esta concepção, no entanto, jamais chegou a ser aplicada, pois antes de sê-lo, foi modificada pelo Decreto nº 6.957/09, que atribuiu "pesos diferenciados aos índices parciais", na forma de "percentis".

Atualmente, o FAP é um índice composto, obtido pela conjugação de índices parciais e percentis de gravidade, frequência e custo, consoante previsto nos parágrafos 1º e 2º do art. 202-A do Decreto nº 3.048/99, na redação dada pelo Decreto nº 6.957/09.

O FAP é constituído, portanto, por três categorias de elementos: (i)vos índices parciais (frequência, gravidade e custo); (ii) os percentis de cada índice parcial; (iii) os pesos de cada percentil. Esta composição é especificada no parágrafo 4º, do art. 202-A, do Decreto nº 3.048/99, na redação dada pelo Decreto nº 10.410/20, *verbis*:

> [...]
> I - para o índice de frequência, os registros de acidentes ou benefícios de natureza acidentária; (Redação dada pelo Decreto nº 10.410, de 2020)
> II - para o índice de gravidade, as hipóteses de auxílio por incapacidade temporária, auxílio-acidente, aposentadoria por incapacidade permanente, pensão por morte e morte de natureza acidentária, aos quais são atribuídos pesos diferentes em razão da gravidade da ocorrência, da seguinte forma: (Redação dada pelo Decreto nº 10.410, de 2020)
> a)pensão por morte e morte de natureza acidentária - peso de cinquenta por cento; (Redação dada pelo Decreto nº 10.410, de 2020)

b) aposentadoria por incapacidade permanente - peso de trinta por cento; e (Redação dada pelo Decreto nº 10.410, de 2020)
c) auxílio por incapacidade temporária e auxílio-acidente – peso de dez por cento para cada; e (Redação dada pelo Decreto nº 10.410, de 2020)
III - para o índice de custo, os valores dos benefícios de natureza acidentária pagos ou devidos pela previdência social. (Redação dada pelo Decreto nº 10.410, de 2020)

O conceito de "percentil" advém da Ciência da Estatística e é utilizado para ordenar elementos determinados. A função estatística percentil calcula os percentis de um conjunto de dados qualquer, assim, são valores numéricos que dividem uma população em partes proporcionais. Dada uma amostra (ou coleção de dados), os percentis são medidas que dividem a amostra ordenada (por ordem crescente dos dados) em 100 partes, cada uma com uma percentagem de dados aproximadamente igual.

As empresas são enquadradas em rankings relativos à gravidade, à frequência e ao custo dos acidentes de trabalho. Na etapa seguinte, os percentis são multiplicados pelo peso que lhes é atribuído, sendo os produtos somados, chegando-se ao FAP.

Conforme assentado, a metodologia específica de cálculo do FAP foi estabelecida inicialmente pela Resoluções MPS/CNPS Nº 1.308 e 1.309, de 2009, sendo os "percentis" de cada um dos elementos gravidade, frequência e custo, por subclasse, divulgado pela Portaria Interministerial nº 254/09. A Resolução MPS/CNPS nº 1.308/2009 estabeleceu a seguinte fórmula, onde o fator é representado pela sigla "IC" (Índice Composto): IC = (0,5 x percentil de gravidade + 0,35 x percentil de frequência + 0,15 x percentil de custo) x 0,02.

De acordo com a Resolução MPS/CNPS nº 1.308/2009, "após o cálculo dos índices de frequência, gravidade e custo, são atribuídos os percentis de ordem para as empresas por setor (subclasse da CNAE) para cada um desses índices", de modo que "a empresa com menor índice de frequência de acidentes e doenças do trabalho no setor, por exemplo, receba o menor percentual e o estabelecimento com maior frequência acidentária recebe 100%".

Em seguida, é criado um índice composto, atribuindo ponderações aos percentis de ordem de cada índice, com um peso maior à gravidade (0,50) e à frequência (0,35) e menor ao custo (0,15). Assim, o custo que a acidentalidade representa fará parte do índice composto, mas sem se sobrepor à frequência e à gravidade.

E para obter o valor do FAP para a empresa, o índice composto "é multiplicado por 0,02 para distribuição dos estabelecimentos dentro de um determinado CNAE-Subclasse variar entre 0 a 2, devendo os valores inferiores a 0,5 receber o valor de 0,5 que é o menor fator acidentário.

O FATOR ACIDENTÁRIO DE PREVENÇÃO-FAP

Assentadas as referidas premissas teóricas, forçoso reconhecer que:

a) O FAP não integra o conceito de alíquota, a qual representa a relação existente entre a expressão quantitativa ou dimensionável do fato gerador e do tributo correspondente. É que o FAP não é elemento integrante do aspecto quantitativo da hipótese de incidência ou fato gerador do SAT, mas multiplicador aplicável a esta contribuição, externo à relação jurídica tributária, razão pela qual a sua forma de valoração por ato normativo secundário não viola o princípio da legalidade.

b) A declaração de inconstitucionalidade do art. 10 da Lei nº 10.666/2003 e do artigo 202-A do Decreto nº 3.048/99, com a redação dada pelo Decreto nº 6.957/09 (atualmente com redação dada pelo Decreto 10.410/10), também não se sustenta quando contrastada com o princípio de vedação do retrocesso.

É que se extrai deste princípio a invalidade da revogação de normas legais que concedem ou ampliem direitos fundamentais, sem que a revogação seja acompanhada de uma política substitutiva ou equivalente (art. 5º, §1º, CRFB/88), posto que a invalidação da norma atentará contra as disposições dos artigos arts. 7º, 150, II, 194, parágrafo único e inc. V, e 195, §9º, todos da CRFB/88.

A disciplina implementada através das resoluções do CNPS contém higidez suficiente a permanecer no ordenamento jurídico, de forma a atender ao espírito do art. 10 da Lei nº 10.666/03. Canotilho, nesse sentido, assenta, *verbis*:

> "[...] O princípio da proibição de retrocesso social pode formular-se assim: o núcleo essencial dos direitos sociais, já realizado e efetivado através de medidas legislativas ("lei da segurança social", "lei de subsidio de desemprego", "lei do serviço de saúde) deve considerar-se constitucionalmente garantidos sendo inconstitucionais quaisquer medidas estaduais que, sem a criação de outros esquemas alternativos ou compensatórios, se traduzam na prática numa "anulação", "revogação" ou "aniquilação" pura e simples desse núcleo essência. Não se trata, pois, de proibir um retrocesso social captado em termos ideológicos ou de garantir em abstrato um status quo social, mas de proteger direitos fundamentais sociais, sobretudo, no seu núcleo essencial. A liberdade de conformação do legislador e inerente autorreversibilidade tem como limite o núcleo essencial já realizado" (CANOTILHO, José Joaquim Gomes. *Direito Constitucional e Teoria da Constituição*. Lisboa: Almedina, 2006, p. 332-334).

A premissa a nortear a sindicabilidade das normas infralegais, *in casu*, o artigo 202-A do Decreto nº 3.048/99, com a redação dada pelo Decreto nº 6.957/09, deve pautar-se no sentido de que não cabe ao Pretório Excelso discutir a implementação de políticas públicas, seja por não dispor de capacidade necessária para especificar a engenharia administrativa apta para o sucesso de um modelo de gestão das doenças ocupacionais e/ou do trabalho, seja por não ser este o espaço idealizado pela Constituição para o debate em torno desse tipo de tema, sob pena de a jurisdição suspender ilegalmente a legislação.

Ademais, a conformação das normas infralegais (Decreto nº 3.048/99, art. 202-A) com a lei (Lei nº 10.666/2003, art. 10) não atrai a jurisdição constitucional, o que impede a análise das questões relacionadas à, verbi gratia, inclusão das comunicações de acidentes de trabalho (CAT) que não geraram qualquer incapacidade ou afastamento; das CATS decorrentes dos infortúnios (acidentes *in itinere*) ocorridos entre a residência e o local de trabalho do empregado e, também, daqueles ocorridos após o findar do contrato de trabalho, no denominado período de graça; da inclusão na base de cálculo do FAP de todos os benefícios acidentários, mormente aqueles pendentes de julgamento de recursos interpostos pela empresa na esfera administrativa.

d) Assinala-se que o SAT, para a sua fixação, conjuga três critérios distintos de quantificação da obrigação tributária: (i) a base de cálculo (remuneração pagas pelas empresas aos segurados empregados e avulsos que lhes prestam serviços), que denota a capacidade contributiva do sujeito passivo; (ii) as alíquotas, que variam em função do grau de risco da atividade econômica da empresa, conferindo traços comutativos à contribuição; e (iii) o FAP, que objetiva individualizar a contribuição da empresa frente à sua categoria econômica, aliando uma finalidade extrafiscal ao ideal de justiça individual, atende aos *standards*, balizas e parâmetros que irão formatar a metodologia de cálculo deste fator, o que ocorreu quanto à regulamentação infralegal trazida pelo art. 202-A do Decreto nº 3.048/99, na redação dada pelo Decreto nº 6.957/09.

e) A Lei nº 10.666/03 criou redução das alíquotas da contribuição ao SAT, atenta aos direitos fundamentais do trabalhador, de prevenção contra os acidentes laborais (art. 7º, XXII, da CRFB/88, *verbis*: "redução dos riscos inerentes ao trabalho, por meio de normas de saúde, higiene e segurança"), de acordo com o FAP - Fator Acidentário de Prevenção - que na sua metodologia de cálculo os índices de frequência, gravidade e custos dos acidentes de trabalho.

Destarte, as empresas que investem na redução de acidentes de trabalho, diminuindo sua frequência, gravidade e custos, recebem tratamento diferenciado mediante a redução de suas alíquotas, conforme o disposto nos artigos 10 da Lei nº 10.666/03 e 202-A do Decreto nº 3.048/99, com a redação dada pelo Decreto nº 6.042/07.

Essa foi a metodologia usada pelo Poder Executivo, dentro de critérios de conveniência e oportunidade, para estimular os investimentos das empresas em prevenção de acidentes de trabalho.

Mister destacar os dados trazidos em memorial pela Fazenda Nacional, nos quais se aponta o efeito prático da adoção da metodologia do FAP na política do seguro de acidentes de trabalho, o que pode ter contribuído para reduzir o número de incidentes:

f) Considerando a capacidade institucional do Poder Judiciário, a cláusula pétrea da separação dos poderes e as prerrogativas que são concedidas ao Poder Executivo, revela-se razoável a regulamentação sub examine, cuja aplicação aplica-se de forma genérica (categoria econômica) num primeiro momento e, num segundo momento e de forma particularizada, permite ajuste, observado o cumprimento de certos requisitos estabelecidos.

A tese da capacidade institucional questiona a capacidade do Poder Judiciário para interferir em determinadas matérias assentadas com fundamento de que cabe aos Três Poderes interpretar a Constituição e pautar sua atuação com base nela. Mas, em caso de divergência, a palavra final é do Judiciário. Essa primazia não significa, porém, que toda e qualquer matéria deva ser decidida em um tribunal.

Para evitar que o Judiciário se transforme em uma indesejável instância hegemônica, a doutrina constitucional tem explorado duas ideias destinadas a limitar a ingerência judicial: a de capacidade institucional e a de efeitos sistemáticos.

Capacidade institucional envolve a determinação de qual Poder está mais habilitado a produzir a melhor decisão em determinada matéria. Temas envolvendo aspectos técnicos ou científicos de grande complexidade podem não ter no juiz de direito o árbitro mais qualificado, por falta de informação ou de conhecimento específico.

Quanto ao instituto da capacidade institucional, Cass Sunstein e Adrian Vermeulle, Interpretation and Instituions, Public Law and Legal Theory Working Paper nº 28, 2002, p. 2, averbam que:

"Ao chamarmos atenção para as capacidades institucionais e para os efeitos sistêmicos, estamos sugerindo a necessidade de um tipo de virada institucional no estudo das questões de interpretação jurídicas"

g) Consectariamente, não pode ser acolhida a pretensão a um regime próprio subjetivamente tido por mais adequado.

h) Inexiste violação ao princípio da irretroatividade tributária (art. 150, III, a, CRFB/88), pois o Decreto nº 3.048/99, na redação dada pelo Decreto nº 6.957/09, editado em setembro de 2009, somente fixou as balizas para o primeiro processamento do FAP, com vigência a partir de janeiro de 2010, ocorrência efetiva do fato gerador, utilizados os dados concernentes aos anos de 2007 e 2008, que são tão somente elementos identificadores dos parâmetros de controle das variáveis consideradas para a aplicação da fórmula matemática instituída pela nova sistemática.

Também inexiste afronta aos princípios da transparência, da moralidade administrativa e da publicidade, pois o FAP utiliza índices que são de conhecimento de cada contribuinte, que estão a disposição junto à Previdência Social, sujeitos à impugnação administrativa com efeito suspensivo nas esferas próprias.

i) A jurisprudência das Cortes Superiores consagra a tese do acórdão recorrido. Sob esse enfoque, o Superior Tribunal de Justiça afastou a alegação de ofensa ao princípio da legalidade (REsp 392.355/RS) e a Suprema Corte reconheceu a constitucionalidade da Lei nº 8.212/91, que remeteu para o regulamento a complementação dos conceitos de "atividade preponderante" e de "grau de risco leve, médio e grave" (RE nº 343.446/SC), o que se aplica ao tema objurgado por possuir a mesma ratio, *verbis*:

"TRIBUTÁRIO. CONTRIBUIÇÃO PARA O SEGURO DE ACIDENTE DO TRABALHO - SAT. ART. 22, II, DA LEI N.º 8.212/91, NA REDAÇÃO DADA PELA LEI N.º 9.528/97. ARTS. 97 E 99, DO CTN. ATIVIDADES ESCALONADAS EM GRAUS, PELOS DECRETOS REGULAMENTARES N.ºS 356/91, 612/92, 2.173/97 e 3.048/99. SATISFEITO O PRINCÍPIO DA RESERVA LEGAL.
- Matéria decidida em nível infraconstitucional, atinente ao art. 22, II, da Lei n.º 8.212/91, na redação da Lei n.º 9.528/97 e aos arts. 97 e 99 do CTN.
- Atividades perigosas desenvolvidas pelas empresas, escalonadas em graus leve, médio e grave, pelos Decretos n.ºs 356/91, 612/92, 2.173/97 e 3.048/99.

- Não afronta o princípio da legalidade, o estabelecimento, por decreto, dos mencionados graus de risco, partindo-se da atividade preponderante da empresa." (REsp 392355/RS, Rel. Ministro HUMBERTO GOMES DE BARROS, PRIMEIRA TURMA, julgado em 04/06/2002, DJ 12/08/2002).

"EMENTA: - CONSTITUCIONAL. TRIBUTÁRIO. CONTRIBUIÇÃO: SEGURO DE ACIDENTE DO TRABALHO - SAT. Lei 7.787/89, arts. 3º e 4º; Lei 8.212/91, art. 22, II, redação da Lei 9.732/98. Decretos 612/92, 2.173/97 e 3.048/99. C.F., artigo 195, §4º; art. 154, II; art. 5º, II; art. 150, I. I. - Contribuição para o custeio do Seguro de Acidente do Trabalho - SAT: Lei 7.787/89, art. 3º, II; Lei 8.212/91, art. 22, II: alegação no sentido de que são ofensivos ao art. 195, §4º, c/c art. 154, I, da Constituição Federal: improcedência. Desnecessidade de observância da técnica da competência residual da União, C.F., art. 154, I. Desnecessidade de lei complementar para a instituição da contribuição para o SAT. II. - O art. 3º, II, da Lei 7.787/89, não é ofensivo ao princípio da igualdade, por isso que o art. 4º da mencionada Lei 7.787/89 cuidou de tratar desigualmente aos desiguais. III. - As Leis 7.787/89, art. 3º, II, e 8.212/91, art. 22, II, definem, satisfatoriamente, todos os elementos capazes de fazer nascer a obrigação tributária válida. O fato de a lei deixar para o regulamento a complementação dos conceitos de "atividade preponderante" e "grau de risco leve, médio e grave", não implica ofensa ao princípio da legalidade genérica, C.F., art. 5º, II, e da legalidade tributária, C.F., art. 150, I. IV. - Se o regulamento vai além do conteúdo da lei, a questão não é de inconstitucionalidade, mas de ilegalidade, matéria que não integra o contencioso constitucional. V. - Recurso extraordinário não conhecido. (RE 343446, Relator(a): Min. CARLOS VELLOSO, Tribunal Pleno, julgado em 20/03/2003, DJ 04/04/2003)."

Restou assentado que as Leis nº 7.787/89, art. 3º, II, e nº 8.212/91, art. 22, II, definiram, satisfatoriamente, todos os elementos capazes de fazer nascer a obrigação tributária válida. O fato de a lei relegar para o regulamento a complementação dos conceitos de "atividade preponderante" e "grau de risco leve, médio e grave", não implica ofensa ao princípio da legalidade genérica, art. 5º, II, e da legalidade tributária, art. 150, I, ambos da CF/88, consoante jurisprudência sedimentada.

Ex positis, NEGO PROVIMENTO ao recurso extraordinário.

Informação bibliográfica deste texto, conforme a NBR 6023:2018 da Associação Brasileira de Normas Técnicas (ABNT):

GOMES, Marcus Lívio; ALVES, Raquel de Andrade Vieira. RE nº 677.725: Deslegalização em matéria tributária e o caso do FAP. *In*: FUX, Luiz. *Jurisdição constitucional IV*: pluralismo e direitos fundamentais. Belo Horizonte: Fórum, 2023. p. 205-240. ISBN 978-65-5518-601-7.

RE Nº 843.112: ATUAÇÃO DO PODER JUDICIÁRIO EM CASO DE MORA DO PODER EXECUTIVO EM REALIZAR A REVISÃO GERAL ANUAL DA REMUNERAÇÃO DOS SERVIDORES PÚBLICOS

MÁRIO AUGUSTO FIGUEIREDO DE LACERDA GUERREIRO

A revisão geral anual, prevista no artigo 37, X, da Constituição Federal (CRFB), sempre foi objeto de intensa discussão nos tribunais, até ser finalmente examinada pelo Supremo Tribunal Federal (STF), no âmbito do Recurso Extraordinário (RE) nº 843.112, *leading case* do Tema 624 da Repercussão Geral (RG).

O dispositivo constitucional em questão estabelece que "a remuneração dos servidores públicos e o subsídio de que trata o §4º do art. 39 somente poderão ser fixados ou alterados por lei específica, observada a iniciativa privativa em cada caso, *assegurada a revisão geral anual*, sempre na mesma data e sem distinção de índices" (grifos nossos), na redação dada pela Emenda Constitucional (EC) nº 19/1998.

Ocorre que, não obstante a assertividade da norma supracitada, é fato notório que a revisão geral anual raramente é assegurada aos servidores públicos federais, estaduais ou municipais, sejam eles da Administração direta ou indireta, do Poder Executivo, Legislativo ou Judiciário.

Tal cenário levou muitos servidores e associações a pleitearem em juízo a concretização do direito de revisão geral anual, o que gerou controvérsias jurisprudenciais que se prolongaram por décadas ao redor do país, até serem finalmente pacificadas pelo STF, no julgamento do Tema 624 da Repercussão Geral, que recebeu o seguinte título: "papel do Poder Judiciário na concretização do direito à revisão geral anual da remuneração dos servidores públicos, diante do reconhecimento da mora do Poder Executivo".

O caso julgado pelo STF para definição do referido tema consistia em recurso extraordinário interposto contra decisão proferida pelo Tribunal de Justiça do Estado de São Paulo (TJSP), que acolheu o pedido formulado em mandado de injunção impetrado pelo Sindicato dos Servidores Públicos Municipais de Leme/SP contra o prefeito daquele município. Na sua decisão, o TJSP deferiu a injunção para ordenar ao Prefeito do Município de Leme que enviasse projeto de lei tratando da revisão geral anual da remuneração dos servidores públicos municipais no prazo de 30 dias.

O Município de Leme/SP se valeu do apelo extremo para impugnar a citada decisão do TJSP, indicando a violação do artigo 37, X, da CRFB e argumentando que o envio de projeto de lei tratando de revisão geral anual seria de competência privativa do Prefeito Municipal. Ademais, não haveria previsão orçamentária para a pretendida revisão geral, mormente ante a escassez de recursos públicos para atendimento de outras políticas e atribuições daquele ente federativo.

Em contrapartida, o sindicato impetrante alegou que a decisão recorrida deveria ser mantida, visto que não impunha ao município o aumento da remuneração dos seus servidores, mas a mera recomposição do seu poder aquisitivo, ante perdas inflacionárias sofridas ao longo de vários anos de mora do ente público no cumprimento da determinação constitucional.

Reconhecida a Repercussão Geral da controvérsia pelo Plenário do STF, sobreveio, em 20.09.2020, o julgamento do mérito da demanda, no bojo do RE nº 843.112, sob a relatoria do **Ministro Luiz Fux**, concluindo a Suprema Corte, por maioria de votos, pelo provimento do recurso extraordinário, reformando-se o acórdão recorrido a fim de se cassar a injunção deferida. Fixou-se, ao final, a seguinte tese: "o Poder Judiciário não possui competência para determinar ao Poder Executivo a apresentação de projeto de lei que vise a promover a revisão geral anual da remuneração dos servidores públicos, tampouco para fixar o respectivo índice de correção".

O voto condutor da decisão partiu da premissa de que as normas constitucionais devem ser interpretadas em concordância prática, de modo que nenhuma delas sobrepuje totalmente qualquer das outras, buscando-se a máxima efetividade de todas.

Dessa forma, ao se tratar da revisão geral anual, há que se ter em conta também a jurisprudência do STF já consolidada em torno do artigo 37, XV, da CRFB (ADI nº 2.075-MC e RE nº 201.026), que trata da irredutibilidade dos subsídios e vencimentos dos servidores públicos, no sentido de que essa garantia não se presta a assegurar a manutenção do poder aquisitivo da remuneração do servidor perante os efeitos corrosivos da inflação ao longo do tempo, mas apenas a impedir reduções diretas do seu valor nominal. É dizer: a garantia da irredutibilidade de subsídios e vencimentos não impõe ao Poder Público o dever de recompor o valor real da remuneração dos seus servidores pelos mesmos índices da inflação apurada no período.

De outro lado, o Pretório Excelso igualmente já se manifestou sobre o espaço normativo que resta ao artigo 37, X, da CRFB, impondo ao Poder Executivo "pronunciar-se de forma fundamentada acerca das razões pelas quais não propôs a revisão" (RE nº 565.089 – Tema 19 da RG).

A conclusão que se extrai, portanto, do cotejo dos comandos inseridos no artigo 37, X e XV, da CRFB é de que o Poder Executivo não é obrigado a propor a revisão geral anual dos subsídios e vencimentos dos servidores, nem a seguir algum índice de correção monetária que espelhe a inflação no período, mas deve sempre indicar os motivos que eventualmente o impeçam de enviar tal proposição legislativa, baseando-se em estudos técnicos que considerem o estado das finanças públicas e a conjuntura econômica do momento.

Prossegue o voto vencedor explicando as características das sentenças aditivas (conforme trecho do voto transcrito ao final) e esclarecendo que na hipótese em exame não seria possível o Poder Judiciário preencher a lacuna observada na redação do artigo 37, X, da CRFB, ante a sua baixa densidade normativa, a impedir a extração de significado inequívoco da expressão "revisão geral anual". Seria incabível, por conseguinte, a imposição de uma obrigação ao Poder Público de reposição de eventuais perdas inflacionárias que atinjam as remunerações dos servidores públicos.

Além disso, na linha da jurisprudência dominante do STF (ADIs nºs 2.726, 3.599, 2.061), o voto condutor assenta que a concessão de qualquer reajuste remuneratório aos servidores públicos dependeria da iniciativa do Poder Executivo e aprovação pelo Poder Legislativo. Isto porque tais Poderes não só teriam maior capacidade para avaliar os impactos de tais medidas nas finanças públicas e sopesar a necessidade e prioridade de execução de outras políticas e proteção de outros direitos, como também deteriam maior legitimidade democrática para decidir sobre o emprego desses recursos, sendo defeso ao Poder Judiciário assumir essa prerrogativa.

De qualquer forma, o direito à revisão geral anual está previsto na Constituição Federal e não foi integralmente implementado através da Lei Federal nº 10.331/2001, tampouco pela Lei Complementar nº 592/2011 do Município de Leme/SP, que buscaram regulamentar o artigo 37, X, da CRFB. Impunha-se, por isso, a prolação de alguma manifestação jurisdicional que concedesse efetividade ao dispositivo constitucional em tela, ainda que observadas as restrições já colocadas.

Nesse contexto, o relator do acórdão conclui que "a omissão do Poder Executivo na apresentação de projeto de lei que preveja a revisão geral anual da remuneração dos servidores públicos configura mora que cabe ao Poder Judiciário declarar e determinar que se manifeste de forma fundamentada sobre a possibilidade de recomposição salarial ao funcionalismo". Eis aí, portanto, o limite da atuação do Poder Judiciário em caso de mora do Poder Executivo em realizar a revisão geral anual da remuneração dos servidores públicos.

Note-se que a solução encontrada, embora limite consideravelmente o alcance da norma constitucional garantidora da revisão geral anual da remuneração dos servidores públicos, busca harmonizá-la a outras disposições constitucionais igualmente impositivas. Obtém-se, assim, um ponto de equilíbrio que preserva a unidade da Constituição e a concordância prática das suas normas, sem, contudo, esvaziar-se por completo a efetividade de nenhuma delas. Em suma, o que se almeja é a máxima efetividade possível do artigo 37, X, da CRFB, dentro de um cenário de várias normas de igual estatura, apontando nos mais variados sentidos.

Escorada nesse arcabouço jurídico, a decisão examina o caso concreto trazido à apreciação da Suprema Corte, constatando que não poderia o TJSP impor ao Prefeito do Município de Leme/SP o envio de projeto de lei tratando da revisão geral anual. Daí decorre que o recurso extraordinário havia de ser provido, a fim de se reformar a decisão recorrida para se cassar a injunção deferida, com a fixação de tese de julgamento que passou a vedar a intervenção do Poder Judiciário para impor ao Poder Executivo o envio de projeto de lei de revisão geral anual ou mesmo para fixar o índice de reajuste.

Eis a ementa da decisão proferida pelo STF, lavrada pelo relator, **Ministro Luiz Fux**:

> RECURSO EXTRAORDINÁRIO. CONSTITUCIONAL. ADMINISTRATIVO. REPERCUSSÃO GERAL. TEMA 624. SERVIDOR PÚBLICO. REVISÃO GERAL ANUAL. ACÓRDÃO RECORRIDO QUE CONCEDE INJUNÇÃO PARA QUE O CHEFE DO PODER EXECUTIVO ENVIE PROJETO DE LEI QUE PROMOVA A REVISÃO ANUAL DOS VENCIMENTOS DOS SERVIDORES MUNICIPAIS. INVASÃO DO JUDICIÁRIO NA COMPETÊNCIA PRIVATIVA DO EXECUTIVO. INEXISTÊNCIA DE DEVER CONSTITUCIONAL DE RECOMPOSIÇÃO INFLACIONÁRIA ANUAL DA REMUNERAÇÃO E SERVIDORES PÚBLICOS. PRECEDENTES. INAPLICABILIDADE DE SENTENÇA EXORTATIVA OU ADITIVA. ARTIGO 37, X, DA CRFB. RECURSO EXTRAORDINÁRIO PROVIDO.
>
> **1.** A revisão geral anual, estabelecida pelo artigo 37, X, da CRFB, deve ser interpretada **em conjunto com os demais dispositivos constitucionais e os julgados antecedentes** desta Corte, tendo em vista o caráter controvertido do direito *sub judice* e o princípio da concordância prática.
>
> **2. A Constituição Federal não pretendeu impedir reduções indiretas à remuneração dos servidores públicos**, dentre as quais aquela que decorre da desvinculação *pari passu* do índice inflacionário, consoante exegese prestigiada por esta Corte. O direito à reposição do valor real por perdas inflacionárias foi afastado por este Plenário ao interpretar e aplicar a garantia da irredutibilidade de vencimentos, prevista no artigo 37, XV, da CRFB. Precedentes: ADI 2.075-MC, Rel. Min. Celso de Mello, Plenário, DJ de 27/6/2003; e RE 201.026, Rel. Min. Ilmar Galvão, Primeira Turma, DJ de 6/9/1996.
>
> **3.** A Constituição não estabelece um dever específico de que a remuneração dos servidores seja objeto de aumentos anuais, menos ainda em percentual que corresponda, obrigatoriamente, à inflação apurada no período, embora do artigo 37, X, da Constituição decorra o dever de **pronunciamento fundamentado a respeito da impossibilidade de reposição da remuneração dos servidores públicos em dado ano**, com **demonstração técnica** embasada em dados fáticos da conjuntura econômica. Precedente: RE 565.089, Redator do acórdão Min. Roberto Barroso, Plenário, DJe de 28/4/2020, Tema 19 da Repercussão Geral.
>
> **4.** As sentenças aditivas, porquanto excepcionais, pressupõem a **observância de algumas balizas**, tais como (*i*) a solução esteja presente no sistema legislativo em vigor, ao menos em estado latente (ZAGREBELSKY, Gustavo. *La giustizia costituzionale*. vol. 41. Mulino, 1988. p. 158-159); (*ii*) a norma análoga se adeque ao direito previsto constitucionalmente; (*iii*) a norma constitucional possua densidade normativa tal que conceda inequivocamente determinado direito a seus destinatários (BRANDÃO, Rodrigo. O STF e o Dogma do Legislador Negativo. *Direito, Estado e Sociedade*, n. 44, p. 206, jan./jun. 2014); (*iv*) sejam

observados "*o critério da vontade hipotética do legislador e o critério da solução constitucionalmente obrigatória*" (MEDEIROS, Rui. *A decisão de inconstitucionalidade*. Lisboa: Universidade Católica, 1999, p. 501-505); (*v*) avaliem-se os reflexos das sentenças normativas nas contas públicas, consoante a "*observância da realidade histórica e dos resultados possíveis*", (PELICIOLI, Angela Cristina. *A sentença normativa na jurisdição constitucional: o Supremo Tribunal Federal como legislador positivo*. São Paulo: LRT, 2008. p. 223); (*vi*) a intervenção se legitime na natureza do direito constitucional, mormente quando em jogo os direitos materialmente fundamentais e demais condições de funcionamento da democracia (SOUSA FILHO, Ademar Borges. *Sentenças Aditivas na Jurisdição Constitucional Brasileira*. Belo Horizonte: Fórum, 2016. p. 233).

5. *In casu*, o papel do Poder Judiciário na concretização do direito à revisão geral anual da remuneração dos servidores públicos não permite a colmatação da lacuna por decisão judicial, porquanto não se depreende do artigo 37, X, da CRFB um significado inequívoco para a expressão "revisão geral", dotada de baixa densidade normativa. A reposição das perdas inflacionárias não pode ser considerada "constitucionalmente obrigatória", embora inegavelmente se insira na moldura normativa do direito tutelado, que atribuiu ao servidor público o direito a ter sua remuneração anualmente revista.

6. A delimitação das condições da concessão do direito constitucional pressupõe uma considerável expertise técnica e financeira, a exemplo do eventual parcelamento e da necessidade de se compatibilizar a revisão com restrições orçamentárias, ajustes fiscais subsequentes e eventual compensação frente a outras formas de aumento. Precedente: ADI 2.726, Plenário, Rel. Min. Maurício Corrêa, DJ de 29/8/2003.

7. A revisão remuneratória dos servidores públicos pressupõe iniciativa do Poder Executivo. Precedentes: ADI 3.599, Rel. Min. Gilmar Mendes, Plenário, DJ de 14/9/2007; e ADI 2.061, Rel. Min. Ilmar Galvão, Plenário, DJ de 29/6/2001.

8. A definição do índice cabe aos poderes políticos, em consonância com outras limitações constitucionais, máxime por prestigiar a expertise técnica desses poderes em gerir os cofres públicos e o funcionalismo estatal. As regras prudenciais e a relação entre as formas de aumento remuneratório revelam os elevados custos de erro da fixação do índice de revisão geral anual por quem não detém a expertise necessária (SUNSTEIN; VERMEULE. *Interpretation and Institutions*. Michigan Law Review, v. 101, p. 885, 2002. p. 38).

9. O princípio democrático impede a transferência do custo político ao Judiciário, porquanto o povo deposita nas urnas expectativas e responsabilidades, o que justifica a posterior prestação de contas dos poderes eleitos e impede que maiorias ocasionais furtem-se de obrigação imposta pelo constituinte.

10. A Lei federal 10.331/2001, assim como a Lei Complementar 592/2011 do Município do Leme, que regulamentam o artigo 37, X, da CRFB, estabelecendo condições e parâmetros para a revisão geral anual, não suprem a omissão, o que, consectariamente, revela sua insuficiência em tutelar a garantia constitucional que impõe manifestações anuais, não havendo que se cogitar de perda de objeto.

11. A omissão do Poder Executivo na apresentação de projeto de lei que preveja a revisão geral anual da remuneração dos servidores públicos configura mora que cabe ao Poder Judiciário **declarar e determinar que se manifeste de forma <u>fundamentada</u> sobre a possibilidade de recomposição salarial ao funcionalismo.**

13. *In casu*, o tribunal *a quo*, ao conceder a injunção "*para determinar que o Prefeito do Município de Leme envie, no prazo máximo de trinta dias, projeto de lei que vise promover – a revisão anual dos vencimentos de todos os servidores públicos municipais*", exorbitou de suas competências constitucionais, imiscuindo-se em matéria de iniciativa do Poder Executivo, a quem cabe a autoadministração do funcionalismo público e a gestão de recursos orçamentários destinados a despesas de custeio com pessoal.

13. Recurso Extraordinário **Provido** para reformar o acórdão recorrido e, via de consequência, cassar a injunção concedida. Tese de repercussão geral: *O Poder Judiciário não possui competência para determinar ao Poder Executivo a apresentação de projeto de lei que vise a promover a revisão geral anual da remuneração dos servidores públicos, tampouco para fixar o respectivo índice de correção.*

Vale destacar, ainda, o conteúdo dos votos vencidos, que revelam importantes ponderações sobre o tema em tela, enriquecendo a discussão jurídica subjacente.

O **Ministro Marco Aurélio**, mantendo-se firme no posicionamento já manifestado em outras ocasiões, votou pelo desprovimento do recurso, nos seguintes termos:

> Ante a vala comum da inobservância da cláusula constitucional alusiva à reposição do poder aquisitivo dos vencimentos, continuo convencido de ser legítima a atuação do Judiciário, buscando a concretude, a eficácia maior dos ditames da Carta da República, sob pena de ter-se o esvaziamento do principal documento normativo do Estado.
> Divirjo do Relator. Desprovejo o extraordinário.
> Eis a tese: "Observada norma de envergadura maior a impor o reajuste anual da remuneração de servidor público, o não implemento autoriza a atuação do Judiciário determinando ao Executivo a concretização do direito".

Conquanto a argumentação do eminente Ministro exposta acima caminhe no sentido contrário da jurisprudência do STF, há que se reconhecer que lhe assiste certa razão nas suas ponderações. Com efeito, o constituinte fez clara distinção ao exigir lei específica de iniciativa privativa para fixar ou alterar remunerações (artigo 37, X, da CRFB, primeira parte) e, em seguida, assegurar a revisão geral anual (que não é aumento, mas mera atualização monetária), sempre na mesma data e vedada a distinção de índices (artigo 37, X, da CRFB, segunda parte). Ora, se a revisão geral anual também ficar condicionada ao juízo político dos Poderes constituídos, assim como ocorre nas hipóteses previstas na primeira parte do dispositivo em questão, esvazia-se por completo o sentido e a eficácia da segunda parte do dispositivo, ensejando a intervenção do Poder Judiciário, na forma do artigo 5º, XXXV, da CRFB.

O **Ministro Ricardo Lewandowski** também votou pelo desprovimento do recurso extraordinário.

De toda sorte, o entendimento acima restou vencido, tendo o Plenário, por maioria, acolhido o quanto exposto pelo **Ministro Luiz Fux** no seu percuciente voto, que buscou conciliar a garantia da revisão geral anual com outras determinações constitucionais igualmente impositivas, alcançando o ponto intermediário dentro do quadro político, jurídico e orçamentário vivenciado pelo Estado brasileiro.

Vale registrar, ainda, que os **Ministros Edson Fachin**, **Roberto Barroso** e **Dias Toffoli** acompanharam o relator, porém apresentando teses diversas, que, em linhas gerais, conciliavam a tese proposta pelo relator com aquela já firmada no julgamento do RE nº 565.089 (Tema 19 da RG), a fim de afirmar que o Poder Judiciário não poderia determinar ao Executivo o envio de projeto de lei de revisão geral anual, nem a fixação de um índice, mas poderia exigir que fossem apresentadas as razões pelas quais não seria possível a concessão de qualquer reajuste.

Analisados, enfim, os principais tópicos do julgamento do RE nº 843.112, Tema 624 da RG, conclui-se que a longeva discussão acerca da obrigatoriedade da revisão geral anual foi finalmente encerrada pelo STF, através de decisão produzida sob a sistemática processual da Repercussão Geral, a ser observada pelos demais tribunais do país que venham a enfrentar essa controvérsia. Espera-se, com isso, que a enxurrada de demandas veiculando essa temática seja estancada, desobstruindo-se a via jurisdicional, já tão sobrecarregada.

VOTO

[...]

2) A Excepcionalidade das Sentenças Aditivas

Ao criar norma geral e abstrata, colmatando lacuna deixada pelo legislador e, assim, efetivando uma previsão constitucional, a Corte exerce papel normativo. Quando cabível, decorre de seu papel *constitucional* de zelar pela supremacia da Constituição, conforme os poderes previstos no artigo 5º, LXXI, da CRFB. Reconhecida a mora e reiterada a recalcitrância dos poderes eleitos, a efetividade da Constituição resta ameaçada, o que legitima a atuação jurisdicional específica.

Nesse sentido, Karl Larenz sintetiza que:

> A divisão de poderes, estabelecida no Estado de Direito exige da administração da justiça que respeite o primado de criação de normas pelo legislador. Isto não exclui que, perante a recusa do legislador, ela não tente, por seu lado, encontrar regras – e já o fez muitas vezes – sempre que doutro modo surja uma situação que não seja compatível com as exigências elementares do Direito relativamente a um mínimo de segurança jurídica e de justiça. (*Op. Cit.* p. 533-534)

A atuação concretista atribuída ao juiz constitucional é excepcional. Conforme previsto expressamente no artigo 5º, LXXI, da CRFB, o mandado de injunção permite uma atuação jurisdicional mais firme nas omissões absolutas a que se refere o dispositivo. É esta a interpretação que faço do artigo 8º, II, da Lei nº 13.300/2016, que não estabelece apenas a colmatação de lacuna normativa por decisão judicial, mas antes se refere a todas as soluções complexas. Estabelece o dispositivo que:

> "Art. 8º Reconhecido o estado de mora legislativa, será deferida a injunção para:
> I - determinar prazo razoável para que o impetrado promova a edição da norma regulamentadora;
> II - estabelecer as condições em que se dará o exercício dos direitos, das liberdades ou das prerrogativas reclamados ou, se for o caso, as condições em que poderá o interessado promover ação própria visando a exercê-los, caso não seja suprida a mora legislativa no prazo determinado.
> Parágrafo único. Será dispensada a determinação a que se refere o inciso I do caput quando comprovado que o impetrado deixou de atender, em mandado de injunção anterior, ao prazo estabelecido para a edição da norma."

A despeito de discussões doutrinárias sobre nomenclatura e classificação, a solução judicial de criação de norma com efeitos *erga omnes* convencionou-se chamar de sentença normativa, que compreende não apenas a prolação de sentença aditiva, que preenche uma omissão inconstitucional, mas também outras soluções complexas, como se verá adiante.

A fim de estabelecer balizas a nortear a identificação das hipóteses em que se deva suprir a lacuna por decisão judicial, a doutrina tem estabelecido alguns parâmetros. A seguir, valho-me de algumas dessas contribuições, para demonstrar que, diante da excepcionalidade das sentenças aditivas, **o papel do Poder Judiciário na concretização do direito à revisão geral anual da remuneração dos servidores públicos não consiste na colmatação da lacuna por decisão judicial**.

Além de se legitimar na supremacia da Constituição, a sentença aditiva encontra amparo de idoneidade na limitação de que se valha tão-somente de soluções preexistentes no ordenamento. A sentença inova ao introduzir norma diversa daquela diretamente derivável do texto, mas o Tribunal não inventa soluções que, pelo menos em estado latente, não estivesse presente no sistema legislativo em vigor (ZAGREBELSKY, Gustavo. *La giustizia costituzionale*. vol. 41. Mulino, 1988. p. 158-159).

No mesmo sentido, confira-se novamente Karl Larenz:

> "Mesmo que o preenchimento inicial de uma lacuna da lei por via de uma analogia ou de uma redução teleológica seja um acto de conhecimento criativo, que, no caso de vir a achar seguimentos ulteriores, alarga a provisão da norma em vigor, ele não é, de todo em todo, um acto de estatuição do Direito, no sentido da emanação de uma lei [...] Na medida em que aquilo que uma vez foi reconhecido como «correcto» venha a ser subsequentemente aplicado, equipara-se de ora em diante à norma constituída mediante um acto de vontade do legislador." (LARENZ, Op. Cit. p. 573)

A aplicação de uma norma por analogia não depende apenas da existência de norma apta a colmatar a lacuna, mas ainda da adequação entre a norma análoga e o direito previsto constitucionalmente. Assim, ainda que se cogitasse, no presente caso, de aplicação, por analogia, das regras previstas na Lei nº 7.238/1984, que estabelece que *"o valor monetário dos salários será corrigido semestralmente, de acordo com Índice Nacional de Preços ao Consumidor – INPC"*, seria necessário avaliar a adequação ao conteúdo do direito à revisão geral, que, como visto, não possui a clareza necessária.

Identifica-se, assim, um <u>primeiro parâmetro</u> para a prolação de sentença aditiva, qual seja a circunstância de a norma constitucional possuir densidade normativa tal que conceda inequivocamente determinado direito a seus destinatários (BRANDÃO, Rodrigo. O STF e o Dogma do Legislador Negativo. *Direito, Estado e Sociedade*, n. 44, p. 206, jan./jun. 2014).

É como também aponta Rui Medeiros, segundo o qual a atuação concretista pressupõe que se observe "o critério da vontade hipotética do legislador e o critério da solução constitucionalmente obrigatória" (MEDEIROS, Rui. *A decisão de inconstitucionalidade*. Lisboa: Universidade Católica, 1999, p. 501-505). Dessa forma, as sentenças aditivas seriam mais legítimas quanto melhor refletissem a solução que presumidamente o constituinte determinou.

No caso específico do artigo 37, X, da CRFB, embora seja patente que o constituinte atribuiu ao servidor público o direito de ter sua remuneração anualmente revista por lei específica, do texto constitucional não se depreende um significado inequívoco para a expressão *revisão*. Em outros termos: a solução de reposição das perdas inflacionárias, embora inegavelmente se insira na moldura normativa do direito tutelado, não poderia ser considerada "constitucionalmente obrigatória".

É que a dificuldade de identificação do índice aplicável decorre da baixa densidade da expressão "revisão geral", assim como a delimitação das condições da concessão do direito constitucional pressupõe uma considerável expertise técnica e financeira. Dentre tais condições, deve-se mencionar o eventual parcelamento e a necessidade de se compatibilizar a revisão com restrições orçamentárias, ajustes fiscais subsequentes e eventual compensação frente a outras formas de aumento remuneratório já concedidas.

Destarte, a fixação, por decisão judicial, de um índice que efetive o artigo 37, X, da CRFB envolve custos de decisão e de erro muito elevados, sobretudo quando comparados com os custos enfrentados pelos poderes eleitos, em especial o Poder Executivo, a quem cabe a propositura da lei. Estivesse o conteúdo do direito talhado no texto constitucional, não haveria os mesmos custos da decisão judicial que, então, meramente concretizaria tal previsão.

O ponto se relaciona diretamente com as *capacidades institucionais*, importantes balizas da adoção de uma solução concretista. O argumento foi desenvolvido por Cass Sunstein e Adrian Vermeule, na obra *Interpretation and Institutions*, em que destacam a importância de se considerar o caso concreto para a definição dos limites da atuação jurisdicional. Confira-se o excerto pertinente:

> "É possível tirar uma conclusão geral. Em muitos domínios, coloca-se a questão de saber se uma instituição deve rever os atos de outra e, em caso afirmativo, a intensidade com que essa revisão deve ocorrer. Esta questão surge, por exemplo, no contexto dos desafios constitucionais; controvérsia sobre condenações penais; revisão de prêmios punitivos por júris; Revisão de apelação das conclusões dos tribunais de primeira instância; e controle de constitucionalidade de decisões da agência de lei, fato e política. Em todas estas áreas, é importante prestar muita atenção às variáveis institucionais. Os custos de erro e os custos de decisão são cruciais. É necessário examinar os efeitos dinâmicos. Não existe uma posição sensorial sensível sobre a questão de se a revisão, de uma instituição ou de outra, deve ser intensa ou deferente, ou de fato disponível." (Interpretation and Institutions. Michigan Law Review, v. 101, p. 885, 2002. p. 38)

É o que justifica uma postura deferente aos demais poderes públicos, consoante prevaleceu nos seguintes precedentes:

"AGRAVO REGIMENTAL. REVISÃO GERAL ANUAL DE VENCIMENTOS. OMISSÃO LEGISLATIVA INCONSTITUCIONAL. DEVER DE INDENIZAR. IMPOSSIBILIDADE.

AGRAVO DESPROVIDO. Não sendo possível, pela via do controle abstrato, obrigar o ente público a tomar providências legislativas necessárias para prover omissão declarada inconstitucional na espécie, o encaminhamento de projeto de lei de revisão geral anual dos vencimentos dos servidores públicos, com mais razão não poderia fazê-lo o Poder Judiciário, por via oblíqua, no controle concreto de constitucionalidade, deferindo pedido de indenização para recompor perdas salariais em face da inflação." (RE 485.087-AgR, Rel. Min. Cármen Lúcia, Primeira Turma, DJ de 7/12/2006)

"CONSTITUCIONAL. SERVIDOR PÚBLICO. REVISÃO GERAL ANUAL. COMPETÊNCIA PRIVATIVA DO CHEFE DO PODER EXECUTIVO. INDENIZAÇÃO. DESCABIMENTO. I - A iniciativa para desencadear o procedimento legislativo para a concessão da revisão geral anual aos servidores públicos é ato discricionário do Chefe do Poder Executivo, não cabendo ao Judiciário suprir sua omissão. II - Incabível indenização por representar a própria concessão de reajuste sem previsão legal. III - Agravo não provido." (RE 421.828-AgR, Rel. Min. Ricardo Lewandowski, Primeira Turma, DJ de 19/12/2006)

Há, ainda, um segundo critério a delimitar a excepcionalidade das sentenças aditivas, qual seja o grau de ingerência na gestão financeira dos entes públicos.

Tome-se por base a distinção, presente no ordenamento italiano, entre sentenças *de prestação* e sentença *de garantia*. Enquanto estas se limitam a viabilizar o exercício de um direito subjetivo pelo titular, as sentenças aditivas de prestação impõem, ainda, uma obrigação de custeio ao poder público. Por tal razão, deveria ser ainda mais parcimoniosa a colmatação de lacunas pelo Judiciário nestes casos, pelo reforço ao princípio da separação de poderes e pelo princípio orçamentário (CAMPOS, Carlos Alexandre de Azevedo. As Sentenças Manipulativas Aditivas Os casos das Cortes Constitucionais da Itália, da África do Sul e do STF. *Revista de Processo*, v. 246, p. 403-427, ago. 2015).

No mesmo sentido, Calmon de Passos restringe o âmbito de atuação do Poder Judiciário nos casos em que a medida injuntiva demandaria a alocação específica de recursos pelo Estado. Confira-se, *verbis*:

"Entendemos, entretanto, descaber o mandado de injunção quando o adimplemento, seja pelo particular, seja pelo Estado, envolve a organização prévia de determinados serviços ou a alocação específica de recursos, porque nessas circunstâncias se faz inviável a tutela, inexistentes os recursos ou o serviço, e construir-se o mandado de injunção como direito de impor ao Estado a organização de serviços constitucionalmente reclamados teria implicações de tal monta que, inclusive constitucionalmente, obstam, de modo decisivo, a pertinência do *mandamus* na espécie. Tentarei um exemplo. O seguro-desemprego. Impossível deferi-lo mediante o mandado de injunção, visto como ele é insuscetível de atribuição individual, sem todo um sistema (técnico) instalado e funcionando devidamente. Também seria inexigível do sujeito privado uma prestação inapta a revestir-se do caráter de pessoalidade reclamada na injunção, como, por exemplo, a participação nos lucros da empresa. A competência deferida ao Judiciário, de substituir-se ao Legislativo para edição da norma regulamentadora, não derroga todos os preceitos que disciplinam a organização política do Estado, sua administração financeira, as garantias orçamentárias e a definição de políticas e de estratégias de melhor aplicação dos dinheiros públicos alocados para atendimento das necessidades de caráter geral." (J. J. Calmon de Passos, Mandado de segurança coletivo, mandado de injunção, "habeas data", Constituição e processo. Rio de Janeiro: Forense, 1989. p. 112. *apud* MENDES, Gilmar e Paulo Gonet Branco. Curso de Direito Constitucional. São Paulo: Saraiva, 2015)

Cabe, entretanto, uma ressalva. Já de há muito tem-se, em doutrina, a relativização da dicotomia entre direito subjetivo e direito prestacional, restando cediço que ambos se traduzem em alguma medida em custos para o Estado (GALDINO, Flávio. *Introdução à teoria dos custos dos direitos:* direitos não nascem em árvores. Rio de Janeiro: Lumen Juris, 2005, p. 225).

Feita a necessária ressalva, é evidente que as sentenças prestacionais provocam efeitos sistêmicos e orçamentários muito mais severos. Por tal razão, sobretudo em casos de escassez de recursos e com alcance subjetivo tão amplo como o presente, impõe-se maior sensibilidade ao solucionar o caso. Isso, a toda a evidência, não impede a prolação de sentença aditiva, mas apenas exige uma análise mais detida de outros requisitos.

Nesse mesmo sentido, Angela Pelicioli destaca a necessidade de "observância da realidade histórica e dos resultados possíveis", avaliando quais os reflexos das sentenças normativas nas contas públicas (PELICIOLI, Angela Cristina. *A sentença normativa na jurisdição constitucional*: o Supremo Tribunal Federal como legislador positivo. São Paulo: LRT, 2008, p. 223). A autora destaca que esse requisito não configura um fator de inibição criativa, embora imponha um ônus argumentativo maior.

Especificamente no presente caso, é notória a repercussão econômica da eventual concretização do direito constitucional, visto que a sistemática da repercussão geral estende os efeitos da decisão para além das fronteiras do Município de Leme e dos servidores representados.

No mesmo sentido, ponderou o Ministro Nelson Jobim, quando do julgamento da medida cautelar na ADI nº 3.459. Ao discordar de que o reajuste em questão independeria de lei, afirmou:

> "Então, o Ministro Marco Aurélio mantém a posição no sentido da tradicional forma de indexação da vida brasileira ao processo inflacionário. Divirjo desse ponto, considerando que esses direitos não são absolutos, e, sim, relativos à capacidade que tem o País de pagá-los. Este é o ponto fundamental que deve ser considerado."

Aponta-se, por fim, uma terceira baliza, por meio do qual se considera a natureza do direito constitucional tutelado. Isso porque a atuação concretista do Judiciário se mostra ainda mais legítima quando estão em jogo os direitos materialmente fundamentais e demais condições de funcionamento da democracia. É o que se infere do rol de permissivos disposto no artigo 5º, LXXI, da CRFB, bem como da ponderação entre os dispositivos constitucionais.

Não se propõe aqui uma interpretação restritiva do artigo 5º, LXXI, da CRFB, importante esclarecer. A ação mandamental possui a amplitude conferida expressamente pelo constituinte, cabendo quando violados quaisquer dos direitos mencionados no dispositivo – *direitos e liberdades constitucionais e das prerrogativas inerentes à nacionalidade, à soberania e à cidadania*. O que se propõe é o estabelecimento de balizas para a atuação *concretista* do Poder Judiciário, assim entendida a colmatação de lacuna por decisão judicial.

Assim, a supressão excepcional e transitória de lacunas normativas justifica-se, sobremaneira, como medida de desobstrução dos canais de deliberação democrática e de fruição de direitos de minorias subrepresentadas. Isso porque a função legislativa, tipicamente atribuída aos congressistas e cuja iniciativa ora compete ao Executivo, não representa uma finalidade em si, mas uma forma de distribuição do poder para melhor efetividade dos ditames constitucionais.

É, sob tal perspectiva, que o constituinte atribuiu ao Poder Judiciário, por meio do mandado de injunção, maiores poderes decisórios diante de certas omissões inconstitucionais. No mesmo sentido, destaca Ademar Borges de Sousa Filho:

> "Essa postura ativista restrita à tutela das condições de realização da democracia permitirá que a atribuição de efetividade jurídica à cláusula constitucional 'dos direitos e liberdades constitucionais e das prerrogativas inerentes à nacionalidade, à soberania e à cidadania' por meio do exercício judicial da função normativa não implique excessiva judicialização da política, com a usurpação de competências de entes democraticamente legitimados pelo Judiciário. A proposta interpretativa de matriz reconstrutiva voltada à delimitação do âmbito de competência normativa do Supremo Tribunal Federal tem alicerce na interpretação da totalidade do sistema constitucional de acordo com o seu núcleo normativo, consubstanciado nos princípios do estado democrático de direito, de modo a excluir tentativas incoerentes que sacrificam as possibilidade de deliberação democrática. Cuida-se, em síntese, de uma postura reconstrutiva de interpretação do art. 5º, LXXI, da Constituição baseada nos pressupostos normativos da democracia." (SOUSA FILHO, Ademar Borges. *Sentenças Aditivas na Jurisdição Constitucional Brasileira*. Belo Horizonte: Fórum, 2016, p. 233)

A partir do quanto exposto, percebe-se incabível a atuação concretista do Judiciário no presente caso. Isso porque o direito à revisão geral anual não é dotado de fundamentalidade que justifique uma proteção redobrada do juiz constitucional. Embora não haja uma identificação inequívoca, considero como direitos fundamentais, para os fins específicos aqui expostos, aqueles que protegem os interesses liberais e democráticos da pessoa política ou satisfazem as necessidades básicas dos indivíduos (PULIDO, Carlos Bernal. O caráter fundamental dos direitos fundamentais. *Revista de Direito do Estado*, ano 5, n. 19-20, p. 17-35, jul./dez. 2010).

Ademais, os beneficiários desse direito – servidores públicos – possuem representatividade política suficiente para demandar dos órgãos eleitos uma atuação consentânea com o mandamento constitucional e com a exortação judicial.

No ponto, cabe uma ressalva importante. É sabido que a eficácia de um provimento jurisdicional que tão somente censure a mora legislativa será naturalmente limitada. Como aponta Abhner Youssif, a respeito da aplicabilidade prática da teoria dos diálogos constitucionais na jurisdição constitucional brasileira, "*o Legislativo só faz questão de agir e de exercer suas atribuições quando se trata de matéria que lhe afeta diretamente, ou que lhe é de estrito interesse*" (ARABI, Abhner Youssif Mota. *A Tensão Institucional entre Judiciário e Legislativo*. Curitiba: Prismas, 2015, p. 89).

Nesse sentido, a prolação de sentença aditiva poderia ser considerada uma medida estratégica, a fim de estimular uma resposta ativa dos poderes eleitos. Defensores da análise *institucional* dos poderes decisórios do Judiciário sugerem que se avalie a probabilidade de futura correção legislativa de jurisprudência, com a edição da lei específica superadora da sentença aditiva, bem como os custos envolvidos nessa eventual reação (SUNSTEIN; HOLMES, *op. cit.*, p. 26).

Relembro a todos o que ocorrido no julgamento do MI nº 943, em 22.06.2011, de relatoria do Ministro Gilmar Mendes, impetrado em razão da mora legislativa em regulamentar o artigo 7º, XXI, da CRFB, obstaculizando a fruição do direito ao aviso prévio proporcional ao tempo de serviço. À ocasião, não obtivemos consenso sobre a norma a ser aplicada à hipótese, em que pese eu tenha me empenhado em buscar soluções no direito comparado. Assim, após longo debate, julgamos procedente à unanimidade o mandado de injunção, mas suspendemos o julgamento para posterior explicitação do seu dispositivo final. O diálogo enfim se concretizou: durante a suspensão, o legislador supriu a lacuna, editando a Lei nº 12.506/2011.

No mesmo sentido e referindo-se a tal precedente, o Ministro Gilmar Mendes consignou, em doutrina, que *"[a] aprovação da Lei sobre aviso prévio três meses após a decisão da Corte sobre o mandado de injunção indica, talvez, a possibilidade de estabelecimento, de um novo e talvez frutífero diálogo institucional entre o Judiciário e o Poder Legislativo"* (MENDES, Gilmar Ferreira. Mandado de injunção e a efetividade dos direitos fundamentais. In: *A jurisdição constitucional e os desafios à concretização dos direitos fundamentais*. Rio de Janeiro: Lumen Juris, 2016, p. 159).

Dessa forma, uma medida provavelmente mais profícua que a mera exortação consistiria na fixação de um determinado índice de revisão, como o inflacionário. Dessa forma, seria provocada a reação do Executivo, que assim se apressaria a suprir sua omissão. A medida representa uma aplicação prática da teoria das escolhas racionais (*rational choice approach*), que, aplicada no comportamento judicial de cortes constitucionais, compreende os constrangimentos impostos por atores políticos para a efetividade das decisões de inconstitucionalidade por omissão. Propõe que o Judiciário, consciente das escolhas racionais que recaem sobre os demais atores políticos, crie incentivos para alinhar suas escolhas ao provimento jurisdicional.

Com base nas premissas de que as ações são essencialmente racionais e que as pessoas e instituições calculam os custos e benefícios prováveis de qualquer ação antes de decidir o que fazer, o objetivo é encontrar um resultado no equilíbrio, do qual não haverá incentivos para os agentes se afastarem. Não se trata de uma racionalidade única. É que muitas vezes é preciso analisar os atos do poder público sob as lentes do próprio poder político, em vez de tentar atribuir-lhes uma racionalidade jurídica (ROSE-ACKERMAN, Susan. Progressive Law and Economics: And the New Administrative Law. *The Yale Law Journal*, v. 98, p. 366, 1988).

Considerado o elevado impacto econômico da revisão geral anual de servidores públicos, a propositura de lei específica somente se traduziria em uma escolha racional para o Poder Executivo se a norma resultante da atividade legislativa pudesse ser menos onerosa para os cofres públicos do que a alternativa determinada provisoriamente por decisão judicial. Sob análise de equilíbrio, ao decidir o caso concreto por meio de uma superproteção do direito constitucional, as alternativas do Executivo – manter-se inerte, chancelar o índice, estabelecer um índice menos protetivo – não comprometeriam a solução jurisdicional.

A medida poderia ser eficaz, mas, ao impor uma solução bastante onerosa em um contexto sensível, subestima as repercussões econômicas do caso. Além disso, desconsidera os limites democráticos e técnicos do Judiciário, que justificam, como visto, que sentenças aditivas sejam excepcionais.

Vê-se, assim, que não se trata de oposição genérica a qualquer forma de intervenção do Judiciário na colmatação de lacuna normativa deixada por outros poderes, o que já se sedimentou em diversos precedentes concretistas de mandado de injunção. Ao contrário, cuida-se da percepção de que, à luz de balizas adequadas, o papel do Judiciário deve se definir conforme as peculiaridades do caso concreto.

Destarte, na esteira do que decidido recentemente por esta Corte no julgamento do RE nº 565.089, Redator do acórdão Min. Roberto Barroso, Plenário, *DJe* de 28.04.2020, Tema 19 da Repercussão Geral, constatada a omissão do Poder Executivo na apresentação de projeto de lei que preveja a revisão geral anual da remuneração dos servidores públicos, cabe ao Poder Judiciário **declarar a mora e determinar ao Poder Executivo que se manifeste de forma <u>fundamentada</u> sobre a conveniência e possibilidade de recomposição salarial ao funcionalismo**.

Informação bibliográfica deste texto, conforme a NBR 6023:2018 da Associação Brasileira de Normas Técnicas (ABNT):

GUERREIRO, Mário Augusto Figueiredo de Lacerda. RE nº 843.112: Atuação do Poder Judiciário em caso de mora do Poder Executivo em realizar a revisão geral anual da remuneração dos servidores públicos. *In*: FUX, Luiz. *Jurisdição constitucional IV*: pluralismo e direitos fundamentais. Belo Horizonte: Fórum, 2023. p. 241-254. ISBN 978-65-5518-601-7.

ADI Nº 5.657: TRANSPORTE INTERESTADUAL GRATUITO A JOVENS DE BAIXA RENDA

PEDRO FELIPE DE OLIVEIRA SANTOS

1 Introdução: a jurisprudência dos conflitos sociais complexos

A jurisprudência dos conflitos *sociais* complexos consiste em uma das principais marcas do constitucionalismo dos países em desenvolvimento.[1] Cortes com competência de jurisdição constitucional em países como o Brasil, a Colômbia e a África do Sul deparam-se nas últimas décadas com ações judiciais que versaram o reconhecimento ou a concretização de direitos fundamentais sociais (saúde, educação, moradia, transporte, trabalho e outros).[2]

De maneira geral, ao contrário das constituições dos países desenvolvidos, que cristalizaram valores já consolidados na cultura política de seus povos, as constituições de países em desenvolvimento assumiram caráter *translativo*. Com efeito, veicularam projetos de futuro, instituindo direitos e normatizando valores ainda não concretizados ou estabilizados nesses países. Os direitos sociais são o exemplo mais evidente dessa tendência.

No entanto, na dinâmica atual das relações de poder, constituições não são percebidas apenas como símbolos ou projetos de futuro, senão como normas dotadas de cogência. Os *valores* da educação, da saúde, da habitação e da assistência social, uma vez fossilizados como *direitos fundamentais*, transformam-se em categorias jurídicas exigíveis do Estado, o qual se torna um devedor de políticas públicas em favor dos cidadãos.

Em muitos países, o *gap* que se forma entre a previsão normativa dos direitos sociais e a realidade de ausência de políticas públicas eficientes que os concretizem gera um déficit de normatividade constitucional que incentiva atores políticos a

---

[1] Vide: ACKERMAN, Bruce, *The Rise of World Constitutionalism*. Faculty Scholarship Series. Paper 129, 1997; CHOUDHRY, Sujit. *The Migration of Constitutional Ideas*. Cambridge: Cambridge University Press, 2006.

[2] Vide: LANDAU, David. The Reality of Social Rights Enforcement, 53 *Harvard International Law Journal*, 191, 202, 2012; YOUNG, Katharine G. *Constituting Economic and Social Rights*, 143. Oxford: Oxford University Press, 2012.

estrategicamente recorrerem ao Poder Judiciário.[3] Movimentos sociais, legitimados coletivos e outros atores políticos passaram a perceber o Poder Judiciário como um poderoso atalho para a obtenção de direitos cuja concretização é deficiente. A partir dessa narrativa, nasce uma rica jurisprudência, que não se esgota na análise normativa de *quem tem o direito*, mas percorre minuciosa discussão acerca da limitação de recursos orçamentários que contemplem as necessidades de todos os potenciais beneficiários. Afinal, o julgamento procedente do pedido de uma ação gera efeitos agregativos e distributivos que alteram a alocação de recursos originariamente destinados a outros beneficiários.[4] Por isso mesmo, para além do que a doutrina constitucional tradicional teoriza, esses casos não consistem apenas em conflitos *morais* complexos, cuja resolução se constrói a partir da interpretação da moralidade político-institucional. Traduzem-se, decerto, em conflitos *sociais* complexos, a também demandar um olhar consequencialista dos tribunais acerca dos impactos de eventual decisão judicial nas estruturas socioeconômicas do país.

Por outro lado, um outro tipo de tensão inversa comumente descortina-se no Poder Judiciário, pela qual pessoas legitimadas ingressam com pedidos de invalidação de leis ou de atos do executivo que veiculam políticas públicas concretizadoras desses direitos sociais. Nesses casos, há um conflito entre, de um lado, a intenção de universalização dos custos de implementação de um determinado direito social em benefício de grupo específico de usuários e, de outro lado, os impactos redistributivos negativos que essa política pública causa em algumas atividades econômicas e em outros grupos de cidadãos não diretamente beneficiados. Cabe ao Poder Judiciário, destarte, definir se os benefícios morais decorrentes da política pública superam os custos morais da redistribuição de custos de sua implementação.

Essa vertente de conflito é exatamente a verificada na ADI nº 5.657, que será detalhada no tópico a seguir.

2 A *quaestio iuris* da ADI nº 5.657 e seus principais discursos

A ADI nº 5.657 trata da constitucionalidade da Lei Federal nº 12.852/2013, que instituiu reserva de vagas gratuitas ou com desconto a jovens de baixa renda no sistema de transporte coletivo interestadual. A redação do dispositivo impugnado é a seguinte:

> Art. 32. No sistema de transporte coletivo interestadual, observar-se-á, nos termos da legislação específica:
> I - a reserva de 2 (duas) vagas gratuitas por veículo para jovens de baixa renda;

---

[3] Vide: HIRSCHL, Ran. *Towards Juristocracy*: the origins and the consequences of the new constitutionalism. Cambridge: Harvard University Press, 2004.
[4] Vide: SANTOS, Pedro Felipe de Oliveira. *Beyond Minimalism and Usurpation*: Designing Judicial Review to Control the Mis-enforcement of socio-economic rights. Harvard Law School, LL.M. Thesis, *in line with Harvard Law School Library*. Texto integral, 2016.

II - a reserva de 2 (duas) vagas por veículo com desconto de 50% (cinquenta por cento), no mínimo, no valor das passagens, para os jovens de baixa renda, a serem utilizadas após esgotadas as vagas previstas no inciso I.
Parágrafo único. Os procedimentos e os critérios para o exercício dos direitos previstos nos incisos I e II serão definidos em regulamento.

A ação direta foi ajuizada pela Associação Brasileira das Empresas de Transporte Terrestre de Passageiros (ABRATI). A argumentação da parte autora foco nos diversos efeitos redistributivos que esse direito instituído pela lei ocasiona tanto às empresas de transporte de passageiros como aos demais usuários do serviço.

Com efeito, segundo a ABRATI, o direito em benefício dos jovens de baixa renda foi imposto aos prestadores de serviços privados de transporte sem que se instituísse o correlato mecanismo de ressarcimento para custeio respectivo. Essa benesse legislativa violaria o equilíbrio econômico-financeiro dos contratos de concessão firmados entre essas empresas e o Poder Público, violando o princípio da segurança jurídica e conturbando a fiel execução dos serviços públicos.

Adicionalmente, a ABRATI prevê que a consequência prática da gratuidade de passagem a jovens de baixa renda é a revisão de tarifas gerais por parte das empresas. Nesse sentido, haveria um repasse desses custos aos demais usuários do serviço, prejudicando o direito fundamental ao transporte da coletividade. Segundo a parte autora,

> "[...] não é difícil concluir que a implementação dos benefícios previstos no artigo 32 do Estatuto da Juventude por meio de simples revisão tarifária frustraria em grande medida a efetivação do direito social ao transporte para as outras parcelas da população que figuram como usuárias do transporte coletivo interestadual.
> Desse modo, afigura-se totalmente desarrazoado e destoa por completo do princípio da igualdade material pretender que a concessão de gratuidades e benefícios a determinada parcela da população de baixa renda (jovens) se dê por meio da imposição dos custos de tais benefícios e gratuidades a outras parcelas da mesma população, via aumento tarifário."

Por fim, a ABRATI sustenta que a medida aprovada pelo Congresso Nacional gera efeitos sistêmicos econômicos negativos, na medida em que há potencial risco de desarticulação do sistema de transporte e de afronta à modicidade da tarifa, caso não haja financiamento da gratuidade diretamente pela União. Nesse sentido, haveria violação direta do princípio constitucional da liberdade econômica e da liberdade tarifária.

Em face desses pontos, alegando afronta ao artigo 5º, inciso XXII, ao artigo 6º, ao artigo 37, inciso XXI, e ao artigo 170 da Constituição, pleiteou a ABRATI a declaração de inconstitucionalidade, sem redução de texto, do artigo 32 da Lei nº 12.852/13, para se reconhecer a invalidade da aplicação dos benefícios de gratuidade e de desconto na passagem de transporte coletivo interestadual, desacompanhado de correspondente sistema de financiamento direto pela União.

Por sua vez, a Advocacia-Geral da União e a Procuradoria-Geral da República posicionaram-se pela improcedência do pedido. Entenderam esses órgãos que a concessão de benefício de gratuidade e de desconto em vagas em transporte coletivo interestadual de passageiros para jovens de baixa renda não viola a Constituição, havendo mecanismos legais alternativos de manutenção do equilíbrio econômico-financeiro em contratos administrativos.

O caso foi levado a julgamento no Plenário do Supremo Tribunal Federal em 17.11.2022. Em brilhante voto, o Ministro Luiz Fux agregou substanciosas contribuições à discussão. Sua Excelência, em síntese, fundamentou o voto nos seguintes elementos para julgar improcedente o pedido da ABRATI: (i) a constitucionalidade de restrição às liberdades econômicas que promova a tutela constitucionalmente estabelecida a especial grupo vulnerável; (ii) a existência de arcabouço normativo infraconstitucional que distribua os custos da gratuidade e demais benefícios nos contratos de concessão e permissão; e (iii) a liberdade tarifária, que caracteriza a autorização de serviço público, assegura a distribuição dos custos no setor a partir da abertura do mercado.

O relator foi seguido à unanimidade pelos Ministros do Supremo Tribunal Federal.

VOTO

O SENHOR MINISTRO LUIZ FUX (RELATOR):
[...]

I. O direito ao transporte como direito social fundamental

Primeiramente, é imperioso destacar como fundamento constitucional primário que o direito ao transporte é direito social fundamental expressamente reconhecido pela ordem constitucional. Sua inclusão no rol do art. 6º do texto da Constituição de 1988 foi obra da Emenda Constitucional nº 90/2015, que lhe conferiu a seguinte redação:

> "Art. 6º São direitos sociais a educação, a saúde, a alimentação, o trabalho, a moradia, o transporte, o lazer, a segurança, a previdência social, a proteção à maternidade e à infância, a assistência aos desamparados, na forma desta Constituição."

Ainda que se trate de norma constitucional posterior à lei ora impugnada, trata-se de significativa sinalização do poder constituinte derivado que exterioriza de forma expressa no texto constitucional o acolhimento do direito ao transporte como direito fundamental, antes implicitamente reconhecido.

Consoante a doutrina especializada no tema, "em se tratando de dimensão do mínimo essencial, a própria positivação textual poderia ser dispensada, justificando-se o reconhecimento do direito ao transporte na condição de direito fundamental implícito" (SARLET, Ingo Wolfgang. *In*: CANOTILHO, J. J. Gomes Canotilho *et al.* (eds.). *Comentários à Constituição do Brasil*. 2. ed. São Paulo: Saraiva, 2018, p. 1.062, sem grifos no original).

Nesse sentido, a mencionada Emenda Constitucional derivou de aprovação da Proposta de Emenda à Constituição nº 90/2011, apresentada pela Deputada Luiza Erundina, que na justificação de sua proposição afirmava essas premissas, *in verbis*:

> "[O artigo 6º da Constituição Federal] enumera aspectos relevantes da vida em sociedade. Educação, saúde, trabalho, dentre outros, são elementos centrais de políticas públicas necessárias ao alcance de uma coletividade que prime pela justa, garantia do desenvolvimento, erradicação da pobreza e promoção do bem comum, conforme preceitua o artigo 3º, também da Carta Magna. Vetor de desenvolvimento relacionado à produtividade e à qualidade de vida da população, sobretudo do contingente urbano, o transporte destaca-se na sociedade moderna pela relação com a mobilidade das pessoas, a oferta e o acesso aos bens e serviços. Como é de amplo conhecimento, a economia de qualquer país fundamenta-se na produção e no consumo de bens e serviços, como também no deslocamento das pessoas, ações que são mediadas pelo transporte. Desse modo, o transporte, notadamente o público, cumpre função social vital, uma vez que o maior ou menor acesso aos meios de transporte pode tornar-se determinante à própria emancipação social e o bem-estar daqueles segmentos que não possuem meios próprios de locomoção. Portanto, a evidente importância do transporte para o dinamismo da sociedade qualifica sua aposição na relação dos direitos sociais expressos no art. 6º da Constituição."

Com efeito, tem-se notado, ao longo do tempo, alterações na redação do artigo 6º da Constituição, a fim de atualizar seu conteúdo normativo a demandas sociais consideradas relevantes pelo legislador constituinte derivado. Não apenas para lhe atribuir expressa força normativa, mas também revigorando sua força simbólica pelo tratamento explícito no texto constitucional, em um "condicionamento recíproco existente entre a Constituição jurídica e a realidade político-social" que atualiza sua força normativa.

Deveras, "a Constituição procura imprimir ordem e conformação à realidade política e social. Determinada pela realidade social, e, ao mesmo tempo, determinante em relação a ela, não se pode definir como fundamental nem a pura normatividade, nem a simples eficácia das condições sócio-políticas e econômicas. A força condicionante da realidade e a normatividade da Constituição podem ser diferençadas, elas não podem, todavia, ser definitivamente separadas ou confundidas" (HESSE, Konrad. *A força normativa da Constituição* Tradução de Gilmar Ferreira Mendes. Porto Alegre: Sergio Antonio Fabris, 1991, p. 15).

É o que ocorreu, por exemplo, por meio da Emenda nº 26/2000, que acrescentou o direito à moradia ao rol dos direitos sociais, assim como a Emenda nº 64/2010, que introduziu o direito à alimentação na redação do artigo 6º da Constituição. Trata-se, assim, da explicitação de direitos sociais que antes já se tinham como implicitamente existentes e fundamentais.

Isso porque "os direitos sociais foram acolhidos pela Constituição Federal de 1988 como autênticos direitos fundamentais" e, portanto, assumem uma intrínseca relação com o Estado Social e Democrático de Direito (MENDES, Gilmar Ferreira; BRANCO, Paulo Gustavo Gonet. *Curso de Direito Constitucional*. 15. ed. São Paulo: Saraiva, 2020, p. 724 e 781).

Assim, na linha do que assevera a doutrina constitucional, os direitos sociais "como dimensão dos direitos fundamentais do homem, são prestações positivas proporcionadas pelo Estado direta ou indiretamente, enunciadas em normas constitucionais, que possibilitam melhores condições de vida aos mais fracos, direitos que tendem a realizar a igualização de situações sociais desiguais. São, portanto, direitos que se ligam ao direito de igualdade. Valem como pressupostos do gozo dos direitos individuais na medida em que criam condições materiais mais propícias ao auferimento da igualdade real, o que, por sua vez, proporciona condição mais compatível com o exercício efetivo da liberdade" (SILVA, José Afonso da Silva. *Curso de Direito Constitucional Positivo*. São Paulo: Malheiros, 2015, p. 288-289).

Essa compreensão é reafirmada pela doutrina especializada, que relaciona a aplicabilidade concreta dos direitos sociais como forma intrínseca de maximização da dignidade da pessoa humana:

> "Também os assim denominados direitos fundamentais sociais, econômicos, culturais e ambientais, seja na condição de direitos de defesa (negativos), seja na usa dimensão prestacional (atuando como direitos positivos), constituem – em parte e em certa medida – exigência e concretização da dignidade da pessoa humana. [...] os direitos sociais de cunho prestacional (especialmente compreendido como direitos a prestações fáticas) encontram-se, por sua vez, a serviço da igualdade e da liberdade material, objetivando, em última análise, a proteção da pessoa contra as necessidades de ordem material, mas especialmente (e além disso), buscando assegurar uma existência com dignidade, constatação esta que, em linhas gerais, tem servido para justificar um direito fundamental (mesmo não expressamente positivado, como já demonstrou a experiência constitucional estrangeira) a um mínimo existencial, compreendido aqui – de modo a guardar sintonia com o conceito de dignidade proposto nesta obra – não como um conjunto de prestações suficientes apenas para assegurar a existência (a garantia de vida) humana (aqui seria o caso de um mínimo apenas vital), mas sim, bem mais do que isso, ou seja, uma vida com dignidade [...]" (SARLET, Ingo Wolfgang. *Dignidade (da pessoa) humana e direitos fundamentais na Constituição Federal de 1988*,1. 10. ed. Porto Alegre: Livraria do Advogado, 2015, p. 135-137).

Essas premissas já foram também adotadas por esta Corte em outros casos recentes nos quais se deparava com temáticas próximas. É o case, v.g., da ADI nº 2.477 (rel. Min. Roberto Barroso, julgada em 21.10.2022), em que se afirmou a constitucionalidade formal e material de lei estadual que estabelecia reserva de lugares para pessoas obesas em salas de projeções, teatros, espaços culturais e transporte coletivo [...].

Sob outro viés, a Corte também já assentou a constitucionalidade de leis estaduais que asseguram o transporte gratuito intermunicipal a militares estaduais, sem que se identificasse indevida interferência no contrato de concessão firmado com a concessionária do serviço público, uma vez que não haveria alteração no equilíbrio financeiro-econômico do contrato (v.g.: ADI nº 1.052, rel. Min. Alexandre de Moraes, julgamento em 24.08.2020 e ADI nº 6.474, rel. Min. Ricardo Lewandowski, julgamento em 03.11.2022), [...].

Como direito social, portanto, a norma constitucional que garante o direito ao transporte demanda atos legislativos infraconstitucionais que lhe atribuam densidade normativa, a fim de que se sejam efetivamente observados e concretizados, como assevera José Afonso da Silva em estudo clássico sobre a efetividade e a aplicabilidade das normas constitucionais:

> "A doutrina mais consequente [...] reconhece [nos direitos sociais] a natureza de direitos fundamentais ao lado dos direitos individuais, políticos e do direito à nacionalidade. São direitos fundamentais do homem-social, e até 'se estima que, mais que uma categoria de direitos fundamentais, constituem um meio positivo para dar um conteúdo real e uma possibilidade e exercício eficaz a todos os direitos e liberdades'. A Constituição seguiu essa doutrina [dos casos julgados], incluindo-os entre os direitos fundamentais no seu Título III. Não lhes tira essa natureza o fato de sua realização poder depender de providências positivas [constitucionais] do Poder Público. Por isso, caracterizam-se como prestações positivas impostas às autoridades públicas [...]. É certo que, para tanto, a efetivação de muitos desses direitos depende do estabelecimento de instituições." (SILVA, José Afonso da Silva. *Aplicabilidade das normas constitucionais*. 8. ed. 2ª tiragem. São Paulo: Malheiros, 2015, p. 148). Deveras, os direitos sociais "apelam para uma democracia econômica e social num duplo sentido: (1) em primeiro lugar, são direitos de todos [...]; (2) em segundo lugar, pressupõem um tratamento preferencial para as pessoas que, em virtude de condições econômicas, físicas ou sociais, não podem desfrutar desses direitos. [...] Um terceiro sentido se poderá ainda apontar à dimensão da democracia econômica e social no campo doso direitos sociais: a tendencial igualdade dos cidadãos no que respeita ás prestações sociais." (CANOTILHO, J. J. Gomes. *Direito Constitucional e Teoria da Constituição*. 7. ed. Coimbra: Almedina, p. 345, sem grifos no original).

É nesse segundo sentido que parece se colocar a norma impugnada, ao concretizar, mediante interpositivo *legislatoris*, a efetivação de um direito social para um setor vulnerável da sociedade, em proteção às dificuldades que este pode ter no usufruto de seus direitos fundamentais. Nesse seguimento, o direito ao transporte se relaciona também como mecanismo instrumental de concretização de acesso a outros direitos sociais estabelecidos pela Constituição. Sob esse enfoque, em sede de melhor doutrina, é cediço:

> "Que a inserção de um direito ao transporte guarda sintonia com o objetivo de assegurar a todos uma efetiva fruição de direitos (fundamentais ou não), mediante a garantia do acesso ao local de trabalho, bem como aos estabelecimentos de ensino (ainda mais no contexto da proteção das crianças e adolescentes e formação dos jovens), serviços de saúde e outros serviços essenciais, assim como ao lazer e mesmo ao exercício dos direitos políticos, sem falar na especial consideração das pessoas com deficiência (objeto de previsão específica no art. 227, §2º, da CF) e dos idosos, resulta evidente e insere o transporte no rol dos direitos e deveres [sociais] associados ao mínimo existencial, no sentido das condições materiais indispensáveis à fruição de uma vida com dignidade. Quanto à sua fundamentalidade substancial, portanto, poucos teriam razões para questionar, nessa perspectiva, o reconhecimento desse 'novo' direito social." (SARLET, Ingo Wolfgang. *In*: CANOTILHO, J. J. Gomes Canotilho *et al.* (eds.). *Comentários à Constituição do Brasil*. 2. ed. São Paulo: Saraiva, 2018, p. 1.062)

À luz dessas premissas, portanto, é que se deve analisar a constitucionalidade da lei impugnada, como forma de intervenção do Estado na ordem econômica para assegurar a especial proteção de direitos fundamentais. Ainda, será importante ao deslinde da questão o destaque à existência de amplo arcabouço legal e regulatório, relativo à possibilidade de revisão de tarifas dos contratos de concessão e permissão de serviços públicos, para a preservação do equilíbrio econômico-financeiro do vínculo contratual.

II. A constitucionalidade da intervenção do Estado na ordem econômica para assegurar a especial proteção de direitos fundamentais

A Constituição Federal, ao fixar as balizas da ordem econômica nacional, preceitua que a livre iniciativa e a propriedade privada devem ser compatibilizadas com o objetivo de redução das desigualdades regionais e sociais, de forma a assegurar a todos existência digna, conforme os ditames da justiça social. Trata-se de uma proposta ambiciosa e progressista, que concilia harmoniosamente interesses aparentemente conflitantes.

Nesse contexto, é patente a possibilidade de o Estado intervir na ordem econômica para implementar políticas públicas que estabeleçam meios para a consecução da igualdade de oportunidades e da humanização das relações sociais, dando concretude aos valores da cidadania e da dignidade da pessoa humana – adotada pelo texto constitucional não apenas como fundamento da República, mas também como fim ao qual se deve voltar a ordem econômica. Como ressalta o Ministro Eros Grau, em sede doutrinária, na realização dessa política pública de promoção de uma vida digna se encontram constitucionalmente empenhados tanto o setor público quanto o setor privado (GRAU, Eros Roberto. Comentário ao artigo 170, *caput*. *In*: CANOTILHO, J. J. Gomes; MENDES, Gilmar F.; SARLET, Ingo W.; STRECK, Lenio L. (Coords.). *Comentários à Constituição do Brasil*. São Paulo: Saraiva; Almedina, 2013).

Há vasta doutrina a respeito dos limites a que se submete o Poder Judiciário na concretização dos direitos sociais e demais proteções constitucionais específicas, quando os demais poderes políticos se mantêm inertes. A falta de legitimidade democrática ou de capacidade institucional figuram dentre as razões mais recorrentes. Dentre todos, cito David Landau, para quem "um dos principais problemas dos tribunais parece ser a relutância em inovar com novos remédios, e talvez alguma falta de capacidade de assumir a função de gerenciamento necessária com padrões complexos de aplicação. O resultado é que os tribunais seguem o que costumam fazer: ouvir casos entre um indivíduo e o estado ou algum provedor privado e derrubar leis." (LANDAU, David. The Reality of Social Rights Enforcement. *Harvard International Law Journal*, v. 53, 2012, p. 245). Na hipótese dos autos, não se verifica a inércia de poderes eleitos, mas, ao contrário, avalia-se a constitucionalidade de uma lei que promove o direito ao transporte de um grupo vulnerável, econômica e constitucionalmente tutelado. Justamente por isso, o argumento de autocontenção judicial, mostra-se ainda mais oportuno. Se, a despeito das restrições orçamentárias e de a tutela recair sobre grupo minoritário, o Congresso Nacional e a Presidência da República, com suas comissões e grupos especializados, estabeleceram a respectiva política pública, bem como todo o arcabouço regulatório e normativo correlato, não cabe ao Poder Judiciário, por meio de uma interpretação conforme, promover o rearranjo dessa distribuição de custos econômicos da política pública. Sobre o tema, esta Corte já teve a oportunidade de se manifestar em diversos precedentes, nos quais destacou a importância de se conciliar a proteção do interesse de grupos vulneráveis com os princípios liberais, a fim de promover a redução da desigualdade e outros valores positivados no texto constitucional. [...]

Especificamente no caso da Ação Direta de Inconstitucionalidade nº 3.768, postulava-se a declaração de inconstitucionalidade do artigo 39 da Lei nº 10.741, de 2003 (Estatuto do Idoso), o qual assegura a gratuidade dos transportes públicos urbanos e semiurbanos aos maiores de sessenta e cinco anos. À ocasião, esta Corte fixou que eventual impacto do benefício haveria de ser calculado e definido no âmbito da relação delegante, sem que se cogitasse da supressão do exercício de um direito constitucionalmente tutelado.

Assim como a especial proteção do idoso, a Constituição assegura os direitos dos jovens, ao atribuir, no artigo 227, à sociedade, ao lado da família e do Estado, o dever de lhe assegurar, com absoluta prioridade, o direito à vida, à saúde, à alimentação, à educação, ao lazer, à profissionalização, à cultura, à dignidade, ao respeito, à liberdade e à convivência familiar e comunitária, além de colocá-los a salvo de toda forma de negligência, discriminação, exploração, violência, crueldade e opressão.

A tutela especial ao jovem foi introduzida pela Emenda Constitucional nº 65, de 2010, que atribuiu expressamente ao Estado o dever de instituir políticas específicas que promovam programas de assistência integral à saúde do jovem, admitida a participação de entidades não governamentais. A Constituição passou a atribuir ao legislador a edição do Estatuto da Juventude, destinado a regular os direitos dos jovens e o Plano Nacional de Juventude, visando à articulação das várias esferas do poder público para a execução de políticas públicas.

O Estatuto da Juventude, de que trata o artigo 227, §8º, I, da Constituição, foi instituído pela Lei nº 12.852, de 2013. A dispor sobre os direitos dos jovens, os princípios e diretrizes das políticas públicas de juventude, a lei cria a política pública de benefícios para o jovem de baixa renda no sistema de transporte coletivo interestadual, objeto da presente ação. [...]

Tendo em vista as dimensões continentais do Brasil, a gratuidade dos hipossuficientes no transporte interestadual de passageiros, assegura-lhes a liberdade de locomoção, instrumental para o acesso a outros direitos básicos, além das externalidades positivas de âmbito social, como a maior integração nacional e o desenvolvimento regional.

A facilidade de deslocamento físico em transporte público, seja interestadual seja internacional, assegura ao jovem de baixa renda acesso a outros direitos sociais a que seria privado por sua hipossuficiência econômica. A integração nacional, sob perspectiva individual, estende a gama de alternativas de serviços públicos, como educação e saúde, e de direitos sociais essenciais para a existência digna, como convívio familiar, lazer e trabalho.

Há casos em que o próprio constituinte qualifica determinada atividade como serviço público, a exemplo do transporte coletivo de passageiros – em especial, o internacional e o interestadual. A expressa determinação constitucional prevista no art. 21, XII, "e", do texto torna arrime de dúvidas a caracterização dessa atividade como serviço público.

No mesmo sentido, Celso Antônio Bandeira de Mello designou como serviços públicos por determinação constitucional, em que a "Carta Magna do País já indica, expressamente, alguns serviços antecipadamente propostos como da alçada do Poder Público". Como exemplo, o jurista cita, exatamente, "o transporte rodoviário interestadual e internacional de passageiros" (MELLO, Celso Antônio Bandeira de. *Curso de Direito Administrativo*, p. 607).

Nos casos em que a Constituição estabeleceu a natureza de serviço público, não cabe ao Estado, por meio de sua atuação legislativa ou regulatória, alterar esse enquadramento, submetendo a atividade inteiramente aos ditames de um regime jurídico privado nem aos valores próprios da iniciativa privada. Entendimento diverso permitiria, por via oblíqua, ora que o Estado instituísse monopólios públicos, ao arrepio da Constituição, ora que se alijasse da elaboração de políticas públicas com impacto setorial ou, no limite, criasse um espaço de esterilização regulatória.

Tendo em vista que o transporte interestadual de passageiro, por definição constitucional, configura serviço público, sua natureza derroga a lógica do mercado tanto quanto necessário para a proteção de direitos fundamentais.

Não se pode reservar um espaço soberano para a livre iniciativa. Por se tratar de serviço público e de regulação econômica, haverá invariavelmente uma perda de eficiência econômica na competitividade do setor, o que se justifica, em larga medida, pela equidade perseguida. O título habilitante não configura propriamente a livre iniciativa, mas o instrumento de outorga do poder público – no caso do TRIIP, a licença operacional. Isso se justifica pelo viés supraindividual dos serviços públicos, cujo regime jurídico é informado pela lógica da solidariedade social (artigo 3º, I, da Constituição Federal).

A lógica publicista considera o usuário como integrante de uma coletividade, destinatário difuso da prestação de serviços essenciais de titularidade estatal. O foco se desloca para a viabilidade de um sistema prestacional que se propõe universal, adequado e contínuo. Os serviços públicos visam à coesão social, o que se viabiliza muitas vezes por meio de uma política distributiva de renda, a exemplo de quando a expansão do serviço aos que ainda não têm acesso é custeada pelas tarifas pagas pelos usuários.

A questão, no entanto, não é binária. As restrições que se colocam à livre concorrência e, por conseguinte, à livre iniciativa não correspondem a uma característica estanque e intrínseca à natureza de serviço público. Oscilam ao sabor da possibilidade de a atividade ser desenvolvida em um ambiente de pluralidade de agentes sem comprometimento dos atributos esperados do serviço público, como continuidade, atualidade e adequação. Nesse sentido, Vitor Rhein Schirato sintetiza que "deve-se verificar qual o grau de restrição à livre iniciativa que deve ser imposto, a fim de garantir a prestação do serviço público e, assim, a satisfação de outro direito fundamental" (SCHIRATO, Vitor Rhein. Os desafios da regulação dos serviços públicos de transporte coletivo diante de novas tecnologias. *In*: ARAGÃO. Alexandre Santos de *et al*. (Coord.). *Regulação e Infraestrutura*. Belo Horizonte: Fórum, 2018, p. 674-675).

Portanto, a princípio, é legítima a reserva de vagas gratuitas e com valor reduzido para jovens de baixa renda no sistema de transporte coletivo interestadual de passageiros, restando verificar se a intervenção legislativa passa pelo crivo da proporcionalidade.

Isso não significa que não decorram custos da gratuidade, nem que não seja necessário harmonizar a proteção dos interesses legítimos dos jovens de baixa renda com outros valores constitucionais relevantes, como a livre iniciativa e o direito de propriedade. É que direitos – sobretudo os sociais – envolvem custos e o repasse dessa gratuidade recairá ora sobre contribuintes, ora sobre usuários, quando for possível aos empresários repassar o custo no preço do serviço (HOLMES, Stephen; SUNSTEIN, Cass. *O custo dos direitos*: por que a liberdade depende dos impostos. São Paulo: Martins Fontes, 2019).

Consigno que, na dogmática jurídica, o dever de proporcionalidade constitui autêntica pauta de moderação e prudência a orientar toda a atuação do Poder Público. Sua função é permitir a harmonia axiológica do sistema normativo e seu fundamento é a própria noção de princípios jurídicos como mandamentos de otimização em face de restrições fáticas e jurídicas, na esteira do magistério de Robert Alexy (*Teoria dos direitos fundamentais*. Tradução de Virgílio Afonso da Silva. São Paulo: Malheiros, 2011, p. 116).

Nas palavras do Ministro Celso de Mello, o princípio da proporcionalidade – que extrai a sua justificação de diversas cláusulas constitucionais, notadamente aquela que veicula a garantia do substantive *due process of law* – acha-se vocacionado a inibir e a neutralizar os abusos do poder público no exercício de suas funções, qualificando-se como parâmetro de aferição da própria constitucionalidade material dos atos estatais. A norma estatal, que não veicula qualquer conteúdo de irrazoabilidade, presta obséquio ao postulado da proporcionalidade, ajustando-se à cláusula que consagra, em sua dimensão material, o princípio do substantive *due process of law*, (artigo 5º, LIV). Essa cláusula tutelar, ao inibir os efeitos prejudiciais decorrentes do abuso de poder legislativo, enfatiza a noção de que a prerrogativa de legislar outorgada ao Estado constitui atribuição jurídica essencialmente limitada, ainda que o momento de abstrata instauração normativa possa repousar em juízo meramente político ou discricionário do legislador (ADI nº 1.407-MC, Plenário, DJ de 24.11.2000).

In casu, o artigo 32 da Lei federal nº 12.852/2013 instituiu no sistema de transporte coletivo interestadual (i) a reserva de 2 (duas) vagas gratuitas por veículo para jovens de baixa renda; e (ii) a reserva de 2 (duas) vagas por veículo com desconto de 50% (cinquenta por cento), no mínimo, no valor das passagens, para os jovens de baixa renda, a serem utilizadas após esgotadas as vagas gratuitas. Contudo, atribuiu ao poder regulamentar a definição dos procedimentos e critérios para o exercício dos referidos direitos.

Ao estabelecer critérios objetivos que restrinjam a discriminação ao tanto necessário para promoção da igualdade material, notadamente a comprovação de baixa renda, assim como, ao fixar o número total de assentos reservados e a antecedência mínima de trinta minutos, o legislador preservou o interesse dos outros grupos afetados. A proporcionalidade, compreendida como observância da cláusula do devido processo legislativo, resta observada pela conciliação harmoniosa desses interesses, ainda que a fixação dos detalhes continue reservada ao debate público.

O espaço de conformação do poder político, no que tange à promoção da universalização de serviço público e do gozo do direito de ir e vir, restringe-se pela vinculatividade dos objetivos mencionados de redução da desigualdade social e regional e de combate à marginalização, estabelecidos pela Constituição, mas se estende à conformação com interesses legítimos em conflito. Avaliar a constitucionalidade das balizas e condicionantes instituídas pelas normas disciplinadoras, no caso, implica se imiscuir em matéria reservada ao regulador, tanto pelo princípio democrático quanto pela capacidade institucional.

III. A existência de amplo arcabouço legal e regulatório: a revisão de tarifas dos contratos de concessão e permissão de serviços públicos, para a preservação do equilíbrio econômico-financeiro, e a liberdade tarifária inerente à autorização de serviços públicos

Em que pese seja possível a intervenção do Estado na ordem econômica para a promoção e implementação de direitos fundamentais, deve-se cuidar para que não haja a imposição de ônus excessivos aos atores privados, mormente no caso de contratos administrativos, em que a presença de cláusulas exorbitantes do direito comum em prol do interesse público tem como contrapartida a garantia do equilíbrio econômico-financeiro do contrato, de forma a resguardar os direitos dos contratados (artigo 37, XXI, da Constituição Federal). […]

Assim, o contratado não é obrigado a suportar alterações na equação econômico-financeira do contrato motivadas por condutas do Estado, ainda que legítimas, que prejudiquem a justa remuneração que lhe é inerente. [...]

Outrossim, a Lei federal nº 8.987/1995 estabelece mecanismos que preservem o equilíbrio econômico-financeiro das concessões e permissões de serviço público, assim como a Lei federal nº 8.666/1993, de aplicação subsidiária às concessões de serviços públicos, dispõe sobre o restabelecimento do equilíbrio econômico-financeiro dos contratos administrativos, *in verbis*:

> Art. 9º A tarifa do serviço público concedido será fixada pelo preço da proposta vencedora da licitação e preservada pelas regras de revisão previstas nesta Lei, no edital e no contrato.
> §1º A tarifa não será subordinada à legislação específica anterior e somente nos casos expressamente previstos em lei, sua cobrança poderá ser condicionada à existência de serviço público alternativo e gratuito para o usuário.
> §2º Os contratos poderão prever mecanismos de revisão das tarifas, a fim de manter-se o equilíbrio econômico-financeiro.
> §3º Ressalvados os impostos sobre a renda, a criação, alteração ou extinção de quaisquer tributos ou encargos legais, após a apresentação da proposta, quando comprovado seu impacto, implicará a revisão da tarifa, para mais ou para menos, conforme o caso.
> §4º Em havendo alteração unilateral do contrato que afete o seu inicial equilíbrio econômico-financeiro, o poder concedente deverá restabelecê-lo, concomitantemente à alteração.
> §5º A concessionária deverá divulgar em seu sítio eletrônico, de forma clara e de fácil compreensão pelos usuários, tabela com o valor das tarifas praticadas e a evolução das revisões ou reajustes realizados nos últimos cinco anos.
>
> Art. 10. Sempre que forem atendidas as condições do contrato, considera-se mantido seu equilíbrio econômico financeiro.
>
> Art. 11. No atendimento às peculiaridades de cada serviço público, poderá o poder concedente prever, em favor da concessionária, no edital de licitação, a possibilidade de outras fontes provenientes de receitas alternativas, complementares, acessórias ou de projetos associados, com ou sem exclusividade, com vistas a favorecer a modicidade das tarifas, observado o disposto no art. 17 desta Lei. Parágrafo único. As fontes de receita previstas neste artigo serão obrigatoriamente consideradas para a aferição do inicial equilíbrio econômico-financeiro do contrato.

A lei objeto desta ação não possui qualquer dispositivo referente à recomposição dos termos originais da proposta, seja indicando diretamente a fonte de custeio seja atribuindo ao Executivo a definição da forma de reequilíbrio, por ato administrativo, como pressuposto para a efetividade da gratuidade. Ao contrário, o artigo 21 do Decreto federal nº 8.537/2015, que a regulamenta, remeteu a disciplina da matéria a resoluções específicas da Agência Nacional de Transportes Terrestres – ANTT e da Agência Nacional de Transportes Aquaviários – ANTAQ.

Por sua vez, a ANTT, por meio do artigo 17, parágrafo único, da Resolução nº 5.063/2016, possibilitou às sociedades empresariais prestadoras dos serviços de transporte terrestre de passageiros a apresentação da documentação comprobatória de eventual impacto do benefício da gratuidade e do desconto na tarifa, de forma a possibilitar o reequilíbrio econômico-financeiro do contrato, *in verbis*:

> "Art. 17. As sociedades empresariais prestadoras dos serviços de transporte ferroviário de passageiros deverão apresentar a documentação necessária para a comprovação do impacto do benefício no equilíbrio econômico-financeiro do contrato, observados os termos da legislação aplicável. Parágrafo único. No caso dos serviços de transporte rodoviário interestadual de passageiros, as sociedades empresariais prestadoras dos serviços poderão apresentar documentação que comprove impacto do benefício na tarifa até o dia 18 de junho de 2019, nos termos do art. 76 da Resolução ANTT nº 4.770, de 25 de junho de 2015."

O prazo de 18 de junho de 2019, mencionado na parte final do dispositivo transcrito, corresponde ao termo final do período de cinco anos de que trata o artigo 4º da Lei federal nº 12.996, de 18 de junho de 2014, no qual cabe à ANTT fixar as tarifas máximas dos serviços regulares de transporte rodoviário interestadual e internacional de passageiros, bem como os critérios para seu reajuste.

Percebe-se, assim, que, tanto o Decreto nº 8.537, de 2015 (art. 16, parágrafo único; art. 21; art. 26), quanto a Resolução ANTT nº 5.063, de 2016 (art. 17) explicitamente contemplam mecanismo de apresentação da documentação necessária para a manutenção ou restabelecimento do equilíbrio contratual.

Ao regulamentarem a concessão da gratuidade e do desconto em transportes coletivos interestaduais de passageiros, consideraram os eventuais impactos financeiros decorrentes da implementação desses benefícios, prevendo a possibilidade de a empresa interessada comprovar eventual prejuízo perante a autoridade competente.

Uma vez estabelecido regramento para preservação de equilíbrio econômico-financeiro do contrato público no marco regulatório próprio, bem como nas leis gerais aplicáveis a essa forma de outorga, descabe cogitar-se de vício de inconstitucionalidade por violação ao artigo 37, XXI, da Constituição Federal. Os termos da legislação infraconstitucional, por sua vez, além de não terem sido suscitados como objeto desta ação, não servem de parâmetro de controle de constitucionalidade, pelo que bastam para que se afaste o vício no controle objetivo. Estabelecer quais deveriam ser as balizas legais de recomposição do equilíbrio econômico-financeiro, para além do arcabouço normativo existente e presumidamente constitucional, refoge às competências constitucionais desta Corte, sabidamente suas restrições de legitimidade democrática.

A Lei federal nº 12.996/2014 estabeleceu um novo marco regulatório para o setor de transporte terrestre coletivo interestadual e internacional de passageiros desvinculados da exploração da infraestrutura. Ao alterar a Lei federal 10.233/2001, a outorga da prestação regular desses serviços passou a ser realizada sob a forma de autorização, mantendo-se a permissão para as modalidades de transporte semiurbano e transporte ferroviário de passageiros, *in verbis*:

> "Lei federal 10.233/2001
> Art. 12. Constituem diretrizes gerais do gerenciamento da infra-estrutura e da operação dos transportes aquaviário e terrestre:

I - descentralizar as ações, sempre que possível, promovendo sua transferência a outras entidades públicas, mediante convênios de delegação, ou a empresas públicas ou privadas, mediante outorgas de autorização, concessão ou permissão, conforme dispõe o inciso XII do art. 21 da Constituição Federal;
Art. 13. Ressalvado o disposto em legislação específica, as outorgas a que se refere o inciso I do caput do art. 12 serão realizadas sob a forma de:
[...]
V - autorização, quando se tratar de:
[...]
e) prestação regular de serviços de transporte terrestre coletivo interestadual e internacional de passageiros desvinculados da exploração da infraestrutura. (incluída pela Lei 12.966/2014)
Art. 14. Ressalvado o disposto em legislação específica, o disposto no art. 13 aplica-se conforme as seguintes diretrizes:
[...]
III - depende de autorização:
[...]
j) transporte rodoviário coletivo regular interestadual e internacional de passageiros, que terá regulamentação específica expedida pela ANTT; (incluída pela Lei 12.966/2014)
Art. 43. A autorização, ressalvado o disposto em legislação específica, será outorgada segundo as diretrizes estabelecidas nos arts. 13 e 14 e apresenta as seguintes características:
I - independe de licitação;
II - é exercida em liberdade de preços dos serviços, tarifas e fretes, e em ambiente de livre e aberta competição;
III - não prevê prazo de vigência ou termo final, extinguindo-se pela sua plena eficácia, por renúncia, anulação ou cassação.
Art. 45. Os preços dos serviços autorizados serão livres, reprimindo-se toda prática prejudicial à competição, bem como o abuso do poder econômico, adotando-se nestes casos as providências previstas no art. 31.

Ao prever que a União também poderia explorar um rol de serviços mediante autorização, a Constituição elegeu setores que, em função de sua dinâmica de funcionamento, abrigam atividades cuja oferta pode ser compartilhada entre vários players. Em geral, caracterizam-se por custos de entrada menores, por uma cadeia produtiva subdividida em etapas e por diferentes perfis de usuários.

É o caso do transporte rodoviário interestadual e internacional de passageiros, cuja exploração, mediante autorização, concessão ou permissão, foi atribuída à União, por meio do artigo 21, XII, e, da Constituição. Especificamente em relação ao setor, a Resolução ANTT nº 4.770/2015 estabelece que se considera autorização a "delegação da prestação do serviço regular de transporte rodoviário coletivo interestadual e internacional de passageiros, a título precário, sem caráter de exclusividade, exercido em liberdade de preços dos serviços e tarifas, em ambiente de competição, por conta e risco da autorizatária" (art. 2º, I).

A escolha política de permitir a descentralização da prestação de serviços, fenômeno denominado de descentralização operacional, estaria orientada para uma alocação mais eficiente de recursos. No panorama vigente, o Estado reserva para si o direito de explorar determinado segmento da economia e, a partir de uma análise contextual do setor específico, pode transferir as faculdades inerentes a esse direito transitoriamente aos particulares.

No âmbito do setor de transporte, o intento de estabelecer parcerias com agentes privados resultou de um processo histórico de sucessão de modelos econômicos com graus variáveis de intervenção do Estado. À guisa de exemplo, a Lei Geral de Telecomunicações (LGT – de nº 9.472/1997), concretizando a previsão constitucional, dispõe sobre a autorização de serviço no regime privado, quando preenchidas as condições objetivas e subjetivas necessárias (art. 131); o setor elétrico foi reestruturado, a partir da quebra da cadeia produtiva nas fases de geração, transmissão, distribuição e comercialização, atividades para as quais a Lei 9.074/1995 estabelece regramentos específicos; a Lei nº 10.233/2001 reestruturou jurídica e operacionalmente os transportes aquaviário e terrestre, nos termos do artigo 178 da Constituição, tendo sido regulada pela Agência Nacional de Transportes Aquaviários (ANTAQ), na Resolução nº 912/2007, que estabelece procedimentos de outorga, bem como requisitos técnicos, econômicos e jurídicos; e o setor de transporte aéreo teve sua abertura positivada em 2005, por meio da Lei nº 11.182/2005, cujo marco normativo ratificou a liberdade tarifária para o setor, admitindo o ingresso de todas as empresas que cumpram os requisitos fixados nas normas regulatórias.

Em face das diversas formas de delegação da prestação de serviços públicos, o desafio consiste em encontrar o grau ótimo de intervenção estatal perante a participação de agentes privados, de acordo com suas características, ressaltando-se a busca de uma eficiência produtiva e alocativa (MARQUES NETO, Floriano de Azevedo; FREITAS, Rafael Veras de. Uber, WhatsApp, Netflix: os novos quadrantes da *publicatio* e da assimetria regulatória. *Revista de Direito Público da Economia*, ano 14, n. 56, 2016, p. 102).

A abertura à competição, via autorização de serviço público, de um setor socialmente estratégico não significa, necessariamente, descontrole e desregulamentação. O acompanhamento incisivo da agência reguladora garante que os serviços autorizados estão sendo cumpridos de forma adequada, bem como que os seus resultados são satisfatórios. Com o fortalecimento da agência reguladora, a descentralização operacional ocorre paralelamente à centralização normativa, tendência que confere maior normatividade ao comando constitucional contido no caput do artigo 174 da Constituição Federal.

Uma interpretação sistemática da totalidade das mudanças que a Lei nº 12.996/2014 promoveu na Lei nº 10.233/2001 revela que, em paralelo ao processo de descentralização da prestação de serviços, ocorreu uma expansão das competências da ANTT. Pelo modelo legal em vigor, compete-lhe (i) propor planos de outorgas dos serviços ao Ministério dos Transportes, instruídos por estudos específicos de viabilidade técnica e econômica; (ii) executar as licitações e os atos de delegação; (iii) controlar os serviços, fiscalizar e aplicar as penalidades, proceder à revisão das tarifas e fiscalizar o seu reajustamento; e (iv) editar normas complementares ao regulamento.

A fim de que a concessionária de serviços públicos de transporte coletivo interestadual não experimente prejuízo, caso a contrapartida pela gratuidade concedida seja traduzida em aumento de tarifa para os demais usuários, a Agência Nacional de Transporte Terrestre estabeleceu um período de transição, no qual ainda haverá um coeficiente tarifário máximo e reajuste anual, sabidamente o dia 18 de junho de 2019.

Atualmente, a ANTT, por intermédio da Resolução nº 4.770, de 2015, determina em seu artigo 54 que "a tarifa é exercida em liberdade de preço dos serviços" e no artigo seguinte que "a autorizatária deverá oferecer, na frequência mínima estabelecida pela ANTT, as gratuidades e os benefícios tarifários aos usuários, independentemente da categoria do ônibus utilizado".

Não se pode ignorar a denominada "elasticidade da demanda" informada pelo comportamento dos potenciais adquirentes de determinado bem ou serviço em face da variação do seu preço. Quanto maior o grau de elasticidade, mais sensível a procura pelo serviço se revela relativamente ao seu preço (v. VARIAN, Hal R. *Intermediate Microeconomics*: a modern approach. 8. ed. New York: W. W. Norton & Company, 2010. p. 274). Esse cálculo considera especificidades do setor, como o perfil do público usuário, a diferenciação do serviço prestado e a competitividade dos fornecedores.

Assim, nem sempre o fornecedor poderá repassar aos demais usuários os custos da política pública, vez que a variação percentual na quantidade demandada do serviço pode ser superior à variação percentual do seu preço. Nos casos em que a demanda pelo serviço não acompanha proporcionalmente o aumento do preço, haverá uma possível redução das receitas do prestador de serviço.

Some-se que a maior parte dos usuários do transporte coletivo terrestre de passageiros é de baixa renda. Em recente pesquisa promovida pela ANTT em relação ao transporte coletivo interestadual e internacional, verificou-se que a renda mensal da ampla maioria dos usuários desse serviço é inferior a três salários mínimos (Agência Nacional de Transportes Terrestres – ANTT. *Pesquisa de Satisfação dos Usuários*. Agosto de 2018).

Sequer se cogite de qualquer forma de prejuízo à livre concorrência, dado que a lei objeto desta ação cria uma obrigação para todos os prestadores de serviço indistintamente. Todas as empresas autorizatárias, independentemente da categoria do ônibus, esclarece a Resolução nº 4.770/2015 da ANTT, deverão oferecer as gratuidades e os benefícios tarifários aos usuários instituídos por lei.

Nesse contexto, conforme salientaram a Advogada-Geral da União e a Procuradora-Geral da República, uma vez que o complexo normativo relativo à matéria contempla mecanismos de correção de eventual desequilíbrio econômico-financeiro dos contratos, a reserva de vagas gratuitas e com valor reduzido para jovens de baixa renda não implica ônus desproporcional às empresas concessionárias do serviço público de transporte coletivo interestadual de passageiros.

Destarte, forçoso concluir pela constitucionalidade do artigo 32 da Lei federal nº 12.852/2013, ante a ausência de ofensa ao direito de propriedade e aos princípios da ordem econômica e do equilíbrio econômico-financeiro dos contratos administrativos.

Ex positis, diante das premissas e fundamentos expostos, CONHEÇO a ação direta de inconstitucionalidade e JULGO IMPROCEDENTE o pedido.

É como voto.

Informação bibliográfica deste texto, conforme a NBR 6023:2018 da Associação Brasileira de Normas Técnicas (ABNT):

SANTOS, Pedro Felipe de Oliveira. ADI nº 5.657: Transporte interestadual gratuito a jovens de baixa renda. *In*: FUX, Luiz. *Jurisdição constitucional IV*: pluralismo e direitos fundamentais. Belo Horizonte: Fórum, 2023. p. 255-272. ISBN 978-65-5518-601-7.

RE Nº 732.686: ENTRE A LIVRE INICIATIVA E A TUTELA DO MEIO AMBIENTE – O CASO DAS SACOLAS PLÁSTICAS

VALTER SHUENQUENER DE ARAUJO

O Plenário do STF concluiu o julgamento do RE nº 732.686 em 19 de outubro de 2022, oportunidade em que, acompanhando o voto do relator Ministro Luiz Fux, decidiu pela constitucionalidade da previsão contida em lei municipal que obriga a substituição de sacolas plásticas por biodegradáveis. A tese assentada foi a seguinte: "É constitucional – formal e materialmente – lei municipal que obriga à substituição de sacos e sacolas plásticos por sacos e sacolas biodegradáveis."

Em razão dos possíveis impactos do julgado, que validou uma lei do município de Marília no estado de São Paulo, o Plenário decidiu modular os efeitos da decisão para conferir o prazo de doze meses, a contar da publicação da ata do julgamento, para que os órgãos públicos e os agentes privados pudessem se adaptar à referida obrigatoriedade legal.

Ao início de seu voto, o relator chama atenção para o fato de que, à luz da compreensão do STF, os municípios também possuem competência para legislar sobre o meio ambiente. Tal circunstância sempre se verificará, quando a matéria ambiental for de interesse local e o município a disciplinar em complementação e harmonia com as diretrizes federais e estaduais, caso existentes. O entendimento do STF, neste sentido, foi exteriorizado no RE nº 586.224, Tema 145 da RG, relator Ministro Luiz Fux, DJe de 08.05.2015.

O município teria uma competência decorrente da federal e estadual de legislar sobre meio ambiente. Ainda que essas normas gerais não tenham sido editadas, o município poderá tratar do tema de forma geral no que for de interesse local, *ex vi* do art. 30, I, da Constituição da República.

Invocando os ensinamentos de Mangabeira Unger, o ministro Luiz Fux salienta que o sucesso de um federalismo depende do bom uso do experimentalismo. Não existe um único e imutável modelo de federação e de repartição de competências entre os variados entes. Uma federação é, na realidade, um autêntico laboratório de experimentação e, sempre que possível, as competências dos entes não devem ser exercidas de maneira muito rígida.

Nesse contexto, os municípios devem ter sua legitimidade e capacidade institucional para lidar com a comunidade local sobre o tema do controle do consumo de sacolas plásticas. Quando uma determinada matéria afetar mais de um tema, em que cada um é de competência de um ente específico da federação, deve-se, via de regra, conferir um protagonismo maior ao ente mais próximo da comunidade, e evitar-se a supressão de suas competências.

Em reforço a essa compreensão, é preciso salientar que a forma de tutela ambiental escolhida pela lei local proibitiva exigia, *in casu*, uma abordagem que considerasse o sentimento da comunidade sobre o que deveria ser feito diante daquele conflito valorativo. É inegável que a utilização de sacolas plásticas provoca um dano ao meio ambiente em qualquer local em que elas sejam utilizadas. Contudo, a opção pela proibição do seu uso, que também vem acompanhada de alguns transtornos para os destinatários do comando normativo, merece, na ausência de regra estadual ou federal, ser aprovada pelos munícipes. Cabe a cada comunidade escolher se aceita os ônus decorrentes da proibição do uso de sacolas plásticas, a fim de se valer das vantagens que tal medida proporciona para o meio ambiente. Portanto, mesmo diante de um interesse geral de proteção ao meio ambiente, a tutela na maneira prevista recomenda a deliberação da comunidade local, tal como feito pela lei aprovada.

Sob outro prisma, o caráter mais protetivo ao meio ambiente da lei municipal impugnada é outro parâmetro que legitima, ainda mais, a sua juridicidade e eficácia.

Em relação à iniciativa do projeto de lei, o STF também não vislumbrou qualquer vício pelo fato de o diploma não ter sido enviado pelo Chefe do Poder Executivo local. A tese de que a edição de lei que preveja limitações às atividades econômicas dependeria de lei de inciativa do Chefe do Executivo, no caso do Prefeito, não se sustenta. Primeiramente, porque a Constituição da República não contém previsão neste sentido quando disciplina a iniciativa privativa de lei. Em segundo lugar, porque inúmeras leis podem impactar, em alguma medida, as atividades econômicas, e seria uma tarefa impossível identificar quais dependeriam de uma iniciativa do Chefe do Poder Executivo. Em terceiro lugar, porque a criação de novas atribuições em matéria de poder de polícia não depende de iniciativa legislativa do Prefeito, notadamente porque elas poderão ser assumidas pela estrutura administrativa já existente.

Do ponto de vista da constitucionalidade material, além de existir um predominante interesse local na matéria, a lei municipal questionada também se alinha à Política Nacional de Resíduos Sólidos veiculada pela Lei nº 12.305/2010, norma que foca, dentre outros objetivos, na disposição final ambientalmente adequada dos resíduos e produtos comercializados no Brasil.

Considerou-se, ainda, que a lei proibitiva das sacolas de plástico protege o meio ambiente sem inviabilizar economicamente o processo produtivo. Nessa altura, o relator Ministro Luiz Fux lembrou as lições de Robert Alexy sobre a proporcionalidade como método para a aferição da juridicidade do texto impugnado que simultaneamente tutela o meio ambiente e restringe a livre iniciativa.

Em conclusão, reconheceu-se que a gravidade dos efeitos poluidores das sacolas plásticas torna a restrição do seu uso justificável e proporcional. Sob outro enfoque, o estado brasileiro não poderia deixar de adotar medidas para evitar o uso excessivo de plásticos pelos agentes econômicos. Nesse ponto, o relator apresenta argumentos do Direito Comparado capazes de evidenciar a importância de se originar resultados positivos com a introdução de uma política ambiental de redução dos danos. Na Alemanha, por exemplo, desde 1º de janeiro de 2022 tornou-se proibido utilizar sacolas plásticas em supermercados e estabelecimentos similares.[1]

Em suma, estamos diante de mais uma decisão recente do Supremo Tribunal Federal em que se prestigia a autonomia do ente federativo mais próximo da comunidade. A conciliação entre os elevados valores da livre iniciativa e do meio ambiente se deu com observância prioritária daquilo que a comunidade local pretende ver respeitado. Reforça-se, nessa perspectiva, o princípio da subsidiariedade, segundo o qual a decisão estatal deve ser prioritariamente tomada pela instância federativa mais próxima dos destinatários do preceito legal limitador da liberdade.

VOTO

O SENHOR MINISTRO LUIZ FUX (RELATOR): A *vexata quaestio* ora submetida à apreciação deste Plenário é a validade de leis municipais que versam sobre a execução de política ambiental, sob análise aos aspectos formais e materiais de constitucionalidade. A questão de fundo remete à regulamentação da distribuição de sacolas plásticas por estabelecimentos comerciais.

O Plenário deste Supremo Tribunal reconheceu repercussão geral ao *thema decidendum* veiculado neste recurso extraordinário, nos seguintes termos: *"Análise das inconstitucionalidades formal e material de lei municipal que dispõe sobre o meio ambiente"*.

PRELIMINAR: ADMISSIBILIDADE DO RECURSO

Ab initio, reafirmo a admissibilidade deste Recurso Extraordinário submetido à apreciação deste Supremo Tribunal Federal.

Prosseguindo no exame preliminar, consigno o preenchimento de todos os demais requisitos de admissibilidade do presente recurso, notadamente a tempestividade, o prequestionamento, a legitimidade e o interesse recursais, além do indispensável reconhecimento da repercussão geral da matéria (Tema 970 do Plenário Virtual).

Conheço, pois, do presente recurso extraordinário e passo ao exame de mérito.

---

[1] Proibição contida no art. 5º, parágrafo 2º, da *Verpackungsgesetzes*. Disponível em: https://www.gesetze-im-internet.de/verpackg/__5.html. Acesso em: 4 jan. 2023.

I. CONSTITUCIONALIDADE FORMAL: COMPETÊNCIA MUNICIPAL SUPLETIVA PARA A EDIÇÃO DE NORMAS MAIS PROTETIVAS AO MEIO AMBIENTE

Por dicção expressa da Constituição, a proteção ao meio ambiente é, concomitantemente, (a) competência administrativa comum a todos os entes federativos (*ex vi* art. 23, VI) e (b) competência legislativa concorrente da União, dos Estados e do Distrito Federal (*ex vi* art. 24, VI).

Com efeito, na tese firmada no Tema 145 (RE nº 586.224, de minha relatoria, DJe de 08.05.2015), já se assentou a existência de competência municipal para dispor sobre o meio ambiente, *in verbis*:

> RECURSO EXTRAORDINÁRIO EM AÇÃO DIRETA DE INCONSTITUCIONALIDADE ESTADUAL. LIMITES DA COMPETÊNCIA MUNICIPAL. LEI MUNICIPAL QUE PROÍBE A QUEIMA DE PALHA DE CANA-DE-AÇÚCAR E O USO DO FOGO EM ATIVIDADES AGRÍCOLAS. LEI MUNICIPAL Nº 1.952, DE 20 DE DEZEMBRO DE 1995, DO MUNICÍPIO DE PAULÍNIA. RECONHECIDA REPERCUSSÃO GERAL. ALEGAÇÃO DE VIOLAÇÃO AOS ARTIGOS 23, CAPUT E PARÁGRAFO ÚNICO, Nº 14, 192, §1º E 193, XX E XXI, DA CONSTITUIÇÃO DO ESTADO DE SÃO PAULO E ARTIGOS 23, VI E VII, 24, VI E 30, I E II DA CRFB.
>
> 1. O Município é competente para legislar sobre meio ambiente com União e Estado, no limite de seu interesse local e desde que tal regramento seja e harmônico com a disciplina estabelecida pelos demais entes federados (art. 24, VI c/c 30, I e II da CRFB).
>
> [...]
>
> 4. Em que pese a inevitável mecanização total no cultivo da cana, é preciso reduzir ao máximo o seu aspecto negativo. Assim, diante dos valores sopesados, **editou-se uma lei estadual que cuida da forma que entende ser devida a execução da necessidade de sua respectiva população.** Tal diploma reflete, sem dúvida alguma, uma forma de compatibilização desejável pela sociedade, que, acrescida ao poder concedido diretamente pela Constituição, consolida de sobremaneira seu posicionamento no mundo jurídico estadual como um standard a ser observado e respeitado pelas demais unidades da federação adstritas ao Estado de São Paulo.
>
> [...]
>
> 8. Distinção entre a proibição contida na norma questionada e a eliminação progressiva disciplina na legislação estadual, que gera efeitos totalmente diversos e, caso se opte pela sua constitucionalidade, acarretará esvaziamento do comando normativo de quem é competente para regular o assunto, levando ao completo descumprimento do dever deste Supremo Tribunal Federal de guardar a imperatividade da Constituição.
>
> 9. Recurso extraordinário conhecido e provido para declarar a inconstitucionalidade da Lei Municipal nº 1.952, de 20 de dezembro de 1995, do Município de Paulínia. (RE 586.224, de minha relatoria, Tribunal Pleno, julgado em 05/03/2015, DJe de 08/05/2015)

Deveras, a respeito dos desafios que a realidade impõe à interpretação das competências legislativas concorrentes, o Professor Tércio Sampaio Ferraz Júnior teceu reflexões sobre situação hipotética, que se assemelha à controvérsia constitucional posta:

A competência suplementar [dos Estados] não se confunde com o exercício da competência plena "para atender a suas peculiaridades" conforme consta do §2º, que é competência para editar normas gerais em caso de lacuna (inexistência) na legislação federal. Não se trata, pois, de competência para editar normas gerais eventualmente concorrentes. Se assim fosse, o §3º seria inútil ou o §3º tornaria inútil o §2º. **Além disso, é competência também atribuída aos Municípios que estão, porém, excluídos da legislação concorrente.** Isto nos leva a concluir que a competência suplementar não é para a edição de legislação concorrente, mas para a edição de legislação decorrente, que é uma legislação de regulamentação, portanto de normas gerais que regulam situações já configuradas na legislação federal e às quais não se aplica o disposto no §4º (ineficácia por superveniência de legislação federal), posto que com elas não concorrem (se concorrem, podem ser declaradas inconstitucionais). É, pois, competência que se exerce à luz de normas gerais da União e não na falta delas.

O problema, aqui não resolvido, é o que deve fazer o Município em caso de inexistência de normas gerais, da União ou do Estado. Se ele não pode exercer a competência plena com função colmatadora, pode, não obstante, editar as suas normas particulares? Por exemplo, na ausência de legislação estadual, pode ele criar, organizar e suprimir distritos (art. 30 - IV)? **A nosso ver sim**, mas não por intermédio da edição da norma geral que lhe falta (exercício de competência plena com função colmatadora) e sim **por meio de outros instrumentos de preenchimento de lacuna (analogia, princípios gerais de direito, costume)**. Agir como se legislador (estadual) fosse, isto lhe é vedado (Vide FERRAZ JÚNIOR, Tércio Sampaio. Normas gerais e competência concorrente. Uma exegese do art. 24 da Constituição Federal. *Revista da Faculdade de Direito*, Universidade de São Paulo, v. 90, jan. 1995, p. 250-251, grifos distintos do original)

Nas searas de legislação concorrente, a inércia da União e a inação do Estado-membro (*ex vi* CF/88, art. 24, §3º) ultimam a competência **supletiva** dos Municípios, quando o assunto é de interesse predominantemente local e demanda ação urgente (*ex vi* CF/88, art. 30, I e II). Esse cenário excepcional foi julgado, com a confirmação da constitucionalidade na ADPF nº 273, Relator o Ministro Celso de Mello:

> ARGUIÇÃO DE DESCUMPRIMENTO DE PRECEITO FUNDAMENTAL (CF, ART. 102, §1º) – LEI Nº 2.774/2005 DO MUNICÍPIO DE VÁRZEA GRANDE/MT – **DIPLOMA LEGISLATIVO QUE AUTORIZA E REGULAMENTA A VENDA DE ARTIGOS DE CONVENIÊNCIA EM FARMÁCIAS, EM DROGARIAS E EM ESTABELECIMENTOS CONGÊNERES** – ALEGADA USURPAÇÃO DA COMPETÊNCIA LEGISLATIVA DA UNIÃO FEDERAL PARA EDITAR NORMAS GERAIS SOBRE PROTEÇÃO E DEFESA DA SAÚDE (CF, ART. 24, INCISO XXII, §§1º E 2º) – INOCORRÊNCIA – NORMA ESTATAL CUJO CONTEÚDO MATERIAL, NA REALIDADE, ESTABELECE REGRAS SOBRE COMÉRCIO LOCAL – **COMPETÊNCIA LEGISLATIVA SUPLEMENTAR DOS MUNICÍPIOS (CF, ART. 30, INCISO II) – POSSIBILIDADE** – PRECEDENTES DO SUPREMO TRIBUNAL FEDERAL – PARECER DA PROCURADORIA-GERAL DA REPÚBLICA PELA IMPROCEDÊNCIA DA ARGUIÇÃO DE DESCUMPRIMENTO –

ADPF JULGADA IMPROCEDENTE (ADPF 273, Rel. Min. Celso de Mello, Tribunal Pleno, julgado em 18/05/2017, DJe 23/06/2017)

Assim, nas matérias de legislação concorrente (art. 24 da Constituição), a competência legislativa dos Municípios é ampla perante as temáticas que não são regulamentadas especificamente por lei federal ou estadual, em regulamentação desses temas no seu âmbito local.

Acerca do espaço normativo franqueado aos Municípios pelo art. 30, II, a Professora da Universidade de São Paulo, Fernanda Dias Menezes de Almeida, dialoga com as abalizadas lições de Manoel Gonçalves Ferreira Filho:

> A respeito do artigo 30, inciso II, pronunciou-se FERREIRA FILHO (1990: v. I, 219), entendendo que sua melhor interpretação 'é a de que ele **autoriza o Município a regulamentar as normas legislativas federais ou estaduais**, para ajustar sua execução a peculiaridades locais. Destarte, aqui, **sua competência não seria propriamente legislativa, mas administrativa: a competência de regulamentar leis'**. Pedimos vênia para discordar. Parece-nos que é de atividade legislativa sim, não apenas de atividade administrativa regulamentar, que se cuida na espécie. **Os Municípios legislarão suplementarmente, estabelecendo as normas específicas e, em sendo o caso, também as normas gerais, sempre que isto for necessário ao exercício de competências materiais, comuns ou privativas.** (Vide ALMEIDA, Fernanda Dias Menezes de. *Competências na Constituição de 1988*. 6. ed. São Paulo: Atlas, 2013, p. 141)

Diante da missão complexa de compatibilizar os interesses de múltiplos agentes (e.g. órgãos administrativos, agentes econômicos de uma cadeia produtiva, organizações não governamentais, associações da sociedade civil), a aprovação de lei em âmbito nacional pode estar atravancada por impasses. Nesse cenário, o espírito do federalismo cooperativo recomenda a ação dos entes subnacionais.

O Professor Roberto Mangabeira Unger, representante brasileiro no corpo docente da *Harvard Law School*, vislumbra a abertura da ordem constitucional de 1988 à diversificação de estratégias e ao aprendizado (*"trial and error"*). Primeiro, diagnostica os entraves ao experimentalismo:

> O quarto elemento do liberalismo protodemocrático é o cerceamento do potencial experimentalista do federalismo. A doutrina canônica do regime federativo sempre foi experimentalista. **Os estados federados, supostamente, seriam laboratórios de experimentação.** Entretanto, a realidade institucional do regime federativo clássico, com sua repartição rígida de competências entre os níveis da federação, limita severamente o aproveitamento do potencial experimentalista do federalismo (Vide UNGER, Roberto Mangabeira. A constituição do experimentalismo democrático. *Revista de Direito Administrativo*, Rio de Janeiro, v. 257, maio 2011, p. 63, grifos acrescidos).

Ciente dessa limitação com raízes históricas, Mangabeira Unger propõe, logo em seguida:

> A terceira diretriz é a radicalização do potencial experimentalista do regime federativo. Para isto, é preciso superar a contradição no federalismo

clássico entre sua doutrina experimentalista e seu arcabouço institucional que suprime o experimentalismo potencial do regime ao teimar em repartição rígida de competências entre os três níveis da federação. A primeira etapa é flexibilizar o federalismo. Não basta ter competências comuns ou concorrentes; é preciso organizar um federalismo cooperativo que facilite iniciativas conjuntas e experimentos compartilhados da União, dos estados e dos municípios (UNGER, 2011, p. 68).

Deveras, o Município ocupa posição que lhe confere capacidade deliberativa sobre o controle do consumo de sacolas plásticas. É o cenário de articulação política na comunidade mais próxima das pessoas físicas e jurídicas; e, por conseguinte, a pessoa política melhor informada sobre as práticas comerciais e sobre os hábitos de consumo.

Nesse sentido, rememore-se o julgamento do RE nº 194.704 (redator para o acórdão o Min. Edson Fachin, julgado em 29.06.2017), em que se cuidava da análise de legitimidade de regulamentação municipal de multas impostas em virtude de poluição ambiental decorrente da emissão de fumaça por veículos automotores acima dos padrões aceitos. Na ocasião, o Plenário assentou:

> 1. Nos casos em que a dúvida sobre a competência legislativa recai sobre norma que abrange mais de um tema, deve o intérprete acolher interpretação que não tolha a competência que detêm os entes menores para dispor sobre determinada matéria (*presumption against preemption*).
>
> 2. Porque o federalismo é um instrumento de descentralização política que visa realizar direitos fundamentais, se a lei federal ou estadual claramente indicar, de forma adequada, necessária e razoável, que os efeitos de sua aplicação excluem o poder de complementação que detêm os entes menores (*clear statement rule*), é possível afastar a presunção de que, no âmbito regional, determinado tema deve ser disciplinado pelo ente menor.
>
> 3. Na ausência de norma federal que, de forma nítida (*clear statement rule*), retire a presunção de que gozam os entes menores para, nos assuntos de interesse comum e concorrente, exercerem plenamente sua autonomia, detêm Estados e Municípios, nos seus respectivos âmbitos de atuação, competência normativa.

Outrossim, na ADI nº 2.142, Rel. Min. Roberto Barroso, julgada em 27.06.2022, reafirmou-se a competência legislativa municipal para dispor sobre o meio ambiente, *in verbis*:

> Direito constitucional e ambiental. Ação direta de inconstitucionalidade. Constituição do Estado do Ceará. Licenciamento ambiental. Resguardo à competência municipal.
> 1. Ação direta de inconstitucionalidade contra o art. 264 da Constituição do Estado do Ceará. Alegação de que o dispositivo impugnado, ao exigir a anuência de órgãos estaduais para o licenciamento ambiental, viola o princípio federativo e a autonomia municipal.
> **2. O Município é competente para legislar sobre o meio ambiente no limite do seu interesse local e desde que tal regramento seja harmônico com a disciplina estabelecida pelos demais entes federados** (art. 24, VI, c/c 30, I e II, da Constituição Federal). Tema 145/STF.
> 3. Cabe aos municípios promover o licenciamento ambiental das atividades ou empreendimentos possam causar impacto ambiental de âmbito local. Precedentes.

4. Procedência do pedido, para dar interpretação conforme ao art. 264 da Constituição do Estado do Ceará a fim de resguardar a competência municipal para o licenciamento de atividades e empreendimentos de impacto local. Tese de julgamento: "É inconstitucional interpretação do art. 264 da Constituição do Estado do Ceará de que decorra a supressão da competência dos Municípios para regular e executar o licenciamento ambiental de atividades e empreendimentos de impacto local".

Igualmente, na ADI nº 6.288, Rel. Min. Rosa Weber, julgada em 23.11.2020, reiterou-se a importância da necessidade de proteção à competência municipal para proteção ao meio ambiente:

> AÇÃO DIRETA DE INCONSTITUCIONALIDADE. DIREITO AMBIENTAL E CONSTITUCIONAL. FEDERALISMO. REPARTIÇÃO DE COMPETÊNCIAS LEGISLATIVAS. RESOLUÇÃO DO CONSELHO ESTADUAL DO MEIO AMBIENTE DO CEARÁ COEMA/CE Nº 02, DE 11 DE ABRIL DE 2019. DISPOSIÇÕES SOBRE OS PROCEDIMENTOS, CRITÉRIOS E PARÂMETROS APLICADOS AOS PROCESSOS DE LICENCIAMENTO E AUTORIZAÇÃO AMBIENTAL NO ÂMBITO DA SUPERINTENDÊNICA ESTADUAL DO MEIO AMBIENTE – SEMACE. CABIMENTO. ATO NORMATIVO ESTADUAL COM NATUREZA PRIMÁRIA, AUTÔNOMA, GERAL, ABSTRATA E TÉCNICA. PRINCÍPIO DA PREDOMINÂNCIA DO INTERESSE PARA NORMATIZAR PROCEDIMENTOS ESPECÍFICOS E SIMPLIFICADOS. JURISPRUDÊNCIA CONSOLIDADA. PRECEDENTES. CRIAÇÃO DE HIPÓTESES DE DISPENSA DE LICENCIAMENTO AMBIENTAL DE ATIVIDADES E EMPREENDIMENTOS POTENCIALMENTE POLUIDORES. FLEXIBILIZAÇÃO INDEVIDA. VIOLAÇÃO DO DIREITO FUNDAMENTAL AO MEIO AMBIENTE ECOLOGICAMENTE EQUILIBRADO (ART. 225 DA CONSTITUIÇÃO DA REPÚBLICA), DO PRINCÍPIO DA PROIBIÇÃO DO RETROCESSO AMBIENTAL E DOS PRINCÍPIOS DA PREVENÇÃO E DA PRECAUÇÃO.
> RESOLUÇÃO SOBRE LICENCIAMENTO AMBIENTAL NO TERRITÓRIO DO CEARÁ. **INTERPRETAÇÃO CONFORME PARA RESGUARDAR A COMPETÊNCIA DOS MUNICÍPIOS PARA O LICENCIAMENTO DE ATIVIDADES E EMPREENDIMENTOS DE IMPACTO LOCAL.** PROCEDENCIA PARCIAL DO PEDIDO.
> 1. A Resolução do Conselho Estadual do Meio Ambiente do Ceará COEMA/CE nº 02/2019 foi editada como um marco normativo regulatório do licenciamento ambiental no Estado do Ceará, no exercício do poder normativo ambiental de que detém o Conselho Estadual do Meio Ambiente dentro federalismo cooperativo em matéria ambiental. A Resolução impugnada elabora, de forma primária, autônoma, abstrata, geral e técnica, padrões normativos e regulatórios do licenciamento ambiental no Estado. Implementação da política estadual do meio ambiente a possibilitar o controle por meio da presente ação direta de inconstitucionalidade.
> 2. Em matéria de licenciamento ambiental, os Estados ostentam competência legislativa concorrente a fim de atender às peculiaridades locais. A disposição de particularidades sobre o licenciamento ambiental não transborda do limite dessa competência. O órgão ambiental estadual competente definiu procedimentos específicos, de acordo com as características da atividade ou do empreendimento. Os tipos de licenças ambientais revelam formas específicas ou simplificadas de licenciamento, inclusive de empreendimentos já existentes e previamente licenciados, em exercício da competência concorrente. O art. 4º da Resolução do COEMA/CE nº 02/2019 situa-se no âmbito normativo concorrente e concretiza o dever constitucional de licenciamento ambiental à luz da predominância do interesse no estabelecimento de procedimentos específicos e simplificados para as atividade e empreendimentos de pequeno potencial de impacto ambiental. Ausência

de configuração de desproteção ambiental. Em realidade, busca-se otimizar a atuação administrativa estadual, em prestígio ao princípio da eficiência e em prol da manutenção da proteção ambiental. Inconstitucionalidade não configurada.

3. O art. 8º da Resolução COEMA 02/2019 criou hipóteses de dispensa de licenciamento ambiental para a realização de atividades impactantes e degradadoras do meio ambiente. O afastamento do licenciamento de atividades potencialmente poluidoras afronta o art. 225 da Constituição da República. Empreendimentos e atividades econômicas apenas serão considerados lícitos e constitucionais quando subordinados à regra de proteção ambiental. A atuação normativa estadual flexibilizadora caracteriza violação do direito fundamental ao meio ambiente ecologicamente equilibrado e afronta a obrigatoriedade da intervenção do Poder Público em matéria ambiental. Inobservância do princípio da proibição de retrocesso em matéria socioambiental e dos princípios da prevenção e da precaução. Inconstitucionalidade material do artigo 8º da Resolução do COEMA/CE nº 02/2019.

4. A literalidade da expressão 'território do Estado do Ceará' pode conduzir à interpretação de aplicação da Resolução estadual também aos Municípios do Estado, que detêm competência concorrente quanto ao tema (arts. 24, VI, VII e VIII, e 30, I e II, CF). **Necessária a interpretação conforme a Constituição** ao seu artigo 1º, caput, **para resguardar a competência municipal para o licenciamento ambiental de atividades e empreendimentos de impacto local.**

5. Ação direta conhecida e pedido julgado parcialmente procedente para declarar a inconstitucionalidade material do artigo 8º da Resolução do COEMA/CE nº 02/2019 e conferir interpretação conforme a Constituição Federal ao seu artigo 1º, caput, a fim de resguardar a competência municipal para o licenciamento ambiental de atividades e empreendimentos de impacto local.

Em sentido próximo, na ADPF nº 567, Rel. Min. Alexandre de Moraes, julgada em 01.03.2021, reafirmou-se que a edição de leis sobre o meio ambiente é compreendida como matéria de interesse local, legitimando a competência legislativa suplementar dos Municípios. Nesse mesmo caso, se reconheceu também a constitucionalidade de legislação municipal que, no limite do interesse local, represente regulamentação mais protetiva ao meio ambiente do que a legislação federal ou estadual:

DIREITO CONSTITUCIONAL. FEDERALISMO E RESPEITO ÀS REGRAS DE DISTRIBUIÇÃO DE COMPETÊNCIA. LEI 16.897/2018 DO MUNICÍPIO DE SÃO PAULO. PREDOMINÂNCIA DO INTERESSE LOCAL (ART. 30, I, DA CF). COMPETÊNCIA LEGISLATIVA MUNICIPAL. PROIBIÇÃO RAZOÁVEL DE MANUSEIO, UTILIZAÇÃO, QUEIMA E SOLTURA DE FOGOS DE ESTAMPIDOS, ARTIFÍCIOS E ARTEFATOS PIROTÉCNICOS SOMENTE QUANDO PRODUZIREM EFEITOS SONOROS RUIDOSOS. PROTEÇÃO À SAÚDE E AO MEIO AMBIENTE. IMPACTOS GRAVES E NEGATIVOS ÀS PESSOAS COM TRANSTORNO DO ESPECTRO AUTISTA. DANOS IRREVERÍSVEIS ÀS DIVERSAS ESPÉCIES ANIMAIS. IMPROCEDÊNCIA.

1. O princípio geral que norteia a repartição de competência entre as entidades competentes do Estado Federal é o da predominância do interesse, competindo à União atuar em matérias e questões de interesse geral; aos Estados, em matérias e questões de interesse regional; aos Municípios, assuntos de interesse local e, ao Distrito Federal, tanto temas de interesse regional quanto local.

2. **As competências municipais, dentro dessa ideia de predominância de interesse, foram enumeradas no art. 30 da Constituição Federal, o qual expressamente atribuiu**

aos Municípios a competência para legislar sobre assuntos de interesse local (art. 30, I) e para suplementar a legislação federal e a estadual no que couber (art. 30, II). A jurisprudência do SUPREMO TRIBUNAL FEDERAL já assentou que a disciplina do meio ambiente está abrangida no conceito de interesse local e que a proteção do meio ambiente e da saúde integram a competência legislativa suplementar dos Municípios. Precedentes.

3. **A jurisprudência desta CORTE admite, em matéria de proteção da saúde e do meio ambiente, que os Estados e Municípios editem normas mais protetivas, com fundamento em suas peculiaridades regionais e na preponderância de seu interesse.** A Lei Municipal 16.897/2018, ao proibir o uso de fogos de artifício de efeito sonoro ruidoso no Município de São Paulo, promoveu um padrão mais elevado de proteção à saúde e ao meio ambiente, tendo sido editada dentro de limites razoáveis do regular exercício de competência legislativa pelo ente municipal.

4. Comprovação técnico-científica dos impactos graves e negativos que fogos de estampido e de artifício com efeito sonoro ruidoso causam às pessoas com transtorno do espectro autista, em razão de hipersensibilidade auditiva. Objetivo de tutelar o bem-estar e a saúde da população de autistas residentes no Município de São Paulo.

5. Estudos demonstram a ocorrência de danos irreversíveis às diversas espécies animais. Existência de sólida base técnico-científica para a restrição ao uso desses produtos como medida de proteção ao meio ambiente. Princípio da prevenção.

6. Arguição de Preceito Fundamental julgada improcedente.

Mutatis mutandis, a restrição da circulação de sacolas plásticas se amolda aos requisitos para a competência supletiva dos Municípios, mercê da gravidade dos impactos ambientais e da maior facilidade em reunir os agentes da cadeia produtiva do plástico. Ademais, trata-se de matéria sujeita à regulamentação do interesse local do Município (art. 30, I, da Constituição), tal qual já reconhecido em julgado da Segunda Turma desta Corte:

> "4. O assunto tratado na lei municipal impugnada constitui matéria de interesse do município, por estar relacionada à gestão dos resíduos sólidos produzidos na localidade, especificamente das sacolas plásticas, conforme consta da exposição de motivos ao projeto de lei que deu origem ao diploma combatido." (RE 729.731 ED-AgR, Rel. Min. Dias Toffoli, Segunda Turma, julgado em 06/10/2017, DJe de 26/10/2017)

Ademais, a lei municipal sobre a qual se trata não contraria as disposições da legislação estadual sobre o tema, tampouco se opõe às leis do Estado de São Paulo sobre a proteção ao meio ambiente e à distinção de resíduos sólidos. Trata-se, ao contrário, de regulamentação mais protetiva do que aquela conferida pela legislação dos outros entes federativos.

Nota-se, portanto, que a lei impugnada não ultrapassa os limites formais da competência legislativa municipal para dispor sobre o meio ambiente na dimensão de seu interesse local, reafirmando-se que o Município é ente federativo competente para legislar concorrentemente sobre meio ambiente, desde que tal regramento seja e harmônico com a disciplina estabelecida pelos demais entes federados (art. 24, VI c/c 30, I e II da CRFB).

II. CONSTITUCIONALIDADE FORMAL: INEXISTÊNCIA DE VÍCIO DE INICIATIVA

Ainda sob o prisma formal, alega-se que a lei impugnada padeceria de vício de iniciativa, sob a premissa de que a norma que institui limitações às atividades econômicas deve, necessariamente, pertencer a projeto de lei de autoria do Chefe do Poder Executivo porque tangencia atribuições de órgãos e entidades da Administração Pública. Entretanto, a alegação de vício de iniciativa também não procede.

Com efeito, as atribuições de fiscalização e de aplicação de penalidades são ínsitas à gestão da Administração Pública. Assim, a criação de novas atribuições de fiscalização atribuídas ao poder público não acarreta, por si só, a legitimidade exclusiva do Chefe do Poder Executivo para deflagração do procedimento legislativo.

Deveras, se a lei instituidora de hipótese ao exercício do poder de polícia não designar a criação de novo ente público, presume-se que a execução será incorporada pelas estruturas e quadros existentes, não se tratando de situação em que se modifique a estrutura ou a atribuição dos órgãos do Poder Executivo, tampouco o regime jurídico de seus servidores públicos. Nesse sentido, o precedente consolidado no ARE nº 878.911 (Rel. Min. Gilmar Mendes, julgamento em 29.09.2016):

> Recurso extraordinário com agravo. Repercussão geral. 2. Ação Direta de Inconstitucionalidade estadual. Lei 5.616/2013, do Município do Rio de Janeiro. Instalação de câmeras de monitoramento em escolas e cercanias. 3. Inconstitucionalidade formal. Vício de iniciativa. Competência privativa do Poder Executivo municipal. Não ocorrência. **Não usurpa a competência privativa do chefe do Poder Executivo lei que, embora crie despesa para a Administração Pública, não trata da sua estrutura ou da atribuição de seus órgãos nem do regime jurídico de servidores públicos.** 4. Repercussão geral reconhecida com reafirmação da jurisprudência desta Corte. 5. Recurso extraordinário provido. (ARE 878.911 RG, Rel. Min. Gilmar Mendes, Tribunal Pleno, julgado em 29/09/2016, DJe de 11/10/2016, grifei)

Assim, conclui-se que a lei impugnada se revela formalmente constitucional, não representando hipótese de vício de iniciativa do procedimento legislativo, tampouco matéria que extrapole a competência legislativa dos entes federativos municipais.

III. CONSTITUCIONALIDADE MATERIAL

Sob o prisma material, vale lembrar prefacialmente que o precedente firmado no RE nº 586.224 (Tema 145) é perfeitamente compatível com a tese pela constitucionalidade formal aqui desenvolvida. Cuida-se de situações distintas de sobreposição das competências.

Quando a questão ambiental já estiver regulamentada por lei federal e/ou por estadual, aplica-se o Tema 145, e o espaço para a inovação normativa pelo Município é mais restrito. Cabe-lhe, tão somente, exercer competência suplementar, reproduzir e detalhar os princípios e as regras, que provém do *"andar de cima do condomínio legislativo"*.

Outra é a hipótese deste Tema: a ausência de qualquer regulamentação federal e estadual, em que a inovação normativa pelo Município é plausível.

A competência supletiva ampla do Município se configura mediante as seguintes circunstâncias: fática, com a urgência da regulamentação; jurídica, de alinhamento da política local às normas gerais da União correlativas, para não suscitar conflito normativo direto – esse é o caso *sub examine*, pois a redução do consumo de plástico é responsiva à Política Nacional de Resíduos Sólidos (Lei Federal nº 12.305/2010) –; e interpretativa, ante o enquadramento em torno do conceito de *"interesse local predominante"*.

O *distinguishing* não inviabiliza que o julgado do RE nº 586.224 sirva de referência para a discussão da constitucionalidade material. Inclusive, ratifico o fundamento então levantado, sobre os princípios constitucionais suscitados pelo poder de polícia administrativa a serviço da tutela ambiental:

> "O Judiciário está inserido na sociedade e, por este motivo, deve estar atento também aos seus anseios, no sentido de ter em mente o objetivo de saciar as necessidades, visto que também é um serviço público. *In casu*, porquanto inegável conteúdo multidisciplinar da matéria de fundo, envolvendo questões sociais, econômicas e políticas, não é permitido a esta Corte se furtar de sua análise para o estabelecimento do alcance de sua decisão" (RE 586.224, de minha relatoria, julgado em 05/03/2015).

De forma convergente ao diagnóstico de inafastabilidade *supra*, dois julgados, um de cada Turma deste Sodalício, já aplicaram o Tema ora em debate – antecipando seus efeitos. Basta a leitura das ementas:

> DIREITO CONSTITUCIONAL E AMBIENTAL. AGRAVO INTERNO EM RECURSO EXTRAORDINÁRIO. PROTEÇÃO AO MEIO AMBIENTE. COMPETÊNCIA CONCORRENTE. LEI MUNICIPAL. PROIBIÇÃO DE SACOLAS PLÁSTICAS EM ESTABELECIMENTOS COMERCIAIS. COMPATIBILIDADE COM A LEGISLAÇÃO ESTADUAL E FEDERAL.
>
> 1. A hipótese não se assemelha ao Tema 970 – análise das inconstitucionalidades formal e material de lei municipal que dispõe sobre meio ambiente –, pois a presente lei não exige o uso de sacolas plásticas biodegradáveis ou recicláveis pelos estabelecimentos comerciais e industriais, ao passo que a lei em análise proíbe que sejam usadas sacolas plásticas para transporte de mercadorias adquiridas em estabelecimentos comerciais.
>
> 2. O Supremo Tribunal Federal, no julgamento do RE 586.224/SP-RG, Tribunal Pleno, Rel. Min. Luiz Fux, reconheceu aos Municípios a competência para legislar sobre direito ambiental quando se tratar de assunto de interesse predominantemente local (Tema 145).
>
> 3. Inaplicável o art. 85, §11, do CPC/2015, uma vez que não cabe a fixação de honorários.
>
> 4. Agravo interno a que se nega provimento. (RE 901.444 AgR, Rel. Min. Roberto Barroso, Primeira Turma, julgado em 04/06/2018, DJe de 15/06/2018)

Destarte, o Ministro Luís Roberto Barroso reputou constitucional a Lei nº 15.374/2011, do Município de São Paulo. O Relator deixou de afetar a demanda a este Tema, por entender que existe uma distinção fundamental entre, de um lado, a norma municipal que insere as metas de redução do plástico no âmbito da gestão de resíduos sólidos (caso da Lei Paulistana nº 15.374/2011); e, de outro, a previsão isolada de proibição de sacolas com certas especificações (o que *seria* o objeto da Lei nº 7.281/2011, do Município de Marília).

Prosseguindo, tem-se o acórdão da Segunda Turma, sob a relatoria do Ministro Dias Toffoli:

> AGRAVO REGIMENTAL NO RECURSO EXTRAORDINÁRIO. DIREITO AMBIENTAL. AÇÃO DIRETA DE INCONSTITUCIONALIDADE. LEI Nº 5.026/2010 DO MUNICÍPIO DE AMERICANA/SP, QUE DETERMINA A PROIBIÇÃO DE UTILIZAÇÃO, PELOS ESTABELECIMENTOS DAQUELA LOCALIDADE, DE EMBALAGENS PLÁSTICAS À BASE DE POLIETILENO OU DE DERIVADOS DE PETRÓLEO. LEI DE INICIATIVA PARLAMENTAR. AUSÊNCIA DE VÍCIO FORMAL DE INICIATIVA. INEXISTÊNCIA DE AUMENTO DE DESPESA. PROTEÇÃO DO MEIO AMBIENTE. MATÉRIA DE INTERESSE LOCAL. COMPETÊNCIA MUNICIPAL. PRECEDENTES.
>
> 1. A lei impugnada não dispõe sobre nenhuma das matérias sujeitas à iniciativa legislativa reservada do chefe do Poder Executivo previstas no art. 61, §1º, da Constituição Federal.
>
> 2. O diploma impugnado não implica aumento nas despesas do poder público municipal. Ainda que assim não fosse, é da jurisprudência do Supremo Tribunal Federal, inclusive reiterada em sede de repercussão geral (ARE nº 878.911/RJ-RG), que nem toda lei que acarrete aumento de despesa para o Poder Executivo é vedada à iniciativa parlamentar. Para que isso ocorra, é necessário que, cumulativamente, a legislação tenha tratado de alguma das matérias constantes do art. 61, §1º, da Constituição Federal.
>
> 3. A jurisprudência do Supremo Tribunal Federal reconheceu aos municípios a competência para legislar sobre direito ambiental quando se tratar de assunto de interesse predominantemente local (RE nº 586.224/SP-RG, Tribunal Pleno, Relator o Ministro Luiz Fux, DJe de 8/5/15 – Tema 145).
>
> **4. O assunto tratado na lei municipal impugnada constitui matéria de interesse do município, por estar relacionada à gestão dos resíduos sólidos produzidos na localidade, especificamente das sacolas plásticas, conforme consta da exposição de motivos ao projeto de lei que deu origem ao diploma combatido.**
>
> 5. Agravo regimental não provido. (RE 729.731 ED-AgR, Rel. Min. Dias Toffoli, Segunda Turma, julgado em 06/10/2017, DJe de 26/10/2017)

Já a decisão colegiada proferida no Recurso Extraordinário (RE) nº 729.731 não subsistiu, justamente porque o Relator deu provimento a embargos de divergência para afetar o processo a este Tema 970, com a consequente devolução dos autos à origem.

Vale a leitura da fundamentação:

> **"A matéria constitucional suscitada no presente recurso extraordinário corresponde ao tema 970 da Gestão por Temas da Repercussão Geral do portal do STF na internet, cujo feito paradigma é o RE nº 732.686/SP e trata da discussão sobre a 'análise das inconstitucionalidades formal e material de lei municipal que dispõe sobre o meio**

ambiente'. É pacífico nessa Corte o entendimento de que o reconhecimento da repercussão geral de determinado tema, impõe, no tocante aos processos que cuidem da mesma questão, a devolução dos autos ao Tribunal de origem [...]. Ante o exposto, nos termos do art. 328 do Regimento Interno do Supremo Tribunal Federal, determino a devolução dos autos ao Tribunal de origem para aplicação da sistemática da repercussão geral". (RE 729.731 ED-AgR-EDv, decisão monocrática do Rel. Min. Dias Toffoli, julgado em 30/05/2018, DJe de 13/06/2018)

Não pretendo discutir o mérito desses outros processos mencionados; antes, eles são ilustrativos sobre a percepção da própria Corte em torno dos efeitos da Tese a ser fixada. Assim, a expectativa para o exame sobre as nuances materiais da espécie normativa da *"disposição municipal que obriga as empresas à substituição de sacos e sacolas plásticas fabricados à base de polímeros poluentes"* é legítima, em razão das discussões no processo paradigma e da frequência com que situações similares se socorreram à jurisdição constitucional. Sob o ponto de vista material, deve-se analisar a *"harmonização entre o dever de proteção ambiental e a viabilidade econômica dos meios de proteção ambiental no processo produtivo"* (RE 901.444 AgR, Rel. Min. Roberto Barroso, Primeira Turma, DJe de 15/06/2018).

No ponto, é válida a técnica da ponderação, difundida pelo jurista alemão Robert Alexy, como método para se desincumbir do ônus argumentativo sobre a constitucionalidade de norma que é, ao mesmo tempo, restritiva da livre iniciativa e indutora da preservação ambiental. Cumpre assentar que a ponderação, também referenciada como *"princípio da proporcionalidade"*, é manejada pela jurisprudência deste Eg. STF no escrutínio ao sopesamento de princípios já concretizado em normas de direito positivo. A título elucidativo, o RE nº 958.252, do qual fui relator:

> RECURSO EXTRAORDINÁRIO REPRESENTATIVO DE CONTROVÉRSIA COM REPERCUSSÃO GERAL. DIREITO **CONSTITUCIONAL. DIREITO DO TRABALHO.** CONSTITUCIONALIDADE DA "TERCEIRIZAÇÃO". ADMISSIBILIDADE. OFENSA DIRETA. **VALORES SOCIAIS DO TRABALHO E DA LIVRE INICIATIVA (ART. 1º, IV, CRFB). RELAÇÃO COMPLEMENTAR E DIALÓGICA, NÃO CONFLITIVA. PRINCÍPIO DA LIBERDADE JURÍDICA (ART. 5º, II, CRFB).** CONSECTÁRIO DA DIGNIDADE DA PESSOA HUMANA (ART. 1º, III, CRFB). VEDAÇÃO A RESTRIÇÕES ARBITRÁRIAS E INCOMPATÍVEIS COM O POSTULADO DA PROPORCIONALIDADE. **DEMONSTRAÇÃO EMPÍRICA DA NECESSIDADE, ADEQUAÇÃO E PROPORCIONALIDADE ESTRITA DE MEDIDA RESTRITIVA COMO ÔNUS DO PROPONENTE DESTA.** RIGOR DO ESCRUTÍNIO EQUIVALENTE À GRAVIDADE DA MEDIDA. RESTRIÇÃO DE LIBERDADE ESTABELECIDA JURISPRUDENCIALMENTE. EXIGÊNCIA DE GRAU MÁXIMO DE CERTEZA. MANDAMENTO DEMOCRÁTICO. LEGISLATIVO COMO LOCUS ADEQUADO PARA ESCOLHAS POLÍTICAS DISCRICIONÁRIAS.
>
> [...]
>
> 4. Os valores do trabalho e da livre iniciativa, insculpidos na Constituição (art. 1º, IV), são intrinsecamente conectados, em **uma relação dialógica que impede seja rotulada determinada providência como maximizadora de apenas um desses princípios**, haja vista ser essencial para o progresso dos trabalhadores brasileiros a liberdade de organização produtiva dos cidadãos, entendida esta como balizamento do poder regulatório para evitar intervenções na dinâmica da economia incompatíveis com os postulados da proporcionalidade e da razoabilidade.

5. O art. 5º, II, da Constituição consagra o princípio da liberdade jurídica, consectário da dignidade da pessoa humana, restando cediço em sede doutrinária que o "princípio da liberdade jurídica exige uma situação de disciplina jurídica na qual se ordena e se proíbe o mínimo possível" (ALEXY, Robert. Teoria dos Direitos Fundamentais. Trad. Virgílio Afonso da Silva. São Paulo: Malheiros, 2008. p. 177).

6. O direito geral de liberdade, sob pena de tornar-se estéril, somente pode ser restringido por medidas informadas por parâmetro constitucionalmente legítimo e adequadas ao teste da proporcionalidade.

7. O ônus de **demonstrar empiricamente a necessidade e adequação da medida restritiva a liberdades fundamentais para o atingimento de um objetivo constitucionalmente legítimo** compete ao proponente da limitação, exigindo-se maior rigor na apuração da certeza sobre essas premissas empíricas quanto mais intensa for a restrição proposta.

8. **A segurança das premissas empíricas que embasam medidas restritivas a direitos fundamentais deve atingir grau máximo de certeza nos casos em que estas não forem propostas pela via legislativa**, com a chancela do debate público e democrático, restando estéreis quando impostas por construção jurisprudencial sem comprovação inequívoca dos motivos apontados.

[...]

25. Recurso Extraordinário a que se dá provimento para reformar o acórdão recorrido e fixar a seguinte tese: "É lícita a terceirização ou qualquer outra forma de divisão do trabalho entre pessoas jurídicas distintas, independentemente do objeto social das empresas envolvidas, mantida a responsabilidade subsidiária da empresa contratante" (RE 958.252, de minha relatoria, Tribunal Pleno, julgado em 30/08/2018, DJe de 13/09/2019)

Com efeito, na regulação da lei do Município de Marília, alegam-se princípios constitucionais em tensionamento: a livre iniciativa e a defesa do meio ambiente e do consumidor como diretrizes da ordem econômica da Constituição de 1988 (art. 170, *caput*, V e VI); além da garantia transindividual e intergeracional ao meio ambiente equilibrado (art. 225, *caput*).

Na legislação sob exame, que é restritiva da livre iniciativa e indutora da preservação ambiental, o órgão legislador municipal privilegiou o princípio da proteção ao meio ambiente equilibrado (CF/88, art. 170, VI c/c art. 225, *caput*), em regulamentação da máxima fruição da liberdade jurídica dos particulares e da livre exploração de atividades econômicas (CF/88, art. 1º, IV c/c art. 5º, II c/c art. 170, *caput*). Essa restrição, porém, revela-se necessária, adequada e proporcional, de modo que também não há inconstitucionalidade material na norma impugnada.

Trata-se de restrição justificável em face de premissas empíricas, diante da gravidade da realidade fática que se impõe.

Deveras, na concretização das diretrizes constitucionais de proteção ao meio ambiente, é, de fato, necessário que o poder público trate dos danos decorrentes do uso indiscriminado e do descarte inadequado de sacolas plásticas. Para tanto, remete-se ao Relatório "Solucionar a poluição plástica: transparência e responsabilização", produzido e divulgado pela ONG WWF, em 2019:

> Devido à má gestão dos resíduos, estima-se que um terço de todo o plástico descartado tenha se inserido na natureza como poluição terrestre, de água doce ou marinha. Práticas de consumo acelerado geram uma enorme quantidade de resíduos plásticos, para os quais

o mundo não está equipado para lidar. 37% de todo o lixo plástico não está sendo tratado de forma eficiente. (WWF; DALBERG ADVISORS, 2019, p. 8)

Atualmente, apenas 20% dos resíduos plásticos são recolhidos para reciclagem [...]. Ademais, boa parte dos materiais plásticos secundários criados a partir do plástico reciclado são de qualidade inferior ao plástico virgem e, por isso, comercializados por valores mais baixos [...]. Alternativas ecologicamente viáveis ao plástico virgem continuam escassas, e foram limitados os mecanismos implementados que visem incentivar as partes afluentes a apoiarem o desenvolvimento de alternativas (WWF; DALBERG ADVISORS, 2019, p. 9)

Já a Comissão Europeia registrou o seguinte dado, consolidado em 2018, para a instrução de sua última Diretiva sobre a circulação de plásticos descartáveis:

[a] presente iniciativa incide nos dez artigos de PUU mais encontrados e nas redes de pesca, que representam, em conjunto, cerca de 70% do lixo marinho contabilizado (Vide Proposta de Diretiva do Parlamento Europeu e do Conselho: relativa à redução do impacto de determinados produtos de plástico no ambiente. Bruxelas, 28 maio 2018).

Sob esse prisma, no âmbito das estratégias globais de governança delineadas na Agenda 2030 da Organização das Nações Unidas (ONU), o tratamento dos produtos e dos dejetos plásticos concerne aos Objetivos de Desenvolvimento Sustentável 11, 12, 14 e 15 – "Cidades e Comunidades Sustentáveis" (ODS 11), "Consumo e produção responsáveis" (ODS 12), "Vida na água" (ODS 14) e "Vida Terrestre" (ODS 15). A regulamentação do uso de plásticos é objeto de preocupação mundial, como revela o Relatório *"The plastics landscape: Regulations, policies and influencers"* (2019), elaborado por organismos da ONU voltados ao desenvolvimento econômico, em que foram reunidas evidências de que mais de 60 países adotam alguma espécie de ação destinada à redução e regulamentação da utilização de itens de plástico descartáveis.[2]

Pesquisas acadêmicas também agregam ao juízo de adequação, vez que subsidiam o estudo comparativo dos arranjos regulatórios, no que concerne ao texto (elemento formal da política) e aos resultados (elemento pragmático). Ressalta-se o trabalho de Catherine Chasse, materializado em sua *Master's Thesis*, titulação obtida perante a *Harvard Extension School*. Munida de levantamento quantitativo e qualitativo a nível global, Chasse (2018) sistematizou 5 (cinco) meios de desincentivos às sacolas plásticas.

Em síntese, tais meios são (1) a proibição total ou parcial *("ban")*, sendo que a exclusão parcial corresponde à permissão de sacolas de maior espessura ou de material "ecológico"; (2) a imposição de onerosidade ao bem *("levy")*, que ocorre com a cobrança de valor por sacola nos estabelecimentos (preço) ou com o aumento da carga tributária para as operações da cadeia produtiva (tributo); (3) a aplicação simultânea de proibição a certos tipos de sacolas e à precificação de outras, seletividade guiada pela espessura e/ou pelo material utilizado (*"ban and levy"*); (4) os programas de incentivo à reciclagem, com a instalação de pontos de

---

[2] Cf. UNEP FI; UN GLOBAL COMPACT. The plastics landscape: Regulations, policies and influencers. *In*: *Principles for Responsible Investment*, 2019, p. 4.

descarte nos locais de compra *("recycling programs")*; e (5) as medidas negociais com os maiores distribuidores de sacolas e/ou o reforço positivo à fiscalização por ONGs *("voluntary agreements")*, onde não há respaldo em sanção estatal. Dentre essas ações, nota-se na experiência comparada[3]2 que uma das estratégias com maior adesão e representatividade mundial é a proibição total ou parcial das sacolas plásticas – gênero em que se engloba a permissão de utilização de sacolas biodegradáveis, compostáveis ou feitas de material reciclado.[4]

Sem a pretensão de promover um transplante acrítico de formulações jurídicas estrangeiras, é válido constatar a trajetória da União Europeia. Primeiro, o bloco aprovou a Diretiva 2015/720, cujo objeto era, exclusivamente, a sacola plástica. Nessa fase inicial, a EU estipulou *(a)* metas de reciclagem para as sacolas "primárias" (percentual de sacolas recicladas logo após o primeiro uso), *(b)* metas de composição do plástico para as sacolas em circulação (percentual de plástico reciclável para todas as sacolas em circulação) e *(c)* data-limite para o fim da distribuição gratuita desses itens.

Depois, a Diretiva 2019/904 consolidou uma política ampla de gestão do plástico, com a previsão de intervenções específicas de acordo com o tipo de produto. Nesta Diretiva mais recente, o Parlamento Europeu regulamentou 10 (dez) tipos de plásticos de utilização única e as redes de pesca, escolhidos por serem os maiores poluidores dos mares. Para a realidade europeia, entendeu-se que as sacolas plásticas deveriam ser objeto de um regime de responsabilidade alargada do produtor (Extended Producer Responsability, "EPR"), perante o qual as fabricantes e as distribuidoras de sacolas custeariam a reciclagem, eventuais campanhas de conscientização e a limpeza de espaços poluídos.

No ponto, os argumentos de Direito Comparado demonstram que múltiplos desenhos de política ambiental são adequados, capazes de gerar resultados positivos em termos de redução de danos. Não há uma única resposta correta.

Assim, a adequação de dada política ambiental admite diversos desenhos, com a atribuição de responsabilidade a agentes distintos – Poder Público, fabricantes, distribuidores, consumidores e associações da sociedade civil –, mediante graus variáveis de intervenção estatal – desde imposições até soluções consensuais e *soft law*. Por isso, a resposta sobre a constitucionalidade material recairá sobre a proporcionalidade em sentido estrito, em que o órgão julgador se coloca no campo das possibilidades jurídicas, para quantificar as intensidades de afetação (à liberdade ou ao direito em colisão) e de relevância (da finalidade).[5]

A título ilustrativo, propõe-se uma abordagem sobre leis semelhantes vigentes em alguns Estados e Municípios brasileiros, cujo enfoque é o controle

---

[3] Vide CHASSE, Catherine. Evaluation of Legal Strategies for the Reduction of Plastic Bag Consumption. Master's thesis, *Harvard Extension School*, 2018.
[4] Cf. NIELSEN, Tobias Dan; HOLMBERG, Karl; STRIPPLE, Johannes. Need a bag? A review of public policies on plastic carrier bags – Where, how and to what effect? *Waste Management Journal*, n. 87, 2019.
[5] ALEXY, Robert. *Teoria dos direitos fundamentais*. 5. ed. São Paulo: Malheiros, 2008, p. 593-611.

da circulação de plástico. Tais normas são outros exemplos de densificações da Política Nacional de Resíduos Sólidos, instituída pela Lei Federal nº 12.305/2010.

Em ordem cronológica de promulgação, comentam-se *(i)* a Lei nº 8.473, de 15 de junho de 2019, do Estado do Rio de Janeiro; *(ii)* a Lei nº 6.322, de 10 de julho de 2019, do Distrito Federal; e *(iii)* a Lei nº 17.261, de 13 de janeiro de 2020, do Município de São Paulo.

A Lei nº 8.473/2019 do Estado do Rio de Janeiro é profícua em disposições que configuram *boas práticas regulatórias* segundo os padrões internacionais, dentre as quais se destacam os seguintes pontos:

- **a)** quanto à defesa dos consumidores contra o abuso no repasse dos custos da regulação: impõem-se limitações à distribuição onerosa das sacolas permitidas, feitas de materiais reutilizáveis ou recicláveis, por dois mecanismos – estipulação da cobrança máxima equivalente ao preço de custo da sacola e obrigação de fornecimento de duas sacolas gratuitas por comprador, durante os 6 (seis) primeiros meses de vigência (respectivamente, o §2º e o §3º, do art. 2º, §2º, da Lei nº 5.502/2009-RJ);
- **b)** quanto ao tempo razoável para adaptação das empresas, consoante o grau de dependência das sacolas e o porte econômico: cominação dos prazos de 12 (doze) meses para os supermercados em geral, de 18 (dezoito) meses para os supermercados cadastrados como microempresas ou empresas de pequeno porte e de 24 (vinte e quatro meses) para os demais estabelecimentos comerciais (art. 3º da Lei nº 5.502/2009-RJ);
- **c)** quanto à redução progressiva da disponibilização de sacolas plásticas: ao invés de proibição súbita, prescreve-se a redução de 40% no primeiro ano de vigência e de 10% a cada ano, durante quatro anos (art. 5º da Lei nº 5.502/2009-RJ);
- **d)** quanto à integração da imposição de condutas *("hard law")* com medidas de conscientização e de fomento *("soft law")*: o diploma regulamenta também a inclusão de informações sobre os danos ambientais do plástico não-biodegradável na pauta da Política Estadual de Educação Ambiental; a afixação de placa ou cartaz nos caixas de estabelecimentos, alertando sobre o tempo de decomposição do plástico "convencional"; e o estímulo às indústrias petroquímicas instaladas no Estado para pesquisar novos polímeros biodegradáveis (respectivamente, os arts. 4º, 6º e 7º da atual redação da Lei nº 5.502/2009-RJ).

Já no âmbito do Distrito Federal, a Lei nº 6.322/2019 representa um passo adicional de uma cadeia normativa. Primeiro, editou-se a Lei nº 4.218/2008, para estruturar uma regulamentação comum às sacolas de plástico no acondicionamento a mercadorias e ao lixo, com período de adaptação de três anos para os dois segmentos de uso. Depois, a Lei Distrital nº 4.765/2012 versou exclusivamente sobre a proibição de sacolas plásticas "convencionais" para o transporte de lixo, com período de adaptação de 1 (um) ano. Não obstante, a lei de 2012 trazia em seu bojo uma recomendação extensível a todas as transações comerciais, *verbis*: "A onerosidade ou não da distribuição e da disponibilização das sacolas recicladas ou reutilizáveis para o consumidor final ficará a critério de cada estabelecimento comercial ou industrial, sendo essa iniciativa um diferencial de mercado e concorrência" (art. 3º da Lei nº 4.765/2012-DF).

Nessa toada, a linguagem utilizada pela Lei Distrital nº 6.322/2019 é simbólica. As regras elencam: (i) a proibição da distribuição gratuita ou venda de sacolas "à base de polietileno, propileno, polipropileno ou matérias-primas equivalentes" (comando *"fica proibida"*, art. 1º da Lei nº 6.322/2019-DF); (ii) a permissão da distribuição gratuita ou venda de sacolas biodegradáveis ou biocompostáveis (comando *"é permitida"*, art. 2º da Lei nº 6.322/2019-DF); e (iii) o estímulo às sacolas reutilizáveis (comando *"Os estabelecimentos comerciais devem estimular o* uso", art. 1º, parágrafo único da Lei nº 6.322/2019-DF).

Por derradeiro, a Lei nº 17.261/2020, do Município de São Paulo, de forma próxima, dispôs sobre a substituição de *"copos, pratos, talheres, agitadores para bebidas e varas para balões de plásticos descartáveis"*, em incorporação de *boas práticas regulatórias*. Particularmente, quatro pontos chamam atenção: a menção expressa à substituição por pratos de papel (art. 1º, §2º, da Lei Municipal nº 17.261/2020-SP); a contextualização da "economia circular", em voga da União Europeia, para descrever as oportunidades de inovação nos ciclos de reuso e de reciclagem (art. 2º, *caput*, e art. 3º, III, da Lei Municipal nº 17.261/2020-SP); o detalhamento da escala de sanções, que favorece a justiça nas cominações (art. 5º da Lei Municipal 17.261/2020-SP); e a *vacatio legis* de cerca de 1 (um) ano (art. 7º da Lei Municipal nº 17.261/2020-SP).

Dessa análise exemplificativa, forçoso concluir sobre a prevalência de estratégias de proibição parcial nas experiências brasileiras, com a circulação permitida dos mesmos itens, porém feitos de materiais menos agressivos ao meio ambiente. Embora não exista um movimento articulado de restrições às sacolas de menor espessura e/ou de material não reciclável e não biodegradável, a regulamentação da matéria em níveis federativos distintos revela a necessidade de clareza no comando legislativo e razoabilidade no controle, em busca da maior probabilidade de sucesso dessas políticas públicas ambientais.

Todas essas constatações permitem corroborar a necessidade e a adequação materiais da política ambiental municipal de promover a substituição de sacolas plásticas descartáveis por outras biodegradáveis. Trata-se, também, de normatização que densifica, no plano local, diretrizes da Política Nacional de Resíduos Sólidos (Lei Federal nº 12.305/2010), que atribui aos Municípios "a gestão integrada dos resíduos sólidos gerados nos respectivos territórios" (art. 10). Não se vislumbra, portanto, qualquer inconstitucionalidade material na Lei do Município de Marília, sobre a qual se trata no presente julgamento.

Ainda, quanto a eventual conflito com a proteção da livre iniciativa, também inexiste violação material à Constituição, tendo em vista que a legislação impugnada não promove a interferência estatal direta no modelo de negócio de atividades empresariais particulares, tampouco representa o impedimento ou limitação significativa ao exercício de atividade econômica. Ao contrário, em tratamento harmônico dos diversos pilares da ordem constitucional econômica – dentre os quais a livre iniciativa e a proteção ao meio ambiente (art. 170, *caput* e VI) –, ao promover a obrigação de utilização de sacos plásticos biodegradáveis, a opção legislativa municipal se revela legítima ao regulamentar o tema de modo a viabilizar o mesmo desenvolvimento da atividade econômica empresarial de uma forma mais protetiva ao meio ambiente, nos precisos termos da regra constitucional do art. 170, *verbis*:

> Art. 170. A ordem econômica, fundada na valorização do trabalho humano e na livre iniciativa, tem por fim assegurar a todos existência digna, conforme os ditames da justiça social, observados os seguintes princípios:
> [...]
> VI - defesa do meio ambiente, inclusive mediante tratamento diferenciado conforme o impacto ambiental dos produtos e serviços e de seus processos de elaboração e prestação; (Redação dada pela Emenda Constitucional nº 42, de 19.12.2003)

Deveras, ao concretizar o desenvolvimento sustentável, o exercício da atividade econômica e empresarial de forma protetiva ao meio ambiente é elemento integrante do conteúdo jurídico-constitucional da livre iniciativa. Consectariamente, a legislação municipal que obriga à substituição de sacos e sacolas plásticos por sacos e sacolas biodegradáveis é também materialmente constitucional.

A Lei nº 7.281/2011 do Município de Marília revela-se, portanto, formal e materialmente constitucional.

IV. MODULAÇÃO DOS EFEITOS

Não obstante a constitucionalidade da lei, considerando que a sua vigência foi afastada por decisão de inconstitucionalidade pelo Tribunal de Justiça de origem proferida em 2012. Impõe-se, em proteção à segurança jurídica dos agentes econômicos que exercem sua atividade no território do município, a modulação dos efeitos da presente decisão, que representa o provimento do Recurso Extraordinário.

Dessa forma, proponho, sejam modulados os efeitos da decisão, conferindo-se o prazo de 12 (doze) meses, a contar da publicação da ata do presente julgamento, para que os órgãos públicos e os agentes privados alcançados pela restauração da eficácia da lei municipal possam se adaptar à incidência de suas disposições.

V. DISPOSITIVO

Diante do exposto, proponho a seguinte redação para a Tese do Tema 970 da Repercussão Geral: "É constitucional – formal e materialmente – lei municipal que obriga à substituição de sacos e sacolas plásticos por sacos e sacolas biodegradáveis."

Ex positis, **conheço e provejo** o recurso extraordinário, para assentar a constitucionalidade da Lei nº 7.281/2011 do Município de Marília/SP, modulados os efeitos da decisão para conferir o prazo de 12 (doze) meses, a contar da publicação da ata do presente julgamento, para que os órgãos públicos e os agentes privados alcançados pela lei municipal possam se adaptar à incidência de suas disposições.

É como voto.

Informação bibliográfica deste texto, conforme a NBR 6023:2018 da Associação Brasileira de Normas Técnicas (ABNT):

ARAUJO, Valter Shuenquener de. RE nº 732.686: Entre a livre iniciativa e a tutela do meio ambiente – o caso das sacolas plásticas. *In*: FUX, Luiz. *Jurisdição constitucional IV*: pluralismo e direitos fundamentais. Belo Horizonte: Fórum, 2023. p. 273-293. ISBN 978-65-5518-601-7.

PRONUNCIAMENTO DO EXCELENTÍSSIMO CHEFE DO PODER JUDICIÁRIO BRASILEIRO, MINISTRO LUIZ FUX, POR OCASIÃO DO ENCERRAMENTO DA GESTÃO 2020-2022

Senhoras Ministras, Senhores Ministros,
Senhor Procurador-Geral da República,
Senhoras e senhores advogados,
Senhoras e senhores,

> *"O real não está na saída nem na chegada.*
>
> *Ele se dispõe para a gente é no meio da Travessia.*
>
> *E quem elegeu a busca não pode recusar a Travessia."*

Sob a inspiração de Guimarães Rosa, pronuncio neste Plenário do Supremo Tribunal Federal – o palco de fala do Presidente desta Corte Constitucional – minhas derradeiras palavras na qualidade de Chefe do Poder Judiciário brasileiro.

Essa fala, de rigor, exsurge como um senso de dever de prestação de contas às Ministras e aos Ministros, à comunidade jurídica e, principalmente, ao cidadão brasileiro.

Quis o destino que, após quarenta anos de magistratura, eu assumisse a chefia do Poder Judiciário brasileiro num dos momentos mais trágicos e turbulentos de nossa trajetória recente.

Iniciei o meu discurso de posse, em 10 de setembro de 2020, com um tributo às então centenas de milhares de vítimas fatais da pandemia da COVID-19. Àquela época, vivíamos tempos sombrios. É certo que, de lá até aqui, aprendemos a acomodar parte do trauma coletivo que enfrentamos, sem, no entanto, nos esquecermos dos brasileiros e entes queridos que se foram e o temor pela perda de nossas e novas vidas.

Não bastasse a pandemia, nos últimos dois anos, a Corte e seus membros sofreram ataques em tons e atitudes jamais vistos na história do país. Não houve um dia sequer em que a legitimidade de nossas decisões não tenha sido questionada, seja por palavras hostis, seja por atos antidemocráticos. Nesse processo de inflexão e de reflexão, mas também de reação e de reconstrução, e mesmo em face das provocações mais lamentáveis, esta Corte jamais deixou de trabalhar altivamente, impermeável às provocações, para que a Constituição permanecesse como a certeza primeira do cidadão brasileiro, o ponto de partida, o caminho e o ponto de chegada das indagações nacionais.

Imbuída dessa missão, esta Presidência, sempre apoiada pelos membros desta Casa, laborou para que o Supremo Tribunal Federal permanecesse a voz firme, lúcida e serena dos diversos debates da vida política do país em relação aos quais este Plenário foi instado a se pronunciar.

Dia-pós-dia, no exercício de nossa função, onde havia hostilidade, construímos respeito; onde havia antagonismo, estimulamos cooperação; onde havia fragmentação, oferecemos o diálogo; e onde havia desconfiança, erguemos credibilidade. Temos humildade, porém, para reconhecer que esse trabalho é inacabado. Afinal, a legitimidade de uma Corte Constitucional não se constrói nem se corrói num único dia.

Por isso mesmo, o bom juiz é paciente. Sabe que o tempo da Justiça não é o tempo da Política. Reconhece como seu lugar de fala as decisões judiciais e utiliza como vocabulário próprio o fórum das leis e dos princípios jurídicos. Além disso, o bom juiz pratica fé inabalável na Constituição e nos cidadãos de seu país, atuando sempre para que as instituições sólidas republicanas e os bons propósitos permaneçam imorredouros.

Daqui a algumas décadas, tenho a convicção de que as nossas e as próximas gerações, mais distanciadas das paixões que inebriam os nossos dias, olharão para trás e reconhecerão a atuação do Poder Judiciário em prol da **estabilidade institucional da nação**, da **proteção dos direitos humanos** e da **guarda da democracia**.

O certo é que, seja nos dias de calmaria, seja nas turbulências ínsitas a qualquer regime democrático, este edifício de concreto e colunas anguladas que é a Suprema Corte do Brasil mantém-se e manter-se-á aberto, operoso e vigilante.

Em setembro de 2020, recebemos a Administração do Tribunal das mãos do caríssimo Ministro Dias Toffoli, que, ao lado de sua equipe, realizou uma gestão modernizadora do Tribunal.

Em minha gestão, demos continuidade a todos – absolutamente TODOS – os projetos da última gestão em andamento. Além disso, somamos a esses esforços um plano detalhado de ações e de iniciativas inéditas, aprovado pelos membros deste Tribunal em sessão administrativa, ao qual demos integral cumprimento.

Peço licença às senhoras Ministras e aos senhores Ministros para prestar contas de alguns dos êxitos obtidos por esta gestão, ao tempo em que a TV Justiça levará a nossa responsabilidade a toda a sociedade brasileira.

Durante os últimos dois anos, o Supremo Tribunal Federal elevou a quantidade de seus serviços administrativos e judiciais prestados em ambiente *on-line* de 65 para 100%. Atualmente, da visitação ao edifício sede ao protocolo de documentos. Perpassando pelo museu, TODOS os nossos serviços são acessíveis ao cidadão onde quer que eles estejam, por meio do nosso sítio eletrônico.

Essa marca histórica rendeu ao Tribunal o título de Primeira Corte Constitucional 100% Digital do mundo, ressaltando a posição de destaque tecnológico do Poder Judiciário brasileiro.

Além disso, o Supremo Tribunal Federal foi a primeira Suprema Corte do mundo a institucionalizar a Agenda 2030 da Organização das Nações Unidas, um passo essencial para a difusão internacional de nossa jurisprudência, fato elogiado de viva-voz pelo Secretário-Geral da ONU, sua Excelência o Dr. Antônio Guterrez em nossa visita oficial àquele órgão internacional. Naquela oportunidade, sua Excelência solicitou a sua Secretária que por meio de ofício indicasse a prática a todos os tribunais constitucionais do planeta.

Esse compromisso ecoou em nossa pauta de julgamentos: mais de 95% dos casos julgados nas sessões presenciais do Plenário referem-se a um ou mais Objetivos de Desenvolvimento Sustentável (ODS) da Agenda 2030.

Esse programa também nos rendeu o robô RAFA, a segunda experiência de inteligência artificial da história do STF e a primeira desenvolvida exclusivamente por servidores do próprio Tribunal. Com grau de acurácia excepcional, a Rafa classifica as ações do nosso acervo segundo as ODS da Agenda 2030.

Por sua vez, no campo de gerenciamento de precedentes, este Tribunal deu passos largos para o fortalecimento do nosso sistema de repercussão geral.

Nesses dois anos, o Plenário afetou o número recorde de 131 novos temas de repercussão geral. Desse total, 106 temas foram indicados por esta Presidência, a partir de um trabalho articulado entre a nova Secretaria de Gestão de Precedentes e os 91 tribunais do país. Com amparo no compartilhamento de dados entre o STF e os demais tribunais, passamos a monitorar em tempo real as ondas de litigiosidade em todas as regiões do país, a fim de detectar os temas mais relevantes a serem afetados.

A esse trabalho soma-se o aumento dos julgamentos de mérito de repercussão geral em mais de 40% pelo Plenário, o que, nos últimos dois anos, mais de 300.000 recursos extraordinários fossem resolvidos definitivamente pelos tribunais de segundo grau, deixando de subir desnecessariamente ao STF. Além disso, contribuiu para que tenhamos hoje o menor acervo em 27 anos, com 22.000 processos em trâmite no Tribunal.

Em compromisso com a ampliação da interlocução com a academia e com a sociedade civil, instituímos a Secretaria de Altos Estudos, Pesquisas e Gestão da Informação (SAE), a partir da reestruturação da Secretaria de Documentação. Além de conservar a memória documental da Corte, a SAE assumiu o desafio de criar um espaço cultural de produção e de circulação de conhecimentos sobre o STF, tal como uma *think tank*.

Nessa área, concluímos as obras do Museu do Supremo Tribunal Federal, iniciadas na gestão do Ministro Dias Toffoli, e digitalizamos 100% de nosso acervo histórico, disponibilizando ao cidadão em plataforma digital mais de 20 mil volumes.

Ademais, publicamos a primeira pesquisa científica produzida pela própria Corte, um estudo empírico que avaliou os impactos da pandemia da COVID-19 em seu desenho deliberativo.

Lançamos a Revista SUPREMA de Estudos Constitucionais, o primeiro periódico acadêmico-científico organizado pelo STF, com trabalhos de autores nacionais e estrangeiros, sucesso de crítica e de público, que segue rigorosos padrões de periódicos científicos.

Além disso, firmarmos parcerias técnicas com instituições nacionais e estrangeiras (IPEA, Universidade de Oxford, Universidade de Münster, entre outras), por meio das quais **1)** realizamos mais de 50 eventos de difusão do conhecimento e de interlocução com a academia, **2)** hospedamos pesquisadores para programas de intercâmbios jurídicos e **3)** produzimos volumes em língua nacional e estrangeira para difundir mundialmente os precedentes da Corte, com destaque para a série CASE LAW COMPILATION.

No campo da comunicação institucional, avançamos nas redes sociais paras levar a nossa missão aos mais jovens e a outros públicos. Esse trabalho rendeu frutos: ganhamos o **Prêmio Nacional de Comunicação e Justiça** pela proposta inovadora de comunicação desenvolvida em nossa conta oficial na rede **TikTok**.

Em tempos de *fake news*, lançamos o **Programa de Combate à Desinformação do STF**, em parceria com mais de 40 entidades, entre instituições públicas, universidades, associações da sociedade civil e *startups*, para desmentir informações falsas e veicular informações verdadeiras sobre a Corte e seus Ministros.

Por fim, não poderia deixar de citar um dos mais ambiciosos projetos de transparência da história do Supremo Tribunal Federal, o **Programa Corte Aberta**, por meio do qual uma equipe multidisciplinar de mais de 70 técnicos unificou e estruturou todas as nossas bases de dados processuais públicos e as disponibilizou ao cidadão brasileiro sob a forma de painéis estatísticos intuitivos, acurados e acessíveis.

Esse programa de transparência e de integridade apenas foi possível graças à profissionalização de nossos fluxos de segurança cibernética, realizada pela competente Assessoria de Segurança da Informação.

No Conselho Nacional de Justiça, nosso compromisso central com a **proteção dos direitos humanos** se traduziu, inicialmente, com a instituição do **Observatório de Direitos Humanos do Poder Judiciário**, um canal aberto de diálogo entre o Judiciário e a sociedade.

Diversas ações foram propostas pelos representantes da sociedade civil que participam do colegiado. Como exemplos, menciono: **(i)** a criação dos **Centros Especializados de Atenção à Vítima** de crimes; **(ii)** o desenvolvimento do **Formulário Rogéria**, para o Registro de Ocorrência Geral de Emergência e

Risco Iminente à Comunidade LGBTQIA+, a fim de promover o enfrentamento à **homofobia, à bifobia e à transfobia**; **(iii)** o fortalecimento dos direitos dos índios, com a criação da **Rede de Altos Estudos em Direitos Indígenas**; **(iv)** o fomento à **Justiça Itinerante**; **(v)** o combate à violência doméstica, por meio da instituição de **Grupos de Reflexão e Responsabilização de Agressores de Violência Doméstica** pelos tribunais; **(vi)** a produção de diagnóstico técnico da eficácia das **Medidas Protetivas de Urgência** da Lei Maria da Penha e **(vii)** a publicação **Repositório Nacional de Mulheres Juristas**, além de vários outros projetos.

Nessa contínua busca pela observância dos direitos humanos, assinamos a Atualização do **Memorando de Entendimento** firmado entre o CNJ e a **Comissão Interamericana de Direitos Humanos (CIDH)** e criamos no âmbito do CNJ a **Unidade de Monitoramento e Fiscalização das decisões e deliberações da Corte Interamericana de Direitos Humanos.**

Nesse segmento de proteção dos direitos humanos, avançamos no compromisso com a ressocialização das pessoas privadas de liberdade, com a execução do **Programa Fazendo Justiça**, parceria entre CNJ, PNUD e Ministério da Justiça e Segurança Pública, por meio do Departamento Penitenciário Nacional, desenvolvido em torno de 28 ações, que incidem em diferentes fases do ciclo penal e do socioeducativo.

Com a **qualificação das Audiências de Custódia**, por exemplo, chegou-se a 1 milhão de audiências realizadas, resultando em uma queda do total de presos provisórios no país de 40% para 27%.

Outro projeto pioneiro e de extrema importância desenvolvido pelo CNJ foi a **Central de Regulação de Vagas** para o controle permanente da ocupação prisional.

Nesse biênio, conseguimos consolidar o **Sistema Eletrônico de Execução Unificado (SEEU)** como ferramenta nacional de gestão da execução penal. Com o sistema, observou-se uma redução de até 98% no tempo de concessão de benefícios e de 73% de redução do volume de trabalho nas varas de execução.

Além disso, pactuamos 22 novos **escritórios sociais** em 12 Unidades Federativas, oferecendo acesso digital aos advogados mais carentes dessa ferramenta.

Deveras, durante a nossa gestão, mereceu a nossa atenção a tutela proativa do meio ambiente, fortalecida como política prioritária do Poder Judiciário, por meio do **Observatório do Meio Ambiente e de Mudanças Climáticas do Poder Judiciário**, cuja atividade reforça a atuação estratégica do Poder Judiciário no julgamento dos temas relacionados ao meio ambiente. Participamos de todos os eventos internacionais ambientais de forma presencial e híbrida, levando ao exterior nossas estratégias, como, por exemplo, o Banco Nacional de Dados sobre regiões de desmatamento e de ações judiciais ambientais.

Durante a gestão, fomentamos o acesso à **Justiça Digital,** por meio do "**Programa Justiça 4.0**", que abrange um conjunto de ações e projetos que empregam o uso colaborativo de novas tecnologias, como: **(i)** a **Plataforma Digital do Poder**

Judiciário, que integra todos os sistemas eletrônicos do Judiciário brasileiro em um ambiente unificado de tramitação processual; **(ii)** o **Juízo 100% Digital,** já implantado em mais de 5.200 serventias judiciais, que leva a tramitação processual a um ambiente integralmente virtual; **(iii)** o **Balcão Virtual** de atendimento ao público; **(iv)** o Banco Nacional de Precedentes, uma plataforma unificada de pesquisa textual e estatística sobre precedentes qualificados; (v) o **Sistema Nacional de Pesquisa Patrimonial e Recuperação de Ativos (Sniper)**, para combater os consectários dos delitos de corrupção e lavagem de dinheiro, além de evitar execuções judiciais infrutíferas.

No último biênio, foram distribuídos no CNJ 20.512 novos processos e julgados 21.401 casos, sendo decididos 1.736 processos nas Sessões realizadas[1] neste Conselho.

Julgamos mais processos do que foram distribuídos e o período da gestão foi o de maior produtividade no julgamento de processos pelo CNJ.

Foram editados 194 atos normativos – 137 Resoluções e 57 Recomendações – números sem precedente na história deste Conselho Nacional de Justiça.

Em 2 anos de gestão, criamos cerca de 30% de todas as resoluções e aproximadamente 50% de todas as recomendações editadas em 17 anos de história do CNJ.

O avanço da Justiça Digital promovido pelo Programa Justiça 4.0 também deu ensejo à expressiva redução de despesas do Poder Judiciário.

De acordo com dados compilados no Justiça em Números 2022[2], as despesas totais do Judiciário sofreram uma redução de 5,6% em 2021, correspondente a um gasto de R$6,2 bilhões a menor do que no ano de 2020.

No ano passado, o Poder Judiciário arrecadou R$73,42 bilhões, o que corresponde a 71% do valor das despesas deste Poder.

Esse percentual é o segundo maior em toda a série histórica monitorada pelo CNJ no Justiça em Números, que esse ano chegou a sua 19ª edição.

A Justiça Federal foi a responsável pela maior parte das arrecadações e retornou aos cofres públicos valor 3 vezes superior às suas despesas.

Além de reduzirmos despesas e arrecadarmos mais, também trabalhamos com mais eficiência. A produtividade dos magistrados aumentou 11,6% e a dos servidores cresceu mais de 13% em 2021.

Encerro, portanto, meu mandato no CNJ com a grata sensação de ter contribuído com as bases para a criação da Magistratura que almejamos.

Como uma vez disse **José Saramago,** *"Somos a memória que temos e a responsabilidade que assumimos. Sem memória não existimos, sem responsabilidade talvez não mereçamos existir".*

Essas e outras ações e iniciativas desenvolvidas pela nossa gestão no Supremo Tribunal Federal e no Conselho Nacional de Justiça se encontram detalhadas nos relatórios disponíveis em meio físico e em nosso sítio eletrônico.

Todo esse labor, que busca a ampliação do acesso à justiça, da eficiência da função jurisdicional e da concretização dos direitos humanos decorrem de um norte fundamental: o Poder Judiciário de uma nação verdadeiramente democrática jamais pode deixar de reverenciar os homens e as mulheres que lhe dão força, legitimidade e sustentação.

Esses homens e mulheres não os heróis dos livros de história, ou as grandes autoridades cujas fotografias perfilam as galerias dos corredores dos palácios governamentais. Refiro-me a um personagem tão comum de um país repleto de desigualdades, vocalizado pelo eu-lírico da música "Cidadão", interpretada pelo cantor Zé Ramalho e muitos outros que a imortalizaram na cultura popular. Abro aspas:

> "Tá vendo aquele edifício, moço?
> Ajudei a levantar
> Foi um tempo de aflição
> Era quatro condução
> Duas pra ir, duas pra voltar
> Hoje depois dele pronto
> Olho pra cima e fico tonto
> Mas me vem um cidadão
> E me diz, desconfiado
> Tu 'tá aí admirado
> Ou 'tá querendo roubar?
> [...]
> Tá vendo aquele colégio, moço?
> Eu também trabalhei lá
> Lá eu quase me arrebento
> Fiz a massa, pus cimento
> Ajudei a rebocar
> Minha filha inocente vem pra mim toda contente
> Pai, vou me matricular
> Mas me diz um cidadão
> Criança de pé no chão aqui não pode estudar"

A metáfora do compositor Zé Ramalho, tão rica, tão crua, é, a um só tempo, advertência e incentivo para um juiz compromissado com a Constituição. Tratar os indigentes com caridade, e os opulentos com altivez.

Falo aqui sem demagogias e sem ingenuidades, pois o Plenário de uma Suprema Corte é lugar de verdade, liberdade e igualdade.

A Suprema Corte de um país, a guardiã de sua Constituição e do seu Estado Democrático de Direito somente existe e funciona se o povo lhe atribui confiança e legitimidade.

Todas as nossas decisões, todo o nosso labor e todas as nossas lutas existem por conta desses milhões de brasileiros comuns, verdadeiros titulares do poder, que nos confiam esta nobre e honrosa missão.

Eles não são os destinatários de nossos serviços, mas a sua causa e a sua fonte. Esses homens e essas mulheres são a Constituição viva do país.

Em nosso Supremo Tribunal, em todas as ocasiões em que nos bate o cansaço ou em que formos hostilizados, lembremo-nos das dores que essas pessoas que dependem de nós enfrentam nas favelas, nos rincões, nos subúrbios, diuturnamente marginalizadas do país que elas ajudam a construir; lembremos, ainda, do nosso compromisso, como juízes brasileiros, que concretizamos o ideário da Carta Maior, que é o nosso combustível, a saber: a erradicação das desigualdades.

Tudo o que fizemos e temos feito – e não tem sido pouco – ainda é insuficiente. Se essa é a nossa missão constitucional, que continuemos incansáveis na defesa das liberdades e das igualdades, tal como foram os Ministros que nos antecederam, e tal como certamente serão os Ministros que para cá virão quando da nossa despedida compulsória.

Na certeza de que estamos nessa vida para concretizar o certo e o justo, fica aqui o registro do nosso compromisso público, como ato dessa travessia, de que continuaremos a trabalhar firmes para angariar a confiança do povo brasileiro.

Esse foi o meu principal motor nesta Presidência e permanecerá como minha missão até o final da minha jornada nesta Corte.

Senhoras Ministras,

Senhores Ministros,

Dirigir os trabalhos do Supremo Tribunal Federal e do Conselho Nacional de Justiça é tarefa hercúlea e complexa, mas extremamente gratificante. Os colegas que passaram por esta cadeira bem sabem: aqui não se vivem dias fáceis. No entanto, felizmente, nunca estive sozinho nesta Cadeira.

As agruras dessa travessia foram mais leves porque a Corte demonstrou coesão impenetrável.

Agradeço aos meus pares pelo apoio, pela convivência respeitosa e pacífica, e pelos aconselhamentos certeiros nos momentos mais desafiadores. Destaco como prova de amadurecimento do espírito colegiado que cultivamos nos últimos dois anos, a difusão do Plenário Virtual e de suas sessões extraordinárias, uma prática consolidada que tem contribuído para a desmonocratização da Corte, na medida em que permite que os Ministros levem em tempo curto suas decisões liminares para a apreciação dos demais colegas.

Destaco, também, a generosidade, o empenho e a lealdade de uma equipe de mais de 1.500 servidores e colaboradores que compõem a Administração do Tribunal, em todas as suas secretarias, assessorias e coordenadorias. Nesta Corte, temos a nata do serviço público brasileiro: cidadãos bem-intencionados, preparados tecnicamente e com elevado espírito republicano.

É preciso saudar também todos os partícipes do sistema de justiça: o Ministério Público Federal, a advocacia pública e privada, a Defensoria Pública, sempre cooperativos com o Supremo Tribunal Federal.

Acrescento a esse rol, ainda, a imprensa livre e crítica, na pessoa dos jornalistas que cobrem as atividades do Poder Judiciário, tão competentes e cuidadosos com a verdade dos fatos.

Meu agradecimento afetuoso, ainda, a minha querida família. Todos eles estiveram comigo incondicionalmente durante essa travessia, conferindo-me conforto, apoio, refúgio e paz indispensáveis para que eu permanecesse de pé, altivo e corajoso, mesmo nos momentos mais desafiadores.

Por fim, e em particular, não posso deixar de enaltecer a dedicação de minha Vice-Presidente, cuja lealdade e imprescindível parceria no último biênio me permitiram testemunhar sua absoluta capacidade para coordenar os trabalhos desta Corte e para chefiar nosso Poder Judiciário com desassombro e maestria.

Ministra Rosa Weber: muito nos tranquiliza saber que, nesse novo ciclo que se avizinha, a serenidade e a firmeza, o que são marcas inerentes a Vossa Excelência, magistrada de carreira, notável, certamente se transmutarão em inúmeros avanços e benefícios – tanto para esta Corte, como para o nosso país. Sua gestão receberá a respeitabilidade merecida.

Reconforta-nos – ainda mais – antever que Vossa Excelência poderá contar com a parceria do eminente Ministro Roberto Barroso, meu amigo de uma vida toda, cujo brilhantismo cultural e independência transparecem desde sua época de estudante na nossa querida UERJ e nosso Centro Acadêmico Luiz Carpenter.

Portanto, diante desta rara – e complementar – constelação de virtudes da dupla que ora assume a chefia de nosso Poder Judiciário, estou certo que manterão exacerbado entusiasmo no cumprimento dessa nobre missão.

Diante dos frutos que colhemos e certo dos frutos que ainda virão, encerro esta gestão com o coração leve e de peito aberto, enternecido pela sensação de dever cumprido e ávido por novos desafios nesta Corte, onde permanecerei.

Continuarei a servir o meu país na condição de Presidente do Supremo Tribunal Federal e Chefe do Poder Judiciário, maior honra que tive em toda a minha trajetória, como cidadão que forjou, junto com seu saudoso pai, o sacerdócio e o apostolado de servir o Brasil.

Invocando novamente Guimarães Rosa, cujas palavras iniciaram e agora encerram este discurso, eternizo em nossos corações e mentes a perseverança dos juízes brasileiros, com atributos que nos guiam e nos movem:

> "Todo o caminho da gente é resvaloso. Mas também, cair não prejudica demais. A gente levanta, a gente sobe, a gente volta!... O correr da vida embrulha tudo, a vida é assim: esquenta e esfria, aperta e daí afrouxa, sossega e depois desinquieta. O que ela quer da gente é coragem."

Sigamos os nossos desígnios. Firmes. Altivos. Corajosos. Existindo e trabalhando pelo povo e para o povo brasileiro, e mantendo a suprema vigilância pela nossa democracia! Eis a nossa missão! Eis a nossa profissão de fé!

Que Deus nos proteja.

Muito obrigado.

Ministro Luiz Fux

Informação bibliográfica deste texto, conforme a NBR 6023:2018 da Associação Brasileira de Normas Técnicas (ABNT):

FUX, Luiz. Pronunciamento do Excelentíssimo Chefe do Poder Judiciário brasileiro, Ministro Luiz Fux, por ocasião do encerramento da Gestão 2020-2022. In: FUX, Luiz. *Jurisdição constitucional IV*: pluralismo e direitos fundamentais. Belo Horizonte: Fórum, 2023. p. 295-303. ISBN 978-65-5518-601-7.

SOBRE OS COMENTARISTAS

Abhner Youssif Mota Arabi
Doutorando em Direito do Estado pela Universidade de São Paulo (USP). Mestre em Direito, Estado e Constituição pela Universidade de Brasília (UnB). Juiz de Direito no Tribunal de Justiça do Estado de São Paulo (TJSP). Juiz Auxiliar no Supremo Tribunal Federal (STF). Professor nos cursos de pós-graduação do Instituto de Desenvolvimento e Pesquisa (IDP) e da Fundação Escola Superior do Ministério Público do Distrito Federal e Territórios (FESMPDFT). Autor dos livros *Impeachment: origens e limites à responsabilização política no presidencialismo brasileiro* (Editora Fórum, 2022); *Reclamação constitucional: origem e evolução* (Editora Fórum 2021); *Federalismo brasileiro: perspectivas descentralizadoras* (Editora Fórum, 2019); *Terceirização: uma leitura constitucional e administrativa* (Editora Fórum, 2018); *Mandado de Segurança e Mandado de Injunção* (Editora JusPodivm, 2018); *A Tensão Institucional entre Judiciário e Legislativo: controle de constitucionalidade, diálogo e a legitimidade da atuação do Supremo Tribunal Federal* (Editora Prismas, 2015); além de coordenador de outras obras. Foi Assessor de Ministro do STF (2014-2018).

Alexandre Libonati de Abreu
Mestre em Direito Comparado pela *Samford University* (Estados Unidos). Graduado em Direito pela Universidade do Estado do Rio de Janeiro. Juiz Auxiliar da Presidência do Conselho Nacional de Justiça (2020-2022). Juiz Auxiliar da Presidência do Tribunal Regional Federal da 2ª Região (2011-2013). Diretor do Foro da Seção Judiciária do Rio de Janeiro (2009-2011). Juiz Federal desde 1996. Procurador da República (1995-1996). Procurador da Fazenda Nacional (1993-1995). Procurador do Estado de São Paulo (1993).

Anderson de Paiva Gabriel
Doutor e Mestre em Direito Processual pela UERJ. Pesquisador Visitante (Visiting Scholar) na Stanford Law School (Stanford University) e na Berkeley Law School (University of California-Berkeley), ambas nos EUA. Professor de Direito Processual Penal da Escola da Magistratura do Estado do Rio de Janeiro (EMERJ) e da Escola de Administração Judiciária (ESAJ). Atualmente, é Juiz Auxiliar no Supremo Tribunal Federal. Foi Juiz Auxiliar da Presidência do Conselho Nacional de Justiça – CNJ (2020-2022). Juiz de Direito do Tribunal de Justiça do Estado do Rio de Janeiro (TJRJ), aprovado em 1º lugar no XLVII Concurso. Anteriormente, atuou como Delegado de Polícia do Estado do Rio de Janeiro e como Delegado de Polícia do Estado de Santa Catarina. Possui Especialização em Direito Público e Privado pelo Instituto Superior do Ministério Público (ISMP), especialização em Direito Constitucional pela Universidade Estácio de Sá (UNESA) e especialização em Gestão em Segurança Pública pela Universidade do Sul de Santa Catarina (UNISUL). Membro do Instituto Brasileiro de Direito Processual (IBDP). Membro honorário do Conselho da HSSA (Humanities e Social Sciences Association) da University of California-Berkeley.

Andréa Magalhães
Doutora em Direito Econômico pela Universidade de São Paulo (USP). Mestre em Direito Público pela Universidade do Estado do Rio de Janeiro (UERJ). Mestre em Direito pela New York University (NYU). Arthur T. Vanderbilt Scholar. Michael Schwind Scholar in Global Law. International Finance Development Fellow no Banco Mundial (2022). Pesquisadora do Center for Human Rights and Global Justice (2021-2022). Assessora Especial da Presidência e Assessora de Ministro no Supremo Tribunal Federal (2016-2021). Autora do livro *Jurisprudência da crise: uma perspectiva pragmática* (Editora Lumen Juris, 2017). Advogada do Banco Nacional de Desenvolvimento Econômico e Social (BNDES).

Carla Ramos
Doutoranda em Direito do Estado pela Universidade de São Paulo (USP). Mestre em Direito Público pela UERJ. Pós-Graduada em Ciências Penais pela Fundação Escola Superior do Ministério Público do Distrito Federal e Territórios (FESMPDFT). Pós-Graduada em Criminologia e Segurança Pública pelo Instituto Superior de Ciências Policiais e Segurança Interna de Lisboa, Portugal (ISCPSI). Bacharel em Direito pela UERJ. Defensora Pública do Estado do Rio de Janeiro. Assessora de Ministro do STF.

Dorotheo Barbosa Neto
Especialista em Direito do Trabalho e Processo do Trabalho pela Universidade Estácio de Sá. Especialista em Gestão Pública e Especialista em Gerenciamento de Projetos pela Universidade Cruzeiro do Sul. Professor Palestrante em diversas Escolas Judiciais de Tribunais Regionais do Trabalho e convidado pela ENAMAT (Escola Nacional de Formação e Aperfeiçoamento de Magistrados do Trabalho). Juiz Auxiliar da Presidência, Precatórios, Execução e Conciliação do TRT-14 (2019/2020). Gestor da Região Norte e Subcoordenador Executivo da Comissão Nacional de Efetividade da Execução Trabalhista e Coordenador do Laboratório de Tecnologia para Recuperação de Ativos e Combate à Corrupção e Lavagem de Dinheiro no âmbito da Justiça do Trabalho (Lab-JT), ambos no âmbito do Conselho Superior da Justiça do Trabalho, onde coordenou o projeto Wallace (2019/2020). Juiz Auxiliar da Presidência do CNJ desde 2020, onde atua na Secretaria Especial de Programas Pesquisas e Gestão Estratégica como Coordenador do Departamento de Gestão Estratégica e Coordenador do Programa Justiça 4.0.

Fábio Ribeiro Porto
Doutorando em Direito na Universidade Clássica de Lisboa. Mestre em Direito na Universidade do Estado do Rio de Janeiro (UERJ). Pós-Graduado em Direito Privado na Universidade Federal Fluminense (UFF). Juiz de Direito e Professor Universitário. Autor de livros e artigos jurídicos. Professor Palestrante da Escola da Magistratura do Estado do Rio de Janeiro (EMERJ). Professor da Escola de Administração Judiciária do Tribunal de Justiça do Estado do Rio de Janeiro (ESAJ). Professor do Curso de Pós-Graduação em Direito Privado da Universidade Federal Fluminense (UFF). Foi Juiz Auxiliar da Presidência do Conselho Nacional de Justiça – CNJ (2020-2022). Foi Juiz Auxiliar da Corregedoria-Geral da Justiça do Estado do Rio de Janeiro, da Presidência do Tribunal Regional Eleitoral do Estado do Rio de Janeiro e da Presidência do Tribunal de Justiça do Estado do Rio de Janeiro.

Gabriel Campos Soares da Fonseca
Doutorando em Direito Econômico pela Universidade de São Paulo (USP). Pós-Graduado em Processo Civil pela Faculdade IBMEC/São Paulo. Bacharel em Direito pela Universidade de Brasília (UnB). Coordenador de Pesquisa e Inovação no Centro de Direito, Internet e Sociedade do Instituto Brasileiro de Ensino, Desenvolvimento e Pesquisa (CEDIS/IDP). Advogado, Membro Consultor da Comissão Especial de Direito Digital do Conselho Federal da OAB. Foi Assessor de Ministro do STF, Chefe de Gabinete e Assessor Especial da Presidência do Supremo Tribunal Federal (2020-2022).

João Moreira Pessoa de Azambuja
Mestre em Direito Econômico e Regulatório pela Universidade de Brasília. Especialista em Direito pela FESMPDFT. Graduado em Direito pelo UniCEUB. Juiz Federal do Tribunal Regional Federal da 1ª Região. Juiz Auxiliar do Conselho Nacional de Justiça (2020-2023). Ex-Assessor de Ministros do STF. Professor da ENFAM, EMERJ, ENAMAT e ENM.

Marcus Lívio Gomes
Mestre e Doutor em Direito Tributário pela Universidad Complutense de Madrid. Pós-Doutor pela Universidade de Londres (IALS). Professor Associado de Direito Financeiro e Tributário da Faculdade de Direito da UERJ. Advogado. Juiz Federal da SJRJ-TRF2 aposentado. Secretário Especial de Programas, Pesquisa e Gestão Estratégica do Conselho Nacional de Justiça (2020-2022). Juiz Auxiliar no STF e no TSE (2012-2016). Autor dos livros GOMES, Marcus Lívio. *The Principal Purpose Test in The Multilateral Instrument*. 1. ed. Rio de Janeiro: Lumen Juris, 2021. v. 1. 232 p; GOMES, Marcus Lívio. *A extinção do crédito tributário*. 1. ed. Porto Alegre: Livraria do Advogado, 2013. v. 1. 159 p; GOMES, Marcus Lívio. *Instrumentos para la unificación de criterios administrativos en materia tributaria*. 1. ed. Barcelona: Atelier Libros Jurídicos, 2011. v. 1. 207 p; GOMES, Marcus Lívio. A interpretação da legislação tributária: instrumentos para a unificação de critério administrativo em matéria tributária. 1. ed. São Paulo: Quartier Latin, 2010. v. 1. 223 p.

Mário Augusto Figueiredo de Lacerda Guerreiro
Juiz de Direito do TJRS e Auxiliar de Ministro do STF. Conselheiro do CNJ (2019-2021). Mestre em Ciências Jurídico-Políticas pela Universidade de Coimbra.

Pedro Felipe de Oliveira Santos
Desembargador Federal do Tribunal Regional Federal da Sexta Região. Vice-Diretor da Escola de Magistratura Federal da Sexta Região. Foi Secretário-Geral da Presidência, Juiz Auxiliar e Juiz Instrutor do Supremo Tribunal Federal. Foi Juiz Auxiliar do Conselho Nacional de Justiça. Foi Defensor Público Federal. Graduado em Direito pela Universidade de Brasília. Mestre em Direito pela Universidade de Harvard. Doutorando em Direito pela Universidade de Oxford. Professor de Direito Constitucional. Autor de livros e artigos.

Raquel de Andrade Vieira Alves
Doutoranda em Direito Financeiro pela USP. Mestre em Finanças Públicas, Tributação e Desenvolvimento pela UERJ. Ex-Assessora de Ministro no Supremo Tribunal Federal. Autora do livro *Federalismo fiscal brasileiro e as contribuições*. Cofundadora do coletivo jurídico Elas Discutem. Coordenadora do Grupo de Pesquisa Formação de Precedentes nos Tribunais Superiores, vinculado à Comissão de Tribunais Superiores da OAB-DF. Procuradora-Geral Adjunta de Assuntos Tributários da OAB-DF. Advogada.

Valter Shuenquener de Araujo (Coordenador)
Doutor em Direito Público pela UERJ. Doutorado-Sanduíche pela Ruprecht-Karls Universität de Heidelberg (Alemanha). Professor Associado de Direito Administrativo da Faculdade de Direito da UERJ. Professor Palestrante na EMERJ (Escola de Magistratura do Estado do Rio de Janeiro), na Fundação Escola Superior do Ministério Público do DFT (FESMPDFT) e no Supremo Tribunal Federal. Juiz Federal. Secretário-Geral do Conselho Nacional de Justiça (2020-2022). Conselheiro do Conselho Nacional do Ministério Público (2015-2020). Juiz Auxiliar no STF e no TSE (2011-2015). Autor dos livros *Lei de improbidade Administrativa Comentada. com as alterações da Lei nº 14.230/2021.* (Editora Fórum, 2023); *O princípio da proteção da confiança: uma nova forma de tutela do cidadão diante do estado* (2ª edição, Editora Impetus, 2016); *As novas dimensões do princípio da soberania* (Editora Impetus, 2016).

Esta obra foi composta em fonte Palatino Linotype, corpo 10,5
e impressa em papel Offset 75g (miolo) e Supremo 300g (capa)
pela Gráfica Forma Certa.